CONSIDERAÇÕES SOBRE
O PRÊMIO DE 10 TRILHÕES DE DÓLARES

"Os autores combinaram sua profunda compreensão da Índia e da China com *insights* pontuais para criar uma leitura obrigatória para qualquer pessoa que esteja operando nesses países. Este livro reflete as rápidas mudanças que estão ocorrendo e como é essencial acompanhá-las."

Achal Agarwal, Presidente da Kimberly-Clark Corporation, região do Pacífico Asiático,

"Este livro apresenta, pela primeira vez, um retrato detalhado e real da vida dos consumidores da China e da Índia, e de que modo esses clientes serão o motor do crescimento. Ele é extremamente bem pesquisado, bastante perspicaz e de fácil leitura. Os autores utilizam sua experiência relativa à China e à Índia para nos oferecer uma perspectiva criteriosa e pragmática que nos permitirá vencer nesses mercados dinâmicos. Uma leitura obrigatória para os CEOs globais que desejam ganhar o prêmio de 10 trilhões de dólares."

Jamshyd N. Godrej,
Presidente e Diretor Geral da Godrej & Boyce Mfg. Co. Ltd.

"Este cuidadoso livro vai além da abordagem 'bola da vez' para a Índia e a China e analisa seriamente as fascinantes oportunidades que esses dois países representam em todos os níveis da pirâmide de consumo. Trata-se de leitura obrigatória para todos os empresários e todas as corporações que tenham uma visão global do mundo."

Anand Mahindra,
Vice-Presidente e Diretor Administrativo da Mahindra & Mahindra

"Este livro-marco documenta o rápido crescimento do consumo na China e na Índia ao longo dos próximos dez anos. Os autores trazem à tona o drama e a admiração de pessoas que estão deixando a pobreza rumo à classe média. Eles contam as histórias delas com riqueza de detalhes, energia e charme. Trata-se de um grande esforço analítico e de um conto de ascensão social."

Jim O'Neill,
Presidente da Goldman Sachs Asset Management

"As oportunidades na Índia e na China são bem narradas. O que torna *O Prêmio de 10 Trilhões de Dólares* diferente é a lente de consumidor através da qual observamos as oportunidades. O livro nos oferece uma perspectiva fascinante sobre as diferenças entre o consumidor indiano e o chinês e nos fornece uma estrutura para a utilização do enorme potencial que esses países apresentam."

Nitin Paranjpe,
CEO da Hindustan Unilever

"Decididamente, esse é o retrato mais realista e poderoso dos consumidores chineses e indianos. Juntos, eles representam os maiores, mais influentes e mais exigentes consumidores do mundo, e nenhuma empresa será capaz de moldar seu próprio futuro sem eles. Um brilhante guia para desencadear crescimentos espetaculares."

Deepak Parekh, Presidente do HDFC

"Um grande trabalho dos autores no sentido de compartilhar suas visões sobre os clientes chineses e indianos. O texto está repleto de histórias interessantes, narradas com maestria. Todo negócio é local, e um entendimento em primeira mão desses mercados consumidores é essencial para qualquer líder empreendedor no futuro. Este livro nos oferece exatamente isso."

John A. Quelch CBE, Professor Emérito de Gestão Internacional,
Vice-Presidente e Reitor da China Europe International
Business School (CEIBS)

"Não apenas uma leitura obrigatória para empresas de consumo que procuram capitalizar sobre o crescimento explosivo da Índia e da China, mas também um manual para impulsionar o crescimento de mercados mais maduros e desenvolvidos."

Irene Rosenfeld, Presidente e CEO da Kraft Foods

"*Insights* excelentes sobre as aspirações e forças motrizes que impulsionam os importantes consumidores da China e da Índia. Um olhar instigante e divertido a respeito de como esses clientes irão redefinir o futuro."

Jerry Stritzke,
Presidente e Executivo-Chefe de Operações (COO) da Coach

"Uma visão eloquente dos consumidores da China e da Índia, que combina um sólido trabalho de pesquisa e estratégicos *insights* do mundo dos negócios. Todos os líderes de grandes organizações na Ásia, sejam eles oriundos da região ou expatriados, devem ler este livro para ganhar visão estratégica e uma nova perspectiva sobre os consumidores e o mercado."

Xudong-Yin, Presidente da Beijing Novartis Pharma Co Ltd.

"Até o final desta década, haverá mais de um bilhão de consumidores de classe média na China e na Índia. Essa é não apenas uma oportunidade histórica para empresas multinacionais, mas também um grande desafio para muitas delas. Graças à sua sólida experiência junto ao The Boston Consulting Group, os autores de *O Prêmio de 10 Trilhões de Dólares* oferecem uma visão do cliente que é, ao mesmo tempo, quantitativa e qualitativa, econômica e sociológica, global e local. Eles também oferecem instruções muito concretas que respondem às necessidades, aspirações, ambições e exigências dessa nova geração de consumidores. Desse modo, os autores desempenham seu papel de consultoria de uma maneira generosa e inovadora, algo precioso para muitos líderes em todo o mundo."

Jochen Zaumseil,
Vice-Presidente Executivo da Ásia-Pacífico da L'Oréal

O PRÊMIO DE 10 TRILHÕES DE DÓLARES

São Paulo, 2013
www.dvseditora.com.br

O PRÊMIO DE 10 TRILHÕES DE DÓLARES

Cativando a classe emergente da China e da Índia

MICHAEL J. SILVERSTEIN
ABHEEK SINGHI
CAROL LIAO
DAVID MICHAEL
com a participação de Simon Targett

São Paulo, 2013
www.dvseditora.com.br

O PRÊMIO DE 10 TRILHÕES DE DÓLARES
Cativando a classe emergente da China e da Índia

DVS Editora 2013 - Todos os direitos para a território brasileiro reservados pela editora.

THE $10 TRILLION PRIZE
Captivating the Newly Affluent in China and India

© 2012 The Boston Consulting Group, Inc.
Published by arrangement with Harvard Business Press

Nenhuma parte deste livro poderá ser reproduzida, armazenada em sistema de recuperação, ou transmitida por qualquer meio, seja na forma eletrônica, mecânica, fotocopiada, gravada ou qualquer outra, sem a autorização por escrito do autor.

Capa: Spazio Publicidade de Propaganda - Grasiela Gonzaga
Tradução: Sieben Gruppe
Diagramação: Konsept Design & Projetos

Dados Internacionais de Catalogação na Publicação (CIP)
(Câmara Brasileira do Livro, SP, Brasil)

O Prêmio de 10 trilhões de dólares : cativando a classe emergente da China e da Índia / Michael J. Silverstein...[et al.] com a participação de Simon Targett. -- 1. ed. -- São Paulo : DVS Editora, 2013.

Outros autores: Abheek Singhi, Carol Liao, David Michael
Título original: The $10 trillion prize : captivating the newly affluent in China and India.
Bibliografia
ISBN 978-85-8289-052-3

1. Consumidores - Atitudes 2. Consumidores - Comportamento 3. Consumidores - China 4. Consumidores - Índia 5. Consumidores - China - Atitudes 6. Consumidores - Índia - Atitudes I. Silverstein, Michael J.. II. Singhi, Abheek. III. Liao, Carol. IV. Michael, david. V. Targett, Simon.

13-12574	CDD-658.8342

Índices para catálogo sistemático:

1. Consumidores : Comportamento : Administração de marketing   658.8342

Para os muitos chineses e indianos generosos,

entusiasmados e de bom coração que nos honraram

ao compartilhar suas crenças a respeito do seu futuro e

do lugar da China e da Índia no mundo de 2020.

SUMÁRIO

Prefácio ..... **xiii**

UM   **O consumo na China e na Índia** **1**
O alvorecer de uma era de ouro

Parte I - A ASCENSÃO DO NOVO CONSUMIDOR NA CHINA E ÍNDIA

DOIS   **Os novos revolucionários** **31**
A ascensão da classe média

TRÊS   **O *boom* dos super-ricos** **57**
Os milionários (e bilionários)

QUATRO   **O segundo bilhão de pessoas** **71**
O futuro dos destituídos

CINCO   **Encontrando o novo consumidor** **89**
Os centros urbanos e as comunidades rurais

SEIS   **O poder do batom** **119**
As novas consumidoras

Parte II - PREFERÊNCIAS, DESEJOS E ASPIRAÇÕES

SETE   **Alimentos e bebidas** **135**
Gostos adquiridos: biscoitos, vinho, uísque e chá

OITO   **Casa e lar** **167**
A residência, o mobiliário e a geladeira desejados

NOVE   **Luxo** **183**
A sofisticação na China e na Índia – carros velozes,
relógios caros e roupas de passarela

| Dez | **A vida digital** | 207 |

Internautas, e-consumidores e os novos gigantes da
Internet

| Onze | **Educação** | 225 |

A escada rolante para empregos mais bem remunerados

Parte III - AS LIÇÕES PARA OS LÍDERES EMPRESARIAIS

| Doze | *Paisa vasool* | 249 |

Como cativar a classe emergente da China e da Índia

| Treze | **O efeito bumerangue** | 263 |

O impacto global da corrida por recursos

| Quatorze | **Avanço Rápido** | 275 |

A realização dos negócios e a mentalidade de aceleração

| Quinze | **O manual de estratégia da BCG** | 293 |

Estratégias práticas para conquistar novos
consumidores na China e na Índia

| Epílogo | **Uma carta para a próxima geração** | 301 |

A renovação e o sonho norte-americano

| Apêndice A | **Mundos diferentes** | 309 |

As regiões da China e da Índia

| Apêndice B | **Riscos e um cenário de fim da linha** | 317 |

Como gerenciar a volatilidade

Notas do autor   331

Bibliografia selecionada   355

Agradecimentos   356

Sobre os autores   359

PREFÁCIO

A ascensão da China e da Índia e o impacto crescente desses países sobre a economia global são assuntos a respeito dos quais tem-se escrito extensivamente. Historiadores, economistas e professores de administração, entre outros, já tentaram explicar a extraordinária emergência dos países mais populosos do mundo por meio de uma verdadeira enxurrada de livros publicados pelas editoras de todo o mundo ao longo dos últimos dez anos.

Então, por que publicar mais uma obra sobre a China e a Índia?

A resposta é simples: até agora, nenhum livro realmente focou na **força vital** que irá transformar esses países e suas economias na próxima década – os **consumidores** –, tampouco demonstrou como as empresas poderão **aproveitar** as **novas oportunidades**. Ninguém escreveu claramente sobre as esperanças, os sonhos e as ambições desses consumidores. Ninguém fechou o ciclo que envolve o crescimento de renda, a educação, o emprego e a expansão da rede de mercados para alimentos, vestuário, habitação, transporte, saúde, educação e serviços financeiros. O quadro completo – com todos os detalhes das comunidades rurais e urbanas, os ricos e os pobres e a classe média emergente – ainda precisava ser desenhado.

Este livro pretende preencher a lacuna!

Novos consumidores, novas oportunidades

Os **consumidores** da Índia e da China são os novos **reis** e **rainhas** da economia global. Seus gostos e desejos mudam rapidamente, e, com o seu consumo, eles estão transformando o mundo. Considere os seguintes fatos, que fornecem um retrato claro das oportunidades para o restante desta década:

- Em 2020 haverá quase um **bilhão de consumidores de classe média** na China e na Índia –aproximadamente 320 milhões de famílias. Todavia, eles já estão exigindo **"mais e melhor"** para si e para seus filhos.

- O número de bilionários está aumentando: em 2001, a China possuía um **único bilionário** e a Índia tinha **4**; hoje, existem **115** bilionários na China e **55** na Índia.

- Os dois mercados darão origem a algumas das empresas mais poderosas do mundo. Aliás, três das dez maiores empresas do planeta são chinesas: PetroChina, China's ICBC Bank e China Mobile.

- Cerca de 83 milhões de chineses e 54 milhões de indianos se graduarão ao longo dos próximos dez anos. No mesmo período, os Estados Unidos da América (EUA) terão apenas 30 milhões de recém-formados.

- O rápido crescimento da China e da Índia tem levado ambos os países a um enorme aumento no consumo doméstico de: 1º) itens básicos que vão do cobre ao milho, do frango ao carvão; 2º) quase todos os outros importantes ingredientes que contribuem para uma vida melhor – principalmente para uma dieta rica em proteína; 3º) habitações verticais com conveniências modernas; e 4º) veículos de transporte de todos os tipos.

Estimamos que os mercados de consumo da China e da Índia irão **triplicar** ao longo da década atual, e que representarão US$ 10 trilhões até 2020. Trata-se de um **prêmio único. Mas como ele poderá ser conquistado?** Esse é justamente o propósito deste livro. *O Prêmio de 10 Trilhões de Dólares,* na realidade, é um **manual para o crescimento,** ou seja, o caminho das pedras para se alcançar o sucesso na China e na Índia, e, como consequência, no **resto do mundo,** à medida que se conseguir **cativar** e, portanto, ganhar o coração e a mente desses novos consumidores asiáticos.

Depois de ler esse livro, os líderes de empresas com ambições globais saberão segmentar, ouvir e envolver os consumidores cada vez mais ricos da China e da Índia. É fácil ser influenciado pelo grande número de consumidores desses dois países e pensar que o sucesso é apenas uma questão de vender para uma pequena fração deles. Mas os resultados podem ser enganosos; as estatísticas-padrão e os dados generalizados podem levar as organizações a tomar decisões ruins e a cometer erros caros.

Por isso, queremos que os leitores tomem os seguintes cuidados em seu envolvimento com os novos mercados da China e da Índia:

- Conheçam os consumidores "de perto e pessoalmente": entendam como eles tomam decisões a respeito de mercadorias e de que modo suas esperanças para o futuro se traduzem em surpreendente crescimento de mercado nas áreas de alimentação, saúde, educação e transporte.

- Entendam o tamanho, o formato e o período de cada oportunidade. Segmentem o mercado de acordo com a renda e a geografia local, especialmente no que se refere à divisão **urbana** e **rural**. Observem como a aplicação de **"curvas de consumo"** especiais pode ajudar a prever o futuro.

- Elaborem uma abordagem *paisa vasool*[a] – a combinação perfeita entre preço acessível, *design* e características – para seu *kit* de recursos globais. Projetem cada produto e serviço sob essa abordagem. Tornem "o melhor custo/benefício" o **padrão** para os mercados chineses, indianos **e** ocidentais.

- Ouçam como os líderes de mercado estão moldando seu próprio futuro com uma **estratégia dez-por-dez: 10 vezes maior em dez anos.**

- Sistematicamente, entendam os riscos nos mercados mais exigentes do mundo, e saibam como reduzi-los.

- Usem este livro para criar o que chamamos de **coroa tríplice: uma vitória na China, outra na Índia e ainda uma terceira em seu próprio país.**

- Percebam como os consumidores chineses e indianos irão não apenas moldar um novo futuro para o mundo, mas também como irão fazê-lo com seus próprios dramas e conflitos, com suas própria emoções e escolhas difíceis.

- Compreendam as diferenças e semelhanças entre a China e a Índia: uma criança *versus* cinco, respectivamente; autocracia *versus* democracia; velocidade e autoridade *versus* escolha; investimento maciço com poucos resguardos de mercado *versus* retorno protegido por mercados de capitais; capitalistas de Estado *versus* empresários privados.

---

a   *Paisa vasool* é um conceito de valor segundo o qual o preço pago por um produto faz jus ao seu valor; melhor custo/benefício. (N.T.)

- Façam perguntas que irão desencadear um crescimento espetacular e a determinação organizacional da China e da Índia.

A pesquisa: conhecimento do cliente, entrevistas e dados

O Prêmio de 10 Trilhões de Dólares é baseado em extensas experiências práticas, em entrevistas individuais com centenas de consumidores e em contatos com líderes de organizações e empresários da China e da Índia.

Nossa empresa, The Boston Consulting Group (BCG), possui um longo histórico de serviços de assessoria a clientes e governos desses países. Começamos a operar na China na década de 1980. Abrimos um escritório em Hong Kong, em 1991, e nos tornamos a primeira empresa de consultoria multinacional a conseguir autorização para realizar negócios naquele país continental. Em 1993, estabelecemos um escritório em Xangai e, em 2001, inauguramos nosso escritório em Pequim. Na Índia, abrimos nosso escritório em Mumbai no ano de 1996, depois de quase uma década de trabalho no país. O escritório de Nova Délhi abriu as portas em 2000. Em 2012, inauguramos nosso terceiro escritório indiano, dessa vez em Chennai.

Portanto, um time de autores que é veterano nesses mercados. Juntos, temos mais de cinquenta anos de experiência prática na China e na Índia, que remonta aos anos de 1980. Nós assessoramos grandes empresas chinesas e indianas, bem como multinacionais que buscam adentrar esses países e construir seus negócios por lá. Nossos clientes – algumas das maiores empresas de consumo do mundo – nos procuraram a fim de obter conselhos a respeito de **inovação**, **acesso ao mercado**, **distribuição** e **entendimento dos clientes**. Nesse sentido, utilizamos um valioso recurso em *O Prêmio de 10 Trilhões de Dólares*: estudos internos de rastreamento de consumidores produzidos pelo Centro de Percepção do Cliente e Consumidor da BCG. Ao longo dos últimos dez anos, o centro já realizou cerca de 500 projetos sobre a percepção dos consumidores em toda a Ásia. Seu carro-chefe é uma pesquisa anual sobre o sentimento global em relação ao consumo, abrangendo 24 mil pessoas em 21 países.

Também nos baseamos em ideias extraídas de nossos trabalhos anteriores a respeito das necessidades dos consumidores, incluindo pesquisas que publicamos nos livros *Trading Up: The New American Luxury*

(2003); *Treasure Hunt: Inside the Mind of the New Consumer* (2006) e *Women Want More: How to Capture Your Share of the World's Largest, Fastest-Growing Market* (2010).[b]

No livro *Trading Up*, por exemplo, identificamos a tendência entre os norte-americanos de classe média de comprar bens mais caros entre algumas categorias de produtos e de tornar-se especialistas na arte do consumo – buscando benefícios técnicos, funcionais e emocionais em produtos e serviços. Nos últimos dois anos, viajamos por toda a China e a Índia e percebemos muitos paralelos. Os consumidores chineses e indianos também estão famintos por informações a respeito dos produtos – eles querem entender a história de cada um deles e conhecer seus criadores. Eles estão alocando seu próprio orçamento de modo a atingir um nível visível de riqueza em muitas categorias de bens, mas também estão realizando cortes em outras áreas para fazer economias necessárias. Os clientes chineses e indianos são ambiciosos e sonham alto. Eles entendem as diferenças técnicas e funcionais dos produtos e amam a ideia de **"ascender"** emocionalmente. Eles gostam de contar aos amigos sobre suas aventuras de compras e de celebrar suas aquisições.

O Prêmio de 10 Trilhões de Dólares se fundamenta em pesquisas qualitativas e quantitativas sobre o consumidor. Estudamos os consumidores chineses e indianos em suas casas, junto às suas famílias e discutimos seu estilo de vida atual e o previsto para o futuro. Sondamos suas dietas, compras, histórias, esperanças e seus sonhos. Os leitores irão conhecer essa nova geração de consumidores, que inclui: 1º) o genial estudante a quem chamaremos de "Senhor 19," por sua classificação no vestibular altamente competitivo do Instituto Indiano de Tecnologia; 2º) a determinada mulher de 33 anos de idade, de Xangai, que já ganhou mais de 50 vezes tudo o que seus pais conseguiram amealhar durante toda a vida do casal, mas ainda quer mais; e 3º) a camponesa chinesa de 59 anos de idade que, com apenas três anos de educação formal, edificou sua casa tijolo por tijolo e ainda construiu uma garagem para o carro que pretende comprar um dia.

---

b   Nenhum deles foi publicado no Brasil. Em tradução livre: *Negociando: O Novo Luxo Norte-Americano* (2003); *Caça ao Tesouro: Dentro da Mente do Novo Consumidor* (2006); e *As Mulheres Querem Mais: Como Conquistar Sua Fatia desse Mercado em Rápida Expansão* (2010). (N.T.)

Os leitores também irão conhecer a nova geração de titãs corporativas – empresários chineses e indianos que estão prosperando por atender às necessidades dos consumidores emergentes –, incluindo Frank Ning, que dirige a Cofco, uma das maiores empresas de processamento de alimentos do mundo; Adi Godrej, presidente do grupo Godrej, um dos maiores conglomerados de bens de consumo da Índia; e Anand Mahindra, vice-presidente e diretor da Mahindra & Mahindra, maior fabricante de tratores e veículos utilitários esportivos de baixo custo da Índia – e agora também do mundo.

A promessa do livro

O Prêmio de 10 Trilhões de Dólares foi escrito para os líderes que precisam de uma melhor compreensão sobre os consumidores da China e da Índia. Ele dispõe de **10 mensagens-chave**:

1. Pela primeira vez, podemos calcular **o tamanho do prêmio**: em 2020, os consumidores chineses e indianos estarão gastando US$ 10 trilhões em bens e serviços. Ao longo da vida, as crianças chinesas nascidas nos dias de hoje (2013) irão consumir quase 38 vezes mais do que seus avós adquiriram, enquanto as crianças indianas consumirão quase 13 vezes mais que seus avós.

2. Descrevemos o **espírito condutor** dos consumidores: sua ambição, sua energia, sua confiança, seu otimismo. Como nos disse uma jovem chinesa: "Eu quero duas casas – uma na cidade e outra no campo. Quero ter dois filhos e gostaria que eles estudassem nos Estados Unidos da América (EUA). Quero comprar roupas maravilhosas, me casar com um homem bonito e culto, e ainda ter tempo para desfrutar de tudo isso."

3. Ressaltamos a necessidade de **segmentar e enfocar** os consumidores, não somente pela renda, mas também por região, cidade, comunidade rural e gênero. A grande engrenagem da mudança é a classe média em ascensão: em 2020, as surpreendentes 320 milhões de famílias cada vez mais ricas, cujos quase um bilhão de membros irão perseguir seus sonhos e, de muitas maneiras,

imitar os consumidores ocidentais. Além disso, existem os milhões de pobres que já não estão mais vivendo abaixo da linha de pobreza, bem como os super-ricos (mais de 1 milhão de lares) que estão se unindo à elite mundial. Mas esse detalhamento não é o suficiente para dividir os consumidores por classe. Para sobreviver na cidade grande é preciso mais renda, mais esforço e mais tolerância para a realização de longas jornadas. Como veremos, os consumidores de classe média de uma megalópole como Pequim ou Mumbai podem apresentar padrões de comportamento totalmente diferentes daqueles de cidades menores. É necessário, portanto, entender esses consumidores, personificá-los e atender às suas necessidades individuais.

4. Recomendamos a adoção de uma estratégia *paisa vasool* – literalmente, que "valha seu preço". Durante a próxima década, os consumidores chineses e indianos terão fome de bens materiais. Eles irão querer mais do que sua real capacidade de pagar lhes permitirá. O crescimento de sua renda será substancial, mesmo que ainda terminem a década ganhando apenas entre 10% e 25% dos rendimentos ocidentais. Eles irão querer produtos com todas as características, todos os elementos de luxo e confiabilidade. Para atender a esses consumidores, além de matérias-primas e inovações em embalagem, será necessário implementar um modelo de negócios abrangente e de baixo custo. E tudo isso será transferível para outros mercados, porque os consumidores ao redor do mundo querem produtos de qualidade em termos de características, ingredientes, *design* e/ou valor.

5. Nós insistimos na importância da **adaptação** (ou **customização**) "**local, local**". Esses consumidores precisam de produtos e serviços customizados para eles – especificamente para eles. Se são ricos ou pobres, urbanos ou rurais, se vivem em uma cidade grande ou pequena, se vivem no norte ou no sul, se são instruídos ou analfabetos, todos esses fatores importam e requerem refinamentos ao produto e à maneira como ele é concebido, embalado e comercializado. A China e a Índia são mercados com populações heterogêneas que exigem produtos personalizados para seus locais.

6. Nós identificamos o **pressuposto dessa aceleração**. Converse com empresários na China ou na Índia e eles falarão a respeito de sua estratégia **dez-por-dez** – crescer **dez vezes em dez anos**. Se isso soa extraordinário, e até mesmo inatingível no Ocidente, parece perfeitamente racional no Oriente. Hoje, na China e na Índia, existe uma atitude determinada de **"ser capaz de fazer"**, e a palavra **impossível** não é comumente ouvida da boca de líderes empresariais desses países. Para esses povos, estratégia significa: ter uma visão ampla, abrigar sonhos colossais e não impor limites para as oportunidades. Eles não se sentem em dívida com ninguém, tampouco restringidos por regras de negócios contidas em livros didáticos e/ou por limitações intrínsecas à lógica comum dos negócios. Eles começam a partir de uma tela em branco, se concentram em uma oportunidade específica, intensificam seu trabalho (ou se reorientam, se necessário), aprendem por meio de seus erros, e caminham inexoravelmente para frente.

7. Nós introduzimos a noção de um **efeito bumerangue**. O resultado de mais de dois bilhões de consumidores querendo mais – mais alimentos, água, transporte, habitação, bens de luxo, educação e cuidados de saúde – será: 1º) a inflação na oferta restrita de *commodities*, 2º) a volatilidade dos preços, 3º) a escassez de alguns recursos e 4º) a hipercompetição para atender às necessidades dos consumidores. O efeito bumerangue irá se espalhar para muito além da China e da Índia.

8. Advertimos a respeito do **cenário de fim da linha. Mas e se a China e a Índia não continuarem nesse maravilhoso caminho de crescimento linear?** Instabilidades políticas, desastres naturais, estouros de bolhas de ativos, instituições corruptas ou falidas, fracassos por parte de entidades governamentais em investir no futuro – cada um desses fatores poderá fazer com que as projeções positivas se desviem perigosamente do curso de crescimento, levando a consequências catastróficas para a China, a Índia e para todas as empresas que estiverem depositando suas esperanças nessa nova e dinâmica geração de consumidores. Por isso dizemos que é importante considerar esses riscos e essas ameaças em qualquer processo de planejamento. É fundamental estar atento

à possibilidade de que esse sonho de uma "Ásia Crescente" se transforme no pesadelo de uma "Ásia Revoltada". O sucesso no desenvolvimento futuro da China e da Índia depende da capacidade de seus líderes e cidadãos de resolver muitos desafios complexos.

9. Retratamos os **destituídos** – milhões de pessoas que, a despeito de todo o sucesso das economias chinesa e indiana, permanecem desconectados desse desenvolvimento e descontentes com sua própria sorte. Por enquanto, elas ainda representam poucas oportunidades comerciais, mas poderão se tornar a segunda onda de crescimento em seus países, desde que os chineses e indianos busquem políticas que promovam a harmonia social.

10. Sustentamos que não existe **nenhuma inevitabilidade sobre o declínio do Ocidente**. Estamos profundamente otimistas – embora prudentes e realistas – a respeito das oportunidades na China e na Índia e do impacto positivo sobre a economia global, sobre as empresas e sobre os indivíduos. Há não muito tempo, comentaristas políticos e historiadores falavam muito a respeito do triunfo do Ocidente, mas agora eles discorrem sobre o declínio e a queda do império norte-americano. **Todavia, nós não consideramos isso provável**. Em média, os consumidores norte-americanos e europeus são muito mais ricos que os consumidores chineses e indianos, e isso não vai mudar tão cedo. Se norte-americanos e europeus adotarem novamente uma **mentalidade de aceleração**, as oportunidades e o crescimento irão se recuperar. Acreditamos que a revolução do consumidor represente uma **vitória para todos;** uma força para o bem que pode beneficiar a todos nós. As novas interações entre o Oriente e o Ocidente são esclarecedoras, energizantes e fortalecedoras – elas fazem com que as empresas e seus líderes olhem além do horizonte para um mundo de muitas possibilidades.

Esperamos que você utilize esse livro para perceber as oportunidades de mercado na China e na Índia através dos olhos dos consumidores que, em termos de renda, se deslocam das classes **D** para **C**, **C** para **B**, e, finalmente, **B** para **A**. Nós oferecemos uma lista de pré-requisitos para a conquista do sucesso, juntamente com a nossa avaliação de riscos e dos métodos para mitigá-los.

A estrutura do livro

O Prêmio de 10 Trilhões de Dólares é organizado em três partes, precedidas por uma introdução (Capítulo 1).

No Capítulo 1, contamos a história do dramático crescimento do consumo e quantificamos o tamanho da oportunidade comercial que se apresenta: US$ 10 trilhões em gastos anuais que os mercados de consumo da China e da Índia irão gerar até o ano de 2020. Explicamos de que modo o aumento da renda dos consumidores – que, em muitos casos, os leva diretamente da subsistência para a classe média – se parece com a **roda da fortuna**: eles realmente se sentem como se tivessem tirado a sorte grande.

Baseamo-nos nos estudos realizados pela BCG a respeito das atitudes dos consumidores chineses e indianos e extraímos uma visão panorâmica dessa nova geração de gastadores, explorando as paixões subjacentes e preferências que influenciam seu comportamento de compra. Esses clientes apresentam aspirações elevadas, estão otimistas sobre o futuro e ansiosos para desfrutar de sua primeira experiência de riqueza.

Na Parte I, "A ascensão do novo consumidor na China e na Índia," identificamos as fortunas a serem conquistadas no topo, no centro e na base da pirâmide de rendas. Defendemos que, para realmente se alcançar sucesso na China e na Índia, é necessário saber tudo a respeito dos novos clientes – o que significa desmembrar os mercados em segmentos, com base na riqueza, na educação, na posição, na geografia, na faixa etária e no gênero dos consumidores. A análise é baseada nas segmentações de mercado dos dois países realizadas pela BCG.

Nos Capítulos 2, 3 e 4 examinamos a **classe média em ascensão**, a elite de super-ricos e as imensas multidões de "destituídos." No Capítulo 5, levamos o leitor a um passeio virtual pelos dois países, viajando pelas cidades e pelos distritos rurais. Descrevemos duas revoluções: uma **infraestrutural** e a outra **agrícola**. No Capítulo 6, examinamos o desenvolvimento da economia do sexo feminino em ambos os países.

A Parte II, "Preferências, desejos e aspirações," vai mais fundo, fornecendo panoramas detalhados dos novos consumidores em seu próprio cotidiano – bem como as empresas que os servem com os produtos adequados a um preço justo e com perfeita seleção de ingredientes, embalagens e *design*. O Capítulo 7, "Alimentos e bebidas," enfoca os diferentes gostos dos novos consumidores e traça o perfil das empresas que estão atendendo a essa demanda, incluindo a Kraft (biscoitos), a Tingyi (macarrão), a Cofco (vinho francês), a PepsiCo (Kurkure[c]) e a Pernod Ricard (chá verde e uísque Chivas Regal). Descrevemos os momentos-chave de tomada de decisões pelos dirigentes dessas organizações que permitiram alterar a formulação, os canais de distribuição ou os métodos de comercialização de seus produtos com o intuito de alcançar novos consumidores.

O Capítulo 8, "Casa e Lar," examina o aumento nas aquisições de imóveis e as empresas que atendem às necessidades de financiamento (HDFC), decoração (Asian Paints) e eletrodomésticos (LG Electronics). O Capítulo 9, "Luxo", volta-se para o apetite crescente dos novos consumidores por produtos mais caros e destaca empresas como LVMH e Gucci (artigos de couro, relógios e vestuário) que estão ganhando participação de mercado. O Capítulo 10, "A vida digital", investiga a vida da geração digital, examinando de que modo os consumidores estão usando a Internet e os dispositivos móveis, e como empresas como a Bharti a Airtel, a Taobao e a Nokia estão prosperando ao atender às necessidades desses consumidores. O Capítulo 11, "Educação", se concentra na sede de conhecimento, e apresenta: 1º) pais que se esforçam ao máximo para pagar por uma educação que possa proporcionar aos seus filhos uma vantagem na vida; e 2º) alunos – incluindo os superempreendedores – que estão preparados para dedicar a própria vida para realizar não apenas seus próprios sonhos, mas também os de seus pais.

Na Parte III, "As lições para os líderes empresariais," reúnem-se os pontos a serem lembrados nas histórias corporativas de *O Prêmio de 10 Trilhões de Dólares*. O Capítulo 12, *"Paisa vasool"*, examina uma das estratégias mais poderosas para se alcançar o sucesso na China e na Índia, bem como no resto do mundo. O Capítulo 13, "O efeito bumerangue", analisa o impacto global da corrida por recursos. Com mais dinheiro, os clientes começaram a gastar mais do que nunca, o que elevou a demanda por alimentos, água, cobre, minério de ferro e cimento – os elementos básicos da vida moderna. Tal aumento está originando o efeito bumerangue – volatilidade de preços, inflação e abalo das confortáveis expectativas no Ocidente. O Capítulo 14, "Avanço rápido", introduz a mentalidade de aceleração e apresenta o perfil dos líderes empresariais e dos fundadores das companhias chinesas e

---

c   Tipo de salgadinho de queijo comercializado em saquinhos na Índia (como os da marca Elma Chips, no Brasil). (N.T.)

indianas, cuja abordagem nos negócios e na vida explica sua sorte e fornece um modelo útil para os estrangeiros que procuram replicar seu sucesso. O Capítulo 15, "O manual de estratégia da BCG", reflete a respeito do tamanho do prêmio comercial em disputa e apresenta um guia da BCG para cativar o consumidor novo-rico.

Concluímos *O Prêmio de 10 Trilhões de Dólares* com um epílogo que define as oportunidades para as pessoas no Oriente – os novos reis do consumo.

A disputa pelo prêmio de 10 trilhões de dólares já começou

A China e a Índia são muito diferentes uma da outra em diversos aspectos. Então, por que colocá-las juntas em um único livro? A resposta é simples: o crescimento de suas populações, o aumento do poder de suas economias e, mais importante de tudo, a emergente massa de consumidores de classe média ambiciosa e instruída que quer **mais**, e **agora**. Os dois países se combinam e representam, respectivamente, as oportunidades de consumo **número um** e **número dois** dos dias de hoje. Ambos os países representam enormes lucros. O aumento do consumo anual até 2020 será de US$4,2 trilhões na China e de US$ 2,6 trilhões na Índia. Qualquer indivíduo com aspirações globais terá, portanto, de competir com sucesso na China e na Índia. Alguns temem o crescimento da China e da Índia, enxergando-o como um prenúncio de desgraça para empresas em economias desenvolvidas. Mas nós não vemos a situação desse modo. Achamos que esse desenvolvimento anuncia um novo futuro brilhante, com oportunidades abundantes para quem estiver disposto a aproveitar o momento.

No clássico filme *Sindicato de Ladrões* (1954), Marlon Brando interpreta o papel de Terry Malloy, um ex-boxeador peso pesado que, no passado, teve a chance de ganhar um grande título, mas perdeu a oportunidade. Longe de ser um campeão, ele trabalha como diarista nas docas de Nova Jersey. "Eu tive a oportunidade de ter sucesso," diz ele com pesar. "Eu poderia ter sido um **lutador**." Os líderes de hoje não precisam passar por tais arrependimentos – contanto que ajam rapidamente.

Lembre-se, não há tempo a perder. A disputa já começou!

CAPÍTULO 1

O consumo na China e na Índia
O alvorecer de uma era de ouro

**O que e por que os novos consumidores compram, como eles pensam
e adquirem seus produtos e de que modo suas necessidades e
preferências estão mudando**

BATEMOS NA PORTA. NÃO havia nenhuma placa, apenas um número. "Este é o restaurante da família Li?" perguntamos, depois de uma caminhada tortuosa pelos becos do distrito de Xicheng, em Pequim. A senhora que atendeu à porta assentiu com a cabeça e então chamou seu neto, que correu para a entrada e, falando inglês, convidou-nos a adentrar no edifício cinza de blocos de concreto.

Fomos conduzidos a uma das três mesas de fórmica e nos sentamos em frágeis cadeiras dobráveis. Um ventilador zumbia ao fundo. Podíamos ver o cozinheiro e seus assistentes trabalhando na cozinha, aparentemente alheios às chamas brilhantes que saltavam sob as panelas nos fogareiros abertos. Aromas irresistíveis se alastravam pelo ambiente enquanto recebíamos o cardápio em língua chinesa com fotos de algumas das delícias que em breve nos seriam servidas.

À nossa frente, quatro texanos tagarelas festejavam a opção mais cara do restaurante – um conjunto de pratos apelidado no menu como **"o grande banquete"**. Em outra mesa, cinco homens chineses vestindo camisas brancas e ternos azuis lisos se divertiam com as opções de preço mediano, cutucando uns aos outros e sorrindo quando encontravam algum prato muito bom.

Nós também selecionamos a opção mediana, e logo os pratos começaram a chegar: uma sopa de cogumelos exóticos, um pequeno prato de camarões com ervilhas, cenouras esculpidas à mão e arroz de jasmim. Depois disso, uma sopa de barbatanas de tubarão, haliotes[a] e mais cogumelos e, em seguida, vieiras com alho-poró. Pagamos um pequeno extra pela versão do restaurante para "pato de Pequim" – pele crocante, fina como papel, e carne suculenta. A sobremesa foi em três etapas – um sorvete de abacaxi com pequenos pedaços da fruta, bolo decorado à mão com calda de framboesa e uma torta de chocolate duplo com recheio quente. No final da refeição, tivemos de pagar em dinheiro, porque o restaurante não aceitava cartões de crédito. Mas isso não importava, nós tínhamos renminbis (ver a observação importante no final desse capítulo) suficientes para cobrir o custo da refeição: algo como US$ 10 por pessoa. Foi um almoço que iremos lembrar por toda a vida – uma cozinha magnífica em um ambiente humilde –, servido com graça e estilo pela família do cozinheiro.

Mesmo tendo ocorrido há quase duas décadas, aquele almoço saiu por uma barganha. A comida era visualmente **impressionante, sensual e exótica**, e foi **perfeitamente servida**. De fato, fomos servidos como se tivéssemos o *status* de um imperador. Aliás, Li Shanlin, o dono do restaurante, é neto de Li Shunqing, antigo supervisor da cozinha imperial, ex-secretário da imperatriz viúva e responsável pelo cardápio imperial dentro da Cidade Proibida.[b]

Nascido em 1920, Li cresceu vendo seu avô preparar refeições ao estilo imperial. Porém, após o término da universidade, onde estudou engenharia aeronáutica, tornou-se acadêmico e lecionou matemática na Capital University de Economia e Negócios, em Pequim (Beijing para os chineses). Durante a Revolução Cultural, quando o presidente Mao Tsé-tung empreendeu uma ofensiva contra os intelectuais e as elites sociais, a universidade foi fechada. Exilado de seu posto de professor universitário, ele se voltou para o estudo da cozinha imperial, refinando as receitas que seu avô lhes deixara.

Li, finalmente, voltou a lecionar. Mas aos 65 anos de idade, quando se aposentou, sua paixão por cozinhar despertou mais uma vez e ele abriu um restaurante de três mesas na casa da família (Figura 1.1). No início, ele não tinha funcionários; os próprios membros da família ajudavam a

---

a   Tipo de molusco (abalone). (N.T.).

b   Literalmente, do chinês, Cidade Proibida Púrpura, foi o Palácio Imperial da China desde meados da dinastia Ming até ao fim da dinastia Qing. Fica localizada no centro da antiga cidade de Pequim, acolhendo atualmente o Palácio Museu. Durante quase cinco séculos serviu como residência do imperador e do seu pessoal doméstico, sendo o centro cerimonial e político do governo chinês. (N.T.)

cozinhar, serviam e limpavam o local. A preparação de alimentos era tradicional, com uma faca afiada, ingredientes perfeitos e foco no sabor, na textura e na apresentação visual. Nesse sentido, ele estava à frente de seu tempo, rejeitando equipamentos modernos de cozinha, como fornos de microondas e processadores de alimentos.

Embora fosse difícil de encontrar, o restaurante de Li logo ganhou aclamação da crítica. Como resultado, tornou-se complicado reservar uma mesa. Segundo a família, Bill Clinton, Jackie Chan, Bill Gates e os Rolling Stones comeram no restaurante original. E, de fato, quando nos dirigimos ao caixa para pagar pelo almoço, vimos uma nota de Bill Clinton emoldurada expressando seu agradecimento por **"uma tarde maravilhosa"**.

FIGURA 1.1

O primeiro restaurante da família Li em Pequim

Fonte: Agência de turismo Regent Tour, *Food & Lodging: Family Li Restaurant* (*Alimentação e Hospedagem: Restaurante Família Li*).<www.regenttour.com/chinaplanner/pek/bj-food-li.htm>.

Hoje é igualmente difícil reservar uma mesa para visitar a mais nova filial do restaurante da família Li, mas a experiência, para não falar do custo, é totalmente diferente. Para começar, o restaurante – chamado *Family Li Imperial Cuisine* – é facilmente localizável. Está situado ao leste da avenida Zhongshan Dong Yi, no bulevar de Xangai, próximo ao parque Huangpu.

FIGURA 1.2

O lindo jardim aquático do novo restaurante da família Li em Xangai.

Fonte: BCG.

O edifício é magnífico, com um interior de vidro e mármore, um jardim de lírios, um viveiro de peixes, espaçosas salas de jantar privadas, louças banhadas a ouro e uma carta de vinhos para competir com os melhores restaurantes de Paris (Figura 1.2).

O cardápio mais elaborado custa 2 mil renminbis (cerca de US$ 300 dólares) e oferece, entre outras iguarias, vieiras, camarões fritos, repolho frito com carne de faisão, sopa de ninho de pássaro,[c] pato com pasta de

---

[c] Ninhos feitos a partir da saliva de um tipo de **andorinha** asiática que os constroem por um período de 35 dias, durante a época de procriação. Os ninhos, só podem ser colhidos três vezes ao ano e com muito esforço por parte dos coletores, que se arriscam numa perigosa escalada aos paredões rochosos onde os ninhos são construídos. Os ninhos da andorinha asiática são ricos em nutrientes e têm elevados níveis de cálcio, ferro, potássio e magnésio. Acredita-se que a iguaria também tenha valor medicinal, ajudando a digestão, aumentando a libido, melhorando a voz, aliviando as crises de asma, melhorando a concentração e fortalecendo o sistema imunológico. Depois de colhidos, eles são lavados para a retirada de penas e vendidos a restaurantes, onde são servidos cozidos em caldo de galinha. Durante o processo de cozimento, os ninhos soltam uma substância que confere textura gelatinosa à sopa. (N.T. de acordo com *site* HowStuffWorks, disponível em: < http://pessoas.hsw.uol.com.br/12-comidas-estranhas11.htm>)

camarão e gergelim e *hasma*[d] cozido no vapor. Essa experiência pode ser regada com uma garrafa de *Château Lafite Rothschild 1990* por 16.800 renminbis (cerca de US$ 2.700).

Xangai se tornou uma das **capitais gastronômicas do mundo**, apoiada pelo talento, pelos investidores e pelas cadeias de abastecimento de alimentos frescos que não existiam quando o professor Li abriu sua empresa. Agora, o restaurante da família Li compete com sucesso com outros restaurantes de destaque na cidade conhecida como a Paris do Oriente, incluindo Jean Georges (de Jean-Georges Vongerichten, da França), Laris (do australiano David Laris) e Issimo (do italiano Salvatore Cuomo), bem como com o restaurante de Ho Wing, ex-*chef* do Jockey Club de Hong Kong.

O restaurante da família Li, em Xangai, representa a história dos clientes chineses emergentes, considerados **"novos-ricos"**, que vivem como imperadores: escolhendo a melhor refeição e vinho, desfrutando da alta gastronomia em um ambiente magnífico. Trata-se de **prazer**, **satisfação pessoal** e **certo grau de hedonismo**. Os anos dolorosos da vida de subsistência são memórias distantes, que podem ser deixadas para trás com as compras de hoje.

A ascensão dos consumidores novos-ricos e o prêmio de 10 trilhões de dólares

Em 1992, poucos anos depois de o professor Li abrir seu primeiro restaurante, Deng Xiaoping, o líder supremo da China, fez sua famosa turnê pelo sul da China, visitando pequenas – mas ao mesmo especiais e crescentes – zonas econômicas da China, afastando os grupos políticos mais conservadores e abrindo as portas do país aos investidores estrangeiros e ao setor privado. Dois anos depois, Gordon Wu, um magnata de Hong Kong, construiu uma autoestrada ligando as terras agrícolas do delta do rio das Pérolas aos portos de contêineres de Hong Kong. As terras agrícolas logo se tornaram cidades industriais, o investimento estrangeiro afluiu e a China verdadeiramente começou a aderir à economia global. Ao longo da década de 1990, o primeiro-ministro Zhu Rongji dirigiu grandes programas de reforma econômica a fim de preparar a China para se juntar à Organização

---

d   O *hasma* é feito a partir da drenagem do tecido gorduroso das áreas próximas aos tubos de falópio de sapos fêmeas. (N.T.)

Mundial do Comércio (OMC). Com isso os fluxos de investimento no país aumentaram ainda mais, e o crescimento da China acelerou.

Nas duas décadas que se seguiram à viagem de Deng, vários fatores se combinaram para criar o milagre econômico da China – **o maior aumento de produtividade econômica que o mundo já viu** –, um crescimento de produtividade que ainda está em curso e que embasa a excepcional elevação das classes consumidoras. A seguir citamos alguns desses fatores:

- **Acolhimento das forças de mercado na economia**: deixando que os mercados fixassem preços, permitindo que os empresários abrissem negócios e forçando as empresas estatais a competirem entre si. A China também desmantelou seu modelo de empresa estatal "tigela de arroz de ferro" (um sistema no qual os trabalhadores tinham estabilidade no emprego), uma reforma dolorosa, mas necessária, que afetaria mais de 70 milhões de pessoas.

- **Realização de investimentos em infraestrutura,** que ampliaram a capacidade produtiva da economia, utilizando elevados recursos internos, alavancando o sistema **Plano de Cinco Anos**[e] e usando, de modo inteligente, a centralização, pelo Estado, da posse de todas as terras. Esses investimentos, agregados às reformas agrícolas, também desencadearam uma migração para as cidades, levando pessoas para os ambientes urbanos, onde existiam oportunidades de emprego bem mais recompensadoras.

- **Adoção dos sistemas de comércio e investimento estrangeiro**, utilizando a associação do país à OMC como catalisador para a condução de reformas internas e para a criação de um ambiente de investimentos altamente atraente a investidores estrangeiros. Neste aspecto, a capacidade de alavancar o talento natural para negociações de Hong Kong, assim como o tecnológico de Taiwan, representaram uma grande vantagem.

---

e   Em 1953, foi elaborado e implementado o Plano de Cinco Anos para o Desenvolvimento Econômico e Social do país. Durante esse período, a China estabeleceu: 1º) mais de cem grandes empresas em algumas indústrias de base que, até então, representavam elos fracos; 2º) alguns novos setores industriais, como a fabricação de aviões, automóveis, tratores, equipamentos de geração de energia, equipamentos de metalurgia, máquinas de mineração e de precisão, estabelecendo assim uma base preliminar para a industrialização socialista. (N.T. de acordo com portal São Francisco. Disponível em: <www.portalsaofrancisco.com.br/alfa/china/economia-da-china.php>)

- **Formação de uma força de trabalho de mulheres e homens**, altamente capaz, e sua mobilização para os setores de alto crescimento da economia (na verdade, uma mobilização física de mais de 150 milhões de trabalhadores migrantes dentro do país), e o envio dos melhores e mais brilhantes indivíduos ao exterior para uma formação ainda mais completa.

- **Desenvolvimento dos direitos de propriedade privada**, o que elevou o número de posses de imóveis residenciais no país.

O milagre econômico da Índia se iniciou em diferentes condições e seguiu seu próprio caminho, mas não foi menos impressionante. Antes da década de 1990, a "Licença Raj – a versão indiana do capitalismo de Estado – revelou-se, sem dúvida, ainda mais eficaz em sufocar a produtividade do país que o próprio sistema comunista chinês. O sistema da Licença Raj consistia de vários requisitos indianos exigidos para se iniciar negócios, incluindo licenças múltiplas para a abertura, a operação ou a expansão de qualquer empresa. Em seu auge, os regulamentos, as rotinas e a burocracia da Licença Raj **limitaram** o crescimento e a produtividade da Índia – e efetivamente criaram oligopólios com preços muito elevados em vários setores. O **empreendedorismo foi esmagado** pelas barreiras erguidas pelo governo e pela corrupção. A primeira onda de mudanças ocorreu na década de 1980 – incluindo alterações nas leis de monopólio e algumas reformas setoriais pontuais. Em 1991, logo depois que Rajiv Gandhi foi assassinado, o recém-eleito primeiro-ministro Narasimha Rao e seu ministro das Finanças, Manmohan Singh (atual primeiro-ministro), encontraram o velho sistema econômico em crise e perceberam que as reservas do país em moeda estrangeira haviam caído para US$ 1,2 bilhão. O fato é que, com o iminente vencimento das dívidas externas, o país estava, literalmente, a apenas algumas semanas da falência, então, a dupla lançou um amplo conjunto de reformas que liberalizaria a economia indiana. Essas reformas incorporavam vários elementos-chave:

- **Desmantelamento da Licença Raj** – promoção da concorrência entre mais de 700 setores anteriormente protegidos e reservados para pequenas e médias empresas. Isso ajudou muitas fábricas a se tornarem mais eficientes e competitivas, uma vez que elas deixaram de apresentar baixa lucratividade.

FIGURA 1.3

Níveis do PIB (Produto Interno Bruto) para as cinco maiores economias, 1960-2030

A China passará os EUA em 2029; a Índia ultrapassará a Alemanha e o Japão em 2028.

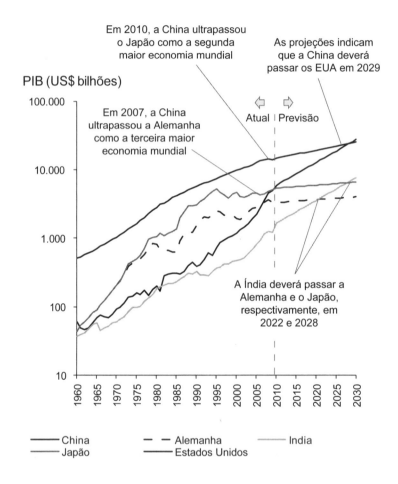

Fontes: Banco Mundial, *World Development Indicators* (Indicadores de Desenvolvimento Mundial); Euromonitor, Countries and Consumers, Economy and Finance; Fundo Monetário Internacional, *Data and Statistics* (Dados e Estatísticas), *World Economic Outlook Database* (Base de Dados do Panorama Econômico Mundial), outubro de 2010; Timothy Moe, Cesar Maasry e Richard Tang, Em *Equity in Two Decades: A Changing Landscape* (Capital Econômico Mundial em Duas Décadas: Uma Paisagem em Mudança), Goldman Sachs Global Economics Paper 204, 8 de setembro de 2010; Análises BCG.
Nota: Todos os valores do PIB estão em dólares norte-americanos cotados em 2010. As projeções de crescimento reais anuais do PIB para 2010-2030 são de 2,7% para os EUA, 8% para a China, 8% para a Índia, 1% para o Japão e 1% para a Alemanha.

- **Apoio ao comércio internacional**, com a redução dos custos de licenças de importação.

- **Remoção das medidas protecionistas** que sufocavam o investimento estrangeiro direto e cortejo ativo às multinacionais estrangeiras para que estas investissem na Índia. Isso resultou na abertura da maioria dos setores de investimento estrangeiro direto.

- **Lançamento de um programa de privatização**, com a venda total ou parcial da participação do governo em empresas estatais.

Os milagres econômicos da China e da Índia, impulsionados pelas reformas fundamentais que se iniciaram há duas décadas, estimularam um crescimento nos ganhos de produtividade que permanecerá forte e até mesmo se reforçará no futuro. Em 2029, se não antes, a China terá superado os EUA como a maior economia do mundo (Figura 1.3). Em 2028, a Índia provavelmente terá ultrapassado a Alemanha e o Japão, estabelecendo-se como a terceira maior economia mundial.

Há previsões de que a taxa de crescimento da produtividade da China torne-se particularmente forte ainda na década atual, conforme sua força de trabalho ganha experiência, e que tal crescimento se reduza apenas moderadamente a partir de 2020. Já o crescimento da produtividade da Índia tem sido mais lento e parte de uma base menor, contudo, acredita-se que ele ocorra fortemente ao longo das próximas três décadas, à medida que a educação e a infraestrutura melhorem, a urbanização se acelere e os muitos jovens cidadãos, cheios de energia, adentrem o mercado de trabalho.

A produtividade é importante porque se correlaciona forte e diretamente com o aumento dos rendimentos pessoais – que, por sua vez, alimentam a revolução do consumo. O aumento do consumo resultante – que denominamos **prêmio de 10 trilhões de dólares** – é **proporcional**.

Calculamos que, entre 2010 e 2020, os povos da China e da Índia consumirão bens e serviços que somarão o total de US$ 64 trilhões. Os consumidores chineses irão desembolsar US$ 41,5 trilhões durante esse período, com gastos anuais subindo de US$ 2 trilhões para US$ 6,2 trilhões, um aumento de 203%. Os indianos irão despender US$ 22,5 trilhões, tendo seus gastos anuais elevados de US$ 991 bilhões para US$ 3,6 trilhões, um aumento impressionante 261% (Tabela 1.1).

TABELA 1.1

Os gastos dos consumidores na China e na Índia: o prêmio de 10 trilhões de dólares

Prevemos um consumo de US$ 6,2 trilhões na China e de US$ 3,6 trilhões na Índia em 2020.

	China		India	
	2010	2020	2010	2020
Crescimento real do PIB anual		8%		8%
Os gastos dos consumidores a preços correntes (bilhões de dólares)	2.036	6.187	991	3.584
População (milhões)	1.334	1.383	1.200	1.333

Fontes: Euromonitor, Countries and Consumers, Economy and Finance, Consumer Behavior, Population and Homes; Análises BCG.
Nota: Os gastos dos consumidores estão projetados para crescer à mesma taxa do PIB.

Em outras palavras, juntos, os consumidores chineses e indianos irão gastar quase US$ 10 trilhões por ano até 2020 – valor três vezes maior do que aquele que ambos estão gastando atualmente. Sua participação combinada no mercado mundial crescerá de 8,2% para 15,7%.[1] No Apêndice A descrevemos o mosaico de culturas desses dois países grandes e heterogêneos e explicamos de que modo um entendimento do mercado local é crucial para que se possa obter sucesso.

É claro que em qualquer previsão de estabilidade futura existe incerteza. Previsões presumem estabilidade e, no mundo real, elas estão absolutamente vulneráveis a crises econômicas, desastres naturais, instabilidade política e corrupção. No Apêndice B, destacamos o possível cenário de fim de linha, alertamos para esse problema e explicamos por que a jornada rumo ao prêmio de US$10 trilhões pode ser dolorosa.

No entanto, para crianças chinesas nascidas em 2009, o progresso econômico contínuo provavelmente significará que, ao longo da vida, elas poderão consumir **38 vezes** mais bens materiais que seus avós (Figura 1.4). A expectativa de vida aumentou de 47 anos para um bebê chinês nascido

FIGURA 1.4
Padrões de consumo na China ao longo da vida

Chineses nascidos em 2009 consumirão 38 vezes mais que os nascidos em 1960.

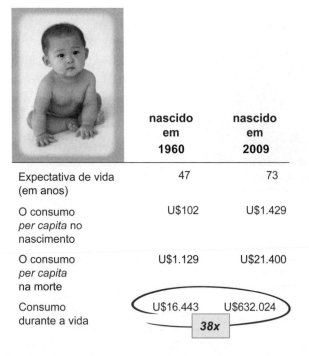

	nascido em 1960	nascido em 2009
Expectativa de vida (em anos)	47	73
O consumo per capita no nascimento	U$102	U$1.429
O consumo per capita na morte	U$1.129	U$21.400
Consumo durante a vida	U$16.443	U$632.024

38x

Fontes: Banco Mundial, World Development Indicators (Indicadores do Desenvolvimento Mundial); Organização das Nações Unidas, Departamento de Assuntos Sociais e Econômicos, Divisão Populacional, Population Estimates and Projections 2010 (Estimativas e Projeções Populacionais 2010); Euromonitor, Countries and Consumers (Países e Consumidores); Economist Intelligence Unit (Unidade de Inteligência Econômica), Análises BCG.
Nota: Todos os valores estão em dólares norte-americanos cotados em 2010. Pressupostos fundamentais: o crescimento da população achatará depois de 2050, e o crescimento real do PIB anual será de 3% a partir de 2020. Esses pressupostos são conservadores por causa do longo período de previsão. Metodologia detalhada e suposições estão disponíveis mediante solicitação.

em 1960 para 73 anos para uma criança nascida em 2009. Um bebê indiano nascido em 2009 pode esperar viver até os 64 anos de idade – vinte e dois anos mais que seus avós – e consumir **treze vezes** mais bens materiais que seus avós (Figura 1.5). Em comparação, uma criança nascida nos EUA em 2009, embora possa apreciar o mais alto padrão de vida do mundo, provavelmente consumirá apenas o dobro do que seus pais ou avós consumiram e viverá apenas nove anos a mais que eles.

FIGURA 1.5

Padrões de consumo na Índia ao longo da vida

Indianos nascidos em 2009 consumirão treze vezes mais que os nascidos em 1960.

	Born in 1960	Born in 2009
Expectativa de vida (em anos)	47	64
Consumo per capita no nascimento	US$241	US$802
Consumo per capita na morte	US$531	US$6.151
Consumo durante a vida	US$14.645	US$184.556

13x

Fontes: Banco Mundial, World Development Indicators (Indicadores do Desenvolvimento Mundial); Organização das Nações Unidas, Departamento de Assuntos Econômicos e Sociais, Divisão Populacional, World Population Estimates and Projections 2010 (Estimativas e Projeções Populacionais 2010); Euromonitor, Countries and Consumers (Países e Consumidores); Economist Intelligence Unit (Unidade de Inteligência Econômica); Análises BCG.
Nota: Todos os valores estão em dólares norte-americanos cotados em 2010. Pressupostos fundamentais: o crescimento da população achatará depois de 2050, e o crescimento real do PIB anual será de 3% a partir de 2020. Esses pressupostos são conservadores por causa do longo período de previsão. Metodologia detalhada e suposições estão disponíveis mediante solicitação.

A grande razão para essa elevação no padrão de vida na China e na Índia, que irá gerar enorme pressão sobre o abastecimento global, está no aumento dos rendimentos. De 2010 a 2020, a renda anual *per capita* vai aumentar, em média, de cerca de US$ 4.400 para US$ 12.300 na China e de US$ 1.500 para US$ 4.400 na Índia (Figura 1.6). Como resultado, a elite econômica chinesa crescerá de 24 milhões para 91 milhões de famílias, a

FIGURA 1.6
A renda *per capita* na China e na Índia, 1960-2020

O crescimento chinês explodiu depois de 1992; a diferença entre a China e a Índia continuará a aumentar.

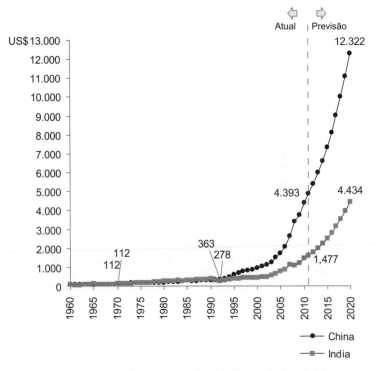

Classe média recém-criada de 1 bilhão de indivíduos

Fontes: Banco Mundial, World Development Indicators (Indicadores de Desenvolvimento Mundial); Análises BCG.
Nota: Todos os valores estão em dólares nominais.

classe média irá crescer de 109 milhões para 202 milhões de famílias e a classe mais baixa irá encolher de 260 milhões para 138 milhões de lares (Tabela 1.2). O número de pessoas que sobrevivem com menos de US$ 1,25 por dia – a **linha internacional de pobreza** – cairá de 208 milhões para 150 milhões. A elite econômica da Índia aumentará de 9 milhões para 32 milhões de famílias, a classe média irá saltar de 63 milhões para 117 milhões de famílias e a classe mais baixa diminuirá de 152 milhões para 110 milhões de famílias. O número de pessoas abaixo da linha da pobreza cairá de 455 milhões para menos de 200 milhões.

TABELA 1.2

A distribuição da renda na China e na Índia, 2010 e 2020

Índia e China irão se tornar grandes mercados consumidores por causa de suas crescentes classes média e alta.

		Distribuição de renda em 2010		Distribuição de renda em 2020		Coeficiente de Gini (2007)
		Número de famílias (milhões)	Proporção de famílias (%)	Número de famílias (milhões)	Proporção de famílias (%)	
China	Alta	24	6	91	21	41,5 (40,0 em 2001)
	Média	109	28	202	47	
	Baixa	260	66	138	32	
India	Alta	9	4	32	12	36,8 (37,8 em 1997)
	Média	63	28	117	45	
	Baixa	152	68	110	43	

Fontes: Euromonitor, Countries and Consumers, Annual Disposable Income (Países e Consumidores, Rendimento Disponível Anual); Análises BCG.
Nota: O coeficiente de Gini é uma medida de igualdade da distribuição de renda, em que 0 expressa a igualdade total e 100 a desigualdade total. Todas as categorias de renda, quando ajustadas à paridade de poder aquisitivo em dólares estáveis em 2005, traduzem como classes baixa (< US$15 mil), média (entre US$ 15 mil e US$ 45 mil) e alta (>US$ 45 mil). Em se tratando de dólares nominais, eles são os seguintes: China 2010: baixa (< US$ 7,3 mil), média (entre US$ 7,3 mil e US$ 23,2 mil) e alta (> US$ 23,2 mil); China 2020: baixa (< US$ 9,9 mil), média (entre US$ 9,9 mil e US$ 31,3 mil) e alta (> US$ 31,3 mil); Índia 2010: baixa (<US$ 6,7 mil), média (entre US$ 6,7 mil e US$ 20 mil) e alta (> US$ 20 mil); Índia 2020: baixa (< US$ 11,2 mil), média (entre US$ 11,2 mil e 33,5 mil) e alta (> US$ 33,5 mil).

A renda média nos EUA irá crescer mais lentamente, mas ainda será consideravelmente mais elevada que na China e na Índia – US$ 68,8 mil por ano em 2020. Mas o que realmente irá impulsionar o crescimento global e os padrões de consumo é a **triplicação** da renda nos países mais populosos do mundo.[2] De acordo com nossa pesquisa, um dos paradoxos do mundo moderno é de que aqueles que têm pouco se sentem ricos, enquanto os que têm muito se sentem pobres e ameaçados. E nos próximos quarenta anos, os que têm pouco ficarão cada vez mais ricos. Em um relatório recente, a divisão de investimentos do banco HSBC vai muito além de nossa previsão, argumentando que entre 2010 e 2050 a renda *per capita* na China aumentará em 800%, e na Índia em 600%.[3]

Outra razão para o crescimento é que os clientes novos-ricos acabarão por **mergulhar** em suas **extensas poupanças** e explorar o crédito ao consumidor. Na China, os consumidores, as empresas e o governo poupam incríveis 53,6% de seu PIB, enquanto na Índia, esse número é de 33,6%. Nos EUA, apenas 9,8% do PIB é guardado para uso futuro.[4] As economias de todas as fontes financiam uma parte significativa do reinvestimento de capital. Se apenas uma pequena proporção dessas economias fosse dirigida para a aquisição de bens e serviços, isso equivaleria a um verdadeiro *"tsunami* de dinheiro" – uma onda maciça e incremental na economia mundial. Isso, aliás, representaria um aumento no prêmio de 10 trilhões de dólares – esse total seria agora de US$ 13 trilhões.

Os consumidores chineses continuam a **poupar a uma taxa prodigiosa**, particularmente em face do declínio do crescimento do PIB. Eles continuam preocupados com a falta de uma rede de segurança social, com o aumento do custo da educação de seus filhos e com a necessidade de fornecer subsídios para que seus filhos do sexo masculino comprem seus primeiros apartamentos. De acordo com nossas pesquisas de 2012, as atitudes entre os consumidores jovens, especialmente aqueles com idade inferior a 25 anos, refletem uma visão conservadora e o mesmo interesse em manter suas altas reservas de poupança – os jovens estão mais dispostos a manter seus ganhos estacionados por um tempo, por conta da crescente insegurança no emprego. No entanto, esperamos que seus sentimentos de otimismo para o longo prazo gradualmente se traduzam em aumento nos gastos.

Um terceiro fator para o aumento do padrão de vida é que os governos chinês e indiano estão claramente focados em estimular o **consumo doméstico**. Ambos os países sabem que o crescimento econômico – e, com isso, a **harmonia social** – depende do aumento da procura interna. Existe um dilema (*trade-off*) entre o consumo corrente e a poupança. A poupança representa um de três propulsores de crescimento econômico nacional. Os outros dois são o crescimento da força de trabalho e a produtividade dessa força de trabalho. A Índia tem o potencial para se beneficiar nas três frentes, ostentando forte atuação em todas essas dimensões durante a próxima década.

Os novos reis e as novas rainhas do consumo

O consumidor é o rei. Neste sentido, os novos-ricos da China e da Índia, enquanto consumidores, terão posição de comando nas economias nacio-

FIGURA 1.7
Principais personagens chineses e indianos no livro

Fonte: fotos BCG.

nal e mundial. Eles têm a ambição, a energia e a desenvoltura necessárias para fazer isso acontecer na China e na Índia de hoje – e, ao longo dessa década, eles irão se mudar para casas novas, comprar uma série de equipamentos eletrônicos, pagar por alimentos de melhor qualidade, investir na educação de seus filhos e começar a viajar por seus próprios países e para o exterior. Este é, portanto, um momento emocionante e edificante.

Entrevistamos centenas de consumidores no decorrer desse trabalho e contamos algumas de suas histórias ao longo desse livro. Os elementos mais importantes compartilhados por eles são os seguintes:

- Origem humilde.

- Vontade de proporcionar uma vida melhor para si mesmos e para seus filhos.

- Um sonho vivo e específico envolvendo todos os elementos de uma vida melhor, muitas vezes repleta de bens materiais – incluindo uma casa e um carro –, grandes experiências obtidas por meio de viagens e lazer, e o acesso aos cuidados de saúde de qualidade e à educação moderna.

Neste livro apresentamos muitos desses consumidores (Figura 1.7). Dois deles são Rakesh Kumar Sahu e Zhou Zhanghong.

Rakesh tem 39 anos de idade e mora em Lucknow, capital de Uttar Pradesh, o Estado mais populoso da Índia, com mais de 200 milhões de habitantes. Rakesh começou vendendo lanches com um carrinho de mão e ganhando cerca de 90 mil rúpias (aproximadamente US$ 2 mil) por ano, apenas o suficiente para cobrir todas as suas necessidades. Agora, casado e com um filho de 14 anos de idade, ele possui e administra um pequeno restaurante montado em uma barraca. De pele escura e sorriso rápido, ele é um tanto rechonchudo, o que sustenta sua crença de que está carregando uns dez quilos extras. E isso é um sinal de sua recém-descoberta riqueza. Nos últimos dez anos sua ascensão tem se assemelhado à trajetória de "um foguete." Ele atualmente ganha 450 mil rúpias por ano (cerca de US$ 10 mil), o que o posiciona firmemente na classe média na Índia.

Seus clientes são os empresários e comerciantes locais que passam por sua tenda. Primeiramente, ele serve um conjunto de clientes regulares, as pessoas que apreciam seu tempero no *khasta puri*, *bada* e *dahi mandou* (populares salgadinhos fritos indianos). Ao entrar em seu restaurante, o cheiro de cebola, alho, cominho, açafrão, limão, *curry*, coentro e coco, entre outros aromas distintos, flutuam em sua direção. Toda a comida que ele prepara é fresca e utiliza ingredientes locais. A única exceção à regra é o seu refrigerador repleto de garrafas de refrigerantes da Pepsi.

Rakesh prosperou, assim como ocorreu com Lucknow e Uttar Pradesh. Nos últimos anos, o Estado e sua capital têm desfrutado de um grau significativo de investimentos do governo em estradas, edifícios e infraestrutura. Eles ainda estão atrás do resto do país em educação e saúde, mas as coisas têm melhorado ao longo da última década. A Lei Nacional Mahatma

Gandhi de Garantia de Emprego Rural, promulgada em 2005, gerou um padrão de vida mínimo para muitas pessoas. O programa garante empregos com salário diário de cerca de US$ 2,60 e, em 2010, o governo investiu nele US$ 8,1 bilhões.[5] Uma pequeníssima parcela desse dinheiro vai para as mãos de Rakesh, por meio da venda de lanches aos trabalhadores pobres em Lucknow.

Confiante e ambicioso, Rakesh fala gesticulando com as mãos, e suas frases saem aceleradas. "No início, eu não tinha nada. Hoje, por causa do meu trabalho, alcancei várias coisas e agora eu tenho tudo", diz ele com orgulho. "Eu morava em um quarto alugado. Agora eu tenho um apartamento com dois quartos. Eu também comprei um lote de terra e, muito em breve,vou construir minha casa dos sonhos no local", complementou Rakesh.

Os bens materiais têm migrado para as famílias de classe média chinesas e indianas. Rakesh tem dois televisores, dois telefones celulares, uma máquina de lavar roupas, uma geladeira pequena, uma van Versa Suzuki e uma motocicleta. Dez anos atrás, ele comia do arroz mais barato, evitava frutas por causa do alto preço e nunca podia comprar os medicamentos prescritos por seu médico. Agora, ele compra uma boa marca de óleo refinado, arroz *basmati*[f] e come todas as frutas e legumes que deseja. Seu filho frequenta um ótimo colégio particular em Lucknow – City Montessori School – e Rakesh tem dinheiro para ocasionalmente assistir a um filme e presentear sua esposa. Ele pode até poupar um quarto de sua renda para um eventual momento de dificuldade.

Ele não prevê dias sombrios pela frente – ele espera por uma contínua prosperidade. Aonde Lucknow for, ele vai. "Minha vida é boa – melhor do que eu poderia esperar", diz ele. "Minha vida não vai retroceder, apenas progredir. O progresso estará em toda parte", disse Rakesh.

Você pode ver a emoção no rosto de Rakesh conforme ouve sua história de sucesso. O mesmo ocorre com Zhou Zhanghong, uma mulher de 33 anos de idade, em Xangai.

Zhanghong, uma empresária bem-sucedida, nasceu em uma pequena vila rural de Shandong, província na costa norte da China. Ela tem

---

f   Considerado o "príncipe dos arrozes", de origem asiática, o *basmati* é uma variedade muito famosa por seu aroma e textura delicada, com sabor que remete às especiarias do oriente. Possui grãos longos que ficam ainda maiores depois de cozidos e exalam uma fragrância muito leve. (N.T.)

três irmãs e dois irmãos. Seus pais plantavam trigo e legumes e obtinham uma renda de apenas US$ 1.500 por ano para alimentar, vestir e dar moradia à sua família de oito pessoas. Zhanghong nunca teve a chance de ir para a faculdade.

"Eu tive de deixar a escola para permitir que o meu irmão mais novo a frequentasse", diz ela. "Ele é o primeiro filho e foi o melhor aluno. Para mim, foi uma vida muito dura. Ainda me lembro de querer comprar um novo par de calças por 13 renminbis (cerca de dois dólares), mas não podíamos pagar por elas. Eu esperava que algum dia pudesse ganhar dinheiro e ser capaz de viver por meus próprios esforços", complementou Zhou Zhanghong.

Hoje, Zhanghong representa uma imagem da nova classe média alta. Ela está grávida de seu segundo filho. A maioria dos governos provinciais permite aos casais ter dois filhos, desde que possam pagar uma taxa de cerca de US$ 20 mil – **apesar da regra do filho único introduzida em 1978**. Enquanto conversávamos em seu escritório, ela usava um cardigã de caxemira cinza e calças pretas de corte impecável. Ela sorria e levava uma cadência de otimismo e entusiasmo em sua voz.

Ela se orgulha de sua história de vida. Aos 18 anos, saiu de casa e conseguiu emprego em uma gráfica em Nanquim. Aprendeu a compor impressões e vários princípios de *design*. Naquela época, sua renda anual se igualava à de sua família. "Mas não era o suficiente para guardar muito na forma de poupança por causa do aluguel, das roupas e da alimentação. Meu chefe apreciava meu esforço, e eu comecei a pensar que poderia alcançar sucesso", falou Zhanghong.

Assim, ela se deixou atrair por Xangai, onde trabalhou em outra gráfica. Nessa época, ela se casou com um de seus colegas de trabalho, e eles decidiram abrir seu negócio próprio. Juntos, fundaram a Shanghai Jingma Gift Company – uma loja semelhante à Preçolândia no Brasil; artigos a preços módicos para aniversários, festas de empresas e uso pessoal, como diários, cadernos, calendários, artigos de couro, canetas, relógios e outros itens. Os consumidores podem comprar tanto na loja física quanto *on-line*. O marido de Zhanghong é responsável pelas vendas e pelo *marketing*, enquanto ela é encarregada das finanças e da gestão interna. Depois de extenuantes oito anos, a empresa passa a operar com vinte funcionários e mantém seu rápido crescimento: a projeção de sua receita para 2012 era de US$ 3 milhões. O casal dispõe de uma renda mensal de cerca de US$ 7 mil, o que os posiciona no 1% das famílias mais ricas da China.

"Eu acredito que enquanto trabalhar duro, alcançarei meus objetivos. A vida é cheia de oportunidades e somente se tornará melhor", enfatizou Zhanghong. Ela é grata por seu próprio progresso. "Lembro-me de que nosso vilarejo recebeu eletricidade quando eu tinha 12 anos, e nossa tia, que morava na cidade, nos deu uma TV usada. Aquela foi a primeira TV que chegou à aldeia. A vila inteira vinha à nossa casa para assistirmos juntos à televisão à noite", ela lembrou.

Zhanghong é a diretora financeira tanto na empresa quanto em sua própria casa. Ela é quem toma as decisões sobre as compras, gerenciando todo o orçamento familiar. Ela e o marido ganham mais de cinquenta vezes o que seus pais recebiam na aldeia. Ela alcançou um nível de riqueza sobre o qual afirma: "Não se trata de **sobreviver**, mas de **viver**."

O casal possui dois apartamentos (um é sua residência, o outro, um investimento), dois carros (uma BMW e uma minivan) e muitos eletrodomésticos modernos, incluindo uma TV em cores 32 polegadas de tela plana (de uma marca local chamada Changhong), um refrigerador *side-by-side* (Electrolux), um forno de microondas (Galanz), dois telefones celulares (Oppo), dois aparelhos de ar condicionado (Midea), uma máquina de lavar roupas (Rongshida) e porcelanas Kohler em seu toalete. Eles viajam pelo país duas vezes por ano e estão pensando em visitar Paris ou Nova York no futuro. Eles têm uma vida social muito ativa e vão ao cinema pelo menos uma vez por semana, jantam com frequência nos melhores restaurantes e jogam *Mahjong*[g] com os amigos nos fins de semana. Suas marcas preferidas incluem Estée Lauder, Esprit e Louis Vuitton. Seu marido recentemente se associou a um clube de golfe.

Zhanghong está muito feliz com sua vida e se sente grata por suas experiências. "Eu aprendi a tratar cada trabalho com 100% de dedicação e não me concentrar apenas no retorno em curto prazo." Como está prestes a dar à luz seu segundo filho, e seu filho mais velho vai ser matriculado no ensino fundamental no próximo ano, ela planeja temporariamente "desacelerar" no trabalho para passar mais tempo com a família. Mas isso não

---

g   Jogo de origem chinesa que, a partir de 1920, foi exportado para o resto do mundo e principalmente para o Ocidente. É composto de 144 peças, chamadas comumente de "pedras". São elas: 36 do naipe bambu, 36 do naipe moeda e 36 do naipe miríade. (N.T.)

significa o fim de sua carreira. Ela percebe a própria carreira como uma jornada de vida e planeja voltar à empresa logo após o parto. "Eu sinto que é meu dever continuar a desenvolver o negócio, para criar uma vida melhor e um bom futuro para os empregados", salientou Zhanghong.

Na próxima década, Zhanghong espera ser favorecida pelo crescimento da China e o desenvolvimento do país. "Eu sou calma e muito otimista", diz ela. "Sempre acredito em um futuro brilhante. Estou confiante de que o meu trabalho duro valerá a pena", concluiu Zhanghong.

O sentimento do consumidor: as esperanças e os sonhos dos novos-ricos

Se Rakesh e Zhanghong são **excepcionais**, o fato é que existem muitos outros como eles por toda a China e a Índia. Essas pessoas têm grande **dinamismo** e **determinação** para obter sucesso, gastar dinheiro e serem felizes como nunca foram antes. Sabemos disso por meio das pesquisas anuais realizadas pela BCG a respeito das atitudes do consumidor, que nos ajudam a entender suas paixões e preferências. Nosso Centro de Percepção do Cliente e Consumidor já rastreou uma década de esperanças e sonhos dos chineses, além de cinco anos dos indianos. Os consumidores na China e na Índia têm aspirações elevadas, estão otimistas sobre seu futuro e ansiosos para desfrutar de seu primeiro sabor de riqueza. Suas atitudes estão em nítido contraste com as dos consumidores do mundo ocidental, deprimidos pela recessão.

De acordo com nossa pesquisa de 24 mil consumidores em todo o mundo, 36% dos chineses e 19% dos indianos esperam aumentar seus gastos discricionários ao longo dos próximos doze meses (Figura 1.8). Em comparação, apenas 11% dos norte-americanos, 8% dos europeus e 5% dos japoneses esperam fazer o mesmo.

Além disso, muitos consumidores nos dois países esperam trocar os equipamentos de que já dispõem por similares de melhor qualidade: 39% dos chineses e 34% dos indianos, em comparação a 18% dos norte-americanos e 16% dos europeus. O que os conduz é o desejo por melhores benefícios técnicos e de saúde. Eletrônicos, vestuário e artigos para a decoração da casa compõem as principais categorias. Além disso, os gastos com cuidados de saúde estão aumentando em ambos os países, embora na

FIGURA 1.8

Apetite para gastar e disposição para comprar (por país)

A China lidera o mundo no desejo de gastar e na vontade de comprar.
"De que modo você imagina que seus gastos discricionários irão mudar ao longo dos próximos doze meses?"

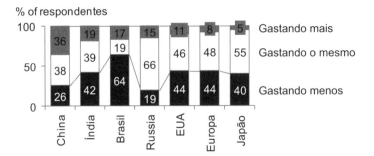

Tendência para comprar mais/menos

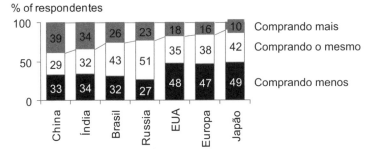

Fonte: BCG Global Consumer Sentiment Survey, 2011 (Pesquisa Global BCG de Percepção dos Consumidores, 2011).
Nota: "Comprar mais" indica uma vontade de gastar mais em uma determinada categoria de produto; "comprar menos" indica uma preferência por poupar ou gastar o mínimo. Realizou-se um corte no quartil da renda mais baixa e a amostra obtida foi reconsiderada no sentido de representar a real distribuição de renda em cada país. Neste gráfico a Europa é constituída por Alemanha, Reino Unido, Espanha, Itália e França. Em virtude dos arredondamentos, a soma dos percentuais pode não chegar exatamente a 100.

China o custo *per capita* nessa categoria tenha dobrado em relação ao da Índia, perfazendo agora US$ 309 por habitante, em comparação aos US$ 132 *per capita* na Índia.[6]

Uma das despesas mais elevadas do orçamento dos consumidores novos-ricos refere-se à comida que ingerem em casa e fora dela (incluindo restaurantes, lanchonetes e *drive-throughs*) – eles estão comprando uma variedade muito maior de alimentos. Supomos que o consumo diário de calorias de um indivíduo comum irá aumentar em cerca de 10% na Índia e na China até 2020. Porém, embora a preferência por produtos hortifrutículas frescos esteja aumentando, essa elevação não deverá gerar uma população mais saudável. Na China, a nova dieta contém mais carne, e isso, adicionado ao consumo de prodigiosas quantidades de cigarros e álcool, pode levar a uma epidemia de obesidade, doenças cardiovasculares e diabetes.

Identificamos um círculo virtuoso que está estimulando o novo otimismo dos consumidores chineses e indianos (Figura 1.9). Além de rendimentos mais elevados, os novos-ricos estão optando por famílias menores. Na China, claro, a regra de um único filho criou uma nação na qual quatro avós e dois pais dedicam seu amor e seus recursos a um único herdeiro da família. Isso permite o investimento maciço no bem-estar social, na saúde e na educação dessa criança. Todavia, mesmo na Índia, onde os esforços de Indira Gandhi para esterilizar homens e mulheres tiveram de ser abandonados na década de 1970, existe uma tendência por

FIGURA 1.9

Círculo virtuoso de crescimento na Índia e na China: poupança elevada, famílias menores, mais investimento

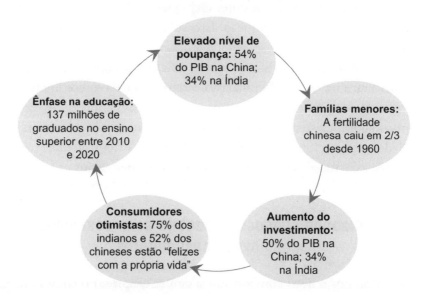

Fontes: Banco Mundial, World Development Indicators (Indicadores de Desenvolvimento Mundial); Euromonitor, Countries and Consumers (Países e Consumidores); BCG Global Consumer Sentiment Survey (Pesquisa Global BCG de Percepção do Consumidor), março de 2011; Análises BCG.

famílias menores – especialmente nas áreas urbanas, nas quais a média entre a classe afluente é de dois filhos.

Além disso, os governos chinês e indiano têm realizado grandes investimentos programados, mediante uma série de planos de cinco anos, que se destinam à melhoria da vida das pessoas. Em particular, como veremos no Capítulo 11, os governos, assim como os indivíduos, têm investido fortemente em educação, cientes de que isso irá lhes servir como uma grande escada rolante rumo a oportunidades e empregos melhores e mais bem-remunerados.

O abundante otimismo dos consumidores chineses e indianos os está levando a crer, possivelmente pela primeira vez, que serão capazes de alcançar seus sonhos de prosperidade, segurança e relativa riqueza. Como parte do nosso trabalho de percepção do consumidor, rastreamos a mudança de seus valores. Na Índia, a família, a educação, a poupança, a riqueza e o lar são vistos atualmente com mais importância do que o eram há apenas dois anos. O que também acontece com o "valor do dinheiro", refletindo o duradouro poder de *paisa vasool*, que investigamos no Capítulo 12. Outros valores crescentes incluem o *status*, a comodidade e o bem-estar.

Na China, o bem-estar, o lar, a família, a espiritualidade (não a religião) e a poupança também se tornaram mais importantes nos últimos dois anos. Outros valores crescentes incluem o meio ambiente, o convívio, a educação, os amigos e a riqueza. Isso sublinha a contínua influência da noção confuciana de uma sociedade *xiaokang* – ou seja, uma **sociedade próspera** e **harmoniosa**. Esses valores refletem a confiança das pessoas que cresceram na era da liberalização econômica e da maior liberdade social, e sustentam as esperanças e os sonhos desses indivíduos. E, como veremos agora, existem companhias que estão lucrando com essas oportunidades, proporcionando produtos melhores, distribuição mais confiável e acesso a informações a respeito de segurança e benefícios.

Realizando sonhos: atendendo às necessidades dos novos consumidores

Como iniciamos o livro com a história de um empresário chinês que está atendendo ao novo desejo pela *haute cuisine*,[h] fecharemos o capítulo com a

---

h   Da culinária francesa, cozinha *gourmet*, ou seja, de gosto delicado e preparada por indivíduos especializados em gastronomia. (N.T.)

história de um empresário indiano que está atendendo ao novo apetite de seu povo por uma vida saudável.

Harsh Mariwala incorpora as características arquetípicas de um empresário indiano – um homem que tem uma nova ideia a cada minuto, guiada por uma visão de crescimento e expansão e pela sensação de que nenhuma barreira é alta demais para ser superada. Ele entrou para a Marico, o negócio de sua família, em 1971, e hoje ele é o presidente e diretor executivo da companhia. Ele conta que acorda todos os dias com a mesma energia de seu primeiro dia no trabalho. "Eu amo a empresa, adoro nossas conquistas e estou apaixonado pelo nosso futuro", diz ele.

Mariwala sempre viveu sua vida obcecado com as necessidades dos novos clientes. Seu objetivo tem sido o de fornecer a eles produtos práticos, fáceis de usar, acessíveis e saudáveis. "Temos oportunidades ilimitadas", diz ele, animado. "Sempre fomos famosos por nossas tomadas de decisão, nossas atitudes e nosso modo de pensar, que passam necessariamente através dos olhos de nossos consumidores", detacou Mariwala.

Ele nos entregou uma cópia de seu livro, *An Uncommon Journey* (*Uma Viagem Incomum*). Então, contou-nos sua saga de criar e comandar uma empresa de bens de consumo e soluções na área de beleza e bem-estar ao longo dos últimos quarenta anos. Foi uma época na história da Índia quando o país deixou de ser regulamentado, restrito e antiempresarial e se tornou livre para se desenvolver, **celebrando o espírito empreendedor**. Ele particularmente se orgulha das inovações de sua empresa no que se refere às embalagens, aos investimentos realizados nas pessoas e em suas capacidades, às novas linhas de produtos, aos avanços da tecnologia da informação (TI) nos pontos de venda (PDVs),[i] e aos esforços realizados para conquistar a expansão internacional da companhia. "Quarenta anos atrás, partimos em uma jornada armados somente de nossos sonhos", diz ele. "Nós inventamos, inovamos, quebramos a cabeça para encontrar máquinas, estabelecer o fornecimento e a distribuição dos produtos – e clientes para comprá-los", recordou Mariwala.

Quando Mariwala começou, a Marico era um pequeno produtor de óleos comestíveis a granel. Hoje, a empresa é líder em produtos para cabe-

---

i   Referência às gôndolas, às prateleiras e aos *stands* de produtos específicos que, muitas vezes, oferecem brindes e/ou amostras grátis para os consumidores. Eles são facilmente encontrados em supermercados e lojas, e podem ser promocionais. (N.T.)

los, bem como óleos comestíveis, alimentos funcionais, produtos instantâneos a base de amido e, mais recentemente, serviços de cuidados para a pele. Ele e a família detêm 63% das ações da empresa. Nos últimos dez anos, a firma figurou como uma das empresas *top* do *ranking* FMCG (*fast-moving consumer goods* – produtos de rápido consumo) na Índia com base no retorno total para o acionista – superando a Nestlé, a Unilever Hindustan e a Tata Tea. Seu sucesso foi construído sobre sua extensa rede de distribuição e vendas: **3,3 milhões de pontos de venda**.

Mariwala tem muitas histórias para contar sobre sua empresa. "Somos o principal consumidor de cocos na Índia. Um em cada 12 cocos produzidos na Índia é vendido para a Marico", diz ele. Na frase seguinte, ele busca afirmação: "Não criamos algo emocionante? Somos rápidos e decisivos, e sabemos qual é o nosso nicho." Duas das marcas da empresa, Parachute e Saffola, são particularmente bem-sucedidas. Parachute é um óleo de coco para diversos usos do consumidor. Os indianos consomem óleos comestíveis em grandes quantidades, e o óleo de coco é rico em gordura saturada. Saffola, um óleo comestível de baixo teor de gordura saturada, é habilmente posicionado como produto para um **"coração saudável"** e seus principais clientes são da classe média.

A Marico começou como parte da Bombay Oil Industries Limited, uma empresa que já existe há mais de sessenta anos. Mas somente nas últimas três décadas, sob a direção de Mariwala, a companhia evoluiu para uma das maiores empresas de produtos de grande consumo (FMCG) na Índia. Em 2011, suas vendas foram de cerca de US$ 700 milhões. A organização expandiu internacionalmente, com grande presença em Bangladesh, no Egito, em partes do Oriente Médio, no Sudeste Asiático e na África do Sul.

"Certamente continuaremos a crescer, tanto no âmbito nacional como no exterior", destacou Mariwala, radiante. "Não vamos perseguir os maiores mercados. Entraremos nos mercados de classe média emergente. Estaremos lá para atender às suas necessidades em termos de beleza e bem-estar", ressaltou o empresário.

Mariwala se orgulha de já ter competido e vencido a Hindustan Unilever, uma concorrente muito maior do setor de consumo de bens embalados do negócio de óleos. Para garantir a vitória, ele diz que "modernizou" as embalagens, incrementou a distribuição e melhorou a qualidade dos produtos. "Tratava-se de nosso principal negócio, por isso não tínhamos escolha, a não ser vencer", falou Mariwala. No final, a Marico adquiriu a

26   O PRÊMIO DE 10 TRILHÕES DE DÓLARES

marca de óleo para cabelos Nihar, da Hindustan Unilever. Ele chama isso de "uma vitória emocional e psicológica."

"Vamos crescer e expandir nossa linha de produtos", diz ele.

"Sabemos como nos manter fora dos holofotes das multinacionais. Sabemos explorar nichos. Sabemos que nosso poder está em nossa extensa distribuição. A Índia vai crescer e se desenvolver muito durante a próxima década – aproximadamente 10% de crescimento anual composto. Quando os clientes indianos quiserem gastar seu dinheiro extra em cuidados pessoais e produtos alimentícios saudáveis, quando quiserem um tratamento para a pele ou para os cabelos, nós estaremos lá", enfatiza Harsh Mariwala.

Mariwala diz ainda que a atitude mental é essencial – e ele é um dos principais defensores da **mentalidade de aceleração**, que iremos explorar no Capítulo 14. "Cresça mais rápido do que você está acostumado. Nunca pare de buscar novas oportunidades. Amplie seus limites. "Nosso grau de energia é bastante elevado e temos uma persistência incrível. Eu amo isso aqui. Nossos dias de rápido crescimento ainda estão no futuro. É preciso paciência, perseverança, esforço contínuo e jamais desistir", declarou para finalizar Harsh Mariwala.

O aumento do número de clientes novos-ricos irá gerar dois efeitos importantíssimos: criará **novas oportunidades** e, ao mesmo tempo, dará origem a uma nova **era de competição**. Para as empresas nos Estados Unidos e na Europa, que são rápidas e flexíveis o suficiente para tirar proveito do crescimento do mercado, haverá riqueza espetacular: uma parte do prêmio de 10 trilhões de dólares. As que não forem rápidas e ágeis enfrentarão concorrentes que já terão crescido na China e na Índia, e que irão atacar com força total os mercados ocidentais, oferecendo preços baixos e produtos de alta qualidade.

Para ajudar as empresas em sua jornada, tentamos preencher este livro com muitas lições práticas e estratégias. Acreditamos que os novos-ricos da China e da Índia são diferentes dos ocidentais. Eles cresceram sem qualquer coisa e, de repente, descobrem a própria vida repleta de opções. São compradores cuidadosos e querem o reconhecimento, o respeito e a sofisticação transmitidos pelos produtos de marca. Eles são excepcionalmente otimistas sobre o futuro. Esperam tornar-se mais ricos e comandar uma fatia maior da renda e dos recursos mundiais.

Para ganhar esses novos clientes é necessário conquistá-los – **cativá-los**. Isso é possível se focarmos seis emoções:

- Ampare-os para realizar seus **próprios sonhos** – dê a eles um momento de gratificação e elevação.

- Auxilie-os a distinguirem-se como **conhecedores do assunto** – discernidores, informados, visivelmente afluentes.

- Ajude-os a **viver bem**, com menos. Entenda que eles "trabalham duro, gastam com prudência" – cada rupia, cada renminbi é precioso, e lhes causa angústia quando deixa seus bolsos.

- Compreenda que as **lembranças dolorosas** ainda os assombram. Quase todos os consumidores com quem falamos na China e na Índia tinham lembranças de privação e risco pessoal, próprias ou de suas famílias. É necessário respeitar a história deles e proporcionar-lhes uma visão **otimista do futuro**.

- Ganhe a **lealdade** e a **reverência** deles auxiliando no desenvolvimento e na saúde de seus filhos.

- Ouça-os com atenção. O novo consumidor (cliente) indiano ou chinês quer se engajar em um **diálogo** e **deseja respeito** e **apreço**.

Observação importante – o renminbi (RMB) e cujo símbolo monetário é ¥, ou seja, a "moeda do povo" é a moeda da República Popular da China sendo distribuída pelo Banco Popular da China. As unidades de moeda são *yuan* que é igual a 10 *jiao* e a 100 *fen*. No mundo ocidental, a moeda chinesa é chamada de *yuan*, mas nesse livro manteremos a denominação renminbi. Os chineses continuam referir-se ao *yuan* como *kuai*.

PARTE I

A ascensão do novo consumidor na China e Índia

CAPÍTULO 2

Os novos revolucionários
A ascensão da classe média

Quem são os novos clientes, de que modo gastam seu dinheiro e o que as empresas devem fazer para cativar quase um bilhão de pessoas

GOVIND SINGH SHEKHAWAT não se parece em nada com um revolucionário. Com quarenta e poucos anos de idade, esse trabalhador se divide entre dois empregos no sonolento e deserto Estado indiano do Rajastão. Ele tem o sorriso largo de um homem que está feliz com a vida. Ma Guojun também não parece um revolucionário. Cerca de dez anos mais novo que Govind, Ma Guojun é engenheiro e leciona em uma universidade na Província de Qinghai, no oeste da China. No entanto, a despeito das aparências, não há dúvida de que ambos façam parte de um movimento revolucionário: **a ascensão das classes médias chinesa e indiana**.

Ao longo da história, a China e a Índia foram países fortemente polarizados, com uma pequena elite muito abastada no topo de sua civilização e uma **esmagadora maioria de cidadãos muito pobres** em sua base – e quase nada entre essas duas classes socioeconômicas. A maioria das pessoas, nas cidades ou no campo, levava uma **vida de subsistência**. Entretanto, isso tem mudado nos últimos dez anos, e de maneira radical. Acredita-se que, dentro de uma década, esses dois países terão pela primeira vez em sua história uma substancial classe média. Em seu discurso de 1947, *Encontro com o Destino*, Jawaharlal Nehru, o primeiro-ministro da Índia independente, proclamou: **"A Índia irá acordar para a vida e a liberdade."** Apenas dois anos mais tarde, em outubro de 1949, o presidente Mao Tsé-tung também declararia: **"A China se levantou."** Na verdade, demoraria mais de sessenta anos para que os clientes chineses e indianos acordassem, se levantassem e começassem a ganhar e a gastar como nunca tiveram a oportunidade de fazer antes.

Como discutido no Capítulo 1, o número de lares de classe média na China irá quase dobrar ao longo da década atual, subindo para 202 milhões em 2020. Esse será o maior grupo de clientes de classe média do mundo. No mesmo período, na Índia, o número de lares de classe média irá praticamente dobrar para 117 milhões. Esses clientes de classe média serão responsáveis por quase a metade dos gastos em consumo nos dois países em 2020 (Figura 2.1). E é justamente essa recém-descoberta produtividade e capacidade em termos de ganhos que está sustentando o dramático crescimento nos gastos dos clientes e gerando em pessoas como Govind e Guojun extraordinária ambição, energia e otimismo.

O nível de renda familiar define esse novo grupo de indivíduos prósperos – mas não se trata de um grupo homogêneo. Além de dividir as famílias entre as classes baixa, média e alta, também é útil segmentar a classe baixa entre destituídos e "próximos de 1 bilhão"; a classe média entre média emergente e média; e a classe alta entre ricos e super ricos. O **próximo bilhão** de pessoas da classe baixa são os que, pela primeira vez, têm algum dinheiro disponível nos bolsos e energia e am-

FIGURA 2.1

Como o prêmio de 10 trilhões de dólares se fragmenta entre as classes

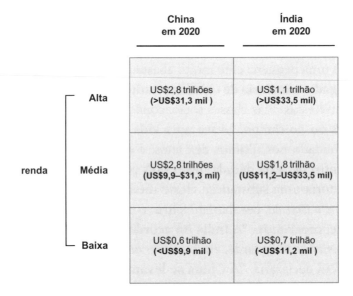

Fontes: Euromonitor, Countries and Consumers (Países e Clientes); Banco de dados de renda da cidade BCG; Análise BCG.

bição suficientes para se mover rumo à classe média – eles trabalham duro, se preocupam com a educação dos filhos e escolhem produtos de melhor qualidade.

FIGURA 2.2

Renda familiar na China, 2010 e 2020

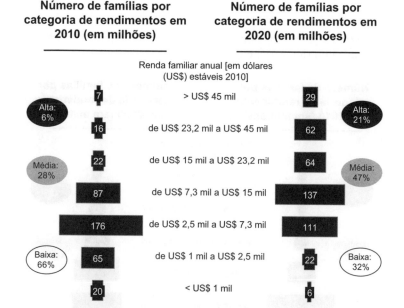

Fontes: Euromonitor, Countries and Consumers (Países e Clientes), Annual Disposable Income (Rendimento Disponível Anual); Banco de dados de renda da cidade da BCG; Análise BCG.

Na China, a renda familiar mínima para a entrada na classe média, levando-se em conta o reduzido custo dos bens e serviços nesse país, é o montante anual de US$ 9.750. Todavia, consideraremos como mínimo para a entrada na classe média emergente o valor de US$ 7.300 anuais, e o limite máximo para os membros mais ricos dessa mesma classe o montante de US$ 23.200 por ano (Figura 2.2). Guojun, que ganha em torno de 80 mil renminbis, ou US$ 12.500, se enquadra nessa categoria.

Na Índia, a classe média tem uma faixa de renda que vai de US$ 6.700 dólares a US$ 20 mil (Figura 2.3). Muitas vezes subdividimos essa classe em dois grupos: o **urbano** e o **rural**. Govind está tranquilamente situado na classe média, ganhando mais de 500 mil rupias por ano, ou cerca de US$ 11 mil, com seus diversos empreendimentos.

Mas, apesar de o rendimento representar um fator-chave de segmentação, ele não é o único. Outros fatores incluem a educação, a profissão e a geografia, e, como veremos neste capítulo, essas diferenças influenciam as atitudes dos clientes e, sobretudo, seus padrões de consumo.

Primeiramente, porém, devemos conhecer os novos membros da classe média.

FIGURA 2.3

Renda familiar na Índia, 2010 e 2020

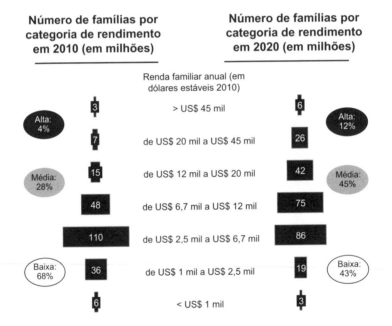

Fontes: Euromonitor, Countries and Consumers (Países e Clientes), Annual Disposable Income (Rendimento Disponível Anual); Banco de dados de renda da cidade BCG; Análise BCG.

O reinado (da classe) média: a nova burguesia da China

Ma Guojun faz parte dessa nova classe. Nascido perto de Xining, capital da Província de Qinghai, ele cresceu em uma família pobre, sendo o mais velho de três irmãos. Seu pai trabalhava para a empresa de eletricidade local e sonhava que, se estudasse bastante, Ma Guojun conseguiria ascender na hierarquia da sociedade chinesa.

Entretanto, o desempenho de Guojun no *gaokao*, vestibular nacional chinês, foi apenas modesto e somente garantiu a ele uma vaga em uma universidade em Shenyang, em vez de em Pequim. Lá, ele obteve licenciatura em Ciência de Materiais e Engenharia. Entretanto, seu rendimento foi tão bom que ele foi capaz de continuar a estudar e realizar uma pós-graduação em uma universidade de Pequim. Para ele, esta foi uma grande virada.

Logo após concluir seus estudos, Guojun conseguiu um emprego como pesquisador na Advanced Technology & Materials Company (AT&M). Esse fabricante de produtos metálicos foi fundado por um instituto de pesquisa estatal no final da década de 1990. Seu salário anual era de 60 mil renminbis, ou cerca de US$ 9.400, o dobro do rendimento anual de seu pai, o que o posicionava como membro da **classe média urbana** e **emergente**. Se Guojun se sentia especial, ele não era o único, muitos outros também estavam subindo a escada social. Em 2010, aqueles que viviam em lares de classe média emergente ou superior constituíam 26% da população. Em 2020, essa proporção terá se elevado para 50%. Grande parte desse crescimento ocorrerá nas cidades em rápida expansão da China, locais em que 75% da população irão adentrar a classe média emergente ou superior até o final dessa década. Hoje em dia, a classe média emergente representa cerca de 15% da população geral e 26% da população urbana. Guojun se adequou com perfeição a ela, mas ainda não estava totalmente satisfeito.

Em Pequim, a classe média precisa cortar custos e manter um orçamento apertado a fim de viver uma vida melhor. Por exemplo, muitos trabalhadores apenas encontram apartamentos a preços acessíveis após o quarto anel – via expressa que cerca a cidade, localizada a mais de 8 km do centro –, e, desse modo, o trajeto para o trabalho pode levar 90 min ou até mais.

Naquela época, Guojun não se sentia rico, apesar de ser, considerando os padrões de sua família. Ele morava em um pequeno apartamento de apenas 40m², que alugou juntamente com um companheiro de quarto. O local tinha poucos móveis e ficava a quilômetros de distância de seu trabalho. Ele levava mais de uma hora para chegar aos escritórios da AT&M no parque tecnológico de Zhongguancun – resposta chinesa ao Vale do Silício –, e ele tinha de chegar até lá viajando em um metrô lotado. Isso significava que lhe sobrava pouquíssimo tempo para o lazer. Em suas próprias palavras: "Todo dia era trabalho, trabalho, trabalho." Pior que isso, ele sentia que mesmo que trabalhasse e guardasse dinheiro pela vida inteira, ainda não seria capaz de pagar por um apartamento de tamanho adequado em Pequim.

Aos 27 anos de idade, Guojun era solteiro. Ele se apaixonara por uma bela jovem em Pequim, mas sua modesta situação financeira, aliada ao fato de que viera de uma cidade distante dois mil quilômetros da capital, não o tornava uma aposta atraente como marido, ou, de forma mais direta, como genro. Os pais da menina obrigaram o casal a seguir caminhos separados. Como ele explicou: "A mãe dela disse: 'Esse rapaz não consegue garantir uma vida boa nem para ele mesmo, como poderia lhe proporcionar felicidade?'"

O *status*, expresso por uma boa casa e um bom trabalho, representa um importante fator na China, como veremos no Capítulo 8. "Uma casa não significa apenas um lugar para viver. Ela se traduz como uma declaração de riqueza: segurança, cuidados com a saúde, identidade e educação", disse-nos Guojun. "Muitas pessoas que crescem em Pequim têm casas compradas pelos pais. Mas, no meu caso, que tive de migrar de uma área rural, eu mesmo fui obrigado a pagar pela minha própria moradia, e isso é quase impossível por causa dos elevados e crescentes custos dos imóveis", salientou Guojun.

Conforme buscava um novo rumo para sua vida, Guojun deparou com um emprego que parecia ter sido feito para ele: uma posição de palestrante na área de engenharia na Universidade de Qinghai, em sua cidade de origem, Xining. Ao receber a oferta de um salário semelhante ao que ganhava, ele aproveitou a chance para escapar de Pequim e voltar para casa. Guojun sabia que no interior seu dinheiro valeria mais, ele teria uma possibilidade maior de encontrar uma esposa e começar uma família, e, assim, viveria uma vida melhor. Esse padrão comum de migração está impulsionando o crescimento das cidades de níveis 2 e 3ª na China.

Quatro anos depois, ele tem uma esposa, um filho de 1 ano de idade e uma renda familiar anual de 80 mil renminbis, ou US$ 12.500. É proprietário de um apartamento três vezes maior do que o que alugara em Pequim

---

a   A divisão administrativa da China se apresenta em 4 níveis: 1º provincial; 2º sub-regional; 3º distrital; e 4º de comarca. O 1º nível compreende 34 divisões, sendo 23 províncias, 5 regiões autônomas, 4 cidades administrativas e 2 zonas administrativas. (N.T.)

– graças, em parte, a um presente de seus pais – e adquiriu muitas das coisas que queria: uma televisão, um computador e um novo *smartphone* HTC que comprou no *site* taobao.com, o maior mercado *on-line* da China.

Como muitos clientes de classe média, ele é muito ativo *on-line*, investindo em torno de duas horas por dia na Internet – muitas vezes enviando mensagens para seus companheiros professores por meio do QQ, o serviço de mensagens instantâneas do país. Na verdade, ele costumava passar mais horas fazendo isso, mas seu filho recém-nascido agora toma bastante de seu tempo.

Ele definitivamente quer mais – mais bens, maior poupança, melhor conforto; quer ter o próprio carro – atualmente, ele viaja de trem ou utiliza o carro da universidade. Ele também quer dar ao filho todas as melhores possibilidades na vida, fornecendo-lhe a melhor educação. Ele tem poupado ativamente para custear os estudos de seu filho. Está se esforçando para subir na carreira e ganhar um salário maior, fazendo um doutorado na Universidade de Tecnologia de Lanzhou. Toda noite, depois que seu filho dorme, Guojun volta para os livros, estudando até de madrugada. Periodicamente, ele faz uma viagem de trem de duas horas de Xining a Lanzhou para se reunir com seus professores. Assim que se graduar, mais portas irão se abrir para seu avanço. Quando completar seu Ph.D. (*Philosophiae Doctor*), Guojun será um dos mais de sessenta mil novos Ph.Ds. no seu ano de graduação – um aumento de seis vezes no número de doutorados em dez anos. Ele se pergunta se um MBA também seria um bom investimento para ajudá-lo a se destacar da multidão.

Em suas próprias palavras, Guojun alcançou o que ele chama de "a primeira metade dos seus sonhos." Na próxima década, ele espera continuar a investir em si mesmo e em sua carreira. E, à medida que Xining se tornar mais próspera e ele conseguir abrir cada vez mais portas em seu caminho, é bem provável que sua renda anual continue a subir. De muitas maneiras, ele é parte da **classe média em movimento** da China – um grupo móvel e de rápida mudança que está simplesmente redesenhando a sociedade.

Carros, casta e classe na Índia

O **sistema de castas** ainda sobrevive na Índia. Embora nos dias de hoje ele seja menos marcante e rígido que há dez anos, e o país conte com um governo intervenuor que está tentando melhorar a mobilidade social e a econômica, esse sistema ainda paira no ar. Govind é um *Rajput* – orgulhosa casta guerreira que, em certa ocasião, governou os nobres Estados do norte da Índia. Ele usa um bigode escuro, uma marca de sua masculinidade e de sua herança marcial. Mas o que realmente distingue Govind são suas posses: para um homem que começou do nada, elas são as coisas que realmente importam para ele.

Nascido em 1971, cerca de vinte anos antes da introdução das reformas de mercado que sinalizariam a reentrada da Índia na economia global, Govind foi criado em uma cabana em Jhalana Dungri, uma das áreas mais carentes de Jaipur. Como Guojun, Govind era o mais velho de três irmãos e, portanto, pressupunha-se que ele ajudaria a sustentar a família desde cedo.

Seu pai, um pintor, levava para casa cerca de 50 mil rupias, ou cerca de US$ 1.100, por ano. O jovem Govind, oferecendo seus serviços como diarista e pintor, logo ganharia o suficiente para ajudar a família. "Comecei a trabalhar aos 15 anos", explica ele. "Com o dinheiro que ganhava, eu era capaz de dar conta de meus estudos e ainda ajudar meu pai", lembrou Govind.

Ele deixou a escola aos 19 anos e começou a trabalhar em tempo integral. Muito em breve, ele já estaria ganhando cerca de 35 mil rupias (US$ 750) – aproximadamente dois terços da renda de seu pai. Seu ponto de virada ocorreu quando conheceu sua esposa. "Ela é minha grande inspiração", disse ele. Ela era uma estudante na universidade local quando um casamenteiro[b] os apresentou um ao outro. Ela estudava Pedagogia para tornar-se professora. "Percebi que ser ajudante de pintor não me permitiria conseguir tudo o que eu queria para a minha família", explicou ele. "Eu queria fazer algo mais do que apenas ser um pintor ou empreiteiro", relatou Govind.

Isso foi em meados dos anos de 1990, e o mercado de automóveis indiano estava se abrindo. Até então, o *Hindustan Ambassador*, veículo inspirado no suntuoso *Morris Oxford III*, da década de 1950, da extinta British Motor Company, representava o automóvel indiano clássico – tanto que foi apelidado de **"rei das estradas indianas"**. Govind arranjou um segundo emprego como assistente de lavador de carros, suplementando

---

b   A profissão de casamenteiro (a) é de grande importância nas culturas mais tradicionais. O ofício, que atende a todas as classes sociais indianas, ajuda os noivos a conhecerem pessoas com as quais teoricamente poderão se dar bem. Atualmente, esse serviço também sobrevive nos serviços de busca de parceiros via agências especializadas na Internet. (Fonte: http://pt.fotopedia.com/items/flickr-2301951764 .) (N.T.)

sua renda como pintor. "Eu costumava acordar às quatro horas da manhã e limpar os carros para as pessoas, e, em seguida, começar meu trabalho, às nove", recordou ele. "E depois, à noite, eu aprendi a dirigir e consegui uma carteira de motorista", completou Govind.

Bonito, bem vestido e em boa forma física, ele foi escolhido como motorista de um proeminente empresário de Jaipur. "Eu dirigia um Fiat branco naquela época", lembrou ele, "e eu aprendi tudo sobre o funcionamento dos carros." Esse conhecimento se mostrou fundamental em sua jornada rumo à prosperidade. Ao final de seus vinte e tantos anos, ele decidiu começar um pequeno negócio de comércio de carros usados, que administrou concomitantemente ao seu trabalho diário como motorista. "Comprei um carro detonado e o reformei", afirmou ele. "Trabalhei nele por quase dois meses; quase todas as noites, das oito horas até a meia-noite. Ganhei quase 20 mil rupias (US$ 430) naquela negociação", declarou Govind.

Era muito dinheiro para Govind, e, desde então, ele nunca mais olhou para trás. Ele começou a negociar carros – comprando, consertando e revendendo. No ano passado, ele estima que realizou 23 dessas transações. Com mais dinheiro no bolso, ele foi capaz de deixar seu emprego em tempo integral como motorista e tornar-se um agente independente, apenas conduzindo pessoas em ocasiões especiais: muitos indianos dirigem na cidade, mas contratam um motorista para viagens de longa distância.

Hoje, sua renda anual é de mais de 500 mil rupias – cerca de US$ 11 mil, um aumento de dez vezes em vinte anos. Os símbolos de *status* e sucesso da classe média estão ao seu redor: uma TV Videocon, um refrigerador Godrej, um automóvel Suzuki e uma motocicleta Honda. Além de tudo isso ele também tem sua própria casa: um imóvel de três dormitórios em um bairro de classe média. Isso diz muito a respeito de Govind – não somente por sua posição na sociedade, mas também sobre sua ambição por conseguir cada vez mais. Ele está sempre à procura de maneiras para aumentar seus ganhos. Em um momento de nossa reunião, ele se inclinou e se ofereceu para comprar nosso carro. "Vou fazer um bom negócio para vocês", disse ele. Nós recusamos.

Cerca de doze anos atrás, ele comprou um pequeno lote de terra por 100 mil rupias (US$ 2.200). "Nenhum banco estava disposto a emprestar dinheiro para uma pessoa como eu na época, então pedi pequenos valores às pessoas com quem eu costumava trabalhar e, lentamente, consegui devolver o dinheiro a elas em um período de seis anos", disse Govind. Em 2008, aproveitando um momento em que acreditava que os preços do aço e do cimento estavam relativamente baixos, ele começou a construir. Ele investiu na construção da casa e em sua mobília. Ele se orgulha especialmente de ter instalado os dois condicionadores de ar da marca General – entre as mais caras do mercado, esses equipamentos fornecem ar fresco nos verões quentes de Jaipur. "É a melhor marca japonesa, por isso tem de ser de boa qualidade. Eles também consomem menos energia que as outras marcas", explicou Govind.

Atualmente, a casa vale 6,2 milhões de rupias, ou US$ 130 mil – uma fortuna para Govind. Mas não é luxuosa, pelo menos não no sentido ocidental da palavra. É uma construção térrea simples na cor terracota. O banheiro é básico: tem uma torneira, que é usada para encher um balde que funciona como chuveiro improvisado; um pequeno espelho, que ele utiliza para fazer a barba; e um vaso sanitário. Mas não há papel higiênico. Além disso, o fornecimento de energia é intermitente – a eletricidade é rotineiramente cortada à tarde, das 13h às 15h. Por esta razão ele comprou uma geladeira convencional que mantém os alimentos resfriados por até quatro horas sem eletricidade. Ele também tem um **lavadeiro**, que vai à sua casa para lavar suas roupas à mão e colocá-las para secar.

Para aumentar ainda mais seu rendimento, Govind entrou para a Gold Souk, uma empresa de *marketing*, onde trabalha meio período como representante de vendas comissionado. Nos últimos três anos, ele já ganhou mais de 1 milhão de rupias (US$ 21 mil) em comissões. No entanto, mesmo com toda essa recente riqueza, Govind ainda tem fome para mais – para si e para seus dois filhos.

Ele sonha em tirar férias com sua família e visitar Dubai e Cingapura. Também deseja que seus filhos conquistem mais do que ele próprio alcançou e tudo mais que desejarem. "Eu gasto cerca de 5 mil rupias (US$ 100) por mês na educação de ambos. Meu filho está indo bem na escola – ele atingiu 90% de acertos em seus exames. Espero que ele se torne um engenheiro. Não quero que ele passe pelas mesmas dificuldades que eu passei", profetizou Govind.

Conforme Govind conversa, ele mastiga tabaco. Ele não fuma nem bebe álcool. É um homem sério que se orgulha de seu sucesso, de seu trabalho duro e de sua capacidade de subir na vida mediante seus próprios esforços. "Quando eu tinha 16 anos de idade, nunca pensei que um dia teria uma casa, um carro importado e uma motocicleta. Mas aprendi que, com o esforço correto, é possível conseguir qualquer coisa. Eu trabalho entre quinze e dezesseis horas por dia, sete dias por semana, e é por isso que eu cheguei a esse ponto. Mas eu ainda vou fazer de tudo para ganhar mais dinheiro. Quero dobrar minha renda a cada três ou quatro anos. Quero ter certeza de que sou capaz de comprar uma casa melhor, matricular meu filho em uma boa faculdade e prover à minha família tudo o que eu nunca tive" relatou Govind (Ele jamais falou sobre o envio de sua filha para a faculdade).

Ele sente essa paixão. Em diversas oportunidades ele repetiu a mesma frase **"dobrar minha renda"**, apontando com o dedo para dar ainda mais ênfase ao seu objetivo. Ele é um homem com uma missão.

Curvas de consumo: como os clientes de classe média gastam seu dinheiro

Alimento, casas, eletrodomésticos, transportes, educação, saúde, vestuário: estes são os itens nos quais os clientes de classe média, enriquecidos com rendas mais elevadas, estão começando a gastar seu dinheiro. O **número um** na lista de compras da família é a **comida**. Mas se isso parece impressionante, espere por um crescimento ainda mais espetacular em outras categorias de consumo à medida que mais e mais pessoas se juntam à classe média.

O **segundo item mais importante** da lista de compras dos clientes de classe média é o **imóvel** para a família, e seu **mobiliário**. De acordo com nossa pesquisa anual, na China, os eletrodomésticos ocupavam a primeira posição entre os itens que a população planejava aprimorar em 2011: cerca de 53% dos clientes registraram sua intenção de gastar mais em televisões, geladeiras e computadores.

Esses números indicam o extraordinário otimismo dos clientes chineses e indianos sobre seu futuro. Conforme descrito no Capítulo 1, cerca de 39% dos clientes chineses e 34% dos clientes indianos manifestaram intenção de trocar seus eletrodomésticos por outros de melhor qualidade. Em contrapartida, apenas 18% dos norte-americanos e 16% dos europeus fizeram o mesmo.

No entanto, à medida que ficam mais ricos, eles se tornam ainda mais otimistas, e seu comportamento de gastos se apresenta de maneira distinta. Nos anos anteriores, era difícil observar a evolução das pessoas que entravam para a classe média e alta porque eram poucos os indivíduos que iam da **pobreza** à **prosperidade**. Nos últimos dez anos, entretanto, a transição foi surpreendente – é como um vídeo acelerado de transformação social.

Para acompanhar essa transição, utilizamos uma ferramenta chamada **curva de consumo** para nos ajudar a estabelecer de que modo os clientes alteram seus hábitos de consumo, à medida que ganham mais dinheiro. Produtos diferentes têm curvas de consumo de formatos distintos – o que mostra que a demanda do consumidor por produtos variados se altera a uma taxa desigual conforme sua renda aumenta. Considere dois tipos de bebidas, por exemplo: **água** e **vinho fino**. Com o aumento da renda das pessoas, elas, de fato, não consomem mais tanta água, e, por isso, essa curva de consumo se torna bastante plana. Em contrapartida, quando um consumidor entra para a classe média, há uma tendência de se beber um vinho melhor de vez em quando, como um tratamento especial. Então, quando o consumidor se torna verdadeiramente rico, ele começa a consumir bons vinhos em caráter regular. Assim, a curva de consumo de vinho é ascendente, se elevando conforme a renda aumenta.

Com essa ferramenta, nossa análise mostra que quando as pessoas têm **renda disponível** suficiente para entrar na classe média emergente – em geral quando sua renda familiar chega a cerca de US$ 7.500 por ano –, elas começam a gastar em coisas que apenas poderiam sonhar em ter: frutas e legumes frescos, roupas prontas para vestir, melhor habitação.

Nossa pesquisa mostra que os clientes atingem um segundo limiar importante quando começam a ganhar cerca de US$ 12.500. Nesse ponto, eles experimentam investir no primeiro automóvel, interessar-se por bens de consumo mais caros e alimentos saudáveis e gastar mais em produtos de beleza, vestuário, calçados, entretenimento e bebidas alcoólicas.

Então, conforme se tornam mais ricos, com renda anual de US$ 19 mil, as pessoas cruzam outra fronteira; começam a gastar dinheiro em viagens, recreação, artigos domésticos mais extravagantes e alimentos que não são produtos de consumo diário, como iogurtes, chocolates, café e vinho.

Para itens como bens de consumo domésticos, a curva revela uma acentuada inclinação ascendente, indicando um aumento constante nos gastos à medida que a renda se eleva (Figuras 2.4 e 2.5). Outras categorias de consumo que crescem abruptamente, porém com menor ímpeto que as relacionadas à casa, são o **transporte** e a **comunicação**, bem como a **educação**. Os gastos com **saúde**, outra categoria principal, somente começam a subir quando as pessoas alcançam a classe média alta ou a classe alta, com apenas a parte final da curva de consumo se dobrando para cima.

Em contraste, a curva de consumo de alimentos segue uma trajetória ascendente suave e realmente se achata à medida que as pessoas ficam mais ricas – afinal, independentemente do quanto dinheiro tiver, o ser humano só consegue consumir uma quantidade máxima de alimentos e calorias.

FIGURA 2.4

As curvas de consumo BCG para os diferentes produtos na China

As categorias se dividem em três grupos, com base em suas curvas de consumo.

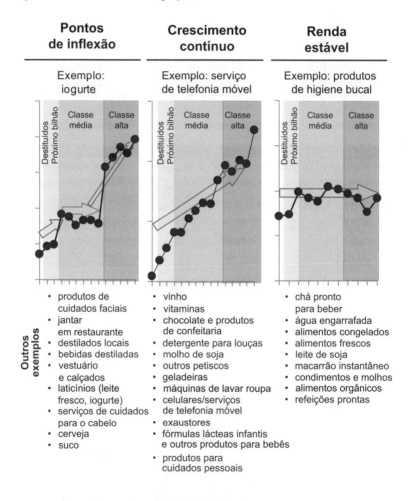

Fonte: BCG Global Consumer Sentiment Survey (Pesquisa Global BCG da Percepção dos Clientes), 2010 e 2011.
Nota: Os padrões de consumo são resumidos de acordo com o gasto anual *per capita* para as categorias de rápido movimento e com a despesa *per capita* dos últimos 12 meses para as categorias de bens duráveis.

OS NOVOS REVOLUCIONÁRIOS   43

Padrões de consumo na China

Na China, as pessoas que estão chegando ao *status* de classe média emergente estão focando três necessidades básicas: **alimentação, vestuário** e **casa**. Quando eram pobres, compravam suas roupas em camelôs, trocavam alimentos básicos entre si e suportavam condições de vida de subsistência. Hoje, com mais dinheiro, eles visitam lojas de varejo modernas em

FIGURA 2.5

As curvas de consumo BCG para os diferentes produtos na Índia
As categorias se dividem em três grupos, com base em suas curvas de consumo.

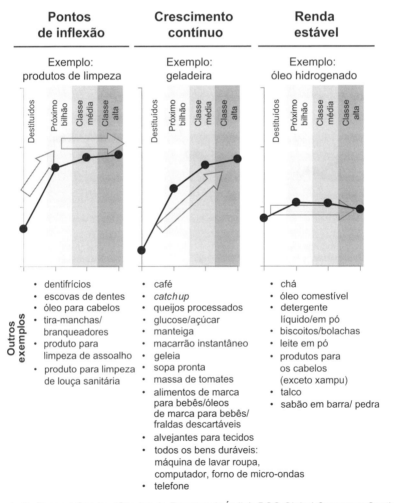

Fontes: India Reserve Service (Serviço de Reserva da Índia); BCG Global Consumer Sentiment Survey (Pesquisa Global BCG da Percepção dos Clientes), 2010 e 2011.

busca de roupas de qualidade; vão a supermercados para ter acesso a uma ampla variedade de frutas, legumes, carnes e laticínios, e investem em bens domésticos básicos. Nas áreas urbanas, mais de 95% dos lares têm uma máquina de lavar, uma geladeira e um ar condicionado.

Conforme integram a classe média, as pessoas concentram sua atenção nos bens de consumo que melhoram sua qualidade de vida e as levam para muito além da subsistência. Os alimentos, as roupas e o imóvel continuam sendo importantes, mas elas procuram por produtos sofisticados, com funcionalidades avançadas, e de marcas internacionais instantaneamente reconhecíveis. Elas também buscam por produtos realmente saudáveis : sucos, água engarrafada, vitaminas e outros suplementos alimentares. Essa é uma tendência em ascensão. Por exemplo, na China, observamos procura crescente por **água engarrafada**, com o nível de compra subindo de 67% em 2007 para 86% em 2011. Temerosos de que a água de torneira esteja poluída, os chineses dedicam bastante de sua renda com produtos seguros.

Quando entram para a classe alta, o comportamento de compras dos chineses se **expande** e eles começam a adquirir produtos *premium*, como itens que demonstram *status* e carros de luxo, e a realizar atividades mais sofisticadas, como jantar fora, ir ao cinema, praticar esportes e fazer viagens ao exterior, principalmente para os EUA e a Europa. Hoje, os chineses mais ricos estão comprando uma **quantidade recorde** de vinho importado de Bordeaux, na França. Porém, ao fazê-lo, eles não estão simplesmente consumindo mais dessa bebida, mas aprendendo a apreciá-la – um reflexo de sua crescente sofisticação.

À proporção que se tornam mais ricos, os chineses olham os produtos de marca cada vez mais de perto: cerca de 70% dizem que compram por causa da marca – uma porcentagem maior de clientes do que na maioria dos outros países (Tabela 2.1). Nos EUA apenas 30% dos clientes trocam seus equipamentos por outros de marcas mais comerciais, e na Europa somente 19% fazem isso – uma percentagem ainda mais baixa. Os chineses enfatizam a marca principalmente porque a percebem como um indicador de qualidade e de funcionalidade.

Para algumas categorias de consumo – principalmente produtos para bebê (como fórmulas infantis), produtos de luxo e grifes – a marca desempenha um papel especialmente importante na decisão de compra. Para outras, como decoração e entretenimento, ela é menos significati-

TABELA 2.1

Motivos apresentados pelos clientes para adquirir novos produtos (por país)

A marca ainda é a principal razão para a compra de novos produtos na China e na Índia, mas as diferenças técnicas e a salubridade estão emergindo como motivações comuns.

Razões para a compra de novo produto	Respondentes (%)						
	China	Índia	Brasil	Rússia	EUA	Europa	Japão
Por causa da marca	70	64	60	26	30	19	24
Existem significativas diferenças técnicas na qualidade do produto ou do serviço (por exemplo, recursos, estrutura, materiais, aparência).	65	61	70	60	52	45	6
Porque é mais saudável.	65	65	73	68	49	38	6
Esses produtos/serviços oferecem melhores resultados que os produtos/serviços comuns ou mais baratos.	63	55	71	66	63	51	41
Essas categorias de produtos/serviços são mais importantes para mim.	53	57	76	63	44	34	13
Gosto da sensação de usar esses produtos/serviços.	52	62	69	59	32	34	17
Eu posso pagar por ele.	50	58	63	64	34	30	27
Eu mereço.	46	60	77	59	26	26	22
Gosto da sensação de comprar esses produtos/serviços.	47	55	68	54	26	27	14

Fontes: BCG Global Consumer Sentiment Survey (Pesquisa Global BCG da Percepção do Consumidos), março de 2011; Análise BCG.
Nota: a Europa é representada por Alemanha, Reino Unido, Espanha, Itália e França.

va. Existem também algumas categorias cujas marcas estrangeiras são cobiçadas e outras cujas marcas locais são preferidas. Quando se trata de roupas e de produtos eletrônicos de consumo, as marcas estrangeiras são favorecidas – nomeadamente Nike, Adidas e Nokia. Em contrapartida, para os eletrodomésticos são preferidas as marcas locais, que oferecem produtos confiáveis e bons serviços pós-venda. Por exemplo, em se tratando de geladeiras, duas vezes mais clientes conhecem a marca nacional Haier em comparação com outras marcas, incluindo famosos fabricantes internacionais de produtos de linha branca.

Padrões de consumo na Índia

Segmentamos a classe média da Índia em média emergente e média, com foco especial nas diferenças urbanas e rurais. Na extremidade inferior, ocorre certa sobreposição com a classe do "próximo bilhão", que inclui uma porcentagem da classe média emergente, enquanto, na extremidade superior, há certa sobreposição com as classes de ricos ou super-ricos, especialmente entre os profissionais formados.

Hoje, a classe média – que inclui professores, executivos juniores, gerentes de fábricas e médicos de vilarejos[c] – é responsável por 28% das famílias e 44% do consumo.[1] Como seria de se esperar, a **classe urbana** tem gastos relativamente mais elevados, representando 8% das famílias e 11% do consumo. Os profissionais formados, grupo distinto cujos membros incluem graduados que trabalham como gerentes e executivos, e cuja renda coincide com a da classe média mais abastada, verão sua quota de consumo familiar aumentar de 16% em 2010 para 26% em 2020.

Estimamos que o gasto excedente da classe média urbana represente cerca de 32% de sua renda total. Quanto à classe média rural, esse número é um pouco menor: 28%. Já para os profissionais formados, ele é substancialmente mais elevado, chegando a 48%.[2]

A maioria dos indianos, mesmo aqueles com renda anual de US$ 3 mil ou menos, consome produtos básicos como óleo de cozinha, sabonete para banho, sabão em pó e chá. À medida que enriquecem, começam a comprar bens duráveis, sendo que a típica hierarquia de produtos é: 1º) uma TV; 2º) um fogão a gás; 3º) um aparelho de som; 4º) uma geladeira e uma máquina de lavar roupas; e 5º) um equipamento de ar condicionado.

---

c   Em geral, mulheres com pouca ou nenhuma escolaridade formal, com alguma instrução relativa a higiene física, realização de partos e nutrição, que se dispõem a atender à população carente de serviços médicos nos vilarejos em que residem. (N.T.)

Além disso, para se locomover, a maioria adquire um veículo de duas rodas, como uma lambreta ou uma motocicleta.

Suas prioridades se relacionam à família, especialmente às crianças. Calculamos que 37% das despesas da família de classe média sejam dedicadas às crianças, principalmente com alimentos e educação. Um jovem casal que conhecemos em Mumbai ganhava cerca de 15 mil rupias (US$ 300) por ano e morava em um único cômodo de um *chawl*[d*]. O casal gasta cerca de mil rupias (US$ 20) por mês com a mensalidade escolar de sua única filha. "Queremos dar a ela o melhor que pudermos pagar", explicaram.

Ao pagarem por um ensino particular, estão adquirindo um produto de marca – com garantia de qualidade. De fato, nossa pesquisa mostra que, como os clientes chineses, 70% dos clientes indianos consideram a **marca** um critério importante ao realizar uma aquisição, com 64% assumindo ser esse o motivo para uma compra.

Esse hábito de compra afeta uma série de categorias de consumo e está se tornando mais comum: por exemplo, desde 2005, o número de famílias que compra café, leite em pó, biscoitos, *ketchup*, creme dental, sabão em pó e até mesmo desinfetante sanitário de marcas famosas ou nacionais aumentou mais de 50%. De acordo com um estudo, as três principais marcas no país são a Amul, uma cooperativa de produtores de leite; a LIC (Life Insurance Corporation of India), uma companhia estatal de seguros; e a Nokia, fabricante finlandesa de telefones celulares. D. Shivakumar, diretor da Nokia para a recém-estabelecida região incluindo Índia, Oriente Médio e África, nos disse: "Os ricos compram boas marcas por vaidade e os pobres as compram por segurança. A Índia é um mercado conduzido pelas marcas; quem oferece o menor preço nem sempre é líder de mercado."

Embora os clientes de classe média da Índia compartilhem muitos hábitos de consumo, existem diferenças sutis entre a maneira como as classes médias urbana e rural gastam seu dinheiro. No geral, como vimos anteriormente, os clientes de classe média gastam a maior parte do seu orçamento em alimentação: para a classe média rural, essa categoria é responsável por 35% de seus gastos totais de consumo, em comparação aos 31% da classe média urbana e aos 17% dos profissionais formados.[3]

---

d   Grande edifício dividido em vários apartamentos pequenos que servem de alojamento básico e barato para trabalhadores. (N.T.)

A maior categoria de gastos para os profissionais formados se refere à **habitação** e aos **bens duráveis**, representando um quinto de seu orçamento. De modo similar, esta é uma grande despesa para a classe média urbana, levando também um quinto de seu orçamento. Para a classe média rural, a segunda maior prioridade depois do alimento é a **educação dos filhos**, o que representa 13% do rendimento disponível desse grupo.

Essas prioridades de gastos explicam algumas diferenças marcantes no comportamento dos clientes sobre o futuro. Cerca de 88% dos profissionais formados esperam que seu estilo de vida e finanças esteja ainda melhor nos próximos dois anos. O próximo grupo mais otimista é o da classe média urbana, com 70% dela acreditando que estarão em situação melhor dentro de dois anos. Atrás deles, 64% da classe média rural se mostram otimistas sobre o futuro.

A riqueza material desses indivíduos também reflete essa grande confiança. Cerca de metade da classe média rural possui bens duráveis básicos – uma televisão, um reprodutor de DVD, uma panela de pressão, uma geladeira e uma lambreta. Uma proporção ainda maior – 66% – da classe média urbana conta com esses itens indispensáveis da vida moderna.

No entanto, quando se trata de bens duráveis mais avançados, os números são bem mais baixos e indicam espaço significativo para crescimento. Apenas 28% da classe média urbana e 13% da classe média rural possuem forno moderno, máquina de lavar louças, micro-ondas, máquina fotográfica, televisor de plasma ou carro. Em contraste, 42% dos profissionais formados são proprietários desses produtos.

Também existe espaço para maior conectividade, como será mostrado no Capítulo 10. Apenas 15% da classe média urbana usa a Internet. Entre a classe média rural esse número é ainda menor, apenas 4%. Além disso, cerca de um quinto da classe média urbana e quase metade da classe média rural não têm conta bancária.

Os dados indicam que, assim como na China, a classe média na Índia também está longe de ser um grupo homogêneo – e é **bem diferente** da classe média nos EUA e na Europa, também. Mas, em seu apetite voraz por um estilo de vida ocidental, embora com características indianas ou chinesas, os clientes de classe média de ambos esses países são **incomparáveis**.

Ascensão social: os estilos de vida das classes médias

Muito se fala da migração das zonas rurais para os centros urbanos. Mas uma migração ainda maior está ocorrendo da base da pirâmide social em direção ao seu próximo nível. Como veremos na segunda parte deste livro, essa migração está impactando a demanda por alimentos e bebidas, equipamentos e utensílios domésticos, bens de luxo, produtos digitais e educação. Contudo, essa transformação também gera impacto na vida recreativa dos clientes. Depois de viver gerações em posição de subsistência, milhões de pessoas estão se ajustando às atividades que as definem como classe média.

Consideremos, por exemplo, a **nova paixão** por dirigir nas recém-construídas autoestradas que se espalham a partir de Pequim e de outros grandes centros urbanos. Antes, somente indivíduos que podiam pagar por um chofer possuíam veículo próprio. Agora, no entanto, com a rápida expansão da cultura do automóvel, proprietários orgulhosos anseiam por se sentar ao volante e desfrutar das amplas rodovias.

Clubes de automóveis são populares, e muitos deles organizam passeios *self-drive*. A Beijing Target Auto Club, por exemplo, promove uma excursão de sete dias de Pequim à Província de Hubei, na China central, organizando visitas à barragem das Três Gargantas, uma das controversas **maravilhas da engenharia moderna**, bem como à floresta de Shennongjia, famosa por conta da lenda do homem macaco.[4]

Na Índia, a viagem de carro também se tornou uma popular atividade de fim de semana. O aumento da renda, somado às grandes melhorias realizadas nas estradas que ligam as capitais regionais, abriu caminho para a nova paixão por dirigir. Como nos disse Govind, que vive entre os carros: "Eu levava três dias para dirigir de Mumbai a Jaipur, e as estradas eram terríveis. Agora, com a National Highway 8, que liga Mumbai e Delhi, dá prazer de dirigir – e leva apenas 18 h para completar a viagem de 1.200 km." As melhorias nas estradas estão atraindo maior variedade de carros, disse ele: "Alguns anos atrás, tudo o que se via eram Ambassadors e Fiats. Atualmente, muitas vezes vemos Camrys, Accords, Skodas e, até mesmo, alguns Mercedes-Benz e Audis."

Outro sinal de riqueza da classe média, e agora ligado à popularidade do passeio *self-drive*, é o enorme crescimento do setor de viagens e turismo.

De acordo com nossa análise, os turistas chineses fizeram 16 milhões de viagens ao exterior em 2010, dois milhões a mais que o número de viagens ao exterior realizado pelos japoneses.[5] Ao longo da próxima década, calculamos que o número de viagens ao exterior realizadas por turistas chineses irá aumentar para 53 milhões. Esses viajantes serão 9% dos turistas estrangeiros na América do Norte em 2020, comparados aos 3% de hoje, e representarão 19% dos turistas estrangeiros que chegarão à União Europeia (UE). Os gastos realizados pelos turistas chineses estão se elevando 19% ao ano e atingirão quase US$ 120 bilhões anuais até 2020.

Os clientes de classe média e alta, cuja maioria nunca fizera uma viagem com pernoite, estão liderando essa nova mania por viagens de curta duração. Hoje, cerca de 200 milhões de clientes chineses urbanos já fizeram uma viagem de lazer desse tipo. Entretanto, tendo em vista que, em média, 25 milhões de pessoas realizam sua primeira viagem com pernoite a cada ano, este número provavelmente mais que dobrará até 2020.

Se os turistas ocidentais normalmente viajam para ver paisagens diferentes, os **chineses** vão para fazer **compras**. Calculamos que 40% do dinheiro que desembolsam no exterior é gasto em compras – cerca do dobro do que turistas japoneses e norte-americanos dedicam à mesma atividade. O chinês rico, em particular, adquire artigos de luxo no exterior. Para os viajantes chineses de todos os níveis de renda, os hotéis representam lugares para dormir, não experiências propriamente ditas. Ao escolher um hotel, eles observam sua limpeza e seu ambiente – itens tão importantes quanto o preço, mas o atendimento ao cliente, a localização e a marca importam bem menos. Para os chineses mais ricos, a qualidade pesa um pouco mais. Porém, mesmo esses viajantes mais abonados não gostam de gastar prodigamente apenas por causa de um nome de peso.

Os turistas indianos são semelhantes aos turistas chineses – com enfoque nos preços. Entretanto, nem mesmo a atual crise econômica reduziu sua propensão para viajar. Destinos como a Suíça, Dubai, Nova Zelândia e Cingapura geram receitas significativas por conta dos turistas indianos. Como exemplo, a Administração de Turismo de Cingapura informou que os indianos gastaram mais que qualquer outra nacionalidade em compras no país. Curiosamente, os conselhos de turismo desses países já perceberam o poder da indústria cinematográfica indiana e fornecem incentivos para que os cineastas indianos filmem em seus países, a fim de gerar demanda turística. A

Suíça tem recebido milhares de turistas indianos em Zurique, Genebra e Interlaken[e] – eles querem ver pessoalmente as paisagens que, outrora, só viam nas telas da TV. Jungfrau, um dos principais destinos turísticos na Suíça, com um trenzinho e vistas panorâmicas dos Alpes, agora dispõe de um restaurante indiano – apropriadamente chamado Bollywood.

De fato, agora que têm mais dinheiro no bolso, os novos clientes de classe média estão fazendo muitas coisas diferentes. Todavia, este tema estaria incompleto sem uma menção à crescente popularidade dos blogues – assunto que trataremos em mais detalhes no Capítulo 10. A Internet tornou-se uma mania, as pessoas passam horas navegando na rede e, para os emergentes (novos-ricos), donos de propriedades, trata-se de um novo canal para se manifestar contra a **corrupção**, a **incompetência** e o **abuso de poder**.

Essa nova política de franqueza representa o outro lado da moeda em termos de demanda. Mais bem instruídos do que antes, e também mais confiantes, os clientes se sentem no direito de expressar suas opiniões sobre tudo, desde produtos até políticas públicas. Como donos de imóveis, se zangam com qualquer coisa que ameace o valor de sua propriedade; como clientes, irritam-se com qualquer atitude que ameace sua acessibilidade ao seu recém-adquirido estilo de vida; como pais e filhos cada vez mais bem informados, ficam incomodados com o acesso menos que satisfatório à saúde e à educação; e como cidadãos, passaram a pressionar os governantes por maior responsabilização e melhor governança. Estendendo seus limites e elevando suas expectativas, os novos clientes de classe média estão em marcha – e eles não querem nada atrapalhando seu caminho, e muito menos os forçando a recuar.

Implicações para os negócios

Atualmente, a classe média em ascensão é o segmento de consumo mais importante na China e na Índia. Em nosso trabalho com as empresas, identificamos **três estratégias** que devem ser dominadas para se alcançar o sucesso entre esse grupo de clientes.

---

e   Interlaken (Interlagos) é um município de Berna, capital da Suíça, com cerca de 5.300 habitantes. (N.T.)

A **primeira**: é essencial que os produtos apresentem **benefícios técnicos, funcionais** e **emocionais**. Embora os novos clientes de classe média estejam otimistas e dispostos a gastar dinheiro, eles ainda têm natural inclinação para manter o dinheiro nos bolsos. Eles temem que sua nova riqueza possa desaparecer tão rapidamente como surgiu – especialmente porque lá não existe uma rede de segurança social ao estilo ocidental. Isso significa que as empresas têm de desenvolver produtos convincentes que ofereçam valor real: produtos com inovações técnicas e funcionais. Lendo a respeito das peças utilizadas (ingredientes), estudando manuais de funcionamento e pedindo mais informações aos balconistas, esses clientes logo se tornarão miniespecialistas nos pontos mais refinados dos produtos, pois, no final, é assim que justificam suas compras para si mesmos e para seus amigos. Quando são capazes de articular os benefícios funcionais de um produto para as pessoas ao seu redor, os clientes se elevam emocionalmente, e assim se tornam defensores e apóstolos de uma marca.

Na Índia, por exemplo, a Maggi, uma marca da empresa suíça Nestlé – que levou mais de uma década para ser construída no mercado – entendeu as necessidades técnicas, funcionais e emocionais das mães. Tudo começou com o seguinte posicionamento de mercado: **"Dois minutos de conveniência."** A ideia era disseminar entre as mães o conceito de um lanche rápido para crianças, mas não funcionou. De modo a repensar sua estratégia, a Nestlé se envolveu diretamente com esse nicho de consumidoras para verificar quais eram as preferências locais em termos de sabor e as reais necessidades com relação à **nutrição**. Depois disso, a companhia criou uma variedade de sabores indianos e incluiu na formula os nutrientes do trigo integral – além de vegetais, como sugerido pelas mães – para criar um lanche **realmente saudável**. O resultado dessa empreitada foi surpreendente: a marca Maggi vale hoje 500 milhões de dólares, com 80% de participação no mercado de macarrão instantâneo.

A **segunda**: toda a gama de produtos oferecidos deve incluir itens **cobiçados**. As empresas devem precificar seus produtos de maneira que alguns itens fiquem além do alcance dos clientes. Um conjunto de preços incluindo as categorias **bom**, **melhor** e **o melhor** funciona bem nos mercados chinês e indiano. Na Índia, por exemplo, a LG, fabricante sul-coreana de produtos eletrônicos de consumo e celulares, mantém posições líderes de mercado em uma série de categorias, mesmo com seus produtos custando mais que outros de marcas locais.

Como um bom exemplo de produto cobiçado no setor de educação temos V. K. Bansal, um engenheiro desempregado apaixonado por ciência. No início de 1990, necessitando de dinheiro, ele decidiu dar aulas particulares para jovens que iriam prestar o vestibular para o Instituto Indiano de Tecnologia. Bansal iniciou com um pequeno grupo de seis alunos em Kota, uma cidade industrial de médio porte no Rajastão, Estado no noroeste da Índia. Cinco dos seis alunos conquistaram boa classificação no exame, e a fama de Bansal começou a se espalhar muito rapidamente. Ao poucos, seu número de alunos aumentou de 6 para 60 e, depois, para 600 alunos. As aulas de Bansal ficaram famosas nas cidades próximas e logo em toda a Índia. Ao longo de quinze anos, seu programa cresceu para mais de 5 mil alunos, e alguns imitadores abriram cursos semelhantes. Kota agora é responsável por mais de 25% das matrículas do Instituto Indiano de Tecnologia (IIT), atraindo candidatos que vivem a 2.400 km de distância para a preparação para o teste. Agora, os alunos precisam até realizar exames de admissão para entrar nos melhores cursos preparatórios. Pais de classe média que enviam seus filhos para os cursos de Bansal (e de outros), e para viver longe de casa por cerca de dois anos, sonham em ter um engenheiro na família.

A **terceira**: todo produto deve oferecer **perfeita segurança, confiabilidade** e **garantia de qualidade**. Tendo superado a fase de pobreza e estando agora mais instruídos e relativamente bem de vida, esses novos clientes não toleram produtos de má qualidade. Eles querem comprar produtos que irão resistir ao teste do tempo. Esse é um dos fatores mais cruciais em sua preferência por produtos de marca: um bom nome representa uma garantia da qualidade do produto. A maneira mais rápida para **declinar no mercado** é fornecer a esses clientes produtos de baixa qualidade, pouco confiáveis, inconsistentes ou que coloquem a saúde deles em risco.

A classe média revolucionária – 320 milhões de famílias de novos-ricos até 2020 – representa o núcleo do crescimento de mercado na China e na Índia. Sem ela, não existirá nenhum prêmio de 10 trilhões de dólares. Trata-se de clientes com aspirações incrivelmente elevadas, energia irreprimível e grande confiança em si mesmos e no futuro de seus filhos. Já existiram no passado outras gerações cujo lema era **"Eu quero mais"** – notadamente os *baby boomers* do pós-guerra nos EUA e na Europa – mas os novos clientes chineses e indianos são de uma espécie jamais vista anteriormente. A maioria deles começou a vida na pobreza e na privação, e pode contar as histórias de seus pais ou avós que sofreram com a guerra, com a fome e também com a repressão política. Grande parte desses indivíduos nasceu em comunidades rurais, migrou para as cidades em busca de emprego nas fábricas ou no setor de serviços, e recebeu educação suficiente para capitalizar sobre eventuais golpes de sorte. Hoje, eles: 1º) representam uma massa crítica; 2º) abrigam memórias recentes de suas dificuldades e privações; 3º) estão ávidos para conhecer melhor as marcas e os produtos a sua disposição; e 4º) têm poucas dívidas.

Atualmente, os clientes chineses têm mais renda disponível que os indianos. Na Índia, onde as famílias são grandes e as mulheres não são encorajadas a trabalhar, os clientes têm menos dinheiro no bolso para investir em bens e serviços. Contudo, em ambos os países, as pessoas estão mais reivindicantes que nunca – blogando sobre suas esperanças, seus sonhos e seus medos. Isso é absolutamente revolucionário em termos políticos, em especial na China. Contudo, essa revolução também se aplica no cenário comercial. Esses clientes realmente querem tudo o que têm direito: produtos **altamente desejados** que ofereçam **recursos avançados** e **abrangentes** e a **preço justo**.

As empresas terão de fazer todo o possível para satisfazer as necessidades desses quase um bilhão de clientes e agarrar com unhas e dentes as vantagens de serem os primeiros a fazê-lo. Os clientes são cuidadosos agentes de compras – dispostos a pagar pela melhor comida, melhor habitação, melhor educação, pelos melhores carros e por todas as armadilhas da classe média. As companhias que atenderem às esperanças, aos sonhos e às necessidades desses indivíduos, e responderem com produtos que certifiquem ou elevem o gosto pessoal desses clientes, poderão garantir uma parcela desproporcional desse prêmio, conquistando a lealdade, o apoio, a participação no mercado e os lucros almejados.

CAPÍTULO 3

O *boom* dos super-ricos
Os milionários (e bilionários)

Como a ambição, a persistência, a sorte e o tempo criam uma significativa população de consumidores ricos

EM 2001, CINQUENTA ANOS após a revolução de Mao Tsé-tung e o triunfo de Gandhi, havia apenas cinco bilionários nos dois países mais populosos do mundo (Tabela 3.1). Naquela época, o único bilionário da China era Rong Yiren, um descendente dos comerciantes da cidade de Wuxi, de 85 anos de idade, cuja estreita relação com os principais líderes chineses tornou-se a plataforma sobre a qual ele construiu seu império de negócios. Em 2001, três dos quatro indianos na lista da *Forbes* eram empresários que venceram por esforço próprio e cuja sorte se transformara após o fim do domínio britânico. O quarto vinha de uma antiga família de empresários.[1]

Azim Premji, com 56 anos na época, transformou a Wipro, originalmente uma fábrica de óleo de palma, em uma das maiores companhias de serviços de TI do mundo; Dhirubhai Ambani, então com 69 anos, iniciou a Reliance Industries, o maior conglomerado da Índia; Shiv Nadar, com 56 anos em 2001, aos 31 cofundou a HCL, que acabaria se tornando a segunda maior empresa de TI da Índia;[2] e, finalmente, Kumar Mangalam Birla, um jovem de 34 anos na época, que passou a administrar o grupo Aditya Birla, outro conglomerado, após a morte prematura de seu pai, em 1996, aos 52 anos.

O fato de existir apenas um punhado de pessoas super-ricas nesses dois países não explica somente a história de estagnação econômica e isolamento vivida pela China e pela Índia nas décadas anteriores aos anos de 1990. Ele também demonstra claramente que as reformas econômicas em curso naquela época ainda precisavam promover oportunidades para a criação de substancial riqueza no setor privado. Na verdade, apenas um enorme aumento no consumo interno e um intenso aprofundamento dos fluxos de capital entre esses mercados e o resto do mundo tornariam isso possível – e, na década de 1990, isso ainda precisava acontecer.

TABELA 3.1

Número de bilionários por país (2001 e 2011)

Ocorreu um aumento significativo no número de bilionários na China e na Índia na última década; os países em desenvolvimento foram responsáveis por três dos cinco principais lugares nesse ranking em 2011.

	2001			2011	
	País	Número de bilionários		País	Número de bilionários
1	EUA	269	**1**	EUA	412
2	Alemanha	28	**2**	China	115
3	Japão	28	**3**	Rússia	101
4	Itália	17	**4**	Índia	55
5	Canadá	16	**5**	Alemanha	52
	Hong Kong	14		Hong Kong	36
	Rússia	8		Japão	26
	Índia	4		Canadá	24
	China	1		Itália	14

X Classificação

Fontes: 2011: *The World's Billionaires (Os Bilionários do Mundo)*, Forbes, outubro de 2011, disponível em: <www.forbes.com/lists/2011/10/billionaires_2011.html>; 2001: *The World's Richest People (As Pessoas Mais Ricas do Mundo)*, Forbes, 21 de junho de 2001, disponível em: <www.forbes.com/2001/06/21/billionairesindex.html>.
Nota: Os valores dos patrimônios líquidos são de junho de 2001 e março de 2011.

Entretanto, em 2011, havia pelo menos 170 bilionários chineses e indianos. Segundo a *Forbes*, juntos eles somavam US$ 477 bilhões. A China tinha 115 bilionários[a], atrás apenas dos EUA, com 412. Porém, os 55 bilionários da Índia eram os mais ricos. Individualmente, eles possuíam, em média, US$ 4,5 bilhões – US$ 2 bilhões a mais que os bilionários chineses. E alguns eram inimaginavelmente ricos. Dois deles – Lakshmi Mittal e Mu-

---

a   Em 2012, esse número passou para 154 (N.T.)

kesh Ambani, filho do fundador da Reliance Industries, Dhirubhai Ambani – também entraram na lista das dez pessoas mais ricas do mundo. Somente os EUA – com Bill Gates, Warren Buffett, Larry Ellison e a família Walton, da Wal-Mart – tiveram mais bilionários em tal lista. O bilionário chinês que alcançou o *ranking* mais alto foi Robin Li, de 42 anos, diretor-executivo do Baidu, a resposta chinesa ao Google. Ele ocupava a 95ª posição.[3]

Todavia, esse rol representou apenas uma fotografia da ascensão da classe bilionária, já que seis meses mais tarde a lista ficaria bastante diferente. Mal Robin Li fora classificado o homem mais rico da China, com uma fortuna de US$ 9,4 bilhões, outro empresário, Liang Wengen, presidente da Sany Heavy Industry, fabricante de equipamentos para construção, assumiu o topo da lista da *Forbes* dos mais ricos da China; sua fortuna cresceu com a evolução do mercado de construção chinês.

Porém, a nova liderança não foi a única mudança na lista: o número total de bilionários chineses aumentou para 146. Em outras palavras, entre os meses de março e setembro, 31 bilionários foram "criados" na China – mais de 1 por semana.[4] Somando coletivamente US$ 60 bilhões, os dez indivíduos mais abastados do país construíram suas fortunas por meio de oportunidades de negócios em alguns dos setores de alto crescimento na economia doméstica e rapidamente diversificada da China, incluindo Internet, imóveis, varejo e bens de consumo, eletrodomésticos, produtos farmacêuticos e de fabricação. Na Índia, a maioria entre os dez indivíduos mais ricos da nação são líderes de conglomerados cujos interesses se espalham por diversos setores, desde *commodities* como alumínio, cimento, aço e produtos petroquímicos até empresas de serviços, como de TI, construção e serviços financeiros.

Porém, esses bilionários e multimilionários não representam apenas estatísticas. Eles são homens e mulheres com ambição, iniciativa, energia e visão. Adi Godrej, presidente do grupo Godrej, é um deles. Em suas próprias palavras, sua empresa tem 114 anos de juventude – tendo começado como fabricante de fechaduras. Hoje, a companhia é um conglomerado com forte presença nos setores de produtos de alto consumo e de bens duráveis, produtos químicos e imóveis. Ele herdou uma pequena firma de artigos domésticos há quase quarenta anos. Desde então, ele fez a empresa crescer dos antigos US$ 25 milhões em vendas para os atuais US$ 3 bilhões. Agora com 69 anos, ele continua ambicioso em relação à sua empresa e ao seu país. "Hoje, anunciamos a nossa visão dez-por-dez – crescer dez vezes mais no período de dez anos," diz ele calmamente. Ele acredita nessa expectativa e diz que ela é possível, já que a Índia se encontra em um "ponto de virada" – fornecendo oportunidades sem precedentes para a criação de enorme riqueza e um terreno fértil para os empresários. "Eu não a considero uma meta inatingível. Mas será difícil, e demandar não somente forte pensamento estratégico, mas também uma excelente execução", disse ele.

Godrej espera ver o crescimento da participação de sua empresa nos mercados de cuidados pessoais, cuidados para os cabelos e produtos de uso doméstico. "Exercemos posição de liderança em algumas dessas categorias, e isso nos ajudará a crescer com força. E existem categorias subexploradas, então, a oportunidade de se transformar não usuários em usuários é forte em um país como a Índia. No setor de bens de alto consumo, somos muito competitivos em relação a qualquer produtor em qualquer lugar do mundo. Já no setor de bens de consumo duráveis, eu diria que os chineses provavelmente têm uma vantagem sobre nós por causa de sua escala, seu tamanho e volume", explicou Godrej

Adi Godrej reflete o melhor da "mentalidade de aceleração" que encontramos na China e na Índia: líderes empresariais de sucesso que claramente enxergam oportunidades significativas de crescimento e dispõem de visão bem-formada e de estratégias para capturá-la. Eles possuem confiança para investir e agir – sabendo que os mercados estão crescendo ao redor deles e que suas ações podem estimular o crescimento desses mercados.

Muitos empresários na China enxergam oportunidades semelhantes e têm estado ocupados construindo seus impérios – embora também estejam prevendo um crescimento futuro mais sustentável. Um deles é Zhang Yue, fundador e presidente da Broad Air Conditioning (grupo Broad), empresa de engenharia sediada nos arredores de Changsha, uma cidade com sete milhões de habitantes, onde ele nasceu 51 anos atrás. Zhang, cuja fortuna é estimada em US$ 780 milhões, tornou-se um guerreiro contra a poluição e a emissão de gases de efeito estufa. O lema de sua empresa é: **"Defensora da Terra."**[5]

Seu *campus* corporativo é chamado Broad Town (Cidade Broad). Seus executivos vestem camisa branca e terno azul-marinho, enquanto seus operários usam uniforme azul-cobalto e recebem alimentação (cultivada em fazendas e lagos orgânicos operados pela empresa) e habitação gratuitas. Para inspirar sua força de trabalho encontram-se espalhadas ao redor do *campus* diversas reproduções de estátuas, como as de Winston Churchill, Abraham Lincoln e Martin Luther King Jr., além de algumas citações dessas personalidades.

Zhang, que estudou artes visuais e *design* de interiores, dirige sua empresa visando o desenvolvimento sustentável. A companhia é uma das principais fabricantes de aparelhos de ar condicionado, e seus resfriadores não elétricos utilizam brometo de lítio e gás natural. A empresa alega que seus aparelhos são duas vezes mais eficientes que os condicionadores de ar convencionais e que emitem apenas um quarto do dióxido de carbono comumente lançado na atmosfera pelos demais. Uma de suas mais recentes inovações é o Broad Sustainable Building, ou BSB (sigla em inglês para Sistema de Construção Sustentável Broad). O BSB é um sistema de eficiência energética para a concepção e a montagem de edifícios pré-fabricados fortes o suficiente para resistir a terremotos. Uma de suas equipes precisou de apenas **seis dias para construir um hotel com 15 andares** – o vídeo dessa impressionante proeza da construção está no YouTube.[6]

Estimamos que, em 2010, havia cerca de quatrocentas famílias super-ricas na China – aquelas com mais de US$ 100 milhões –, o que posicionou o país em oitavo lugar no *ranking* mundial. No ano anterior, o país estava em 13º. Se somarmos os residentes super-ricos de Hong Kong à lista, a China surge entre os cinco países mais ricos, à frente da Rússia e logo atrás do Reino Unido.[7]

Abaixo desse seleto grupo, existe uma verdadeira explosão no número de milionários. Em 2010, a China ostentava mais de 1 milhão de famílias milionárias, sendo precedida apenas pelo Japão, com 1,5 milhão de famílias, e pelos EUA, com 5,2 milhões. No ano anterior, a China registrara somente 670 mil dessas famílias. A Índia, 11ª do mundo nesse *ranking*, possui 190 mil famílias milionárias[8] – sendo que algumas delas em breve alcançarão o limiar bilionário.

A chave para o sucesso de muitas dessas pessoas tem sido a elaboração de maneiras para atender aos novos mercados domésticos, ao mesmo tempo em que gerenciam as partes interessadas do governo para conseguir o apoio necessário. A Baidu – resposta chinesa à Google –, de Robin Li, descobriu como superar os desafios de se desenvolver um buscador em língua chinesa, servir aos anunciantes e, ao mesmo tempo, garantir sua posição como empresa preferida do governo no negócio de

Internet. Da mesma maneira, a Sany, de Liang Wengen, descobriu como oferecer uma gama de equipamentos para construção, com qualidade cada vez mais elevada, em um mercado altamente competitivo, assegurando suficiente patrocínio do governo em um setor em que as empresas estatais são os principais compradores.

Em cada um desses casos, os líderes de negócios asseguraram posições na crista das ondas maciças de crescimento: a base de usuários da Internet aumentou de dezenas de milhões de pessoas, em 2000, para quase 500 milhões, em 2011, e o setor da construção cresceu 30% por ano durante uma década. Assim, eles se voltaram para os mercados de ações estrangeiros a fim de traduzir o suado patrimônio de suas empresas nacionais chinesas em moedas fortes e globalmente negociáveis. O registro da Baidu na NASDAQ e da Heavy Sany na Hong Kong Stock Exchange geraram ações que são negociadas fora da China em moeda estrangeira, transformando os dois fundadores em bilionários (em dólares norte-americanos) dentro do cenário mundial.

Na Índia, os maiores acumuladores de riqueza possuem conjuntos diversificados de negócios. Alguns deles, como Nandan Nilekani, decidiram retribuir algo ao seu país, assumindo um **posto no serviço público**, **sem receber salário**.

Nandan Nilekani: de empreendedor mundial e autor *best-seller* a servidor público

Nandan Nilekani é um homem do mundo. Por trinta anos, ele foi o rosto público da gigante de tecnologia Infosys. Ele viajou pelo mundo convencendo as empresas de que os engenheiros indianos podiam oferecer programação de classe mundial a custos muito mais baixos. Conforme a empresa se transformou de uma *start-up* (empresa iniciante), em 1981, em uma concorrente mundial, com uma capitalização de mercado de cerca de US$ 30 bilhões, ele assumiu o cargo de diretor de operações e, mais tarde, se tornou CEO. Nilekani é também o autor do livro *Imagining India* (*Imaginando a Índia*) – um *best-seller* arrebatador, no qual ele narra o passado dinástico da Índia, seu presente complicado e suas esperanças por um futuro brilhante.

Hoje ele é um **servidor público não remunerado** e o cérebro por trás de um projeto que pretende dar uma identidade oficial a cada um dos cidadãos da Índia. Três anos atrás, ele começou o terceiro capítulo de sua vida quando foi convidado pelo primeiro-ministro da Índia para criar um **identificador especial**, um avançado sistema de identificação biométrico para cada um dos 1,2 bilhão de indianos. Esse sistema de identidade é descrito no livro de Nilekani e é fruto de sua imaginação. Ele diz que sua intenção é proporcionar acesso a serviços financeiros, saúde, assistência do governo e educação para as centenas de milhões de indivíduos que vivem uma vida desprovida de identidade – migrantes e destituídos. Se bem-sucedido, o sistema também irá reduzir a **corrupção**. A identidade numérica permitirá que os pobres e sem instrução abram contas bancárias, obtenham passaporte, recebam assistência do governo na forma de trigo, arroz e óleo e participem diretamente de programas governamentais de trabalho de salário mínimo.

Nilekani nasceu em Bangalore, filho de um gerente de moinho. Em sua cidade não havia escola preparatória para o vestibular do Indian Institutes of Techonology (IIT), mas, como muitos de seus pares, ele estava convencido que a engenharia representava o passaporte para um bom emprego. Ele ainda sorri radiante quando discorre sobre o fato de ter obtido o 127º lugar no teste de admissão nacional e ter sido capaz de se formar no IIT de Mumbai, em 1978. Nilekani descreve a IIT como o ponto de virada em sua vida. Cofundador da Infosys, ele ajudou a abrir o capital da empresa no índice NASDAQ, o que gerou grande riqueza para seus cofundadores e para muitos empregados.

"Meu sucesso foi maior que meus sonhos mais ambiciosos," nos disse Nilekani, enquanto se sentava em seu escritório de Nova Delhi, onde é presidente da Unique Identity Authority of India. Essa sala é um pouco menos luxuosa que a que usava na Infosys, onde desfrutava uma vista deslumbrante de um *campus* paisagístico construído para comemorar as realizações e o prestígio da empresa. Do lado de fora do edifício atual, duas dúzias de vendedores de rua agressivamente incitavam os cidadãos a comprar casacos de inverno no dia mais frio de janeiro da história recente.

Nilekani é um **"transgressor de regras"**, além de uma presença dominante na Índia. Enquanto muitos de seus contemporâneos trocaram a IIT pelo Vale do Silício, ele optou por criar uma potência indiana. "Criar uma empresa aqui na Índia e gerar empregos em meu próprio país era mais gratificante para mim", disse ele. "Quando começamos a Infosys, acreditamos que o *software* seria uma peça importante para a Índia. Sabíamos que tínhamos capital humano um mercado global. Eu sabia que iria funcionar. Eu era mais confiante quando jovem. Foi a arrogância da juventude", complementou Nilekani.

Ele diz que gerenciar uma empresa tão globalmente espalhada como a Infosys é bem mais simples em comparação à administração de políticas públicas e a gestão de uma nova agência governamental. "Em uma empresa, é necessário convencer somente a si mesmo, alguns de seus colegas e seu conselho diretivo – e então é possível fazer acontecer. Na Índia, vivemos em uma sociedade diversificada. Cada um tem uma opinião diferente e todos as proferem. É necessário criar um consenso, o que não é tão fácil", explicou Nilekani.

Até agora, a Identity Authority já inscreveu 170 milhões de pessoas e está registrando mais um milhão de indivíduos por dia em postos espalhados por 20 mil locais. "Esperamos alcançar um elevado nível de responsabilidade e transparência", declarou Nilekani. "Vamos usar o sistema de identificação para oferecer serviços a milhões de pessoas. Sabemos que haverá muitos benefícios para o povo – que terá acesso a rações alimentares, melhor assistência à saúde e educação", ressaltou ele.

Nilekani é um comunicador seminal. Cada uma de suas frases está repleta de imagística e confiança. "Os políticos nos apoiam porque as pessoas também nos apoiam. O sistema abre as portas para elas. Faz parte de uma sociedade inclusiva", explicou ele. "Ele irá estimular a retirada do dinheiro de debaixo dos colchões e o investimento de capital produtivo no mercado. Entretanto, temos também muitos outros interessados no processo – políticos, mídia, judiciário, ativistas; uma população diversificada e interessada. Todos devem fazer parte. Alcançamos sucesso até agora porque os indianos tiveram experiências positivas com a tecnologia. Eles perceberam que os mercados se abriram para eles. Os indianos consideram a tecnologia libertadora. A chave para o sucesso na Índia é a mesma para o sucesso em qualquer lugar: um objetivo, uma visão e tenacidade para se realizar o que é necessário. É preciso superar os obstáculos", detalhou Nilekani.

Ele diz que, enquanto presta muita atenção à opinião dos outros, se mantém também firme em sua missão: "A cacofonia na Índia é alta; faz parte de nossa vida e de nossas raízes históricas. Quando se está em posição de liderança, é necessário filtrar o ruído da realidade. O **hiperindividualismo** é algo **definitivamente indiano.**"

Nilekani continua um forte impulsionador da Índia. Ele enxerga seu país oferecendo quatro grandes vantagens ao cenário mundial: 1ª) a maior população jovem e ambiciosa do mundo; 2ª) uma cultura de empreendedores; 3ª) a língua inglesa como segundo idioma comum e a facilidade de comunicação em mercados globais; e 4ª) a capacidade de usar a diversidade como meio para solucionar problemas e promover integração. Embora acredite que nenhum país possa crescer em um mundo que não esteja em crescimento, está confiante de que a Índia irá prosperar na próxima década.

"Precisamos alavancar as aspirações do povo. A velocidade da mudança é vertiginosa. É necessário superar a burocracia do governo e impulsionar o desenvolvimento. Temos de criar uma população saudável e instruída, e necessitamos de um sistema jurídico melhor e mais rápido. É preciso construir uma plataforma que coloque em prática as aspirações do povo. O maior risco é de não fazermos o bastante, rápido o suficiente. Nossa população jovem pode rapidamente envelhecer e se tornar irritada. Ao longo dos próximos dez anos, precisamos estabelecer bases para plataformas melhores", esmiuçou Nilekani.

Ele compara a Índia e a China dizendo que ambos os países podem aprender um com o outro. "É uma questão de cultura hierárquica: de baixo para cima *versus* de cima para baixo. A Índia é uma cultura que funciona de baixo para cima. A China consegue construir uma estrada em uma semana. É um país que dispôs de um comando central por mais de mil anos. É preciso adotar uma abordagem minimamente sustentável de cima para baixo para que uma cultura de baixo para cima funcione. Vivenciar exclusivamente o **'de baixo para cima'** é o caos. Por outro lado, conviver unicamente com o **'de cima para baixo'** destrói a criatividade e o espírito de independência", finalizou destacando Nandan Nilekani.

Muitos dos bilionários chineses e indianos têm criado novos impérios corporativos e imensas fortunas. Entre 2005 e 2010, a total capitalização de mercado das ações listadas no índice da Bolsa de Valores de Xangai subiu **144%**, enquanto o índice da Bolsa de Valores de Mumbai cresceu **143%**. Em contrapartida, a Bolsa de Londres subiu apenas **5%**, e as de Tóquio e de Nova York, na verdade, caíram respectivamente **21%** e **6%**.[9]

Esse mercado de ações flutuante também produziu números cada vez maiores de pessoas e famílias ricas – número grande o suficiente para que esses indivíduos sejam considerados a partir de agora parte importante da economia, e representem mercados-alvo cruciais, embora diversificados. Entender esses segmentos mais amplos de chineses e indianos ricos é essencial para as empresas que procuram crescer nesses países. Exploraremos esses grupos separadamente.

Os super-ricos da China: Os novos milionários do milênio

Em nosso trabalho com os super-ricos da China, identificamos algumas características importantes a respeito desse grupo em rápido crescimento: eles são jovens, ainda não estão acostumados à própria riqueza e estão espalhados por todo o país.

Em 2010, de acordo com nossa pesquisa, a maior parte dos **novos-ricos** da China – pessoas com renda anual superior a US$ 250 mil – havia alcançado progresso financeiro nos cinco anos anteriores. Cerca de 70% dos 700 mil indivíduos desse elevado escalão, meio milhão de famílias, não eram super-ricos em 2005. E a tendência é continuar assim: supomos que, até 2015, outras 800 mil famílias irão integrar esse refinado grupo.

Outra característica desse grupo é sua relativa **juventude**. Impressionantes 80% dos indivíduos ricos da China têm menos de 45 anos. Em contrapartida, apenas 30% de pessoas ricas nos EUA ainda não atingiram essa idade.[10] Isso vem demonstrar que, em um mercado em rápido crescimento, é relativamente fácil transformar uma ideia em um negócio, e um negócio em uma pequena fortuna.

Os bilionários chineses são um pouco mais velhos que os super-ricos do país – é necessário um pouco mais de tempo para fazer o primeiro bilhão. Dos dez bilionários chineses em 2011, apenas Robin Li e Ma Huateng (este último tem 39 anos e é fundador da Tencent, terceira maior empresa de Internet do mundo) tinham menos de 45 anos. Mesmo assim, eles ainda são relativamente jovens.

Uma terceira característica comum é que os ricos estão **surgindo por toda a China**, e não apenas em alguns locais. Por exemplo, os bilionários provêm de 49 cidades chinesas.[11] De acordo com nosso estudo, a província de Guangzhou possui o maior número de famílias ricas: 18% do total. Xangai, que é a cidade mais rica da China, tem 12%. Depois vêm as Províncias costeiras do leste de Zhejiang, Jiangsu e Shandong, bem como Pequim; juntas elas representam 28% das famílias abastadas da China. Mais 30% foram localizados em outras 13 cidades de nível 1, e outros 16% viviam em 23 cidades de nível 2.

Como explicaremos no Capítulo 5, o provável crescimento da população de super-ricos ocorrerá nas cidades que atualmente são de nível 3 ou abaixo dele – aquelas com menos de um milhão de habitantes. Até 2015, espera-se que 600 mil das 1,5 milhão de famílias super-ricas da China se localizem nessas cidades menores, em comparação às 200 mil de 2009.[12]

Os super-ricos da Índia: a ascensão dos "bollygarcas"[b]

Além dos bilionários, existe também um pequeno e crescente segmento de super-ricos na Índia. Esse grupo pode ser dividido em três subcategorias.

A primeira se refere às famílias de negócios; nós as denominamos **dinheiro antigo**. Esses indivíduos sempre foram ricos – embora não bilionários. Muitos deles são tradicionais e conservadores em sua visão social – e se sentem confortáveis em gastar seu dinheiro e exibir sua riqueza. Uma dessas pessoas consumidoras é Anjali. Nascida em 1969, ela foi criada em uma família tradicional e enviada para um internato somente para meninas – como praxe naquele tempo. Seu pai, cujo patrimônio somava US$ 11 milhões na época, esperava que ela cumprisse as estritas normas e os costumes sociais daquele período.

Para ilustrar como sua vida mudou nos últimos vinte anos, ela nos exemplifica com o vestuário que usa todos os dias. Quando garantiu uma cobiçada vaga na melhor faculdade local, ela ainda era obrigada a viver em casa e usar sáris, em vez de *jeans* e camisetas. "As roupas ocidentais eram

---

b Tradução livre de *"bollygarchs,"* termo composto pelas palavras Bollywood e oligarca, inexistente em português, cunhado (acredita-se) pelo ministro dos Negócios Indianos no Exterior. Um "bollygarca" é um indivíduo multimilionário indiano que exerce influência significativa sobre as agendas social e política por meio de algum grande negócio ou trabalho filantrópico. (N.T.)

zona proibida," diz ela, "e nós não tínhamos coragem de nos rebelar contra a família." No entanto, a partir dos anos de 1980, as restrições começaram a diminuir. "A sociedade começou a ficar mais ocidentalizada, tornou-se mais aceitável vestir roupas ao estilo ocidental", recordou Anjali. Ela ganhou um pouco mais de independência quando se casou com um rico empresário do setor farmacêutico. "Nessa época, eu já era capaz de tomar minhas próprias decisões e não queria mais usar apenas roupas indianas" salientou Anjali.

Hoje, ela ainda veste peças de alguns estilistas indianos, como Vivek Narang e Modi Bina, bem como calçados da Joy Shoes, uma loja de Mumbai (localizada em frente à loja da Louis Vuitton, no hotel Taj Mahal) preferida pelas divas de Bollywood. Mas também aproveita para comprar luxuosas marcas internacionais em viagens a Dubai, nos Emirados Árabes, à Quinta Avenida, em Nova York, e à rua Oxford, em Londres. Seu *closet* agora guarda peças da Burberry e da Shanghai Tang. Em sua escolha de roupas, Anjali é uma consumidora arquetípica do grupo do alto escalão de consumidores super-ricos. Esses consumidores têm dinheiro e gostam de gastá-lo – tanto na Índia como no exterior. Eles conhecem as marcas – mas selecionam e escolhem aquelas às quais gostam de se associar.

À segunda subcategoria chamamos **ricos instruídos**. Trata-se, tipicamente, dos profissionais de nível universitário que trabalham no setor bancário, com fundos de investimento, em empresas de serviços profissionais e em companhias multinacionais globais. Vale lembrar que, desde a sua abertura, a Infosys, sozinha, concedeu opções de ações no valor de US$ 10 bilhões – criando centenas de milionários nesse processo. Um deles é Chandra, que se juntou à Infosys quase quinze anos atrás, depois de completar sua graduação em engenharia na IIT, em Delhi. Ele já morou em todos os lugares do mundo, e agora está de volta a Bangalore gerenciando um dos setores de distribuição da Infosys.

Chandra diz que sua nova riqueza é o produto natural de sua educação e seu esforço. Suas prioridades têm sido oferecer uma boa casa para sua família, um ninho para quando se aposentar e a melhor educação para seus filhos. Ele destinou cerca de US$ 1 milhão para a educação de seu filho nos EUA (em parte porque acredita que o sistema de educação dos EUA é o melhor e em parte porque ele não tem certeza se seu filho será capaz de passar no ultracompetitivo sistema da IIT). Além disso, ele se rodeia dos melhores aparelhos eletrônicos, mas somente depois de muita pesquisa. Para muitas outras coisas – de mobília a vestuário –, ele e a esposa favorecem a **funcionalidade** em vez de **marcas globais**. Nesse ponto ele é um típico indiano "rico instruído". A maioria deles cresceu em famílias de classe média e trabalhou muito duro para conseguir o que tem hoje, então eles relutam em consumir de maneira irracional.

O terceiro grupo é composto pelos que chamamos **ricos emergentes**. Essas pessoas podem ser encontradas nas oito maiores cidades do país, mas muitas delas também provêm de cidades emergentes como Coimbatore, Ludhiana, Surate e Visakhapatnam. Um desses indivíduos é Nirlipt Singh (nome fictício), de Ludhiana. Nirlipt tem uma bem-sucedida empresa de médio porte no setor têxtil, voltada para exportação. Ele gosta de exibir sua riqueza, e recentemente comprou um automóvel BMW série 7 e um Porsche. Alka, sua esposa, visita Dubai duas vezes por ano para comprar suas bolsas Gucci e Louis Vuitton. Ela não se interessa em comprar esses itens na Índia, pois, como nos disse, ela considera o Emporio Mall em Delhi (que oferece as mesmas marcas de luxo) "um desperdício de tempo, porque não tem as últimas coleções e também é mais caro."

Os ricos emergentes são, tipicamente, a primeira geração de empreendedores que criaram empresas de pequeno e médio porte nos setores industrial, comercial ou de serviços, e se deram bem conforme a economia se expandiu. Eles viajam muito e são influenciados por aquilo que veem durante suas visitas à Europa e aos EUA; têm grandes aspirações e estão dispostos a comprar marcas internacionais para anunciar ao mundo que chegaram.

Implicações para os negócios

Os super-ricos da China e da Índia irão gastar seu dinheiro em imóveis modernos, carros velozes, guarda-roupas de luxo completos, consultores financeiros e empregados para preparar suas refeições e limpar suas casas. Eles vão viajar, educar seus filhos no exterior, e, durante a maior parte do tempo, viver os sonhos dos ricos e dos quase-famosos. Alguns irão se envolver em empreendimentos sociais, ajudando seus compatriotas (e o mundo) a alcançar mais.

Embora ainda representem apenas um pequeno segmento da população, o grande número de milionários na China e na Índia – assim como seu rápido crescimento – os transforma em um importante mercado consumidor. Como explicaremos no Capítulo 9, a China em breve se tornará o maior mercado mundial de artigos de luxo e a Índia também atingirá a massa crítica necessária de famílias ricas para conquistar um lugar no mapa do luxo global.

Para servir esses clientes as empresas precisam entender que eles não representam um segmento homogêneo. Para vencer, é necessário dividir os grupos em microssegmentos – e não apenas com base no lucro. Como já demonstramos, a educação, a profissão e o histórico familiar originam atitudes e comportamento. Também é essencial desenvolver o modelo mercadológico *(go-to-market model)* adequado, já que um grande número desses consumidores não reside nas grandes cidades. Modelos de segmentação bem-sucedidos agregam grupos de consumidores em alvos que podem ser especificamente endereçados – com produtos personalizados, distribuição focada e publicidade atraente e informativa.

Além disso, é necessário permanecer fiel às regras do novo consumo de luxo. Assim, ofereça os diferenciais indicados a seguir e o grande mercado da China e o emergente mercado indiano poderão ser seus:

- benefícios técnicos, funcionais e emocionais;
- uma definição clara e visual do seu público-alvo
- um fluxo contínuo de inovações;
- uma linha de produtos ampla e variada;
- uma estratégia de comunicação que estimule os principais clientes a apenas dizer **sim**;
- um mapa das necessidades e insatisfações de cada segmento, e de como responder a elas;
- um ambiente que combine as necessidades do cliente em termos de exclusividade, privilégio e atenção;
- a história de sua marca, que define o motivo para todos acreditarem nela.

CAPÍTULO 4

O segundo bilhão de pessoas
O futuro dos destituídos

Os pobres e os destituídos *(left-behind)* – porque essas pessoas não devem ser negligenciadas e como as empresas podem servi-las e criar a segunda e a terceira ondas de crescimento

MAGINE TODOS OS HABITANTES dos EUA e da Europa Ocidental vivendo com menos de US$ 1,25 por dia – cerca de um terço do que se paga por um *cappuccino* grande em uma cafeteria. É difícil imaginar. Entretanto, na última contagem, havia aproximadamente 665 milhões de pessoas na China e na Índia vivendo abaixo dessa linha de pobreza: 455 milhões na Índia, ou 38% de sua população; e 208 milhões na China, 16% de sua população (Tabela 4.1). Esses são os **destituídos** – pessoas extremamente pobres e desconectadas da prosperidade de seus compatriotas. Entretanto, com o tempo, eles desfrutarão dos benefícios decorrentes de um subproduto do crescimento econômico em seus países, e, por causa do seu grande número, o efeito multiplicador sobre o crescimento de rendas tão modestas irá se traduzir em mercados de centenas de milhões de dólares.

Quem viaja pela China e Índia vê nos dois países muitos contrastes – ricos e pobres, instruídos e analfabetos, saudáveis e doentes. Muitos dos mais empobrecidos estão presos em um ciclo vicioso: sem dinheiro para alimentos seguros e nutritivos, para habitação adequada ou para remédios. No caso da Índia, onde o acesso ao controle de natalidade é limitado e a taxa de fertilidade é alta, muitas crianças nascem na pobreza. Sem dispor de capital para educação apropriada, elas são forçadas a trabalhar por salários ínfimos antes de completar 8 ou 9 anos de idade. Nesse exato momento, muitas dessas pessoas não têm outra saída, tampouco um meio de interromper esse ciclo.

TABELA 4.1

Número de pessoas vivendo na pobreza na China e na Índia, 2010

Os destituídos ainda representam uma grande porcentagem das populações, particularmente na Índia.

	População vivendo abaixo da linha internacional da pobreza (em milhões)		População vivendo com menos de 1,25 dólar/dia (%)
Country	<US$1,25 dia	<US$2 dia	
China	208	473	15,6
Índia	455	828	37,9

Fontes: Central Intelligence Agency, *The CIA World Factbook 2010*, https://www.cia.gov/library/publications/download/download-2010/index.html; World Bank, World Development Indicators; United Nations Development Programme (UNDP), Human Development Report 2009; Japan Health, Labor and Welfare Ministry; Análise BCG.
Nota: A linha de pobreza internacional é ajustada pela paridade do poder de compra medida em dólares norte-americanos de 2005.

De modo surpreendente, ao longo dos próximos dez anos, alguns desses indivíduos terão condições de adquirir produtos de baixo custo, gerando a segunda e terceira ondas de crescimento para as empresas. Até 2020, espera-se que cerca de 200 milhões de chineses e 280 milhões de indianos deixem a linha da pobreza. Com muita garra, eles percorrerão seu próprio caminho, partindo do primeiro degrau da escada social, aceitando qualquer trabalho disponível, economizando o que for possível e recebendo um pequeno conjunto de benefícios do governo. É fato que isso ainda deixará cerca de 220 milhões de indivíduos em grandes dificuldades econômicas, mas, mesmo assim, será um grande progresso.

A nova classe média baixa surgirá a partir das classes citadas, com forte otimismo e um apetite voraz por bens de consumo. Pela primeira vez, essas pessoas irão apreciar pequenos prazeres da vida – elas ficarão maravilhadas e com os olhos arregalados com os atributos técnicos e funcionais dos produtos, e se tornarão defensoras das marcas que gostarem, espalhando uma mensagem positiva de boca em boca.

Em 2010, pelos nossos cálculos, havia 260 milhões de lares chineses nas classes mais baixas – aqueles com renda anual inferior a US$ 7.300, que correspondiam a 66% das famílias. Em 2020, esse número deve diminuir para 138 milhões, ou 32% dos lares. Do mesmo modo, havia 152 milhões de lares indianos nas classes mais baixas, representando 68% das famílias. Em 2020, este número provavelmente terá caído para cerca de 110 milhões, ou 43% dos lares.[1]

Porém, mesmo aqueles que ficarem para trás durante os próximos dez anos não deverão ser desmerecidos como consumidores. Devemos ser cuidadosos e distinguir entre dois tipos de classes mais baixas: os realmente pobres, muitas vezes **sem dinheiro** e **sem esperanças**, e os pobres aspirantes com perspectivas reais de melhoria de renda – o **próximo bilhão de indivíduos**. Eles têm empregos e diferentes níveis de educação, mas suas rendas estão abaixo da média. Na China, por exemplo, a renda anual dessas pessoas varia de US$ 4.800 a pouco mais de US$ 7 mil. Na Índia, essa escala varia de US$ 3 mil a US$ 6.700 (considerando os diferentes poderes de compra em partes distintas do país).

Como descreveremos neste capítulo, algumas empresas estão mobilizando totalmente as esperanças e os sonhos desses consumidores ao desenvolver de modo ativo produtos e serviços personalizados para eles. As companhias visam produtos de alta qualidade com faixas de preços mais baixas. Para tanto, as empresas primeiro descobrem como esses consumidores vivem, o que querem, quais são suas prioridades e como elas poderão atender totalmente às expectativas desses indivíduos. Então, elas constroem sistemas de distribuição que disponibilizam os produtos para os interessados a um preço justo, criam programas de desenvolvimento que geram produtos dentro de um parâmetro previsível e se utilizam de todos os tipos de mídia.

O próximo bilhão de consumidores da Índia

Sushil Kumar era um humilde operador de dados de Bihar, um Estado no nordeste da Índia que faz fronteira com o Nepal, até o fatídico dia de novembro de 2011 quando ele apareceu na versão indiana do programa *Who Wants to Be a Millionaire (Quem Quer Ser um Milionário)* e, em uma história que lembra o filme ganhador do Oscar *Quem Quer Ser um Milionário*[a], recebeu 50 milhões de

---

a   Título em inglês: *Slumdog Millionaire*. (N.T.)

rupias, cerca de US$ 1,1 milhão. Foi um momento de transformação em sua vida. Durante o programa de TV, ele ganhou (excluídos os impostos) o que teria levado **487** anos para somar com seu salário anual de US$ 1.460 dólares.[2]

Mas o que ele fez depois é o que diz muito a respeito dessa nova geração de consumidores. Muitas vezes, no Ocidente, os ganhadores de loteria, conversando em meio ao som dos estouros de rolhas de champanhe em comemoração, anunciam sua intenção de sair em um cruzeiro pelo mundo ou de comprar um carro novo. Mas não foi o que fez Sushil Kumar. Em vez disso, ele revelou seu plano de pagar seus empréstimos, construir uma casa para sua família e se preparar para os exames super concorridos do serviço público de seu país.[3] Em outras palavras, ele queria realizar seu sonho de se tornar um respeitável membro da classe média.

Milhões de pessoas estão experimentando eventos transformadores na vida – em uma escala bem mais modesta –, e trabalhando duro para isso. Uma delas é Bharat Kumar Patel, um agricultor de 33 anos do setor de algodão de uma aldeia perto de Mehsana, cerca de 40 km ao norte de Ahmedabad, a maior cidade de Gujarate.

Cinco anos atrás, Bharat produzia sorgo, um tipo de grão parecido com o trigo, e *urad*, um tipo de feijão ou lentilha preta. Esses cereais crescem bem no clima de Mehsana, e Bharat encontrou um mercado pronto para adquirir seus produtos. Para cultivar um lote de cinco hectares de terra sem trator, Bharat contava com touros para arar o campo. Era um trabalho duro, suado e servil, que lhe rendia somente modestas 50 mil rupias (US$ 1.100) por ano.

Um dia, a aldeia de Bharat, perto de Mehsana, foi conectada à eletricidade vinda de Gujarate, o que forneceu aos agricultores acesso à energia para mover a água. Para Bharat, isso criou uma nova grande oportunidade. De repente, ele foi capaz de pensar sobre a cultura do algodão – mais **lucrativa**.

Ao mesmo tempo, ele ouviu falar a respeito de um novo tipo de algodão – o **algodão Bt**, uma versão geneticamente modificada projetada pela Monsanto, empresa agrícola dos EUA, que, aliás, foi pioneira na produção de sementes alteradas que garantissem maior produção e maior resistência a pesticidas. As plantas do algodão com a proteína do *Bacillus thuringiensis* (Bt) são tóxicas para os insetos, mas inofensivas aos seres humanos. O resultado é maior produtividade e menor necessidade de pesticidas, o que reduz os custos e aumenta os lucros.

A Monsanto desenvolveu uma fazenda de demonstração próxima à casa de Bharat. Depois de uma visita ao local, Bharat decidiu mudar seu foco para o algodão, o que certamente também mudaria sua vida. As sementes de algodão Bt permitiram a ele multiplicar de cinco a sete vezes a renda que recebia pelo sorgo ou pelo *urad*. Isso somado ao aumento dos preços do algodão significava que a partir de agora Bharat ganharia 150 mil rupias (US$ 3.300) por ano, três vezes sua renda anterior.

Esse aumento transformou seu estilo de vida. Ele mora no mesmo terreno, mas transformou sua antiga casa em uma casa *pucca*[b] de três cômodos, construída com tijolos e concreto. Era uma vez a construção de barro e teto de palha, assim como o banheiro do lado de fora da residência. "Reformamos nossa casa nos últimos seis meses," diz ele. "Isso nos custou 200 mil rupias. Foi caro, mas agora a casa está realmente muito boa", complementou Bharat Kumar Patel.

Bharat, que é casado e tem um filho de 8 anos, comprou uma geladeira, que ele exibe com orgulho na sala de estar, e uma TV em cores. Ele assiste a duas emissoras indianas, Zee TV e Star TV, mas também gosta de assistir ao canal local de Gujarate.

O dinheiro extra também permitiu a ele comprar roupas novas. Agora, ele vai a Mehsana a cada dois meses para adquiri-las. Antes, ele ia uma vez ao ano, e isso quando tinha algum dinheiro sobrando. "Eu costumava comprar roupas em barracas de beira de estrada", explicou ele. "Agora eu vou para uma loja." Sua loja de roupas favorita é a Vimal, uma antiga marca indiana de propriedade do grupo Reliance. Ele usa essas roupas quando viaja ao mandi local, o mercado no qual vende seus produtos aos comerciantes de algodão da região.

Se suas roupas melhoraram, o mesmo também ocorreu com sua dieta. Antes, ele raramente comia frutas ou legumes frescos, e quase nunca comprava provisões para a semana seguinte. "Costumávamos comprar o necessário diariamente. Agora enchemos nossas sacolas e armazenamos grandes quantidades de grãos. Mantemos também uma lata de óleo de 15 quilos", salientou Bharat.

Por não mais viverem em situação precária, Bharat e sua família podem se dar ao luxo de ir a Mehsana para passeios de um dia. "Lá gostamos

---

b   O termo *pucca* significa "sólido" e "permanente". Ele contrasta com o termo *kacca* – cru, verde – que se refere a edifícios de construção frágil. As casas *pucca* são, em geral, feitas de concreto, pedras, telhas de argila e/ou metal em contraste com as casas antigas feitas com material orgânico, como lama e palha. (N.T.)

de fazer compras, comer fora e nos divertir," diz ele, com o entusiasmo e os olhos arregalados de alguém para quem essa é uma experiência nova. "Às vezes, a gente até assiste a um filme", complementou Bharat.

Olhando para o futuro, Bharat está otimista. "Eu realmente sonho ter um trator," diz ele. Agora, depois de ter dispensado seus touros, ele aluga um trator durante a época da colheita. Se fosse o dono de um trator, poderia alugá-lo para outros, gerando para si ainda mais renda. Ele também quer que seu filho, que estuda em uma escola particular de Gujarate, vá para a faculdade e, por fim, migre para a cidade. "Eu gostaria que um dia ele conseguisse um emprego de verdade na cidade", comentou Bharat.

Essas são grandes ambições para alguém que, há cinco anos, era um humilde fazendeiro sem muito futuro. E ele sabe disso. "Eu não me preocupo muito com a vida," diz ele. "Estou feliz com o que Deus me deu, e realmente acredito que, com o tempo, as coisas só vão melhorar mais ainda."

A renda excedente, a tecnologia e o cauteloso investimento de capital estão se combinando para elevar a sorte de muitos dos chineses e indianos que recebem salários mais baixos. O otimismo resultante é refletido nas atitudes e hábitos de consumo dos pobres aspirantes. Tal como acontece com a classe média, segmentamos o próximo bilhão (ou pobres aspirantes) em: 1º) aqueles que vivem nas cidades grandes e 2º) os que residem em cidades pequenas ou distritos rurais.

O segundo grupo – dos que vivem em pequenas cidades e áreas rurais – constitui 24% dos lares indianos e é responsável por um quarto do consumo privado da Índia. O primeiro grupo, pobres urbanos, constitui 6% dos domicílios, mas responde por 8% do consumo do país.[4] Em muitos aspectos, esses moradores urbanos são mais otimistas e estão em situação melhor que os consumidores um pouco mais prósperos do campo.

Por exemplo, 56% dos integrantes do **próximo bilhão da cidade grande** possuem bens duráveis básicos, em comparação aos 49% da classe média rural. Também encontramos diferença na posse de produtos mais sofisticados, como TVs em cores de tela maior, geladeiras duplex, câmeras digitais e carros de segunda mão. Cerca de 16% dos pobres aspirantes das cidades grandes possuem esses bens duráveis mais avançados, em comparação a apenas 13% da classe média rural.

Descobrimos que os moradores da cidade têm muito mais acesso e habilidade no uso da Internet, maior compromisso com determinadas marcas e maturidade financeira mais desenvolvida – tomando emprestimos e utilizando serviços bancários pela internet. De fato, a promessa de surpreendente crescimento dos serviços financeiros está tomando forma à medida que os consumidores se estabelecem como clientes de baixo risco de crédito e abrem sua primeira conta poupança.

O próximo bilhão de consumidores da China

Dentro do estrato social mais baixo na China também existe um grupo similarmente distinto de consumidores aspirantes. Esses indivíduos constituem cerca de **um quinto** de todos os chineses, e, entre as pessoas que vivem nas cidades e municípios, representam mais de um **quarto**.

Como descrevemos no Capítulo 2, observamos um aumento marcante na disposição dos consumidores para comprar produtos conforme sua renda se eleva acima dos níveis de subsistência. Ao monitorarmos os padrões de consumo em centenas de categorias de produtos, descobrimos que esses consumidores já começam a comprar produtos mais saudáveis – como sucos, alimentos frescos, iogurte e suplementos vitamínicos –, bem como produtos de cuidados pessoais e apetrechos diversos da vida moderna, incluindo aparelhos elétricos e roupas mais elegantes, de marca, com logos conhecidos e visíveis.

Uma delas é a família Chen, de Chongqing, um município de **32 milhões de habitantes**, situado próximo ao rio Yangtze, no coração quente e úmido do país. Essa grande cidade foi a capital provisória de Chiang Kaishek durante a guerra sino-japonesa entre 1930 e 1940, época durante a qual ganhou o epíteto de **"Cidade de Heróis"**. O local foi também o lar de Bo Xilai, uma estrela outrora ascendente do Partido Comunista Chinês (PCC), que foi em 2013 condenado por corrupção a prisão perpétua. Hoje, as riquezas da região – no passado impulsionadas pela abertura da controversa represa de Três Gargantas – se manifestam em sua posição como grande centro fabril e de transportes.

Chen Ronghui, de 33 anos, assistente em uma loja de cosméticos, e seu marido que é vendedor, têm uma renda anual conjunta de US$ 5.280. Nos últimos cinco anos, eles perceberam melhora marcante em seu padrão de vida. Cinco anos atrás, eles ganhavam pouco mais de US$ 3 mil e tinham acabado de se mudar para a cidade vindos de Changshou, a 80 km do centro de Chongqing. Morando em uma pensão barata e pagando US$ 29 de aluguel mensal, eles lutavam para comprar os produtos de que precisavam no mercado local.

Sobrava pouco dinheiro no final do mês – quando sobrava – para atividades de lazer ou entretenimento. No entanto, conforme seus salários aumentaram, eles foram capazes de deixar para trás grande parte de sua vida de subsistência.

Em primeiro lugar, eles compraram seu próprio apartamento pela quantia de US$ 24.190, assumindo uma hipoteca que lhes custa US$ 90 por mês – três vezes o aluguel de sua antiga pensão. Para o pagamento do sinal, eles pediram ajuda à família e aos amigos.

O segundo passo foi começar a fazer suas compras em locais melhores, como na cadeia local de supermercados Yonghui, especializada em produtos frescos comprados diretamente de agricultores. Fundada em 1995, com sede em Fujian, na costa sudeste da China, e listada na Bolsa de Xangai, a Yonghui opera atualmente mais de 180 lojas inspiradas no estilo dos supermercados ocidentais, cuja **cultura é orientada para serviços**.

A terceira atitude do casal foi investir em alguns eletrodomésticos para seu novo apartamento, selecionando, em geral, produtos acessíveis de marcas chinesas. Eles têm uma televisão a cores Konka, uma das marcas nacionais mais conhecidas no país, uma geladeira Wuxi Little Swan, outra empresa de renome que ganhou um prêmio Reader's Digest de **"marca confiável"** e um *laptop* Lenovo, empresa que comprou o negócio de computadores pessoais da IBM.[5] O único produto da marca estrangeira é uma máquina de lavar roupas Whirlpool, companhia dos EUA. A máquina de lavar é fabricada na Província de Zhejiang. No entanto, isso é parte de uma *joint venture* com a Hisense Kelon, uma grande empresa chinesa de eletrodomésticos da linha branca.

Mas o casal não deixou seus problemas totalmente para trás. Eles temem ficar doentes, porque não seriam capazes de pagar as contas médicas. Eles também ainda se sentem como forasteiros. De acordo com Ronghui: "Nós crescemos no campo, e parece que somos caipiras por natureza." Eles poderiam se candidatar a um *hukou* – licença residencial que lhes daria mais privilégios em Chongqing –, mas isso significaria abrir mão de seu pequeno pedaço de terra em Changshou. Eles não querem fazer isso, pois, caso as coisas não deem certo e o custo de vida na cidade se torne muito alto, ainda terão para onde voltar.

No entanto, mesmo com toda essa incerteza, a vida é boa. "Apesar de sentirmos certa pressão," diz ela, "ainda acho que o futuro será melhor." Eles têm planos para iniciar um negócio e, ao longo dos próximos cinco anos, esperam que sua renda dobre para mais de US$ 12 mil, o que os colocaria firmemente na classe média.

"Eu sonho em ter uma carreira decente, com a possibilidade de o meu filho ir para uma boa escola e também com uma vida melhor para todos nós", ressaltou Ronghui. Com a renda extra, eles esperam ser capazes de 1º) se mudar para um apartamento maior, que ofereça um quarto para seu filho de 9 anos; 2º) adquirir equipamentos melhores, de marcas internacionais; e 3º) comprar um automóvel.

Estes são os grandes objetivos das pessoas – eles refletem uma mesma visão que ouvimos diversas vezes:

- "Minha vida vai melhorar."

- "Vamos ganhar mais dinheiro."

- "Os salários vão aumentar."

- "Eu não serei capaz de pagar por **tudo**... mas terei acesso a uma casa melhor, a comida de melhor qualidade e conseguirei oferecer educação para minha família."

- "Meu trabalho duro e esforço valerão a pena."

Tal otimismo contrasta nitidamente com a dramática situação em que vivem os chineses e indianos mais pobres; indivíduos que foram deixados para trás ao longo da jornada dos dois países.

Destituídos da China: os migrantes marginalizados

Changhua Zhang e sua esposa, Chen Suqin, esperam para pegar o trem de volta à sua aldeia ancestral, para celebrar o **Ano Novo chinês** com seus filhos. Parece que todo mundo está em movimento, e as passagens são um bem precioso. Dia após dia, eles esperam pacientemente na estação de Guangzhou, a terceira maior cidade do país, que fica às margens do rio das Pérolas, cerca de 120 km a noroeste de Hong Kong. Todas as manhãs, eles esperam conseguir um cobiçado bilhete gratuito, mas conforme a tarde avança, eles se sentem decepcionados e, ao cair da noite, totalmente desanimados pelo fato de, mais uma vez, terem perdido a corrida pelos poucos bilhetes não vendidos. Seus rostos mostram a agonia da decepção e a contagem regressiva para o dia em que se tornará tarde demais tentar viajar para casa – quando o feriado já tiver acabado.

Depois de cinco dias, sua sorte muda, sua paciência é recompensada e eles acessam o trem lotado – trata-se da maior migração anual de seres humanos do planeta. Este, no entanto, é um momento ao mesmo tempo alegre e difícil: o trem está sobrecarregado, as cabines são apertadas e a longa viagem para casa é lenta e entediante.

Essa história, contada em *Last Train Home* (*O Último Trem para Casa*), documentário sobre a situação dos pobres trabalhadores migrantes na China, é extremamente comum.[6] Uma vez por ano, muitos dos 150 milhões de trabalhadores migrantes rurais retornam ao seu lar no campo para celebrar o Ano Novo chinês ao lado da família. É como se toda a Rússia saísse de casa para viajar em um período de dois dias.

A necessidade de sustentar a própria família tem forçado muitos pais camponeses a migrar para as cidades em busca de emprego. Muitas vezes, eles não veem seus entes queridos durante um ano inteiro. Changhua e Chen trabalham em uma fábrica têxtil costurando *jeans* para norte-americanos "grandes e altos," e são pagos por peça – quanto mais horas trabalham, mais dinheiro eles ganham. Ainda não é o suficiente para pagar por um assento garantido no trem, e é por isso que eles têm de suportar a incerteza de esperar por bilhetes não vendidos. Eles finalmente chegam em casa, onde deixaram seus dois filhos com a avó das crianças. Cheia de ressentimento e raiva, Qin, sua filha adolescente, cumprimenta-os com desaprovação. Ela está chateada por suas longas ausências – mesmo sabendo que seus pais estão trabalhando em uma cidade distante justamente para garantir-lhes melhores perspectivas de vida. Ela discute com o pai, e os dois, furiosos, gritam entre si. É uma dolorosa história de sacrifício pessoal, alienação e isolamento; uma vida de trabalho árduo, sem oportunidades de escapar.

A ironia é que esses trabalhadores migrantes energizam a economia urbana da China. Sem eles, o país não teria se tornado o **"centro de produção"** do mundo. No entanto, apesar de constituírem um terço da população urbana, não participam de maneira significativa da vida da cidade. São forçados a viver em dormitórios da empresa ou moradias temporárias, ou, se forem menos afortunados, a compartilhar um quartinho em uma favela. Eles lutam por salários médios de cerca de 1.800 renminbis (US$ 430) por mês – 28% menos que o salário típico de um trabalhador pobre aspirante em seu país.

No curto prazo, existe pouca perspectiva de mudança nessa área. As divisões na comunidade urbana da China são bem-estabelecidas pelo sistema local de registro conhecido como *hukou*. Como vimos na história de Chen, esse registro é uma espécie de passaporte interno que limita a liberdade das pessoas de se estabelecerem em algum lugar diferente de onde nasceram.

Em 2010, quatro em cada dez moradores da cidade não tinham registro local. Consequentemente, não tinham acesso à assistência médica local ou à segurança social, tampouco o direito de educar seus filhos em escolas locais. Por isso Changhua e Chen precisaram deixar seus filhos com a avó.

Mas o governo chinês, ávido por promover a harmonia social, tornou a urbanização a peça central de seu 12º Plano de cinco anos, que vai de 2011 a 2015. Ele também está incentivando o emprego no centro e no oeste da China, lar de dois terços desses trabalhadores migrantes. O objetivo é persuadi-los a viver em suas cidades e também em cidades menores. A Foxconn, maior fabricante mundial de componentes eletrônicos, **baseada em Taiwan**, criou um estande de recrutamento na estação de trem em Zhengzhou para tentar fazer com que os trabalhadores locais ficassem no local, em vez de buscarem as fábricas na próspera costa leste do país. Com o tempo, esses trabalhadores migrantes terão de ser capazes de se estabelecer nas cidades para que eles próprios, e a economia chinesa de modo geral, possam colher os benefícios de seu potencial.

Destituídos da Índia: a história de Sahabpur

Ghulam não sabe a própria idade. Ele acha que tem cerca de 40 anos. Parece mais velho, talvez 50 ou 55 anos. Todavia, ele não vive no passado. Para ele e sua família, a vida é uma luta. Ele encara cada dia como a situação se apresenta.

Ele vive em Sahabpur, uma aldeia de cerca de cinco mil habitantes que fica a 5 km da estrada de quatro pistas para Lucknow, capital de Uttar Pradesh. A maioria da população é de agricultores que produzem arroz e trigo. Alguns são artesãos. De fato, Ghulam não é nem um nem outro: ele fia e tinge tecidos usando sua única posse substancial: uma roda de fiar (que vale menos de US$ 40).

Se isso evoca imagens de um idílio rural, e também a memória de Mahatma Gandhi, não deveria. Ghulam leva uma vida cruel; uma existência oprimida e sem esperanças, muito distante das cidades grandes e reluzentes do país, e de sua classe média em ascensão.

Ele mora em uma pequena estrutura de tijolos originalmente construída para funcionar como banheiro público da aldeia. "Nós não estávamos indo bem," ele nos disse, humildemente sentado no chão e quase sussurrando suas palavras. "Mas o chefe da aldeia entendeu nosso problema e nos permitiu ficar aqui", completou Ghulam.

O trabalho de Ghulam é esporádico, e ele geralmente recebe cerca de 110 rupias (US$ 2,42) por dia por seus serviços. Ao todo, ele ganha cerca de 40 mil rupias (US$ 900) por ano – renda lamentavelmente baixa e insuficiente para alimentar sua grande família. Ele tem nove filhos entre 1 e 16 anos de idade. Sua esposa esteve quase constantemente grávida durante a última década e meia. Ela é a imagem da fragilidade; pequena e magra. Ela não usa joias, e sua única maquiagem é um pequeno bindi vermelho na testa. Mesmo que a família seja muçulmana e o bindi seja originalmente hindu (colocado no meio da testa sobre o ajna – o sexto *chakra*, supostamente o ponto de saída da energia kundalini), muitos muçulmanos do subcontinente sul-asiático usam-no, em parte para dar sorte e em parte como ornamento.

Dois dos filhos adolescentes de Ghulam ajudam a complementar a renda familiar trabalhando no comércio de tingimento de tecidos e trazendo de 30 a 40 rupias extras (menos de US$ 1) por dia. Quatro dos outros também fazem bicos, embora não sejam remunerados. Nenhuma das crianças frequenta a escola, apesar de a vila ter uma pequena escola primária do governo. "Nós não temos dinheiro para sua educação, mas trabalhando eles podem pelo menos ajudar com a manutenção da casa", disse Ghulam.

Também não há dinheiro suficiente para pagar pelos medicamentos de sua esposa. As múltiplas gestações dela, além da parca dieta da família, estão cobrando seu preço sobre sua saúde. Gravemente anêmica, ela sofre dores agonizantes da cintura para baixo. O médico da aldeia prescreveu pílulas por um mês, mas Ghulam só tinha o suficiente para quatro dias. "Elas me custaram 75 rupias, e os quatro dias foram assim," explica ele, estalando os dedos para enfatizar como três quartos de sua renda diária desapareceram em um instante.

Em um ato de boa vontade, o médico lhe deu alguns comprimidos de amostra grátis que recebe da empresa farmacêutica. Ghulam também conseguiu trabalho extra, para poder comprar mais alguns comprimidos. Mesmo assim, isso ainda não foi suficiente para ela se recuperar de sua doença crônica. "Se eu tivesse dinheiro, eu teria comprado todos os comprimidos de uma só vez, e ela poderia ter se beneficiado disso", lamentou Ghulam.

As únicas coisas que Ghulam compra são alimentos e roupas – o básico para uma vida de subsistência. Ele não paga aluguel por sua **"casa"**, que poderia ser mais bem descrita como um **abrigo**. A maioria de seus filhos dorme do lado de fora, em uma esteira grossa. Apenas as crianças mais novas dormem sob o teto. Não há mobiliário. Além da roda de fiar, Ghulam possui apenas alguns utensílios de cozinha e as roupas do corpo. Não há forno. Quando sua esposa cozinha, ela vai em busca de lenha, voltando para fazer uma refeição de *roti* – um pão sem fermento – e uma mistura de grãos, vagens e batatas compradas de um vendedor ambulante. Quando ela tem sorte e o preço cai ela compra cebolas para dar sabor à comida. Mas isso não acontece com muita frequência.

Se existe qualquer fresta de esperança nessa triste história, é o fato de Ghulam obter algum apoio do governo, graças à sua amizade com o chefe da aldeia, o *panch*. Esse bom companheiro muçulmano, além de disponibilizar a Ghulam um abrigo, também garantiu para ele um **cartão BPL**, sigla em inglês para **"abaixo da linha de pobreza"**.[c] Trata-se de um cartão muito disputado entre os cidadãos mais pobres da Índia, mas nem todo mundo o recebe. Um dos vizinhos de Ghulam, um trabalhador hindu casual que ganha metade do que Ghulam recebe, tem um **cartão APL**,[d] sigla em inglês para **"acima da linha de pobreza"**.

O *Gram Panchayat*, o corpo dirigente de uma aldeia, liderado pelo *panch*, decide e certifica quem deve receber um cartão BPL. Com esse cartão, Ghulam tem direito a dois tipos de benefícios. O **primeiro** é o tratamento preferencial para conseguir um emprego por meio do sistema público. De acordo com a Lei Nacional Mahatma Gandhi de Garantia de Emprego Rural, são garantidos aos indivíduos registrados cem dias de trabalho por 120 rupias (US$ 2,60) ao dia. Ghulam não participa desse projeto porque sabe que as autoridades locais ficam com uma porcentagem significativa desse dinheiro. Ele a descreve como uma "taxa". Assim, concluiu que seria melhor trabalhar como autônomo do que como empregado registrado do governo.

A **segunda vantagem** é o acesso a grãos, açúcar e querosene altamente subsidiados. Este benefício lhe é fundamental. Mesmo assim, Ghulam está apreensivo em relação ao futuro. "Eu tenho um monte de preocupações. Acho que se alguém me desse um trabalho, eu poderia fazer algum dinheiro e seguir em frente. Espero por isso em meu coração", enfatizou Ghulam.

---

c   Below Poverty Line. (N.T.)

d   Above Poverty Line. (N.T.)

Com pouco pelo que esperar, Ghulam apimenta sua conversa, que é hesitante e em grande parte monossilábica, com uma frase hindu: *Allah ki Marzi hai*, ou seja, "Essa é a vontade de Deus". Ele aceita seu destino. Existem milhões de indianos com a mesma mentalidade de **aceitação** e **resignação**.

A maioria dessas pessoas reside em zonas rurais, mas muitos outros sofrem com uma existência lúgubre nas favelas da cidade. Uma das piores é Dharavi, no coração de Mumbai, capital comercial da Índia. Metade da população da cidade – cerca de 13 milhões de habitantes, ou seja, a mesma quantidade de pessoas que vive em Londres – se espreme em favelas. Cerca de um milhão desses indivíduos vive especificamente em Dharavi, local onde foi filmado *Quem Quer Ser um Milionário*.

É difícil escapar do mau cheiro proveniente dos esgotos a céu aberto e dos vapores exalados pelos lixões. A eletricidade é intermitente e somente a luminosidade de uns poucos televisores pode ser vista no escuro; algumas pessoas carregam telefones móveis – mas, em muitos aspectos, Dharavi nos remete a um cenário dickensiano.[e] O comércio existe, com estimativas que sugerem 10 mil pequenas empresas, com produto interno bruto de mais de US$ 600 milhões.[7] Porém, quando comparados às pessoas que vivem nos condomínios fechados que têm surgido por toda Mumbai, os moradores dessas favelas parecem estar vivendo em um planeta diferente.

Implicações para as empresas

Em face disso, os **destituídos**, mesmo aqueles classificados como pobres aspirantes, não representam tentadora perspectiva como potenciais clientes. No entanto, essas pessoas não devem ser negligenciadas.

Em nosso trabalho, identificamos várias estratégias-chave para atender a esse grupo de consumidores, tão pouco explorado. Elas incluem: 1ª) a criação do que denominamos **produtos compatíveis com restrições** (financeiras), ou seja, com preços adequados; 2ª) o desenvolvimento de sistemas de distribuição universal; 3ª) a promoção de *mar-*

---

e   Relativo ao famoso escritor Charles Dickens, cujos romances eram, entre outros aspectos, obras repletas de crítica social. Em suas narrativas são tecidos comentários ferozes sobre uma sociedade que permitia a pobreza extrema e as piores condições de vida e trabalho – uma estratificação social abrupta da era vitoriana. (N.T.)

keting instrutivo e defensivo; 4ª) o investimento de tempo em parcerias e processos de colaboração criativa; 5ª) o atendimento às regulamentações governamentais. Entretanto, em virtude dos difíceis ambientes de mercado, é importante testar e experimentar tais estratégias antes de expandi-las.

1ª) **Criação de produtos compatíveis com restrições (financeiras), com diferentes níveis de preços.** A Marico, companhia indiana de produtos de beleza e bem-estar, mostrou como fazer isso. Famosa por seus produtos à base de óleo de coco, a empresa diminuiu o tamanho das embalagens de seus produtos de modo que pudesse vender também para os integrantes do nível inferior da pirâmide de consumo. Por exemplo, seu popular xampu *Parachute* agora pode ser adquirido em embalagens de 4 ml, em vez de nas mais tradicionais, com 100 ml. Enquanto isso, na China, a Procter & Gamble também desenvolveu uma abordagem para os consumidores que ganham US$ 2 por dia, em seu esforço para encontrar a fortuna na base da pirâmide. Uma garrafa de *Rejoice*, seu xampu mais barato, custa 9,90 renminbis (US$ 1,50). Para algumas famílias, isso representa um degrau acima do uso do sabão em pó, que deixa os cabelos escorridos e oleosos. "É um mito dizer que as pessoas pobres querem apenas funcionalidade," diz um dos maiores cientistas da P&G, que trabalha no setor de Pesquisa e Desenvolvimento (P&D) da empresa em Pequim, avaliado em US$ 70 milhões. "Elas se preocupam com a beleza, como todas as demais"[8], complementou esse cientista.

2ª) **Desenvolver alcance e distribuição universais.** Em outras palavras, é preciso ir até o cliente. Isso significa ter uma miríade de pontos de venda e distribuição. A Hindustan Unilever tem feito isso muito bem. Para atingir milhões de indianos do meio rural, a companhia criou o Shakti Entrepreneurial Program (Programa Empresarial Shakti), com base na palavra híndi para **"poder"**. Sua finalidade é ajudar indivíduos muito pobres a abrirem pequenos negócios como varejistas diretos aos consumidores locais e, no processo, criar novos mercados para seus produtos entre o grande grupo de clientes que gasta pouco. Trata-se de uma espécie de Amway[f] para Índia rural.[9]

Inicialmente, a Hindustan Unilever mapeou todas as aldeias do país. O objetivo era chegar a pequenos povoados dispersos com quase nenhuma infraestrutura. Ao fazê-lo, calculou que aproximadamente 630 mil aldeias não tinham nenhum meio direto de obter seus produtos – e, com quase **500 milhões de pessoas sem TV**, não havia nenhuma maneira fácil de garantir a divulgação em massa. A companhia, então, lançou o programa Shakti com o objetivo de chegar a esses novos consumidores. Foi uma jogada ousada. Quando indagado a respeito do que mais se orgulhava, Nitin Paranjape, CEO da Hindustan Unilever, nos disse: "Estou orgulhoso do que temos sido capazes de alcançar com o Projeto Shakti. Chegamos à verdadeira Índia rural por meio desse esforço – aldeias com menos de dois mil habitantes. Temos 45 mil *Shakti Ammas* (mulheres) e 25 mil *Shaktimaan* (homens) que conseguiram chegar a milhões de novos consumidores diretamente. No entanto, mais do que o alcance e o acesso, orgulho-me de nossa capacidade de gerar renda e emprego, o que é mais notável. Essas pessoas hoje ganham entre 800 e 2.500 rupias (entre US$ 18 e US$ 55) por mês." A Hindustan Unilever criou e tem agora um novo mercado para uma gama de produtos, incluindo o purificador de água *Pureit*; o detergente *Wheel*; o chá *Brooke Bond*; os sabonetes *Lux* e *Lifebuoy*; e o xampu *Sunsilk*. De fato, a empresa viu seu negócio crescer em 10% graças ao programa e aos seus esforços para penetrar na classe mais baixa.

3ª) **Promover o *marketing* instrutivo e defensivo.** As *Ammas* e os *Shaktimaan* do programa Shakti da Hindustan Unilever têm sido fundamentais não só para garantir a distribuição física dos produtos para as áreas rurais, mas também para instruir os 500 milhões de indivíduos que jamais haviam sido expostos a muitos desses produtos e tinham acesso limitado aos meios de comunicação de massa. Godrej também tem usado essa estratégia,

---

f   Maior empresa mundial de *marketing* de rede. (N.T.)

e com bons resultados. Sua exclusiva geladeira *Chotukool* (literalmente, "fresquinha"), ao preço de US$ 60, foi desenvolvida para o mercado do **próximo bilhão**, reconhecendo as limitações das casas pequenas e apertadas, a baixa acessibilidade ao consumo e o fornecimento irregular de energia elétrica. O refrigerador não é vendido mediante os canais tradicionais, mas por intermédio de pequenos empresários e organizações não governamentais (ONGs) que podem explicar os benefícios para usuários de primeira viagem.

4ª) **Investimento em parcerias criativas.** A geladeira *Chotukool* de Godrey não poderia ser fabricada por uma única empresa. Sua criação somente foi possível graças à parceria com uma empresa norte-americana, que codesenvolveu a tecnologia de refrigeração (sem o uso de compressores), algumas ONGs, responsáveis pelo *marketing*, e até mesmo o India Post, que gerencia a maior rede postal do mundo e passou a revender a pequena geladeira. Como nos disse Jamshyd Godrej, presidente da Godrej & Boyce: *"A Chotukool foi desenvolvida por uma pequena equipe de três ou quatro colaboradores, que se concentrou na inovação disruptiva. Acreditávamos que seria possível atender a essa parte da população e então cocriamos essa geladeira, observando de muito perto os requisitos do segmento, testando e retestando o que funcionava na área."* A minigeladeira *Chotukool* se destina aos **70%** de consumidores indianos que não têm refrigeração em casa.

5ª) **Compreender e responder às regulamentações governamentais.** Os pobres são prioridade para os governos chinês e indiano. Eles se esforçam para promover maior harmonia social, e inúmeras iniciativas e subsídios destinam-se a atenuar os piores problemas – especialmente os relacionados à saúde. Por exemplo, na China, existe um projeto para promover o molho de soja fortificado com ferro para combater a prevalência de anemia entre os pobres. Na Índia, um programa do governo promove o uso de sal iodado em alimentos, a fim de resolver problemas de saúde como o bócio.

Esses e outros programas dos governos estão abrindo caminho para mais consumidores novos adquirirem produtos de marca. Estimamos que, na China, durante os próximos dez anos esses consumidores irão gastar US$ 160 bilhões mais do que atualmente; já na Índia, os novos integrantes da classe média baixa deverão gastar US$ 75 bilhões no mesmo período. Esses mercados em rápido crescimento são grandes demais para serem ignorados!

CAPÍTULO 5

Encontrando o novo consumidor
Os centros urbanos e as comunidades rurais

Onde encontrar os consumidores emergentes, porque as cidades menores passarão a ser ainda mais promissoras que as cidades grandes e como prosperar com as revoluções agrícola e infraestrutural que irão elevar a renda e a disponibilidade de serviços

SHUNHEZHUANG, A DUAS HORAS de Pequim, perto de Gaobeidian, é uma pequena aldeia. Sua população é de cerca de **mil habitantes**. As fazendas são pequenas – com cerca de um acre (4.047 m²) ou até menos. Seus agricultores normalmente plantam trigo e milho, alternando-os a cada ano.

Mas o interior da província de Hebei, no extremo leste da China, não é um idílio rural. Os verões são quentes e úmidos, e os invernos são rigorosos. Lá, quase inexistem animais selvagens e o canto dos pássaros é uma raridade. Tempestades de poeira destroem plantações e varrem a camada superior do solo, que já se encontra bem fina. As décadas de negligência ambiental também ajudaram a desnudar a terra. Árvore altas e maduras, plantadas ainda na década de 1970, são quase inexistentes na região – a maioria delas foi derrubada no passado para ser usada como lenha ou material de construção, e também para dar espaço para a agricultura.

No entanto, nos últimos vinte anos, os moradores passaram por uma transformação radical. Na década de 1980, e até o início de 1990, a vida rural se concentrava na agricultura e era extremamente difícil: a maioria das pessoas era muito pobre e não dispunha de comodidades básicas, como escolas satisfatórias, atendimento médico, estradas pavimentadas ou uma fonte de energia confiável.

Ao se terem passado duas décadas, a vida se tornou bem melhor. Em 2012, quase toda a população tem acesso à eletricidade; cerca de 95% das cidades e 80% das aldeias possuem estradas pavimentadas, e cerca de 96%

têm acesso a atendimento básico de saúde. As remunerações continuam baixas em relação às praticadas nas cidades: o rendimento médio disponível por pessoa é de 5 mil renminbis (US$ 760), cerca de um quinto da renda em cidades de nível 1 no país. Em contrapartida, os rendimentos estão em ascensão. Em 2005, a renda média era de US$ 407 e, quatro anos mais tarde, de US$ 845 – uma taxa de crescimento anual composta de 20%. E, apesar de apenas 34% da população rural ter ganhado mais de US$ 882 anuais em 2009, essa proporção deve chegar a 54% em 2015.

A grande razão para essa melhoria de padrão de vida é a diversificação de empregos. Se antes tudo se relacionava à agricultura, agora há outras opções: silvicultura, pesca, construção e produção de tijolos e cimento. A melhoria nos padrões de vida deve continuar, tendo em vista que o governo chinês tem investido de maneira substancial e constante nas comunidades rurais, a fim de promover o crescimento dessas regiões e a harmonia social.

Em Shunhezhuang, apenas 20% da renda de seus moradores é derivada da agricultura. Outros 30% vêm dos salários de quem trabalha nas fábricas localizadas nas vilas e cidades próximas; os 50% restantes vêm de empreendimentos locais. Desde 2007, quando começamos a visitar essa vila, a agricultura diminuiu significativamente, e a renda média subiu 74%.

Entretanto, nem todo esse crescimento é atribuível ao distanciamento do trabalho agrícola. O preço do milho subiu, ajudando a aumentar a renda. Além disso, um investimento maior em irrigação e o uso de fertilizantes têm ajudado a elevar em 40% a produtividade e os lucros. Todavia, o desenvolvimento de outras fontes de renda tem se revelado o principal fator. Nos últimos dez anos, os salários médios diários dos operários fabris em Gaobeidian triplicaram, indo dos 30 renminbis (menos de US$ 5) por dia para 90 renminbis (cerca de US$ 14) por dia. O chefe de aldeia nos disse: "Todo mundo pode ter uma vida boa, desde que ele ou ela esteja disposto a trabalhar."

WX Liu é uma típica residente. Ela nasceu em 1953 e era criança durante as épicas escassezes ocorridas entre 1959 e 1961. Ela é alfabetizada – embora tenha estudado apenas três anos do ensino primário –, usa cabelos curtos e prefere roupas de trabalho na cor azul. Sua vida tem sido uma luta longa e difícil; suas mãos são calejadas e fortes – reflexo do tempo em que trabalhava na roça. Ela aprendeu a lavrar no pequeno lote de terra de seus pais.

Desde 2000, a renda de sua família aumentou em seis vezes – graças ao seu trabalho duro, aos bons lucros relativos ao milho e à crescente contribuição de seus filhos. Ela vive com o marido, que conheceu quando ele se mudou para a aldeia; com o filho, que trabalha em uma fábrica local; com a nora, que trabalha em um posto de gasolina; e com a neta. Juntos, o filho e a nora contribuem com mais de dois terços da renda familiar.

FIGURA 5.1

O milho proporciona a maior parte da renda de Liu

A família de Liu ganha apenas cerca de 3.700 renminbis (US$ 560 dólares) por ano pelo cultivo de trigo e milho em uma área de 6 mu (cerca de meio hectare) de terra.

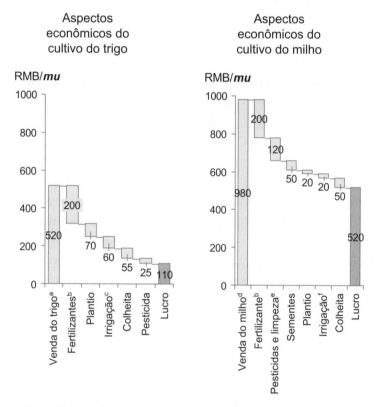

Fontes: Entrevista rural BCG na província de Hebei; Análise BCG.
Nota: O terreno de Liu tem seis *mu* (cerca de meio hectare). A família cultiva trigo no inverno e milho no verão.
a. Liu pode colher 650 *jin* (325 kg ou aproximadamente 715 libras) de trigo por *mu*; o preço do trigo é de 0,8 renminbi por *jin* (aproximadamente 12 centavos de dólar por libra).
b. Duas vezes por ano, a 100 renminbis (US$ 15) cada vez por *mu*.
c. Cinco vezes por ano, a 12 renminbis (US$ 1,80) cada vez.
d. Liu pode colher 1.300 *jin* (650 kg, ou cerca de 1.430 libras) de milho por *mu*; o preço do milho é de 0,76 renminbi por *jin* (aproximadamente 11 centavos de dólar por libra).
e. Quatro vezes por ano, a 30 renminbis (US$ 4,50) cada vez.
f. Duas vezes por ano, a 10 renminbis (US$ 1,50) cada vez.

A vida de Liu é atarefada. Ela começa seu dia às 6h da manhã preparando o café da família. Então, vai às compras, trabalha no campo, cuida da neta, prepara a principal refeição da família para servir quando todos chegam do trabalho e apenas começa a relaxar por volta das 21h. É uma vida de trabalho em tempo realmente integral; mas o tempo no campo não é bem-recompensado. As culturas do trigo e do milho são negócios que oferecem baixas margens de lucro. Ela diz que seu retorno sobre o trigo, em termos de lucro anual, é de apenas 660 renminbis (US$ 100), isso depois da contabilização dos custos de sementes, fertilizantes, irrigação, pesticidas e colheita (Figura 5.1).

Como resultado dos preços mais elevados de mercado, o milho é mais rentável, garantindo cerca de 3 mil renminbis (US$ 450) em lucro por temporada. Os custos de investimentos são semelhantes aos do trigo. Calculamos, portanto, que o lucro por hora de trabalho na pequena fazenda (de um acre) de Liu seja de aproximadamente 1 a 1,25 renminbi, ou seja, de 0,15 a 0,20 centavos de dólar por hora.

Apesar de sua vida difícil, Liu é muito bem-humorada e sorri durante a maior parte do tempo em que falamos com ela. Suas respostas às nossas perguntas vêm em frases curtas e animadas. Ela é grata pelas mudanças que ocorreram em sua vida, especialmente sua nova casa, sua cozinha renovada e seu pátio. Liu gostaria de avançar economicamente e deseja que sua neta tenha acesso às coisas que ela não teve. Em algumas oportunidades ela chegou a ponderar dobre a diversificação de culturas – especialmente verduras –, que ostentam maior potencial de lucro, mas como não tem experiência com essas alternativas, prefere não correr o risco. Ela explica: "Ouvi dizer que algumas pessoas estão plantando amendoim e legumes agora, mas eu não sei como cultivá-los [...] e também não sei onde vendê-los. Então, estou mantendo o trigo e o milho."

Se sua família dependesse apenas do empreendimento agrícola, ela certamente não teria testemunhado o grande aumento em sua renda nos últimos cinco anos, tampouco teria sido capaz de conquistar seu grande motivo de orgulho e alegria: sua nova casa. Em 2009, ela decidiu que a família precisava de uma casa nova com comodidades mais modernas. Ela pediu dinheiro emprestado a amigos e parentes e começou a projetar a casa: sua construção, seu tamanho e, inclusive, seus móveis.

Hoje, depois de muito trabalho, o novo sobrado de alvenaria está completo. Tem um pátio construído em torno de uma das poucas árvores antigas da aldeia, e dois quartos. A construção tem cerca de 186m² e custou aproximadamente 150 mil renminbis (US$ 23 mil). Já a decoração ficou em 30 mil renminbis (US$ 4.500). "Nós tomamos emprestado um monte de dinheiro de amigos e parentes para a construção da casa", diz ela.

"Então eu sempre digo ao meu filho para 'apertar o cinto' e primeiro pagar a dívida. Eu realmente acredito que conseguiremos pagá-la em alguns anos", ressaltou Liu.

A casa é um investimento – e traduz o otimismo de Liu pelo futuro. Até recentemente, havia duas tomadas de energia destinadas a condicionadores de ar – embora ainda não houvesse nenhum aparelho desse tipo na casa. Agora, porém, seu filho adquiriu duas unidades de segunda mão. Ela também tem uma garagem para dois carros, com portas de alumínio de enrolar. Até agora, ela não pôde comprar um carro, muito menos dois, mas ela acredita que a hora vai chegar – em breve.

"Estou muito satisfeita com a minha vida agora", diz ela, de seu jeito acelerado e sensato. "Está muito melhor do que era há alguns anos", disse Liu. Sua grande preocupação é com sua saúde. Ela sofre de hipertensão e diabetes. Com sua renda extra, ela consegue pagar à unidade rural cooperativa de atendimento médico uma taxa mensal de 300 renminbis (US$ 45) para exames regulares na clínica do município, onde verifica a pressão arterial e os níveis de glicose no sangue. Mas sua vida melhorou surpreendentemente desde a época em que a agricultura era a única fonte de renda de sua família. Os dias negros da década de 1950 parecem bem distantes – e de fato estão. Como ela mesma diz, com um sorriso que é sua marca registrada: "Eu vivo uma vida de luxo."

Encontrar Liu não foi fácil. Ela vive em uma vila remota, bem longe dos lugares mais conhecidos. Para localizá-la – e os milhões como ela na China e na Índia – uma empresa precisa **segmentar** os dois países em comunidades rurais e centros urbanos específicos.

Estes mercados são verdadeiros campos de batalha em que importantes oportunidades de crescimento residirão nos próximos dez anos, e também nos seguintes. Nossa análise mostra que mais da metade do prêmio de 10 trilhões de dólares será conquistada em cidades chinesas (Figura 5.2). Em um futuro não muito distante, alguns dos nomes de cidades de pronúncia mais difíceis sairão da boca dos executivos nos EUA e na Europa: na China, essas cidades incluem Nantong, Xuzhou, Luoyang, Guiyang e Baotou; na Índia, são lugares como Bhavnagar, Visakhapatnam, Bareilly, Sonipat e Coimbatore.

Mas, embora a grande tendência seja a urbanização, ainda existe um esforço significativo por parte dos governos chinês e indiano para reinvestir em suas comunidades rurais. Nossa análise sugere que 15% do prêmio de 10 trilhões de dólares serão obtidos nos vastos distritos rurais da Índia. Para captar uma fatia desse mercado, as empresas terão de alcançar consumidores cujas preferências e cujos desejos são bastante singulares.

Em face desse quadro, a população rural parece gerar interesse limitado às empresas, tendo em vista que cada vez mais pessoas migram para as cidades. Na China, por exemplo, calcula-se que a população rural irá despencar de 53% do total em 2010 para 45% em 2020, com a fatia de participação das residências rurais na renda disponível do país caindo para cerca de 15%, abaixo dos atuais 25%.[1] Na Índia, a população rural também irá encolher, embora a um ritmo mais lento – de 70% em 2010 para 65% em 2020. Enquanto isso, prevemos que a fatia de participação das residências rurais na renda disponível indiana cairá de 56% em 2010 para 41% em 2020.[2] Mas, como demonstramos no caso de Liu, os mercados rurais dispõem de bolsões de riqueza crescente. E como discutiremos neste capítulo, sustentar a transformação das comunidades urbanas e rurais representará duas revoluções: **uma de caráter infraestrutural**; a outra, **agrícola**.

Quando entrarem no mercado chinês, é importante que as empresas conservem em mente o sentido de identidade chinesa. Para quem vive fora da China, a tradução do nome do país é simplesmente "império do centro." Todavia, os caracteres chineses para **China** comunicam um significado muito diferente. Uma tradução mais precisa descreve um país que

---

FIGURA 5.2

Como o prêmio de 10 trilhões de dólares se divide entre os mercados urbano e rural

Mercado	China em 2020	Índia em 2020
Urbano	US$5,2 trilhões	US$2,1 trilhões
Rural	US$1,0 trilhão	US$1,5 trilhão

Fontes: Euromonitor, Countries and Consumers; BCG City Income Database, 2011; Análise BCG.

é central para o mundo (no sentido de fundamental), rico em recursos e capacidades e bem protegido – espiritual e fisicamente (Figura 5.3). Essa categorização simbólica reflete os comentários feitos por muitos de nossos entrevistados: eles enxergam a si mesmos, no cenário mundial, como jogadores que estão no controle de seu próprio destino; têm um senso de prosperidade, força e resistência; e esperam por um futuro ainda melhor.

FIGURA 5.3

Autoidentidade exclusiva chinesa: central/fundamental, protegida, rica

Urbanização: compreendendo as cidades

Uma imagem de satélite de Shenzhen feita por volta de 1980 mostra o que costumava ser uma **vila de pescadores** pouco povoada e isolada de sua vizinha Hong Kong – que ainda estava sob controle britânico. Os Novos Territórios[a] de Hong Kong estavam localizados diretamente do outro lado do rio

---

a Hong Kong se tornou uma colônia do Império Britânico após a Primeira Guerra do Ópio (1839-1842). Originalmente confinada à ilha de Hong Kong, as fronteiras da colônia foram estendidas em etapas para a península de Kowloon em 1860 e, em seguida, para os Novos Territórios, em 1898. Foi ocupada pelo Império do Japão durante a guerra do Pacífico, após a qual o controle britânico foi retomado até 1997, quando a China reassumiu a soberania da cidade. (N.T.)

Shenzhen, mas separados da vila de Shenzhen e de seus 330 mil habitantes por uma alta cerca de arame farpado. Em contrapartida, Hong Kong contava com uma população de mais de 5 milhões, incluindo muitos que tinham fugido da China continental a nado pela baía de Shenzhen. O antigo posto de controle da fronteira de Lo Wu testemunhou pouco tráfego oficial.

Trinta anos depois, a imagem de satélite mostra Shenzhen como uma metrópole intensa e movimentada, recoberta por torres comerciais, parques industriais e áreas residenciais – uma nova megacidade chinesa com mais de 10 milhões de habitantes, que supera a população de sua vizinha, Hong Kong. A grande maioria dos moradores de Shenzhen migrou para lá a partir de zonas rurais ou de outras cidades chinesas. A fronteira Hong Kong-Shenzhen s**e tornou a mais movimentada do mundo**, testemunhando milhões de travessias por semana (e, de fato, uma travessia rápida e totalmente automatizada para os residentes que levam consigo os documentos de identidade corretos). Trens de alta velocidade viajam rotineiramente ao outro lado da ponte do rio Shenzhen, sem parar, até completarem a viagem de 160 km entre Hong Kong e Guangzhou, na extremidade superior do delta do rio das Pérolas.

Um consumidor, cuja vida incorpora essa transformação urbana é Zhang Chi, que tinha apenas 8 anos quando sua família se mudou para a cidade na década de 1990. Até então, Shenzhen, a primeira cidade chinesa a ser designada Zona Econômica Especial (ZEE), tinha mais de 2 milhões de habitantes. Chi se lembra de um lugar que ainda era subdesenvolvido: "Ainda se via terrenos cultiváveis perto do centro de Shenzhen. Os edifícios residenciais eram simples, e quando eu caminhava pela rua Dongmen, que era um local desagradável e repleto de vendedores de rua, precisava me espremer entre eles para conseguir ir de uma extremidade à outra."

Hoje, a rua Dongmen, uma das principais vias comerciais de Shenzhen, foi completamente reformada, apresentando em sua superfície torres de escritórios, hotéis e lojas e, em seu subterrâneo, uma nova linha de metrô. "Toda vez que olho para o céu", diz ele, "vejo um arranha-céu."

Shenzhen foi uma das primeiras cidades da China a participar desse "novo crescimento", mas não foi a única. Por toda a China e a Índia, sonolentas cidades e aldeias estão sendo transformadas em grandes centros comerciais à medida que milhões de pessoas se deslocam dos campos para as fábricas, em uma migração sem precedentes que supera até mesmo a grande migração europeia que ocorreu para a América do Norte no final do século

XIX. Para as companhias concentradas nas classes médias, essas centenas de cidades – as grandes e especialmente as pequenas – são os lugares certos para estar ao longo dos próximos dez anos. Essas cidades estão crescendo porque oferecem menor custo e melhor qualidade de vida, e o governo está direcionando o aumento do número de empregos à sua maneira.

O desenvolvimento de suas cidades é crucial para o crescimento dos dois países. Talvez a urbanização seja a mais poderosa força de transformação – especialmente na China. Conforme se deslocam para as cidades, as pessoas normalmente encontram o tipo de oportunidade de trabalhoque as tornam muito mais produtivas. Nenhum país alcança crescimento econômico sustentável ou rápido desenvolvimento social sem urbanização.

Liu He, assessor econômico chinês, calcula que cada ponto percentual positivo na taxa de urbanização da China adiciona 0,4% ao crescimento do PIB do país.[3] Enquanto isso, as duas maiores cidades da Índia contribuem com cerca de 11% para o PIB nacional, com apenas 3% da população total. Duas das maiores cidades chinesas participam com 7% no PIB nacional, mais que o dobro do que poderiam esperar contribuir, dado o tamanho de suas populações.[4]

Em 2008, pela primeira vez na história, a maioria da população mundial vivia em áreas urbanas – e o crescimento das cidades chinesas e indianas representou um dos principais contribuintes para a conquista desse marco demográfico. Hoje, de acordo com o Escritório Nacional de Estatísticas da China, 51% da população do país, ou 691 milhões de indivíduos, vivem em áreas urbanas.[5] Na Índia, esse percentual é um pouco menor, alcançando 31%.[6]

Durante as próximas duas décadas, as cidades devem crescer de modo surpreendente, transformando sociedades predominantemente camponesas em comunidades metropolitanas avançadas. Mas as taxas de crescimento são bastante diferentes. Na China, espera-se que cerca de 824 milhões de pessoas (cerca de 60% da população) estejam vivendo em cidades em 2020, o que representa um aumento de 188 milhões de indivíduos. Isso significa 1,5 milhão de novos moradores urbanos **todo mês** ao longo desta década. Em 2030, de acordo com nossa pesquisa, haverá cerca de 270 milhões de novos residentes urbanos a mais na China. Na Índia, as cidades vão crescer de modo mais gradual. Em 2020, supomos que 35% da população estará vivendo em centros urbanos e, em 2030, 40% dos habitantes do país serão moradores de cidades.[7]

O padrão de urbanização também difere na China e na Índia. A maioria da população urbana da China está localizada em cidades de médio porte que variam entre 500 mil e 5 milhões de pessoas. Em contraste, a maioria dos habitantes urbanos da Índia vive em cidades menores, que variam de 100 mil a 500 mil pessoas.

Os centros urbanos da China

Quando prestamos consultoria sobre diferenças entre as comunidades urbanas, guiamos as empresas ao longo de uma excursão virtual, separando as cidades em **sete camadas**. Na China, em termos de números, esses níveis estão divididos da seguinte maneira:

- 12 cidades de nível 1, projetadas para mais de 2,5 milhões de consumidores de classe média e alta até 2015;

- 25 cidades de nível 2, com 1 milhão a 2,5 milhões de indivíduos;

- 30 cidades de nível 3, com 500 mil a 1 milhão de habitantes;

- 88 cidades de nível 4, com 250 mil a 500 mil habitantes;

- 200 cidades de nível 5, com 100 mil a 250 mil habitantes;

- 199 cidades de nível 6, com 30 mil a 100 mil habitantes;

- 96 cidades de nível 7, com menos de 30 mil habitantes.

Xangai é a cidade mais rica da China, com renda média no valor de US$ 23 mil por ano, colocando sua população em pé de igualdade com os residentes da Arábia Saudita, que é rica em petróleo.[8] Em geral, e talvez de maneira não surpreendente, as empresas norte-americanas e europeias que entram na China se concentraram nas cidades de nível 1, como Pequim, Xangai e Guangzhou. Porém, costumamos alertá-las de que essa decisão é um erro. Existem bolsões de riqueza espalhados por todo o país, e essa riqueza está se espalhando e aprofundando por todas as províncias ocidentais.

Pelos nossos cálculos, em 2005, as empresas precisavam conquistar posições fortes em 60 cidades para alcançar 80% das classes média e alta do país. Hoje em dia, as companhias têm de estar em 340 delas. E, em 2020, precisarão estar presentes em 550 localidades urbanas para conseguirem atingir esse mesmo percentual da população das classes média e alta.[9]

Nesse exato momento, estimamos que existam 148 milhões de consumidores das classes média e alta na China – com 65 milhões deles vivendo nas cidades de níveis 1 e 2, e 83 milhões, nas cidades de nível 3 e inferiores. Em 2020, o número de consumidores das classes média e alta terá crescido para 415 milhões, com 127 milhões em cidades de níveis 1 e 2, e incríveis 288 milhões – 69% do total – nas cidades de nível 3 e inferiores. De maneira significativa, em 2020, estima-se que cerca de 268 cidades terão níveis de renda média que serão iguais ou superiores àquelas desfrutadas em Xangai em 2010. Neste sentido, podemos reagrupar as cidades em quatro categorias: **megacidades**, **capitais de concentração**, **centros especializados** e **cidades-horizonte**.

Na China, existem duas **megacidades**: Pequim e Xangai. Essas cidades, cada uma com mais de 10 milhões de habitantes, são importantes por duas razões: 1ª) servem como pontos de entrada internacional para o país, e 2ª), definem tendências de hábitos de consumo de marcas sofisticadas, constituem importantes pontos de partida às empresas que querem ir mais fundo em mercados nacionais. De fato, ambas efetivamente representam as duas cidades de entrada para o país.

No entanto, em toda a China, existem oito cidades com mais de 10 milhões de pessoas e 93 cidades com mais de 5 milhões de indivíduos. Como parâmetro, no Brasil, somente a cidade de São Paulo possui mais de 10 milhões de habitantes, e, nos EUA apenas uma cidade tem mais de 5 milhões de pessoas – Nova York. Nos próximos dez anos, tais cidades chinesas emergirão como mercados consumidores reais, à medida que a população urbana crescer de 636 milhões para 824 milhões de habitantes e que a classe média urbana aumentar em 110 milhões.

Depois desse grupo vêm as **capitais de concentração,** que incluem Changshu, Daqing, Dongguan, Fuzhou, Tianjin, Wuxi e Zhengzhou. Trata-se de centros comerciais cercados por cidades-satélites menores. As capitais de concentração são grandes e, portanto, importantes por sua própria natureza, porém, sua proximidade estratégica com um número significativo de cidades de níveis 3 e 4 as tornam duplamente consideráveis. Wuxi, por exemplo, é a capital de um grupo de seis cidades em um raio de 48 km na Província de Jiangsu: Jingjiang, Zhangjiangang, Changshu, Jiangyin, Changzhou e Suzhou. Por si só, Wuxi dispõe de uma população de 2,3 milhões de pessoas, incluindo 572 mil consumidores de classe média. Como parte de um agrupamento, no entanto, torna-se o centro de um mercado com 6,9 milhões de pessoas e 1,5 milhão de consumidores de classe média.

Além das capitais de concentração, existem importantes **centros especializados** – cidades de nível 3 cujo crescimento muitas vezes está intimamente ligado ao desenvolvimento dos recursos naturais ou polos industriais locais. Essas cidades incluem Anyang, Bozhou, Chengdu, Lu'an, Suizhou, Xinxiang e Yongzhou. Depois existe uma profusão de **cidades-horizonte**; centenas de pequenas cidades de mercado emergente, geograficamente dispersas. Apesar de seu difícil alcance, elas oferecem reais oportunidades de mercado – seus consumidores geralmente demonstram necessidades mais básicas que os das cidades maiores, mas também apresentam um forte desejo de melhorar seu próprio padrão de vida de modo seletivo.[10]

Encontramos muitas distinções notáveis entre pessoas que, em face disso, dispõem do mesmo valor líquido de salário. Um popular programa de TV – Wo Ju (ou *Moradia Apertada*) – dramatiza como os consumidores da classe média de Xangai estão sendo cada vez mais pressionados pelo peso de imensas hipotecas. Um quadro muito diferente está surgindo nas cidades menores, onde consumidores de classe média estão mais isolados dos estragos e da especulação nos empreendimentos imobiliários. E isso não é tudo, o governo tem investido consideravelmente nas cidades menores do interior. Como resultado, muitos trabalhadores que em épocas anteriores teriam emigrado para as cidades costeiras encontraram trabalho mais perto de casa.

Conforme descrevemos no Capítulo 2, Ma Guojun, cansado de trabalhar em Pequim, voltou correndo para a província de Qinghai assim que a oportunidade lhe acenou. Mas outros não acham tão fácil escapar das dificuldades da vida na cidade grande. Conversamos com várias pessoas – todas de mesma faixa salarial – para entender seus estilos de vida contrastantes.

Zhang Wei tem 34 anos e vive em Xangai com o marido e a filha de 9 anos. Contadora de uma empresa têxtil, sua renda mensal é de 6.500 renminbis (US$ 1 mil), o que a posiciona na extremidade inferior da classe média.

Xue Ping, quatro anos mais jovem que Wei, vive em Xuzhou, uma cidade de nível 3 ao norte de Xangai. Casada e com uma filha de 8 anos de idade, ela trabalha como balconista em uma empresa de telecomunicações, e sua família tem uma renda mensal combinada de 5.800 renminbis (US$ 880). Ping faz parte da classe média emergente.

Para Wei, que vive em Xangai, o custo de suas necessidades – incluindo alimentos, despesas domésticas, educação, transporte, telecomunicações e saúde – chega a 3.860 renminbis (US$ 580), ou cerca de

60% de sua renda familiar. Isso significa que ela não pode se dar ao luxo de adquirir um imóvel.

Sua situação aflitiva, comum na China, influencia diretamente seu comportamento consumidor. Com orçamento excedente maior e mais tempo livre para ir às compras, aqueles que vivem em cidades pequenas – nível 3 e inferiores – apresentam consumo mais equilibrado.

Nas cidades de nível 1, como Xangai e Pequim, cerca de **37%** das pessoas de classe média dizem estar dispostas a melhorar o padrão de seus equipamentos domésticos – um sinal claro de confiança do consumidor. Nas cidades de nível 3, aproximadamente 45% das pessoas na mesma faixa de renda declaram essa mesma disposição.

Para certas categorias de produtos, os percentuais são mais elevados e as diferenças entre os consumidores são mais gritantes. No caso dos eletrodomésticos, por exemplo, cerca de 52% dos consumidores das classes média e alta em cidades de níveis 3 e 4 afirmaram que pretendem adquirir produtos melhores nessa categoria. Em contrapartida, apenas 43% dos que residem em cidades de níveis 1 e 2 expressaram tal intenção.

Existe uma diferença ainda maior quando se trata de decoração, com 57% das pessoas em cidades pequenas declarando sua intenção de aprimorá-la, em comparação com apenas 43% dos indivíduos nas grandes cidades. Outras categorias em que os consumidores de classe média das cidades menores mostraram maior disposição para adquirir produtos de melhor qualidade que nas cidades maiores foram eletroeletrônicos, vestuário e calçados, cuidados com a pele e cosméticos.

Centros urbanos da Índia

Aurangabad é uma cidade pequena, em Maharashtra, o Estado natal do presidente da Índia quando da redação deste texto. Até outubro de 2010, a cidade era pouco conhecida e não muito citada. Então, um grupo de empresários, em um gesto exibicionista de riqueza, comprou mais de 150 automóveis Mercedes-Benz de um revendedor local, pagando US$ 15 milhões por eles. "Em Aurangabad e ao seu redor existem empresas que valem mil crores (quantidade de rupias indianas equivalentes a cerca de US$ 25 milhões)", disse em uma entrevista Sachin Nagouri, negociante imobiliária. "Mas Aurangabad não é conhecida nem mesmo em seu Estado. Existe muito dinheiro aqui. Nós precisamos apenas mostrá-lo"[11], complementou Nagouri.

A transformação dos centros urbanos é muito mais lenta na Índia que na China – e, assim, a tarefa de obter reconhecimento é muito mais difícil. Surpreendentemente, apenas trinta anos atrás, a população urbana da Índia era maior que a da China, e até mesmo vinte anos atrás os números se assemelhavam: 26% na Índia, 27% na China.

Existem outras cidades como Aurangabad por toda a Índia, mas o país permanece em grande parte como uma nação de aldeias. E porque existem menos comunidades urbanas no país, nossa segmentação de suas cidades é mais ampla. Nós as dividimos em 4 níveis:

- 8 cidades com mais de 4 milhões de habitantes;

- 38 cidades com 1 milhão a 4 milhões de habitantes;

- 45 cidades com 500 mil a 1 milhão de habitantes;

- 407 cidades com 100 mil a 500 mil habitantes.[12]

Tal como acontece com a China, **"maior"** nem sempre significa **"melhor"** – pelo menos do ponto de vista comercial. Também reagrupamos essas cidades em **megacidades**, **capitais de concentração**, **centros especializados** e **cidades-horizonte**.

As cidades de nível 1 são Delhi, Mumbai, Calcutá, Chennai, Bangalore, Ahmedabad, Hyderabad e Surat. Esse número representa um grande aumento em relação às únicas duas cidades de nível 1 de vinte anos atrás. Hoje, elas estão entre as maiores do mundo – e as duas primeiras estão classificadas em nossa lista de megacidades. Elas também estão no rol das cidades de maior densidade demográfica. Na verdade, Calcutá, com aproximadamente 60 mil pessoas por quilômetro quadrado, é a **cidade mais densa do mundo**; Mumbai vem logo atrás, com cerca de 50 mil pessoas por quilômetro quadrado.[13]

Além dessas, existe uma miríade de cidades cujos nomes são raramente ouvidos em outras partes do mundo. Mas acreditamos que, nos próximos vinte anos, elas se tornarão bem mais familiares, à medida que o país ultrapassar o Japão e se tornar a terceira maior economia mundial, atrás somente dos EUA e da China.

Até 2021, estimamos que o número de cidades indianas de nível 2 terá saltado de 38 para 51; as cidades de nível 3, de 45 para 48; e as de nível 4, de 407 para incríveis 497. Juntas, as cidades de níveis 3 e 4 são emergentes e constituem 29% da população urbana da Índia, ou seja, 108 milhões de pessoas. Outros 32% estão baseados em cidades de níveis 1 e 2 – 60 milhões em cada nível. O restante da população urbana – 145 milhões – reside em cidades de 10 mil a 100 mil habitantes.[14]

Hoje, essas 498 cidades *top* geram pouco mais de 45% do PIB da Índia, sendo que uma proporção significativa é gerada pela população das cidades emergentes. As cidades de níveis 1 e 2 produzem, juntas, US$ 338 bilhões, enquanto as de nível 3 geram US$ 77 bilhões por ano e as de nível 4, notáveis US$ 179 bilhões.

Em média, as pessoas que vivem em cidades de nível 1 estão em situação aproximadamente 30% melhor – em termos de renda familiar – do que as que residem em cidades de nível 4. Mas o padrão não é uniforme, e existem várias cidades de níveis 3 e 4 que apresentam rendas familiares médias maiores. Por exemplo, Kalol (sede da General Motors, em Gujarate), Ambala Sadar (centro da indústria indiana de vidros) e Sonipat (centro de operações da Atlas Cycles, uma das maiores fabricantes de bicicletas do mundo) são cidades de nível 4. No entanto, elas disponibilizam renda familiar média de mais de 500 mil rupias (US$ 11 mil), o que as classifica como cidades de classe média. Em contraste, a renda familiar média em Delhi é de 360 mil rupias (US$ 8 mil).

Essas cidades emergentes são os lugares onde a Índia moderna e a tradicional Bharat – **o nome tradicional do país** – se reúnem. Esses contrastes culturais são vistos nas escolhas feitas pelos consumidores. Normalmente, as pessoas são mais conservadoras quando se trata de assuntos financeiros, exibem afinidade acentuada à cultura local e gostam de fazer compras à maneira antiga: em pequenas lojas e mercados. Além disso, como especialistas em pechincha, são os maiores defensores do paisa vasool – estão sempre procurando valorizar ao máximo seu suado dinheiro.

Um desses consumidores é Omkar Trivedi. Com 42 anos, ele gerencia uma pequena mercearia, ou kirana, em Mehsana, cidade de nível 4 localizada 80 km ao norte de Ahmedabad, antiga capital de Gujarate. Antes conhecida nos EUA como a "Manchester do Oriente" pela grande expansão de seu setor têxtil, Ahmedabad agora abriga grandes indústrias químicas e farmacêuticas.

Mehsana é centro da indústria de petróleo e gás e também da atividade leiteira: a Dudhsagar Dairy, uma das maiores fábricas de laticínios da Ásia, produz desde ghee e dahi, tipos de manteiga e iogurte, respectivamente, até sorvetes e leite condensado – alguns dos produtos que Omkar vende em seu estabelecimento comercial.

Omkar montou sua loja há dez anos, depois de completar seus estudos universitários em Ahmedabad e trabalhar como vendedor na Charak, uma empresa farmacêutica especializada em medicamentos tradicionais ayurvédicos.[b] Quando deixou o emprego, ele ganhava cerca de 8 mil rupias (US$ 175) por mês, então precisou tomar um empréstimo para adquirir sua loja – uma construção de 23 m², com um guichê que se abre para a rua. No início, Omkar não tinha certeza de ter tomado a decisão certa ao abandonar um emprego estável: sua loja obtinha lucros de aproximadamente 7 mil rupias (US$ 150) por mês, e a maior parte desse dinheiro ia para o pagamento do empréstimo bancário. "Esses primeiros tempos foram muito difíceis", lembra ele. Sua esposa teve de trabalhar para ajudar a sustentar a família: dois filhos e a mãe de Omkar.

No entanto, hoje ele ganha confortáveis 50 mil rupias (US$ 1.100) por mês. "Percorri um longo caminho nos últimos dez anos", lembrou ele, com um ar de satisfação.

Salientou Omkar Trivedi:

> "Eu me sinto muito mais rico, e sou capaz de pagar pelo que quero. Alguns anos atrás, comíamos arroz **basmati** apenas uma vez por semana – agora podemos consumi-lo todos os dias. Além disso, não podíamos nos dar ao luxo de ir a restaurantes com frequência. Íamos apenas duas ou três vezes por ano – e somente em ocasiões especiais. Agora vamos ao menos uma vez por semana."

Na verdade, os consumidores das cidades de níveis 3 e 4 têm muito em comum com os das comunidades rurais próximas. Juntas, essas cidades e comunidades oferecem abundantes oportunidades comerciais às empresas.

Oportunidade comercial na revolução infraestrutural

Estimamos que, nos próximos vinte anos, exista uma necessidade cumulativa de investimento em infraestrutura no valor de US$ 40 tri-

---

b   O termo *ayurveda* vem do sânscrito e significa vida (*ayur*) e ciência (*veda*). A palavra se refere ao conhecimento médico desenvolvido na Índia há cerca de 7 mil anos, o que o torna um do mais antigos sistemas medicinais da humanidade. (N.T.)

lhões, abrangendo todas as cidades de mercados emergentes – na China e na Índia essas necessidades são maiores. Por exemplo, na Índia, que possui 3,2 milhões de quilômetros em estradas, leva-se **trinta horas** para realizar uma viagem rodoviária de 1.600 km (Tabela 5.1). Na China, essa mesma distância, com seus 3,54 milhões de quilômetros de rodovias, pode ser coberta em **vinte horas**. Em contrapartida, nos EUA são necessárias apenas **quatorze horas** para se atravessar 1.600 km em uma malha rodoviária de 6,4 milhões de quilômetros.

A China e a Índia estão investindo pesadamente em infraestrutura. Na China, o governo planeja gastar US$ 113 bilhões por ano em trens e infraestrutura ferroviária. A nova linha de alta velocidade que conecta Xangai a Hangzhou, inaugurada no final de outubro de 2010, custou US$ 4 bilhões e levou apenas dois anos. A linha do trem-bala que liga Pequim a Xangai foi entregue no fim do primeiro semestre de 2011, tem 1.318 km de extensão (a mais extensa para trens rápidos do mundo), custou US$ 33 bilhões e foi concluída em 39 meses, um ano antes da previsão inicial para ser construída – ritmo espantosamente rápido, comparando-se a lentidão com a qual grandes projetos de infraestrutura prosseguem no Ocidente. Investimentos cada vez mais elevados também estão sendo realizados em habitação, sistemas de fornecimento de água, sistemas de transporte de massa, usinas de energia, redes de distribuição de gás natural e redes elétricas.

Enquanto isso, o governo indiano também está fazendo investimentos significativos em infraestrutura rodoviária e ferroviária. Para o **Quadrilátero Dourado**, rede de estradas que conecta as quatro maiores metrópoles da Índia – Delhi, Mumbai, Chennai e Calcutá –, foi necessária a construção de 5.846 km de pista expressa com quatro a seis faixas de rolamento, a um custo de US$ 11 bilhões. O setor ferroviário também está agitado, com US$ 43 bilhões reservados para a construção de um sistema ferroviário de metrô que ligará treze cidades nos próximos dez anos.[15]

Calculamos que a China precisará investir US$ 17,3 trilhões entre 2010 e 2030: dos quais, cerca de 40% serão gastos em habitação, 27% em infraestrutura da água, 16% em estradas e ferrovias, 13% em redes de energia elétrica e o restante em telecomunicações, portos e aeroportos. Enquanto isso, a Índia precisará fazer um investimento de US$ 5,7 trilhões: cerca de 35% em infraestrutura da água, 26% em habitação, 22% em estradas e ferrovias, 16% em eletricidade e o restante em outros sistemas.

TABELA 5.1

Investimento em infraestrutura por país, 2010

Embora o ritmo de seu investimento em infraestrutura tenha aumentado, Índia e China continuam muito atrás dos EUA.

Parâmetro	EUA	China	Índia
Comprimento total da malha rodoviária, em 2007 (em mil km)	6.544	3.584	3.317
Estradas pavimentadas (%)	65,3	70,7	47,4
Tempo para viajar 1.600 km (em horas)[a]	14	20	30
Passageiros aéreos (por mil habitantes)	2.308	147	43
Comprimento da malha ferroviária, em 2008 (km)	227.058	77.830	63.330
Densidade ferroviária (km por milhão de habitantes)	752	60	56
Qualidade da infraestrutura portuária[b]	5,7	4,3	3,5

Fontes: Central Intelligence Agency, *The CIA World Factbook 2010*, <www.cia. gov/library/publications/download/download-2010/index.html>; World Bank, World Development Indicators; Economist Intelligence Unit Market Indicators, Transport, Travel and Tourism; NationMaster, <www.nationmaster.com/statistics; U.S. Department of Transportation, Federal Highway Administration.
a. A uma velocidade média aproximada de 120 km/h (EUA), 80 km/h (China) ou 56 km/h (Índia).
b. 1 = extremamente subdesenvolvido e 7 = bem desenvolvido e eficiente pelos padrões internacionais.

A habitação receberá o maior investimento – com cerca de 10,7 bilhões de metros quadrados que poderão ser construídos na China, e até 5,2 bilhões de metros quadrados na Índia. Novos tipos de habitação serão necessários – especialmente arranha-céus multifamiliares, ou seja, com um enorme número de apartamentos. Quanto a isso, Xangai pode ser encarada como a cidade líder em crescimento de moradias – o número e a área dos pavimentos de seus arranha-céus triplicaram desde o ano 2000, paralelamente à densidade populacional.[16]

Oportunidade comercial na revolução agrícola

Em 2010, quando o **preço da cebola** subiu como resultado do mau tempo e da resultante carência do produto, a população pobre protestou em Mumbai. Enquanto isso, na China, ocorreram literalmente milhares de revoltas e outros **eventos em massa**, como são chamados, em que os destituídos protestaram contra o aumento dos preços dos alimentos e de outros custos.

Com apenas um décimo de hectare de terra arável para cada pessoa (um quinto da quantidade nos EUA), a China somente será capaz de alimentar sua imensa população mediante uma grande reforma agrícola. A China e a Índia precisam criar fazendas maiores, com menos trabalhadores, utilizando mais recursos de irrigação, mais equipamentos, sementes de melhor qualidade e métodos melhores. Em um estudo realizado junto à Confederação da Indústria Indiana, estimamos que, por causa de refrigeração deficiente, do tempo de armazenamento dos produtos em depósitos e do manuseio incorreto durante o transporte, até 40% das frutas e dos vegetais apodrecem antes de chegar aos consumidores.[17]

Esses problemas demonstram que, se quiserem alcançar o crescimento previsto, a China e a Índia precisam conduzir uma mudança radical visando a melhoria de sua produtividade agrícola. Um ciclo de prosperidade requer consolidação agrícola, investimento em equipamentos modernos, implantação de tecnologia e irrigação, e utilização de sementes de melhor qualidade. Fertilizantes, pesticidas e outras ferramentas caras para a melhoria do rendimento também precisam ser adotados – e **usados de maneira sustentável**.

Juntas, essas reformas resultariam em uma **revolução agrícola**, o que não apenas ajudaria a garantir às pessoas sua autossuficiência alimentar, mas permitiria que elas conseguissem empregos mais bem-remunerados nos distritos rurais. Além disso, tal iniciativa controlaria a agitação social no país. No restante deste capítulo, vamos mostrar que essas reformas estão em andamento. Compartilhamos quatro histórias de ambição, inovação e empreendedorismo: 1ª) agricultores que usaram a escolha de culturas e a agricultura moderna para melhorar seus rendimentos líquidos; 2ª) uma companhia de investimento privado de Nova York ajudando a tornar o leite consumido na China mais seguro; 3ª) uma empresa indiana voltada para a microirrigação visando o aumento da produtividade, a economia de água e a duplicação da renda dos produtores; e 4ª) uma tecnologia de telefonia móvel, que aumenta os rendimentos dos agricultores, ajudando-os a obter melhores preços para seus produtos ao reduzir os intermediários e a aumentar seu rendimento líquido junto ao mercado.

Dominando técnicas modernas de agricultura – e colhendo os lucros

WX Liu, a agricultora citada anteriormente neste capítulo, experimentou rápida ascensão em seu padrão de vida como resultado dos empregos que seu filho e sua nora conseguiram fora do meio rural. Além disso, nos últimos dez anos, ela aumentou em seis vezes sua produção por hora de trabalho em sua fazenda de meio hectare. "Minha vida está muito melhor", diz Liu. Mas ela continua preocupada com a produção de cada temporada. A cada primavera, agricultores na China e na Índia apostam seu dinheiro na compra de sementes, fertilizantes e pesticidas, acreditando que haverá sol e chuva suficientes para o desenvolvimento de suas plantações e para a obtenção de boas colheitas.

Quando a conhecemos, em 2011, o verão na Província de Hebei tinha sido extraordinariamente seco. Ao final de agosto, o solo fino estava absolutamente seco e a colheita do ano em seu pequeno pedaço de terra – cerca do tamanho de um campo de futebol – dependeria da combinação certa de chuva, sol e sorte no mês seguinte. Liu havia gastado em demasia na compra de fertilizantes, sua única e maior despesa agrícola. Os fertilizantes representam uma das maiores apostas que muitos agricultores chineses precisam fazer todos os anos. Eles não têm escolha: precisam comprá-lo no início da estação, acreditar que o produto não seja falsificado, aplicá-lo nas quantidades certas e confiar que tudo funcionará bem. Junto a outra compra fundamental que, às vezes, também pode se revelar um embuste – as sementes –, o fertilizante representa a chave para o sucesso, e, nesses tempos de inflação, seu preço subiu. Isolada da informação e da tecnologia, mas não da volatilidade do mercado e do clima, Liu demonstra preocupações que são comuns a milhões de agricultores chineses.

Na Índia, Bapurao Laxman tem a sorte de possuir um lote de terra de tamanho médio para um agricultor indiano – cerca de 2,8 hectares –, mas ele também enfrenta grande incerteza. Descansando à sombra de uma das poucas árvores de seu terreno, ele reflete sobre o risco mais importante que assumiu esse ano: a decisão de plantar mais algodão e menos milho. Sua aposta do ano anterior em plantar mais milho não terminou como ele esperava.

Ele descobriu que o milho não se dá bem em sua terra pouco irrigada; além disso, parte das sementes de milho mostrou-se especialmente decepcionante. Após cuidadoso estudo das experiências de seu vizinho e de visitas a uma fazenda modelo de um dos grandes fabricantes de sementes, o agricultor passou a utilizar alguns hectares para o plantio do algodão.

O algodão é uma cultura de cultivo e colheita difíceis. Bapurao teme a dor física que acompanhará os torturantes dias da apanha. A colheita manual do algodão já deixou seus dedos profundamente marcados, tendo em vista que os capulhos da flor são afiados e muitas vezes cortam suas luvas velhas; suas costas doem por conta de todo o tempo que já passou caminhando meio curvado ao longo das faixas de plantio, arrastando o pesado saco de botões de algodão colhidos sob a ensolarada Maharashtra, um dos Estados do oeste indiano. Entretanto, quanto mais dias de dor e mais pesados os sacos de coleta, maior a renda para o ano.

Mesmo assim, apesar de todas as semelhanças entre Liu e Bapurao, os dois agricultores representam nações de camponeses que tomaram caminhos diferentes no desenvolvimento agrícola. Nos últimos anos, a China apresentou produtividade agrícola muito maior que a Índia, produzindo 40% mais arroz e trigo que o vizinho, em uma quantidade similar de terra arável. Na época da Revolução Cultural da China, a Índia era mais produtiva em culturas como o trigo. No entanto, começando com as reformas do final dos anos de 1970, a melhoria na produtividade chinesa fez com que o país ultrapasse a Índia. Mesmo na produção de algodão, em que a Índia tem feito progressos impressionantes, a China apresenta produtividade e rendimentos muito mais elevados. Essas diferenças impactam imensamente os rendimentos dos agricultores e os níveis de pobreza. E isso é especialmente crucial para a Índia, considerando que metade de sua força de trabalho está empregada no setor agrícola, e a maioria de sua população vive no campo.

A China ultrapassou a Índia em infraestrutura rural, no uso de fertilizantes e em P&D e técnicas agrícolas, como o cultivo duplo (cultivo de dois tipos de grãos durante a mesma safra). Em ambos os países, o uso de máquinas agrícolas é limitado pelo tamanho dos lotes, embora, nesse caso, mais uma vez a China esteja realizando melhorias com o estabelecimento de fazendas muito maiores para determinados setores – como o de criação de gado, por exemplo.

A carência de infraestrutura rural na Índia contribui para a ineficiência de seus sistemas de distribuição e, além disso, alguns regulamentos arcaicos restringem artificialmente esses mercados. Tais regras limitam o investimento empresarial em logística e armazenamento. Isso é especialmente prejudicial para frutas e verduras, que requerem modernos sistemas refrigerados de armazenamento e transporte.

Tanto na China como na Índia serão necessárias grandes alterações na agricultura nos próximos anos. Sem mudanças, será impossível atender à crescente demanda urbana por alimentos e, ao mesmo tempo, melhorar a renda dos agricultores e moradores rurais. Em termos gerais, as áreas que necessitam de mudanças são:

- educação e formação técnica avançadas;
- melhoria dos investimento em infraestrutura rural, mecanização agrícola e irrigação;
- aprimoramento no setor de P&D nas áreas de agronomia avançada e novas técnicas agrícolas;
- continuação da reforma agrária para permitir a formação de fazendas de porte maior e mais produtivas;
- criação de empregos em setores não agrícolas das zonas rurais, para diversificar as fontes de renda;
- maior utilização da tecnologia de informação e das comunicações móveis para fortalecer os agricultores.

Felizmente, muitas dessas mudanças já estão começando a acontecer em ambos os países.

Ganhando dinheiro com produtos lácteos chineses

A KKR, empresa norte-americana investidora em capital de risco, pode parecer improvável como coproprietária de 110 mil vacas leiteiras chinesas. Aliás, talvez a companhia pareça ainda menos provável como investidora no processo de reestruturação do exasperante e escandaloso segmento de produtos lácteos chineses – setor que, em 2008, ganhou o descrédito mundial por conta da tragédia envolvendo o fornecimento de leite em pó contaminado para bebês. No entanto, a KKR, juntamente com outras grandes companhias de investimento privado, uniu-se ao setor de lácteos da China, a fim de colaborar com o governo chinês e com os empresários locais para literalmente depurar essa indústria. A empresa criada por essa associação, apropriadamente batizada de China Modern Dairy (CMD) – Novo Laticínio da China –, está crescendo de maneira rápida e transformando radicalmente o setor.

A ascensão da classe média da China gerou um novo impulso ao mercado de produtos lácteos do país. As dietas mudaram, as redes de distribuição e varejo melhoraram e atualmente os consumidores valorizam os benefícios dos laticínios. Entre 2005 e 2008, o consumo de produtos lácteos cresceu a uma taxa anual de 18%, para mais de US$ 20 bilhões. E, com o consumo *per capita* ainda tão baixo, existe a possibilidade de um crescimento bem maior no futuro.

A necessidade de transformar esse setor tornou-se clara para o mundo em 2008, quando milhares de bebês adoeceram após consumirem uma fórmula láctea contaminada com melamina.[c] Por causa da obrigatoriedade dos testes de teor de proteína do leite, agricultores e atacadistas sentiram-se inclinados a adicionar ao leite produtos químicos tais como a melamina, que desencadeiam uma "leitura" mais elevada de proteína. Como o controle de preços no segmento comprimia as margens de lucro, o processo de adulteração do leite se expandiu de maneira significativa.

Em resposta a essa tragédia, o governo chinês introduziu uma série de novas regras e políticas para reforçar a regulamentação sobre a segurança alimentar para produtos lácteos. Essas políticas incluíam: 1º) controles bem mais rígidos sobre a cadeia de abastecimento de produtos lácteos; 2o) uma nova lei de segurança alimentar com padrões e inspeções bem mais inflexíveis; e 3º) uma série de incentivos para promover a criação de gado e a agricultura em larga escala. Isso representou uma mudança surpreendente na política até então em vigor, de **"uma-vaca-por-agricultor"** e abriu as portas para a formação de grandes negócios agrícolas no setor de laticínios.

A partir daí, investidores se lançaram no setor para financiar as operações das grandes e recém-integradas empresas de laticínios que seriam necessárias no processo. Um dos grupos que atraiu investimentos foi o Modern Farm que, em 2006, estabeleceu uma fazenda na província de Anhuie e, posteriormente, se expandiu para o interior da Mongólia e de Shandong. Em 2008, um grupo de investidores, incluindo a KKR, assumiu a Modern

---

c   A melamina é uma substância química tóxica utilizada na fabricação de plásticos, fertilizantes e concreto. Quando adicionada a alimentos, ela faz o seu conteúdo protéico parecer maior, mas pode causar pedras nos rins e levar à falência renal. (N.T.)

Farm por intermédio da companhia de investimentos CMD. Em 2011, a CMD se tornou não apenas a maior empresa de laticínios em tamanho de rebanho, mas também a maior produtora de leite cru da China.[18]

Em novembro de 2010, a empresa abriu seu capital na Bolsa de Valores de Hong Kong e, em 30 de junho de 2011, a CMD possuía aproximadamente 110 mil vacas leiteiras espalhadas em 17 fazendas de laticínios de grande porte – cada unidade projetada e construída para atender a uma capacidade de até 10 mil vacas leiteiras.

Em novembro de 2011, a capitalização de mercado da CMD ultrapassou US$ 1,1 bilhão, elevando a participação da KKR para quase US$ 375 milhões, mais que o dobro de seu investimento original de US$ 150 milhões. O crescimento de receita da CMD foi explosivo, subindo de US$ 27 milhões, em 2008, para US$ 172 milhões, em 2011, uma taxa de crescimento anual de 82%. A CMD planeja continuar crescendo de maneira agressiva e tem como objetivo dobrar suas operações novamente em 2015.

Monções, secas e poços

O território indiano sofre com a dupla dificuldade relacionada à água: **excesso** e **escassez**. Uma intensa temporada de monções afoga o subcontinente durante parte do ano; nos meses restantes, a terra permanece ressequida. Os agricultores, cujos terrenos são pequenos, dispõem de pouco capital e se veem impossibilitados de pagar por sistemas de irrigação de larga escala que lhes permitiriam administrar tal maldição. Porém, uma nova geração de empresas de sistemas de microirrigação está oferecendo soluções que possibilitarão aos pequenos agricultores controlar o uso da água, gerando excepcionais melhorias em termos de produtividade e estabilidade. Nesse segmento, a Jain Irrigation Systems está na vanguarda.

Em 1963, Bhavarlal Jain começou um modesto negócio, comercializando querosene em um carrinho de mão na cidade de Jalgaon, no oeste da Índia. Para financiar o empreendimento, ele utilizou cerca de 7 mil rupias (US$ 150), quantia que representava as economias acumuladas de três gerações de sua família. Depois de obter sucesso em sua empreitada, ele ampliou seu leque de produtos e começou a vender veículos de duas rodas, automóveis e acessórios para automóveis. Ao perceber as muitas necessidades pelas quais passavam os agricultores, Jain decidiu então expandir sua área de atuação e comercializar insumos agrícolas, além de uma gama completa de equipamentos para o setor. Ao final de 1980, Jain se interessou pelas novas técnicas de irrigação e entrou no negócio da microirrigação – sistema simples de tubulação de plástico que permite a aplicação precisa de gotas de água à raiz das plantas.

Os agricultores utilizam a microirrigação para plantar mais cedo na temporada de modo a garantir que suas sementes estejam bem-estabelecidas antes da chegada das pesadas monções. Eles também a utilizam para proteger suas safras contra a seca inesperada e para economizar a água dos lençóis freáticos, reservando-a para uso futuro.

Atualmente, a Jain Irrigation é a maior produtora de sistemas de microirrigação da Índia, sendo responsável por cerca de metade desse mercado. Seus produtos são adquiridos por 2,5 milhões de pequenos agricultores, 90% dos quais possuem menos de um hectare de terra. Essa empresa familiar produz uma série de sistemas de irrigação de gotejamento e aspersão, bem como tubos de plástico e folhas plásticas que substituem a madeira. A companhia também comercializa vegetais desidratados, cultura de tecido de bananeiras e plantas híbridas e enxertadas, além de estufas e biofertilizantes. As vendas totais da empresa, em 2010, foram de 820 milhões de dólares.

De acordo com o executivo-chefe Anil Bhavarlal Jain, a sustentabilidade é a principal filosofia da empresa. Sua missão – **"Deixar o mundo melhor do que você o encontrou"** – data de quando seu pai começou a construir um negócio com base em agricultura. O empreendimento mudou de maneira considerável desde então, mas o empenho e a filosofia da família continuam os mesmos – gerar um impacto positivo sobre o meio ambiente e sobre a subsistência dos agricultores.

A empresa – cuja doutrina é: **"Servir e lutar com esforço e vigor; fazer nosso melhor, isso é sucesso"** – desenvolveu um sistema de irrigação por gotejamento projetado especificamente para pequenos agricultores; adaptado aos rendimentos mais reduzidos e às condições mais primitivas de produção, e diminuindo consideravelmente o uso de água. A empresa reconhece, ainda, que a tecnologia é apenas parte da resposta para a conservação da água, por isso trabalha em estreita colaboração com seus clientes para ensiná-los sobre a **"agricultura de precisão"**, que otimiza o equilíbrio entre fertilizantes, pesticidas, água e energia a fim de aumentar a produção. Os agricultores aprendem que o uso de menos água pode de fato elevar os rendimentos.

"Mesmo assim", diz Anil Bhavarlal Jain, "a Índia é um país enorme. Existem centenas de milhões de agricultores, por isso precisamos de mais pessoas para transmitir conhecimentos a eles."A companhia realiza programas de treinamento para as partes interessadas, como governos e financiadores, com o intuito de promover a microirrigação e expandir seu uso em comunidades rurais.

Para ajudar os pequenos agricultores a vender seus produtos no mercado de exportação, a Jain Irrigation desenvolveu as Boas Práticas Agrícolas Jain, uma versão da certificação Global G.A.P.[d] para produtos agrícolas. Os pequenos agricultores da Índia antes eram incapazes de participar dessa certificação. Mas, com o alinhamento dessas duas certificações, agora os clientes da Jain Irrigation Systems têm a possibilidade de integrar a economia global.

Fornecer dados em tempo real aos agricultores para aumentar o preço líquido de realização

A agricultura é um negócio que exige a intensa troca de informações, porém, os pequenos agricultores da China e da Índia normalmente não dispõem de informações oportunas e precisas a respeito de vários aspectos de seu trabalho. Dados sobre preços de mercado, técnicas agrícolas e novas culturas muitas vezes são escassos. Alguns agricultores também carecem de habilidades para confirmar se suas aquisições mais importantes, como as sementes, não são falsificadas. Nesse sentido, a telefonia móvel está mudando essa situação de maneira surpreendente. Um conjunto de informação via serviço de telefonia móvel foi criado especificamente para os agricultores. Trata-se do mais rápido divisor de águas digital da história.

Na China, serviços como o Nongxintong, introduzido pela China Mobile, estão capacitando os agricultores por meio da conectividade e da divulgação de informações. O Nongxintong é um serviço de informação agrícola que roda em uma plataforma de Internet e telefonia móvel, permitindo que os assinantes recebam mensagens de texto ou áudio e se atualizem a respeito de preços de mercado, compradores, vendedores e opor-

---

d   A certificação Global G.A.P. consiste num protocolo normativo que atua no mercado global como referência-chave de Boas Práticas Agrícolas (BPA). Obrigatória para a comercialização nos supermercados europeus, a implantação das normas do GLOBAL G.A.P. possibilita ao produtor o acesso ao mercado varejista da zona do euro. (N.T.)

tunidades de emprego – todos adaptados às suas necessidades. Até 2010, o serviço contava com 57 milhões de assinantes. Ele se tornou viável graças ao grande empenho do governo central de garantir cobertura física para a rede móvel em toda a área rural do país.

Até o final de 2010, por exemplo, o programa Connected Village (Vila Conectada) da China Mobile já havia estendido sua cobertura para mais de 89 mil pequenas aldeias chinesas, atingindo 100% dos vilarejos oficialmente registrados na China.

A China Mobile também implementou tecnologias móveis para oferecer suporte a técnicas agrícolas, como a irrigação por gotejamento. Na árida região chinesa de Xinjiang, sistemas sem fio monitoram redes de irrigação por gotejamento e controlam a temperatura e a umidade de estufas de vegetais, tudo de maneira remota. Tais sistemas também conectam 1.100 estações de monitoramento meteorológico à distância.

Em 2011, mais de 600 empresários on-line gerenciavam cerca de mil lojas virtuais em Shaji, na província de Jiangsu, no leste da China. Seus fornecedores incluíam mais de 180 produtores de móveis, de oficinas de mobiliário tradicionais a fábricas modernas. De acordo com a Agência de Notícias Xinhua, as lojas on-line de Shaji registraram 300 milhões de renminbis (US$ 45 milhões) em vendas em 2010.[19] "Nós, agricultores, começamos a fazer com que os moradores da cidade trabalhassem para nós", disse um funcionário.[20]

Na Índia, estão chegando ao mercado muitos novos serviços móveis específicos para agricultores. Um desses serviços, da Tata Consultancy Services, conhecido como mKrishi, oferece aos agricultores informações a respeito de tudo, desde o clima e as pragas até regiões onde poderão comercializar suas safras. Um dos aplicativos do mKrishi possibilita que os agricultores utilizem a câmera de seu telefone celular para captar e transmitir imagens de suas plantações. Desse modo, consultores de universidades agrícolas poderão analisar as fotos e oferecer conselhos aos agricultores por meio de mensagens de texto e correios de voz.

Outros serviços, como Nokia Life Tools e Reuters Market Life, oferecem soluções personalizadas para agricultores indianos que utilizam plataformas móveis. Tais serviços visam superar os baixos níveis de alfabetização entre os agricultores, utilizando tecnologia de resposta por voz, ícones gráficos e interfaces simples.

A ITC, um conglomerado indiano, obteve êxito na execução de seu projeto e-Choupal (que significa "praça da vila" ou "ponto de encontro" em hindi) desde o ano 2000. A inovadora ferramenta digital capacita pequenos agricultores na Índia rural com uma série de serviços relacionados a técnicas de agricultura, melhores práticas de agricultura sustentável, informações oportunas e relevantes sobre o clima, revelação transparente de preços e oportunidades de emprego, entre outros dados. As informações são fornecidas, na língua local, a quiosques de Internet e multiplicadas por sanchalaks treinados (líderes agricultores locais). Além de conectar os agricultores aos mercados, o programa e-Choupals da ITC também permite a integração virtual das cadeias de suprimento, gerando eficiência significativa dentro do sistema tradicional.

À medida que a acessibilidade móvel e os *smartphones* se tornarem mais baratos nos anos vindouros, muitas outras inovações tenderão a inundar as comunidades rurais da China e da Índia, ligando-as pela primeira vez às economias nacionais e globais.

Implicações para as empresas

A ascensão das cidades e a revitalização das comunidades rurais representam oportunidades altamente significativas do prêmio de 10 trilhões de dólares. Entretanto, apesar da promessa ser grande, as **complexidades são intimidadoras**. Em nenhum outro momento da história as empresas foram confrontadas com o desafio de fazer negócios, simultaneamente, em centenas de cidades e vilas espalhadas por países de dimensões continentais. As companhias que conseguirem fazê-lo – e alcançarem sucesso na empreitada – poderão esperar um crescimento significativo em seu futuro.

Para alcançar Liu, Omkar e os milhões de consumidores como eles serão necessários modelos de negócio inovadores, visão, investimento sério e disposição para assumir riscos. Por outro lado, é preciso agir rapidamente, porque a grande classe consumidora do futuro está formando suas preferências de marca agora. À medida que as corporações se atêm aos mercados mais familiares das megacidades, seus concorrentes locais e outras multinacionais estão construindo a escala e a amplitude que irão determinar os vencedores e os perdedores globais do amanhã.[21]

Por essa razão, sintetizamos um conjunto de ações que as empresas devem considerar ao se prepararem para alcançar os diferentes consumidores espalhados por toda a China e a Índia:

1ª) **Classifique e priorize.** Decida em que mercados entrar, quando e com que tipo de modelos de negócio e organizações, pois existem muitos mercados altamente diversificados. Além disso, dadas as rápidas mudanças na geografia econômica, as respostas a essas perguntas se alteram rápida e regularmente – por isso, com frequência, elas precisam ser reavaliadas. As melhores empresas operam dentro de dois períodos de execução – jogam o jogo de hoje, ao mesmo tempo em que planejam o diferente modelo vencedor que será necessário nos próximos 36 meses.

2ª) **Seja um pioneiro.** À medida que galgam degraus de renda mais elevada, os consumidores se apegam a produtos e marcas diferentes – e, muitas vezes, eles mantêm essas preferências conforme enriquecem. As companhias com a presença mais forte e as ofertas de produtos mais atraentes estarão bem-posicionadas para vencer nesses mercados. Como explicaremos no Capítulo 7, a presença da Yum! Brands, Inc. em mais de 720 cidades chinesas dá à empresa vantagens competitivas em relação à localização dos restaurantes, ao conhecimento do mercado local, à contratação de talentos e à capacidade em termos de cadeias de fornecimento – vantagens extremamente difíceis de serem replicadas por outros.

3ª) **Entenda as necessidades e os desejos dos consumidores – e o modo como eles vivem a vida.** Por exemplo, na cozinha urbana mais sofisticada da China é improvável que se encontre uma máquina de *cappuccinos*, um processador de alimentos, um forno ou uma lavadora de louças automática. Em contrapartida, é bem provável que haja uma sofisticada máquina de leite de soja, uma moderna panela de arroz, um fogão a gás com exaustor moderno e, possivelmente, um sistema integrado para filtração de água. Esses elementos da cozinha chinesa moderna refletem a combinação da culinária local (arroz, leite de soja e alimentos fritos em vez de cozidos), da economia local (é provável que uma empregada doméstica seja monetariamente mais acessível que o espaço necessário para uma máquina de lavar louças) e das preocupações ambientais locais (a purificação da água é necessária). As empresas que quiserem conquistar tais consumidores deverão, portanto, dirigir-se a esses mercados com soluções baseadas nesses tipos bastante específicos de *insights*.

CAPÍTULO 6

O poder do batom
As novas consumidoras

**Quem são, o que querem – seus sonhos e desejos – e o que a
China e a Índia precisam fazer para promover o crescimento mais rápido
de uma economia feminina**

WEIHUA TESTOU SUA FILHA Liu Yiting aos três anos de idade para verificar o progresso de sua jovem prodígio. Por três anos, Weihua trabalhou a educação de Yiting em casa, começando quando a pequena tinha apenas 15 dias de idade. Desde o início, os pais da menina nunca utilizaram linguajar de bebê. Eles estudavam fotos e ouviam músicas com ela e investiam horas no desenvolvimento da linguagem da filha. E fariam ainda muito mais. Nos quinze anos seguintes, Yiting lapidou sua inteligência natural com trabalho extraordinariamente árduo para se tornar uma garota-propaganda para a próxima geração de mulheres de ascendência chinesa. Na última década, ela se tornou famosa na China. Ela é mais conhecida como a **"garota de Harvard"** – graças ao livro escrito por seus pais, *Harvard Girl Liu Yiting*, sobre como a criaram e a ajudaram a garantir sua admissão na Universidade de Harvard, em Massachusetts. O livro já vendeu mais de dois milhões de cópias.

Nós conhecemos Yiting em Nova York. Aos 29 anos, ela é esguia, tem um sorriso afetuoso, maçãs do rosto salientes e cabelos castanhos brilhantes que descem pelo meio das costas. Seus olhos são grandes, escuros e luminosos. Ela se veste como a rica profissional de Manhattan que é hoje – sapatos de couro preto de salto alto, cardigã de caxemira preto, vestido preto e branco, pérolas e uma enorme bolsa de couro preta pendurada sobre o ombro. Liu é uma pessoa que parece ter tudo: **inteligência**, **beleza**, um **currículo de alto nível**, **família** e **amigos cari-**

nhosos e **vontade** e **ambição implacáveis**. Ela exemplifica a nova geração de mulheres talentosas na China.

Alguns podem pensar que Yiting é o produto clássico de uma **mãe-tigre**.[a] Mas ela é rápida em se opor a essa visão. "Meus pais não me consideram um prodígio ou um gênio", diz Yiting. "Minha mãe não é uma mãe-tigre. Minha educação foi divertida, não foi rígida nem opressiva", complementou Liu Yiting. Ela e a mãe deram várias entrevistas à mídia local chinesa, e seus pais responderam a milhares de cartas e telefonemas. Na verdade, foram a sua ética de trabalho, sua inteligência e boa sorte que se traduziram em uma vida de riqueza e influência.

A economia feminina é bastante forte na China atual. As mulheres trabalham, dispõem de igualdade de acesso à educação e têm cada vez mais acesso a posições de chefia. Também existem creches disponíveis e acessíveis. Durante a próxima década, as mulheres na China provavelmente irão flexionar seus "músculos econômicos"; as jovens profissionais deverão adentrar a média e a alta gerência e, assim, alimentar a próxima rodada de gastos em itens de luxo. Consideramos que os ganhos femininos chineses irão crescer de US$ 1,3 trilhão em 2010 para US$ 4 trilhões até 2020, em comparação aos US$ 680 bilhões de 2005 e aos US$ 350 bilhões do ano 2000 – o que representa um aumento de mais de dez vezes em vinte anos.

Em contrapartida, a economia feminina da Índia é mais **frágil**. Apenas as mulheres mais ricas e urbanas experimentam um pouco de igualdade. Quanto ao resto, existe significativa discriminação de gênero, limitado acesso à educação, baixas taxas de participação no trabalho formal e baixos salários relativos. As taxas de participação feminina na força de trabalho indiana estão travadas em 32% ou 33% desde o ano 2000. De fato, os salários femininos caíram 26% em relação aos salários dos homens. Em 2010, cerca de 134 milhões de trabalhadoras ganharam US$ 280 bilhões. Em 2020, espera-se que aproximadamente 158 milhões delas recebam US$ 901 bilhões.

---

a   Método de educação chinesa que impõe à criança somente atividades intelectuais, exigindo dela nunca menos que **notas máximas**; neste sistema, erros jamais são aceitos. (N.T.)

Porém, apesar desse aumento, os rendimentos relativos (a proporção entre os salários femininos e masculinos) deverão diminuir em 1,5% ao ano de 2010 a 2020.[1]

A Índia realmente precisa de uma reformulação política e econômica para que as mulheres ascendam social e profissionalmente. O país precisa estimular taxas normativas de participação de trabalho feminino bem mais elevadas, acesso mais livre à educação (particularmente nas áreas rurais), paridade salarial e uma variedade muito mais ampla em termos de ocupações.

Entretanto, se as mulheres chinesas estão em melhor situação que as mulheres indianas, todas elas estão sendo mal servidas pelas empresas. Isso cria um entrave ao crescimento nos dois países – mulheres esclarecidas que não sofrem discriminação de gênero podem contribuir significativamente para o crescimento do PIB. No entanto, para concretizar seu verdadeiro potencial, China e Índia terão de mudar substancialmente sua mentalidade. Nossa análise sugere que um crescimento constante no número de empregos femininos, agregado a aumentos graduais nos salários relativos, poderia abrir a economia indiana para centenas de milhões de dólares em crescimento. Isso superaria o prêmio de 10 trilhões de dólares.

A "garota de Harvard", Dong e a nova mulher chinesa

Em 1955, Mao Tsé-tung declarou: "Para que se possa construir uma grande sociedade socialista é de extrema importância que a grande massa de mulheres desperte e entre para a atividade produtiva." Ele pediu ao país: "Permita que cada mulher que possa trabalhar assuma seu lugar na frente de trabalho, sob o princípio de salário igual para trabalho igual." O propósito original de Mao Tsé-tung era resolver a escassez de mão de obra. "As mulheres da China representam vasta reserva de força de trabalho. Essa reserva deve ser aproveitada na luta pela construção de um grande país socialista"[2], disse Mao Tsé-tung. Todavia, ele não foi motivado por pensamentos de igualdade de gênero. Seu governo foi **dominado por homens** que serviram com ele na guerra contra o Japão e na revolução.

Claro, ainda existe uma rede de influências em funcionamento na China, com a maioria dos cargos superiores do governo sendo preenchida por homens – a maior parte deles com mais de 50 anos – que começaram na base da política partidária, galgaram seu caminho lentamente e alcançaram proeminência e envergadura política, em parte como resultado de sua longevidade. Em muitas das grandes cidades urbanas, no entanto, as mulheres diminuíram a disparidade em termos de salários, profissões, nível médio de educação e promoções.

Para as mães de toda a China, seu único filho – seja menino ou menina – representa sua esperança e seu sonho. Elas o levam para a escola, o matriculam em cursos particulares e lhe proporcionam um orientador. Elas forçam a criança a estudar arduamente, obter a melhor pontuação e alcançar seu completo potencial. É comum gastar de 30% a 40% da renda familiar na educação da criança com professores particulares e aulas especiais.[3] Os primeiros anos de Liu Yiting em Chengdu, na Província de Sichuan, no sudoeste da China, não foram fáceis. "Lembro-me de que, no início da semana, minha mãe tinha de planejar quando teríamos tofu e quando comeríamos frango, usando vales do governo para conseguir arroz", afirmou Liu Yiting.

Yiting e seus pais continuaram alcançando degraus mais altos – eles queriam maximizar o aprendizado da filha, impulsioná-la para cima. Quando ficaram descontentes com sua escolha inicial para ensino fundamental, voltaram-se para a família e os amigos a fim de levantar os 30 mil renminbis (US$ 4.500) necessários para a matrícula dela em uma escola melhor. O estudo e o trabalho contínuos preenchiam cada dia. "Os estudantes na China trabalham com muita persistência. Realmente não me lembro de ter muito tempo para atividades extracurriculares", disse Yiting. Em 1996, ela entrou na Chengdu Foreign Languages School, uma das melhores escolas de ensino médio na Província de Sichuan. A escola era bem-conhecida por enviar estudantes para faculdades *top* da China, mas Yiting sonhava em cursar o ensino superior fora do seu país de origem.

Determinada a obter a melhor instrução possível, Yiting se tornou a primeira pessoa em sua escola a se candidatar para uma faculdade norte-americana. Ela apresentou 11 formulários de candidatura a faculdades norte-americanas de elite, aprendendo mais de três mil novas palavras em inglês em dois meses em preparação para o teste de proficiência da língua inglesa TOEFL (Test of English as a Foreign Language). Liu completou seus formulários de candidatura para as universidades dos EUA, ao mesmo tempo em que continuava trabalhando duro na escola e se preparando para o *gaokao* – exame nacional de admissão da faculdade –, apenas para o caso de ser rejeitada nos EUA. "Eu ainda acho que aquela foi a época em que trabalhei mais arduamente em minha vida", ela salientou. "Lembro-me de um dia estar sobre os rascunhos dos formulários de candidatura, tarde da noite, e de começar a chorar, porque eu estava absolutamente exausta", explicou Liu Yiting.

A intensa dedicação aos estudos de Yiting valeu a pena. Ela foi aceita em Mount Holyoke, Wellesley, Columbia e Harvard. Por isso, ela não precisou realizar o *gaokao*. Ela se matriculou na Universidade Harvard, no outono de 1999, e iniciou com uma bolsa de estudos integral no valor aproximado de US$ 30 mil por ano.

Até a época da "garota de Harvard", o mercado editorial chinês apresentava uma lacuna em relação a livros que pudessem ajudar as crianças do país a conquistarem uma vaga em alguma universidade *top* mundial. Desde então, numerosos livros foram publicados, detalhando os caminhos bem-sucedidos das crianças chinesas para Yale, Columbia, Oxford e Cambridge – mas a "garota de Harvard" foi a primeira resposta para pais e filhos de recursos limitados que possuíam iniciativa, energia e uma enorme ambição.

Desde que se formou em Harvard, Yiting trabalhou em uma série de funções relacionadas à estratégia e finanças, incluindo dois anos como associada do Boston Consulting Group (BCG). Mais recentemente, ela e dois sócios fundaram uma empresa de gestão de investimentos, Ray Shi Capital Group, que enfoca pequenas e médias empresas na China. A definição pessoal de Yiting para sucesso é holística: ela não deseja apenas gerir um negócio rentável, ela quer que o negócio ajude a mudar a sociedade que o cerca para melhor. Ela espera se aproximar desse objetivo com a Ray Shi Capital Group. "As pequenas e médias empresas nas quais investimos estão criando empregos e contribuindo para o desenvolvimento econômico da China", explicou ela. "Fazer negócios não é a mesma coisa que fazer caridade, claro, mas é plenamente possível ajudar as pessoas enquanto se faz negócios", concluiu Liu Yiting.

Yiting certamente não é a única criança da China a estudar nos EUA. De acordo com dados recentes, existem mais de 156 mil estudantes chineses em faculdades e universidades norte-americanas.[4] Cada um desses estudantes está perseguindo um sonho: a melhor educação, as melhores credenciais e o início de uma vida de oportunidades. Eles começam com QI elevado, ambição, o forte impulso de suas famílias, persistência, determinação e informações cada vez mais completas sobre suas opções. Eles escolhem a profundidade do tema – uma habilidade de destaque em uma ou duas áreas – como o seu cartão para admissão. Os conselheiros de admissão das principais faculdades e universidades dos EUA dizem que poderiam preencher suas vagas com os alunos chineses de elite.

Em geral, as mulheres na China são mais otimistas e se sentem mais seguras do que as mulheres do Ocidente. De acordo com uma pesquisa realizada pela BCG, 88% das mulheres chinesas se sentem seguras em sua posição financeira atual, enquanto apenas 62% das norte-americanas apresentam tal nível de segurança; 87% das mulheres chinesas se sentem seguras em seu trabalho atual, em comparação a 44% nos EUA.

Sete das 13 mulheres mais ricas – que venceram por esforço próprio – são provenientes da China. Quatro das mais prósperas têm menos de 50 anos. Entre elas está Wu Yajun, de 47 anos, incorporadora imobiliária com propriedades em 10 cidades e um patrimônio estimado em US$ 3,9 bilhões. Ela trabalhou como operária de fábrica e como funcionária em uma agência de notícias antes de se tornar incorporadora imobiliária em sua cidade natal, Chongqing. Depois, vem Xiu Li Hawken, de 48 anos de idade, a maior acionista da Renhe Commercial Holdings, desenvolvedora de centros comerciais. Ela se formou na Universidade de Heilongjiang, em 1986, com licenciatura em literatura chinesa. Essa lista também inclui Chu Lam Yiu, fabricante de cigarros de 41 anos de idade, com um patrimônio estimado US$ em 2,1 bilhões. Sua empresa também fabrica aromas e fragrâncias. As quatro outras da lista incluem outra incorporadora imobiliária, uma produtora de papel, outra magnata do ramo imobiliário e uma produtora de suprimentos médicos do Tibete, com licenciatura em Física.[5]

Dong Mingzhu administra a Gree Electric, a maior fabricante chinesa de equipamentos de ar condicionado. Seu livro, *Regretless Pursuit (Busca sem Arrependimento)*, é a história de sua ascensão de principal vendedora a líder da empresa. Aos 36 anos, ela ingressou na companhia como gerente de vendas na pobre região de Anhui. No prazo de dezoito meses, ela ajudou a aumentar as vendas regionais em 10% do faturamento da empresa. Em 1994, ela se tornou diretora de vendas. Em 2001, tornou-se CEO e ajudou a conduzir as receitas da companhia aos US$ 6,4 bilhões. Ela leva para o serviço uma incrível ética de trabalho. Em uma entrevista ao *The New York Times*, Dong fala sobre não ter tirado um único dia de folga em vinte anos. "Vou descansar quando me aposentar", diz ela.[6]

Dong Mingzhu está tentando fortalecer as mulheres na China. Ela é membro de muitas organizações femininas e leciona Administração de

Empresas em uma universidade. Em sua companhia, as mulheres têm direito a 24 semanas de licença-maternidade remunerada, o dobro do tempo garantido por lei na China. Mas ainda existe um longo caminho a ser percorrido. As mulheres detêm apenas um em cada cinco assentos no Congresso Nacional do Povo. Ocorreram poucas mudanças nessa distribuição ao longo da última década. Em matéria de igualdade de gênero no poder político, o Fórum Econômico Mundial classifica a China em 57º lugar entre os 135 países listados.[7]

Na China rural, existe uma discriminação significativa contra as mulheres. Jon Huntsman, ex-embaixador dos EUA na China e líder do Partido Republicano, reforçou o apelo das mulheres chinesas enquanto trabalhava naquele país. Em uma mensagem diplomática publicada pela WikiLeaks, lamentou o desequilíbrio entre as taxas de natalidade (geral) e de mortalidade infantil feminina. Esses dois fatores, segundo ele, resultam de aborto seletivo de meninas e de alta taxa de mortalidade de bebês do sexo feminino. Ele afirma que existem 32 milhões de homens chineses com menos de 20 anos de idade, que serão incapazes de encontrar uma parceira, e se refere a esses indivíduos como **"árvores desfolhadas"**.[8] A proporção entre meninos e meninas no nascimento na China é de **119** para **100**. Na Índia, a história é semelhante, com uma proporção de **110** para **100**.

Compreendendo as consumidoras: o que querem as mulheres na China e na Índia

A pesquisa BCG sobre consumidoras, completada em 2008, foi atualizada em 2011. Através desse trabalho, aprendemos o que as mulheres chinesas e indianas querem, em termos qualitativos e quantitativos.[9] Entrevistamos mais de 20 mil mulheres em 21 países de diversas faixas salariais.

As mulheres na China

Na China, as mulheres nos disseram que desejam a tríade **"lar feliz, renda crescente e seguro e boa saúde"**. Uma participante de nossa pesquisa coloca desta forma: "Eu quero rendimento e trabalho estáveis que me façam feliz; um marido amoroso; que todos os membros da família estejam saudáveis e felizes. E também tenho um grande sonho: a **paz mundial**." Outra participante comentou que gostaria de: "viver em um bom ambiente, com ar fresco e ordem social; encontrar o amor da minha vida; ter sucesso na carreira; ter uma vida confortável sem preocupações ou ansiedades; proporcionar boa saúde para toda a família; ver meu filho ir bem nos estudos e alcançar sucesso; e viver uma aposentadoria feliz." Outra citou ainda objetivos materiais e emocionais: "Um carro maior, uma casa maior, harmonia na vida."

Descobrimos que as mulheres chinesas têm preocupações significativas com a saúde, a renda e uma velhice sem previdência social. Em ordem de classificação, os maiores temores são 1º) saúde e longevidade, 2º) segurança financeira e 3º) bem-estar familiar. As mulheres apontam esses medos para justificar seu apetite voraz pela poupança. Na China, elas guardam a maioria de suas economias (62%) em uma conta bancária.

Além de grandes medos, as mulheres chinesas muitas vezes têm baixa autoestima. Em nossa pesquisa global, apenas 15% das mulheres chinesas se descreveram como muito atraentes – em comparação com 37% nos EUA, 51% na Rússia e 48% na Índia e Turquia. Nos 21 países pesquisados, a mulher chinesa é a usuária menos satisfeita com os serviços de assistência médica.

Nós conversamos com Cara, a filha de 22 anos de idade de um engenheiro do exército, sobre seus medos e esperanças. Ela é quartanista na Universidade de Pequim, onde está estudando publicidade e economia. Ela é magra, tem 1,65 m e usa seus cabelos lisos soltos para trás. Seus óculos sem armação emolduram seu rosto, e ela não se acanha em sustentar o contato direto nos olhos.

Enquanto crescia, entrar para uma faculdade *top* era **"o único objetivo"**. "Você precisa viver de acordo com as expectativas de seus pais", diz ela. Agora, ela tem algumas novas metas. Sua vida ideal? "Eu gostaria de alcançar alguns objetivos de carreira: ser uma empresária de sucesso; montar minha própria empresa. Ganhar muito dinheiro é consequência do sucesso. Dinheiro significa liberdade, porque com ele se torna possível fazer praticamente tudo o que se deseja fazer", relatou Cara.

Além disso, sua vida ideal envolve casamento e dois filhos. Ela explica que o governo está relaxando a política do filho único e que pais que sejam ambos filhos únicos podem ter dois filhos. "Eu não quero ter um filho único", diz ela. "Há muita pressão sobre essa criança. Eu sinto isso todos os dias. Se você não estudar muito, não consegue um bom emprego. Eu me sinto insegura na maior parte do tempo. É uma luta", explicou Cara.

No decorrer de nosso trabalho, pedimos a muitas outras mulheres chinesas que descrevessem seu **"dia dos sonhos"**. Na maioria das vezes, elas descreveram momentos de lazer, compartilhando uma refeição com os amigos, relaxando e fazendo compras. "Rir satisfatoriamente, sentir-se descontraída e bem e ser capaz de compartilhar isso com a família e com amigos", uma mulher nos disse. "Eu iria cozinhar, sair e fazer compras, descansar e relaxar. Gostaria de aproveitar o momento", complementou.

Elas falam sobre grandes cafés da manhã, tempo em um spa, compras, jantar fora, ir ao cinema, curtir com namorados ou maridos. Elas contrastam seu dia dos sonhos com sua realidade: dias extremamente organizados; trabalho intenso e agitado; e, então, a significativa responsabilidade em casa com a preparação de alimentos, a dedicação, a limpeza, o trabalho doméstico, a lavagem das roupas e a criação dos filhos.

A maioria das mulheres chinesas classifica a **família** como **prioridade máxima**. Elas colocam seus pais, maridos e filhos à frente de si. Muitas mulheres sentem que suas obrigações diárias as impedem de se sentir completamente satisfeitas. Elas têm muitas exigências sobre seu tempo e se sentem desafiadas a gerir a família e encontrar tempo para si próprias. Quase 50% delas estão insatisfeitas com seus níveis diários de estresse.

Mas as mulheres chinesas acreditam que irão vencer. Elas estão entre as mais confiantes a respeito do futuro – e com uma taxa muito forte de participação no trabalho e no ensino superior, elas esperam diminuir o hiato salarial para trabalhos semelhantes.

Com esse dinheiro extra, elas esperam consumir produtos de marca. As marcas favoritas e melhores muitas vezes são ocidentais, pois representam certeza de qualidade. Entre as marcas mais citadas estavam Adidas, L'Oréal, Apple, Nokia, Lancôme, Chanel, Samsung, Johnson & Johnson e duas marcas chinesas: Li-Ning, uma empresa de esportes, e Haier, uma fabricante de eletrodomésticos.

As mulheres na Índia

As mulheres urbanas de classe média da Índia têm noções semelhantes a respeito do que impulsiona sua felicidade. Elas classificam uma carreira de sucesso e o acúmulo de bens como seus dois maiores desejos. Elas muitas vezes têm condições de pagar por ajuda que alivie sua carga de responsabilidades diárias com a casa. Além disso, estão entre as mais otimistas quanto ao futuro político, social, econômico e profissional feminino, e são duas vezes mais otimistas sobre o futuro do mundo exterior.[10]

Uma mulher entrevistada disse: "Eu gostaria de comprar minha 'casa dos sonhos' em Goa, para viver uma vida de sucesso. Quero me tornar uma boa companheira e ter uma vida feliz e tranquila; uma casa própria com todas as comodidades; um marido amoroso, dedicado e que possa me proporcionar uma vida plena, dando conta de todas as minhas necessidades. Minha ambição é levar uma vida estável, sem quaisquer problemas financeiros." Outra mulher disse: "Eu quero mais tempo para mim e para as coisas que eu gostaria de fazer: ser meu próprio patrão e ter a minha própria empresa, para trabalhar em meu próprio ritmo e tempo, e para retribuir um pouco à sociedade."

Os três principais objetivos emocionais são 1º) **felicidade**, 2º) **paz** e 3º) **satisfação**. Dinheiro, comida e compras são as maiores fontes de felicidade das mulheres indianas. Elas se autoclassificam em 7º lugar em sua lista de prioridades, depois de 1ª) **pais**, 2ª) **marido**, 3ª) **dinheiro**, 4ª) **filhos**, 5ª) **trabalho** e 6ª) **educação**. Mas as mulheres que entrevistamos também disseram que tinham muitos desejos não realizados em relação aos seus cônjuges. Entre eles, as mulheres gostariam que seus maridos fossem melhores ouvintes, mais econômicos, melhores planejadores financeiros e passassem mais tempo em casa. Em contraste com as chinesas, aproximadamente metade das indianas disseram que elas eram muito atraentes fisicamente, classificando-se em segundo lugar entre as mulheres dos 21 países analisados. Elas disseram estar perto de seu peso ideal e se autoclassificam em segundo lugar quanto à saúde emocional, em comparação com os outros países pesquisados. .

As mulheres indianas consideram o dinheiro essencial para sua vida, denominando-o "importante", "uma necessidade", "indispensável", "essencial", "crucial", e algo que "pode levá-lo ao topo do mundo". "O dinheiro é como um padrinho para mim", explicou uma dessas mulheres. "Para sobreviver, você precisa de dinheiro." Outra comentou: "O dinheiro é o óleo que faz as máquinas trabalharem. Eu não posso viver na pobreza. A pobreza não é o meu passatempo favorito." Outra entrevistada declarou: "O dinheiro é absolutamente essencial para a independência."

Hoje, as mulheres na Índia dizem que controlam menos da metade do rendimento familiar total – a quarta menor classificação entre os 21 países. Em outras palavras, elas não são responsáveis pelas "rédeas financeiras." Como mencionado anteriormente, elas gostariam que seus cônjuges fossem melhores planejadores financeiros, e elas também estão insatisfeitas com os prestadores de serviços financeiros.

As mulheres indianas passam mais tempo comprando – mais frequentemente alimentos e utensílios domésticos – do que as mulheres no resto do mundo. As mulheres das classes média e alta estão dispostas a pagar o máximo que puderem e até um pouco mais por uma grande faixa de categorias, que inclui: alimentação, vestuário, habitação, cuidados com os cabelos, restaurantes e utensílios de cozinha. As marcas preferidas são Nokia, Sony e Levi's. O apego à marca Nokia parece profundo – o valor da Nokia é descrito como incrível; seus produtos são considerados fortes, duráveis e de alto valor de revenda.

Os temores das mulheres indianas se concentram na saúde e longevidade, no bem-estar familiar e na segurança financeira. "Tenho medo de ficar falida ou doente, ou de perder meu marido", disse uma mulher. "Eu também temo ataques terroristas", completou. Outra destacou: "Meu maior medo é perder aqueles que amo", ecoando os comentários feitos por muitas das entrevistadas. Em uma sociedade na qual o homem tem dominância sobre a casa, existe ainda o medo do divórcio e de crises familiares.

Conhecemos Shruti, de 19 anos de idade, que frequenta um dos ITTs. Ela foi o número 3 mil no teste de admissão do IIT – muito longe do brilhante estudante que chamamos "Senhor Número 19", que iremos discutir no Capítulo 11.

"Noventa por cento dos estudantes aqui são homens", disse ela. "Eu sou o 'ser' estranho. A maioria dos meninos é socialmente desajeitada e *nerd*. Eles estudaram a vida toda e, antes de virem para cá, não conheceram muitas meninas", comentou Shruti. Mas existem vantagens em ser ímpar nesse meio. "Eu posso escolher os meninos mais inteligentes", disse ela, sorrindo.

Ela estuda engenharia têxtil. "É uma boa profissão", comentou Shruti. "Basta pensar em como a demanda por roupas está crescendo rápido. Eu vejo uma carreira de crescimento, em que as pessoas vão de um consumo muito modesto à compras semanais. A instrução aqui é boa, mas os professores se interessam apenas moderadamente por mim. Eles investem menos em mim, porque dizem que vou me tornar mãe e não vou trabalhar. Mas eu tenho a intenção de agir de maneira diferente. Eu estou aqui porque eu quero uma carreira. Minha vida vai ser uma série de desafios a serem superados", relatou Shruti.

As mulheres indianas – especialmente aquelas em comunidades rurais – enfrentam alguns desafios importantes. No Índice Mundial das Mulheres da BCG, a Índia aparece em último lugar. Essa pontuação se dá pelas seguintes razões: baixo nível de escolarização superior, elevada taxa de mortalidade materna, baixa expectativa de vida feminina, baixa incidência de licença maternidade remunerada, baixa proporção de renda relativa, ínfima participação no Parlamento da Índia e escassa presença em trabalhos profissionais e técnicos. E, embora a representação feminina no Parlamento indiano tenha dobrado desde 1990 – e, claro, a ex-presidente tenha sido uma mulher – trata-se ainda de apenas 10% de participação. Enquanto isso, o Fórum Econômico Mundial classifica a Índia em 113º lugar entre os 135 países incluídos em seu índice de igualdade de gênero em poder político.[11] Entre as maiores mudanças que a Índia poderia realizar estão: 1ª) aumentar a renda *per capita* das mulheres e 2ª) reduzir a taxa de mortalidade das gestantes, estimada em 450 por 100 mil nascimentos – ou 150 vezes a incidência de mortalidade na Suécia, o país com a menor taxa de mortalidade infantil do planeta.

No entanto, mesmo com todas essas perspectivas sombrias, as mulheres indianas são, como as chinesas, muito otimistas – e existe esperança. O último censo mostra um aumento nos níveis de alfabetização entre as mulheres – de 54% para 65%. A Women's Reservation Bill – Lei de Reserva para Mulheres –, que supostamente reserva 33% de todos os cargos do governo local para as mulheres, resultou na eleição de mais de um milhão de mulheres para cargos públicos. Existem movimentos no sentido de expandir essa lei ao parlamento nacional. Além disso, as mulheres estão começando a prosperar na comunidade empresarial. Atualmente, 11% dos CEOs das grandes empresas na Índia são do sexo feminino, em comparação aos 3% da *Fortune 500*.[12] A presidência de dois dos três maiores bancos do setor privado, de dois dos três maiores bancos multinacionais e de quatro bancos estatais é ocupada por mulheres. Entre os seis melhores executivos da Hindustan Unilever, duas são mulheres. Além disso, 29% dos alunos da Indian School of Business são do sexo feminino, número comparável ao da Harvard Business School (39%) e da INSEAD (33%).[13]

Refletindo sobre esses desenvolvimentos, cerca de 81% das mulheres entrevistadas acreditam que sua vida pessoal será melhor daqui a cinco anos, e 86% acreditam que irão conseguir mais em termos econômicos e profissionais em dez anos – a porcentagem mais alta referida entre os países pesquisados.

Quando questionadas sobre seu "dia dos sonhos", percebemos alegria na resposta. Elas desejam: tempo para relaxar, para investir em si mesmas e para curtir a família, além de ter uma **boa refeição**. Em geral, seus ideais estão centrados na casa e na família. "Eu iria acordar, me vestir, aprontar minha família, fazer compras simplesmente por prazer, sorrir diante do espelho e me sentir feliz por tudo o que já fiz e pelo que tenho de valorizar por toda a minha vida", declarou uma entrevistada.

Em alguns lugares, mulheres jovens estão começando a se unir para lutar contra a discriminação de gênero. Em setembro de 2011, em Satara, um distrito rural de Maharashtra, Estado na região oeste da Índia, mais de 200 meninas, em sua maioria adolescentes com nomes como Nakusa ou Nakushi – cuja tradução, do híndi, pode ser **"indesejada"** –, escolheram novos nomes para si mesmas. Os nomes escolhidos referiam-se a beleza, força e poder. Nesse Estado indiano, existem 883 meninas para cada mil meninos com menos de 17 anos, diferença esta que se deve aos abortos visando à seleção de gênero. Os funcionários públicos chamaram a cerimônia de um novo começo para as garotas – um primeiro passo para proporcionar a elas segurança social e educacional, e *status*.[14]

O crescimento da economia feminina na China e na Índia irá estimular o próprio fortalecimento da economia global – além de fornecer uma nova onda de consumidores para as empresas. Mas para que isso aconteça, as mulheres terão de desfrutar dos benefícios garantidos por uma melhor educação, uma melhor gama de postos de trabalho, uma voz política mais ativa e mudanças nos costumes sociais. Na Índia, especificamente, isso significa a promoção da alfabetização feminina por parte do governo. Já em relação a ambos os países, isso quer dizer que os dois governos deverão promover a formação universitária para as mulheres, além da licença-maternidade garantida e da paridade salarial entre os sexos.

PARTE II

Preferências, desejos e aspirações

CAPÍTULO 7

Alimentos e bebidas
Gostos adquiridos: biscoitos, vinho, uísque e chá

O rápido crescimento do desejo por alimentos e bebidas; as empresas que criam produtos para os paladares locais; e a receita para se tornar um dos favoritos na China e na Índia

WX LIU NUNCA SE distanciou mais que 80 km de sua aldeia natal, Shunhezhuang, na província de Hebei. Mas, como discutimos no Capítulo 5, na última década ela tem desfrutado de rápida elevação em sua qualidade de vida. Além de comprar uma casa nova, sua dieta também se alterou para melhor.

Há dez anos, a renda familiar anual de Liu era inferior a 5 mil renminbis (US$ 750). Era um desafio comprar adubo para suas lavouras, manter o telhado de sua casa em boas condições, e até mesmo imaginar legumes frescos todos os dias no jantar e carne de porco ou frango uma vez por semana na refeição principal. Hoje, com sua família trazendo para casa 30 mil renminbis (US$ 4.500) por ano, ela é capaz de adquirir alimentos de melhor qualidade.

A cozinha de Liu é relativamente vazia. Ela tem um bujão de gás propano com queimador, uma assadeira elétrica, uma panela de arroz e um fogão a carvão, que é utilizado para cozinhar e também para aquecer a cozinha no inverno. Ela é uma mulher modesta, e, juntamente com sua família adotam uma dieta simples – "**comida de agricultor**", como ela mesma diz. O café da manhã consiste de mingau de painço[a] com cebo-

---

a   Trata-se de um tipo de cereal integral cuja semente é pequena, arredondada e amarela (podendo ainda apresentar as cores branca ou vermelha). É normalmente utilizado na alimentação de pássaros, mas pode ser usado na dieta humana, trazendo muitos benefícios. (N.T.)

linha picada. No almoço geralmente comem panquecas com repolho e aipo fritos. À noite, o jantar costuma ser leve, com pãezinhos de cebola e picles. Outro prato favorito da família é tofu em pedaços marinado.

"Minha família gosta de comida simples", disse ela. "Quanto mais tempo cozinhar, mais saboroso fica o alimento. O segredo é usar especiarias e ingredientes frescos. Eu tenho tempo para ir quase todos os dias ao mercado local buscar cebolas, cebolinha e cogumelos. E compro carne três ou quatro vezes por semana", comentou Liu.

Para agradar a família no café da manhã, ela às vezes faz sopa de ovos. Ela aquece sua panela *wok*, salpica cebolinha picada em óleo quente ou banha de porco e depois adiciona ovos batidos até que formem bolhas. O segredo é acrescentar água e ferver em fogo brando com sal, glutamato monossódico[b] e pimenta. Para um jantar em família muito especial, ela cozinha lentamente a carne de porco em molho agridoce. Quando servida, a carne descola do osso e é facilmente separada com *hashis*. Para ocasiões mais informais, ela prepara frango e legumes, acrescenta nozes, saquê, alho, pimenta e grãos de pimenta. Sua despensa é repleta de especiarias, óleos, arroz e diversos tipos de macarrão.

Para as festas, ela, às vezes, se permite o luxo de fazer os *jiaozi* – pasteizinhos – de carne caseiros. Isso lhe exige fazer uma massa com farinha e água, moldá-la em forma de rolo, cortá-lo em pequenos pedaços circulares, abrir cada um deles em pequenos discos e, então, cuidadosamente, colocar o recheio preparado com carne, repolho, cebola, pimenta-do-reino, óleo de gergelim e sal. O pastelzinho é cautelosamente fechado, depois cozido em água fervente e servido quente. Sua preparação total leva cerca de uma hora.

Hoje, Liu mostra todos os sinais de uma dieta saudável. Com certo orgulho, ela diz ter ganhado cinco quilos. Mas ela não é a única a desfrutar de uma dieta mais abundante e mais rica em termos de variedade. Como descreveremos neste capítulo, os consumidores chineses e indianos estão melhorando seu padrão no que diz respeito à alimentação e ao consumo de bebidas. Além disso, o mercado de alimentos e bebidas valerá cerca de US$ 2,3 trilhões em 2020 (com o de habitação ocupando o segundo lugar) (Tabela 7.1). Várias empresas já estão aproveitando essa nova oportunidade – incluindo

---

b   Trata-se do sal sódico do ácido glutâmico, um dos aminoácidos não essenciais mais abundantes na natureza. (N.T.)

Amul, Yum! Brands, PepsiCo, Cofco, LVMH, Pernod Ricard e Kraft. Mas, antes de falar sobre isso, vamos explorar os fatores que impulsionam o crescimento do mercado de alimentos.

TABELA 7.1

Como o prêmio de 10 trilhões de dólares se distribui por cada setor de produto

Alimentação e moradia são os dois maiores setores nos gastos dos consumidores.

	Despesa total em 2020 (em bilhões de dólares)[a]		
Categoria	China	Índia	Total
Alimento	1.390 ⟵⟶	913	2.303
Habitação e bens domésticos	1.479 ⟵⟶	774	2.253
Transporte e comunicação	763	618	1.381
Educação e lazer	890	360	1.250
Saúde	444	184	628
Vestuário e calçado	359	189	548
Outros	862	546	1.408
TOTAL	**6.187**	**3.584**	**9.771**

Fonte: Fundo Monetário Internacional, Dados e Estatísticas; Economist Intelligence Unit, Indicadores de Mercado e Previsões, Padrões de Gastos do Consumidor; Euromonitor, Países e Consumidores, Comportamento do Consumidor; Projeto de Referência de Pesquisa do Consumidor (dezembro de 2010); análise BCG.
Nota: As despesas com alimentos incluem os gastos com bebidas alcoólicas e tabaco, mas excluem os alimentos vendidos por serviços de *catering*, como restaurantes, hotéis e quiosques.
a. Em dólares norte-americanos nominais conforme taxas de câmbio estáveis de 2010.

Comida, gloriosa comida

Curry, macarrão, arroz – esses ingredientes se tornaram elementos básicos da culinária ao redor do mundo, e eles comprovam o fato de que as tradições culinárias da China e da Índia, que remontam há milhares de anos, estão entre suas exportações mais bem-sucedidas. No entanto, agora os novos consumidores chineses e indianos estão adquirindo gosto por um cardápio mais caro, bem como pelas comidas e bebidas mais comumente preparadas nas cozinhas das Américas e da Europa.

Na China, o montante gasto com alimentos por pessoa com renda média irá quase triplicar até 2020, de US$ 233 bilhões para US$ 626 bilhões (Tabela 7.2). O aumento entre aqueles de renda mais alta será ainda mais surpreendente: de US$ 94 bilhões para US$ 502 bilhões.

TABELA 7.2

As despesas das famílias chinesas com alimentos, em 2010 e 2020

O crescimento das classes média e alta irá gerar aumentos no consumo de alimentos de cerca de US$ 750 bilhões anualmente em dez anos.

		2010				2020	
Faixa de rendimentos	Número de famílias (em milhões)	Gasto das famílias com alimentos (em dólares dos EUA)[a]	Despesa total em alimentos (em bilhões de dólares)	Número de famílias (em milhões)	Gasto das famílias em alimentos (em dólares dos EUA)[b]	Despesa total em alimentos (em bilhões de dólares)
Alta	24 ✖	3.944 ＝	94	91 ✖	5.541 ＝	502
Média	109 ✖	2.140 ＝	233	202 ✖	3.104 ＝	626
Baixa	260 ✖	1.213 ＝	316	138 ✖	1.899 ＝	263
			643			1.390

Fontes: Economist Intelligence Unit, Indicadores de Mercado e Previsões, Demografia e Renda; Bureau de Estatísticas do Trabalho dos EUA; Euromonitor, Países e Consumidores, Rendimento Disponível Anual; BCG Pesquisa de Opinião do Consumidor, 2011: China Trading Up e Trading Down; Análise BCG.
Nota: Todos os valores referentes aos gastos estão em dólares nominais consideradas as taxas de câmbio estáveis de 2010. As despesas com alimentos incluem os gastos com bebidas alcoólicas e tabaco, mas excluem os alimentos vendidos por serviços de *catering*, como restaurantes, hotéis e quiosques.
a. Despesa familiar média em alimentos em 2010: US$ 1.635.
b. Despesa familiar média em alimentos em 2020: US$ 3.230.

Na Índia, a trajetória ascendente é ainda mais acentuada. Indivíduos com renda média irão aumentar seus gastos com alimentos de US$ 124 mil milhões, em 2010, para US$ 447 bilhões, em 2020, enquanto aqueles com rendimentos mais elevados gastarão cerca de US$ 215 bilhões em alimentos – de seus originais US$ 34 bilhões (Tabela 7.3).

TABELA 7.3

Despesa das famílias com alimentos na Índia, em 2010 e 2020

O aumento da riqueza das famílias irá gerar US$ 585 bilhões de dólares em gastos adicionais anuais com alimentos até 2020.

		2010			2020	
Faixa de rendimentos	Número de famílias (em milhões)	Gasto das famílias com alimentos (em dólares dos EUA)[a]	Despesa total em alimentos (em bilhões de dólares)	Número de famílias (em milhões)	Gasto das famílias em alimentos (em dólares dos EUA)[b]	Despesa total em alimentos (em bilhões de dólares)
Alta	9 ✖	3.642 =	34	32 ✖	6.824 =	215
Média	63 ✖	1.976 =	124	117 ✖	3.813 =	447
Baixa	152 ✖	1.120 =	171	110 ✖	2.277 =	251
			328			913

Fontes: Economist Intelligence Unit, Indicadores de Mercado e Previsões, Demografia e Renda; Bureau de Estatísticas do Trabalho dos EUA; Euromonitor, Países e Consumidores, o Rendimento Disponível Anual; BCG Pesquisa de Opinião do Consumidor, 2011: China Trading Up e Trading Down; Análise BCG.

Nota: Todos os valores gastos estão em dólares nominais consideradas as taxas de câmbio estáveis de 2010. As despesas com alimentos incluem os gastos com bebidas alcoólicas e tabaco, mas excluem os alimentos vendidos por serviços de *catering*, como restaurantes, hotéis e quiosques.

a. Despesa familiar média em alimentos em 2010: US$ 1.463.

b. Despesa familiar média em alimentos em 2020: US$ 3.525.

Esse apetite crescente se reflete em um aumento de ingestão de calorias: na China esse número está subindo de 4.256 bilhões cal/dia para 4.856 bilhões cal/dia; e na Índia, de 3.022 bilhões cal/dia para 3.908 bilhões cal/dia. Esse aumento de ingestão de calorias não se refere apenas à quantidade de alimentos, mas também à sua qualidade.[1] Essa mudança de qualidade é percebida na China pela tendência à inclusão de mais carne na dieta das famílias (Figura 7.1).

Em nossa pesquisa de percepção do consumidor, realizada em 2011, cerca de 51% dos chineses entrevistados relataram estar aprimorando sua dieta com alimentos frescos, enquanto 46% deles disseram estar adquirindo produtos lácteos de melhor qualidade. Além disso, mais de 40% afirmaram estar consumindo alimentos orgânicos, o que representou aumento de 5% em relação ao ano anterior. Frutas e legumes frescos, peixes e frutos

ALIMENTOS E BEBIDAS 139

FIGURA 7.1

Composição da dieta chinesa ao longo do tempo

A composição da dieta chinesa está surpreendentemente se alterando em direção à carne e se afastando dos vegetais e grãos.

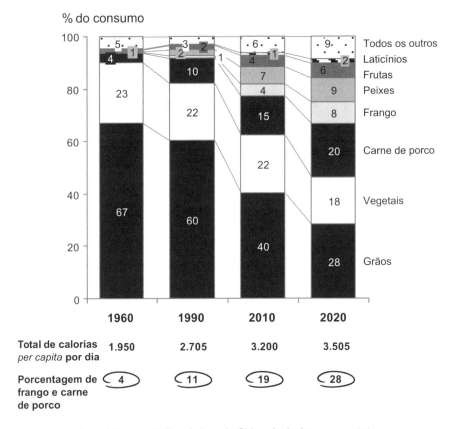

Fontes: Agência Nacional de Estatísticas da China, Agricultura, www.stats.gov.cn/tjsj/ndsj/2011/indexeh.htm; Departamento de Agricultura dos EUA, Serviço de Pesquisa Econômica, Conjuntos de Dados, www.ers.usda.gov/Data/; Economist Intelligence Unit, Indicadores de Mercado e Previsões; Euromonitor, Setores, Setores Relacionados à Alimentação.

do mar e carne fresca foram classificados separadamente como categorias "essenciais" de consumo. Da mesma maneira, os consumidores indianos classificaram os produtos lácteos e os alimentos frescos como as principais categorias a aprimorar em sua dieta: aproximadamente 53% deles relataram disponibilidade para fazê-lo. Os alimentos orgânicos são menos populares, somente 34% os classificaram como categoria a ser melhorada. Em contrapartida, os indianos valorizam a saúde, portanto, as vitaminas e os suplementos alimentares constituem sua terceira categoria mais importante para investimento.

Na China, o consumo médio de carne por pessoa aumentará de 45 kg em 2010 para cerca de 53 kg em 2020 – um aumento de 18%. Em todo o país, isso se traduzirá em um aumento no consumo de 36 bilhões de quilos de carne – indo de 98 bilhões de quilos para 134 bilhões de quilos. A popularidade dos laticínios crescerá, e cada pessoa irá aumentar sua ingestão de 25 kg para cerca de 34 kg. Tendo em vista que a Índia é uma nação predominantemente vegetariana por conta de suas restrições hindus, o consumo de carne no país irá subir de maneira modesta – de 5,5 kg/pessoa para cerca de 8 kg/pessoa. O grande aumento na dieta do consumidor indiano será em lacticínios, passando de 86 kg por pessoa em 2010 para 102 kg por pessoa em 2020.[2]

Dois outros fatores explicam o crescente dispêndio em alimentos e bebidas: 1º) predileção por **alimentos saudáveis** e, 2º) paradoxalmente, pelos *fast-foods* ao estilo ocidental – principalmente nos centros urbanos em expansão, onde os estilos de vida ocidentais ganharam popularidade. Comer fora, especialmente em restaurantes e em *cybercafes*, se tornou a mania do momento.

A China, em particular, há muito já está familiarizada com batatas fritas, frango frito e bebidas carbonatadas ricas em açúcar. A Coca-Cola chegou ao país em 1979 e alcançou receita de US$ 3 bilhões em 2010; a KFC chegou em 1987 e granjeou surpreendente receita total de US$ 5 bilhões em 2011; a McDonalds entrou na China em 1990 e registrou receita de US$ 1,5 bilhão em 2010; e a Starbucks chegou em 2000 e até 2011já contava com cerca de 500 lojas na China. Como descreveremos mais adiante neste capítulo, a Yum! Brands, que detém a KFC e a Pizza Hut, tem alcançado enorme sucesso no gigante asiático.

Esses estabelecimentos continuaram a prosperar à medida que os estilos de vida persistiram em seguir as tradições ocidentais e a pressão do trabalho limitou o tempo disponível para cozinhar. Os chineses trabalham mais horas do que qualquer outro povo no mundo. Em 2010, calculou-se que eles trabalham, em média, 2.200 h por ano. Comparativamente, nos EUA, as pessoas trabalham apenas 1.610 h anuais.[3]

As cadeias de *fast-food* chinesas também prosperaram – oferecendo produtos como o macarrão instantâneo em copo descartável. A Tingyi, gigante do macarrão instantâneo, das bebidas e dos pães, tem apresentado um crescimento surpreendente. De 2005 a 2010, o faturamento da empresa dobrou para quase US$ 6 bilhões. No final de 2011, a companhia negociou um contrato com a Pepsi para a distribuição de refrigerantes da empresa norte-americana e, por fim, a integração dos engarrafadores à rede Pepsi. Analistas estimam que a empresa independente de distribuição de bebidas de propriedade conjunta da Tingyi, da Pepsi e da Asahi Breweries pode valer US$ 15 bilhões.

Trata-se de uma grande jogada para a Tingyi. A empresa de Taiwan, fundada por quatro irmãos, começou no ano de 1992 vendendo macarrão instantâneo; hoje ela controla uma fatia de mercado de quase 60%.[4] Quatro anos depois da abertura a companhia se lançou no negócio de chás prontos para beber, água mineral e sucos, itens que agora geram para a companhia US$ 2,5 bilhões em receita. Mas a prosperidade da Tingyi nem sempre seguiu uma trajetória ascendente.

Em 1991, depois do fracasso de um negócio – a venda de rolinhos primavera e óleo de cozinha –, Wei Yin-Heng, um dos irmãos, sentiu-se desanimado e voltou para casa em Taiwan. Então, retornando para a China, ele percebeu algo que iria mudar sua vida. "Toda vez que eu tirava meu jantar da mala no trem, eu atraía a atenção de todos os passageiros ao meu redor. As pessoas ficavam fascinadas pelo cheiro da minha comida saborosa e muito curiosas sobre onde poderiam comprar produtos similares. Muitos estavam pensando: 'O que eu estava comendo?' O macarrão instantâneo que eu trouxera de Taiwan – e, então, senti uma enorme oportunidade de negócio naquilo", explicou Wei Yin-Heng.

Ele lançou a marca MasterKong – hoje a maior marca de macarrão da China. Em chinês, *kong* significa "saudável", enquanto *master* sugere "profissionalismo, amabilidade e responsabilidade" – todos bons atributos na China atual. O macarrão agora vem em uma grande variedade de sabores – mais de cem –, adequando-se aos diferentes gostos regionais: nas regiões norte e leste, o macarrão é mais salgado; na região de Xangai, eles são mais adocicados; nas regiões do sul e do leste, a Tingyi vende macarrão aletria; e no sudoeste, a empresa adiciona pimenta-malagueta.

Para oferecer esses produtos ao consumidor, a Tingyi possui uma rede de 500 centros de venda e distribuição, comercializa seus produtos através de quase seis mil atacadistas, e conta com mais de 70 mil revendedores diretos.[5] Trata-se de uma operação formidável, e não surpreende que tenha sido avaliada em US$ 17,2 bilhões no final de 2011, tendo dobrado de tamanho desde 2007. De fato, comparando-se a Tingyi e a Campbell Soup, a venerável empresa com sede em Camden, Nova Jersey, mostra um desempenho muito diferente no preço de suas ações (Figura 7.2).

FIGURA 7.2

As maiores concorrentes em sopas do mundo: Tingyi *versus* Campbell

A valorização da Tingyi aumentou de US$ 1,1 bilhão para US$ 17,2 bilhões em quinze anos.

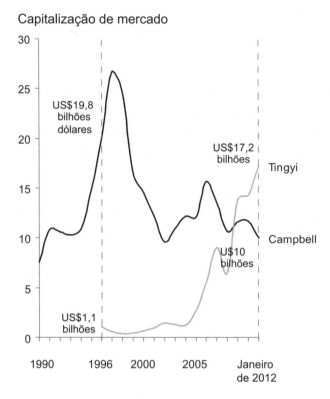

Fontes: BCG Valor Science Center; Yahoo! Finanças; Análise BCG.
Nota: Para calcular o valor de mercado, os preços das ações Tingyi foram convertidos para dólares a taxas de câmbio médias anuais.

Amul: o paladar da Índia

Toda manhã em toda a Índia, milhões de famílias acordam para um café da manhã com leite, manteiga, iogurte e outros produtos lácteos que levam a marca mais famosa do país: Amul, que, em híndi, significa **"inestimável"**.[6]

Em setembro de 2011, enquanto a Índia se preparava para lançar seu primeiro Grande Prêmio de Fórmula 1, Monisha Kaltenborn, o indiano e executivo-chefe da Sauber F1 Team, cujos carros de corrida são apoiados pela marca local de laticínios, disse: "Os produtos Amul estão presentes em praticamente toda casa. Por ter passado minha infância em Dehradun (Índia), tenho boas lembranças da Amul, especialmente de sua manteiga."[7]

Lançada em 1946, a Amul representava inicialmente a união de duas sociedades cooperativas leiteiras que, juntas, produziam 247 litros de leite por dia. Hoje, mais de três milhões de agricultores em 16 mil aldeias produzem cerca de 12 milhões de litros de leite por dia sob a marca Amul, que é gerida pela Gujarat Co-operative Milk Marketing Federation (GCMMF).

A Amul é agora um negócio de US$ 2,5 bilhões, cujo sucesso se atribui a uma série de fatores. Um deles é a evolução de uma variedade de produtos lácteos – de leite em saquinhos e leite em pó a sorvetes e produtos processados a temperaturas extremamente altas (sistema UHT – *ultra high temperature*). R. S. Sodhi, diretor da GCMMF, nos disse: "Éramos uma empresa de leite e manteiga. Então, na década de 1990, adicionamos o sorvete ao nosso portfólio. E, em 2000, entramos no mercado de produtos frescos – por exemplo, *dahi* (iogurte)."

Outro fator é o custo-benefício do *marketing*. Se o patrocínio de uma equipe de Fórmula 1 parece caro, a GCMMF gasta apenas 1% de suas receitas com *marketing* – cerca de US$ 25 milhões – em comparação com os 10% investidos pela maioria das empresas de alimentos e produtos de consumo.

Um terceiro fator é a ampla distribuição da Amul. De 2010 a 2011, a companhia abriu mil novas sorveterias – Amul Parlour – elevando seu total para 6 mil. Essas lojas de varejo, que oferecem a gama completa de produtos Amul, estão localizadas em estações de trem e terminais de ônibus, aeroportos, pontos turísticos, faculdades e universidades e instituições governamentais. Em um esforço para aumentar sua presença nos distritos rurais, a empresa também criou as chamadas "superdistribuidoras": 30 até agora, espalhadas por oito Estados e cobrindo 520 cidades menores. O plano é aumentar esse número para 150, cobrindo 3 mil cidades pequenas do país. Outro empreendimento de varejo é o *Café Amul* – um restaurante *fast-food*, que teve seu projeto-piloto em Ahmedabad e que serve pratos feitos com produtos Amul: **pav bhaji**[c] com manteiga Amul, pizzas, *cheesebur-*

---

c   *Pav/pau/pao* (do português "pão") *bhaji* é um purê de verduras picante, servido com pão, introduzido na Índia pelos portugueses. As verduras utilizadas na preparação do *bhaji* (purê) variam conforme o gosto e até os princípios religiosos. (N.T.)

gers, sanduíches, sorvetes de massa, *sundaes* e *milk-shakes*. Esse empreendimento agora está sendo estendido a outras cidades de nível 1.[8]

Mas, além desses fatores importantes, existe outro motivo para o sucesso da Amul. Como Sodhi nos contou: "A maior razão para a vitória é o sabor. Nós **conhecemos** o sabor da Índia. Nós **somos** o sabor da Índia."

KFC, Yum! Brands e a festa de aniversário de Duoduo

Li Duoduo tem 6 anos de idade e vive em Jiangmen, cidade costeira no sul da China. Para os padrões chineses, ela vive uma vida privilegiada e que está melhorando ainda mais. Ela frequenta uma escola particular, tem aulas de inglês de terça-feira a sexta-feira, tem aula de pintura no sábado e no domingo aprende a jogar *Go*, antigo jogo de tabuleiro. Ela é a filha de dois funcionários públicos de 35 anos de idade, cuja renda familiar combinada soma pouco mais de 230 mil renminbis (US\$ 35 mil) por ano. A família gasta um terço de sua renda em hipoteca e guarda outro terço. O restante vai para alimentação, saúde, transporte e educação. Duoduo e seus pais moram em um apartamento de aproximadamente 120 metros quadrados, no centro de Jiangmen. Quando a mãe de Duoduo lhe perguntou onde ela queria sua sexta festa de aniversário, a resposta foi instantânea: "**No KFC!**"

Na Kentucky Fried Chicken (KFC) – que abriu seu primeiro restaurante chinês em Pequim, em 1987, e agora é a maior cadeia de restaurante no país, com mais de 4 mil unidades – a festa de aniversário de uma criança é tratada como uma responsabilidade especial. "É uma grande marca internacional, com restaurantes limpos, comida e serviço de qualidade, e sem surpresas desagradáveis", diz a mãe de Duoduo. A família janta no KFC duas vezes por mês. As unidades chinesas são diferentes daquelas dos EUA e da Europa. Elas dispõem do dobro ou triplo de espaço, além de menus mais extensos. A comida favorita de Duoduo é batata frita, mas igualmente importantes para ela são as instalações do restaurante: **ela adora brincar no parque infantil da unidade**.

Duoduo teve a ideia de fazer sua festa de aniversário no KFC depois que participou da festa de uma de suas melhores amigas. Sua mãe concordou com essa curtição especial. A festa é grátis com a compra das refeições. Duoduo e a mãe convidaram cinco famílias, incluindo seis outras crianças.

ALIMENTOS E BEBIDAS 145

Infelizmente, o pai de Duoduo não pôde comparecer porque estava trabalhando naquele sábado.

O dia foi definido: 24 de setembro. A grande festa começou às 11h30 min da manhã e, para ajudar durante o evento, a empresa disponibiliza uma funcionária para acompanhar cada festa: uma "irmã mais velha KFC". O restaurante, inaugurado há dois anos na Gangkou Road, apresenta o esquema de cores azul brilhante, bege e marrom. Ao entrar, pode-se sentir o aroma de frango frito.

Na chegada, as famílias foram direcionadas a uma área decorada para a festa. Duoduo usava seus sapatos favoritos de princesa, na cor rosa, e insistiu que sua mãe penteasse seus cabelos com cachos e laços no mesmo estilo. A maioria dos convidados na festa se serviu de frango frito, batatas fritas e sorvete. Duoduo comeu um "hambúrguer" – um sanduíche de frango. Ela também poderia ter escolhido a versão de comida chinesa KFC, incluindo pratos exóticos como pasteis de nata, sopa de inverno, asas de frango assadas, legumes da estação e *congee* – um tradicional mingau de arroz. Se adaptando aos variados cardápios chineses , a KFC oferece oito principais tipos de culinária do país. No menu estão hambúrgueres assados, hambúrgueres de camarão, sanduíches *wrap*, chá com leite e feijão vermelho, sanduíches de massa folhada e hambúrgueres com tempero chinês típico de Sichuan. Muitas lojas ficam abertas 24 h por dia e oferecem serviço de entrega em domicílio.

Depois de devorar a refeição, as crianças brincaram em jogos organizados pela "irmã mais velha KFC": uma versão chinesa de "O Mestre Mandou", um jogo de reconhecimento de caracteres chineses e outro equivalente ao pega-varetas. Os pais se sentaram em uma mesa separada para relaxar e tomar chá. Pagando 3 renminbis (cerca de 0,40 centavos de dólar) extras, cada criança tinha direito a um prêmio KFC. Duoduo, como dona da festa, recebeu uma revista de história em quadrinhos. Seus amigos lhe deram presentes, incluindo um estojo para lápis, um enfeite para os cabelos, três bonecas de plástico e um *kit* de construção. Dois de seus amigos pediram aos pais para fazer a festa deles ali quando seus aniversários chegassem.

Essa festa não foi uma casualidade.

A Yum! Brands – cadeia de restaurantes listada na Bolsa de Nova York – é dona da KFC. David Novak, CEO da empresa, tem imenso orgulho das realizações de sua companhia na China. "Pouco depois que a PepsiCo criou a marca e que me tornei CEO da companhia recém-fundada, visitei a China. Foi em 1997, e tínhamos umas cem lojas na China. Lembro-me de estar aguardando minha vez em uma longa fila em um KFC. O restaurante estava lotado. Uma mulher me disse, em chinês, 'Construa mais lojas.' Aquele foi o melhor conselho que já recebi", recordou David Novak.

Ele incentivou uma equipe de gestão predominantemente chinesa a desenvolver uma ótima capacidade de expansão local, uma cadeia de suprimentos integrada e receitas inovadoras. Sam Su, presidente e CEO da divisão Yum! Brands da China, merece muito crédito pelo sucesso da empresa no país. Como engenheiro químico taiwanês, ele se formou na Universidade Nacional de Taiwan, completou um MBA na Universidade Wharton e trabalhou na Procter & Gamble antes de embarcar na onda da ampliação da cadeia de restaurantes no final da década de 1990.

A primeira KFC foi aberta na praça Tiananmen em 1987 e contava com assentos para 500 clientes. Depois disso, a empresa levou mais doze anos para chegar a 300 restaurantes. A missão de Su, de abrir um ou mais pontos de venda por dia, era ambiciosa – particularmente porque as unidades chinesas são duas vezes maiores que as norte-americanas. Mas, para obter ajuda nessa realização, ele criou uma equipe de desenvolvimento com 450 pessoas. "Nós claramente superamos as expectativas", lembrou Novak. "Nós observamos o modelo de negócio e os aspectos econômicos e pusemos o pé na tábua. É um negócio bom e rentável. Trabalhamos duro para fazer parte do local", explicou Novak.

Novak considera a China a plataforma número um na estratégia de crescimento da empresa:

> "Se Ray Kroc tivesse a oportunidade de recomeçar o McDonald's, sua cadeia de restaurantes teria frango, comida mexicana e pizza. Mas eles chegaram a essa conclusão muito tarde. A China está no piso térreo para todas as categorias. Existem apenas três restaurantes para cada milhão de pessoas na China versus 60 por milhão nos EUA. Nós temos mais de quatro mil restaurantes e um negócio que vale US$ 5 bilhões. Mas pretendemos ser um negócio de US$ 18 bilhões na China, em 2020, com dez mil restaurantes. Estaremos em cada categoria principal de restaurantes."

Cumprindo sua palavra, a Yum! Brands anunciou em novembro de 2011 a compra da Little Sheep, uma operadora de restaurantes *hot-pot* – uma espécie de *fondue*. O acordo, que foi aprovado depois de um ano de considerações por parte do Ministério do Comércio, foi avaliado em US$ 860 milhões. A Little Sheep é especializada em uma refeição chamada *mongolian hot pot – pote quente mongol –*, no qual os clientes mergulham carne crua e legumes crus em um caldo fervente. No final de 2010, a empresa dispunha de 458 pontos comerciais na China.

Novak também está apostando na Índia, mas ele é realista a respeito dos requisitos necessários para a reprodução do sucesso que a marca Yum! Brands alcançou na China: "Estamos investindo na Índia.

Temos 140 KFCs e 200 Pizza Huts naquele país. É uma franquia jovem. Criamos uma linha de produtos vegetarianos. Mas a infraestrutura da Índia está pelo menos treze anos atrás da chinesa."

A Yum! Brands certamente experimentou rápido crescimento na China. Nos últimos cinco anos, as vendas da KFC subiram a uma taxa anual composta de cerca de 30%. Parte do seu sucesso está associado ao fato de a empresa ter chegado na época apropriada: **o produto certo por meio do veículo certo na hora certa**. O frango cresce rápido, e, depois da carne de porco, a carne dessa ave é a mais popular na dieta chinesa. A KFC chegou cedo à China, e contratou nativos antes de qualquer outra empresa.

Mas a Yum! Brands também fornece um cardápio completo a fim de adaptar-se à crescente demanda dos consumidores da China, construindo lojas por todas as cidades e alcançando lucros muito elevados. A KFC oferece aos consumidores uma boa proposta de valor: uma refeição incluindo dois pedaços de frango, uma porção de batatas fritas e uma bebida custa cerca de US$ 2 na China. O restaurante também se autopromove como provedor de alimentos saudáveis – o consumidor pode substituir a Coca-Cola e as batatas fritas por suco e frutas. E, a cada mês, dois novos produtos são lançados, projetados pelo laboratório de desenvolvimento de produtos alimentícios da empresa.

A Yum! Brands possui ampla rede de restaurantes, abrangendo mais de 720 cidades, sendo quase a metade delas de nível três ou inferior. Ela conta com pessoal local que cumpre o que realmente importa em restaurantes *fast-food*: **rápido atendimento**.

Além disso, cada KFC é muito rentável, alcançando entre US$ 1,2 milhão e US$ 1,3 milhão em vendas anuais e garantindo uma margem de caixa de 25% ou mais.[9] O investimento necessário para cada loja é de apenas US$ 550 mil. O aspecto econômico dessas unidades de negócio é tão vantajoso nas cidades de nível 2 quanto nas principais cidades. Unidades novas apresentam fluxo de caixa positivo já em seu primeiro ano de funcionamento. Por isso, não surpreende que a KFC esteja ampliando sua distância em relação à sua grande rival – o McDonalds –, especialmente nas cidades menores, de nível inferior.

Logo atrás da KFC, na China, vem outro negócio da marca Yum! Brands: a Pizza Hut. A cadeia de pizzarias foi pioneira na experiência do jantar casual. Ela se posiciona como restaurante de serviço completo; seus menus são extensos, contendo mais de **trinta páginas**. Suas vendas e seus lucros são semelhantes aos da KFC: por exemplo, em uma cidade de nível três, como Wuhu, as vendas cresceram de US$ 2 milhões, em 2006, para mais de US$ 11 milhões, em 2010, com lucros aumentando a partir de ao menos US$ 1 milhão para mais de US$ 3 milhões.

Novak explicou: "Estamos no piso térreo deste país incrível que está apenas decolando. Não há dúvida de que é a melhor oportunidade para os restaurantes no século XXI. Esperamos que a China se torne nosso primeiro negócio de bilhões de dólares em lucros dentro dos próximos dois anos."

O primeiro livro de Novak é intitulado *CEO por Acaso*[d]. Ele conta a história de sua origem humilde e da oportunidade que agarrou quando esta lhe surgiu. Seu novo livro, *Leve as Pessoas Consigo*,[e] é sobre liderança. Ele cita a China como um exemplo clássico de todos os princípios da liderança de sucesso. Compreender a ambição dos consumidores – seu desejo por mais qualidade – é vital. "Tanto os chineses como os indianos estão em busca do 'sonho norte-americano'", salientou Novak. Esse sonho norte-americano é o que ouvimos dos consumidores dos dois países. Eles querem **mais**, e **agora**.

A jovem Duoduo amou sua festa de aniversário. Ela e a mãe se comprometeram não apenas com a realização de outra festa no local, mas também a continuar suas visitas duas vezes por mês a esse restaurante favorito. A criança diz que ama o KFC e espera frequentá-lo pelo resto de sua vida.

Salgadinho *Kurkure*, da PepsiCo: adaptando o portfólio de produtos ao mercado indiano

No rebuscado bar do hotel Oberoi, em Gurgaon, alguns empresários pediram outra tigela de *Kurkure* para acompanhar seu uísque Ballantines – de US$ 20 por dose – e seus refrigerantes. Longe dali, na modesta casa de um

---

d   Editora Saraiva, 2009. (N.T.)

e   Editora Casa das Letras; Portugal, 2008. (N.T.)

consumidor da classe **próximo bilhão** da área rural da Índia, o *Kurkure* também se faz presente.

Esse aperitivo salgado, picante e de aroma especial – criado pela PepsiCo – é uma marca que penetrou no topo, no meio e até mesmo em partes da base da pirâmide de rendimentos. Lançado em 1999, o *Kurkure* atingiu um faturamento de mais de US$ 200 milhões e continua a crescer em dígitos duplos. De fato, ele se tornou uma das principais marcas da PepsiCo na Índia.

A PepsiCo reentrou na Índia na década de 1990 (após uma primeira tentativa na década de 1980). Na primeira vez, a empresa promoveu sua batata frita, introduzindo sua marca global Lay's. Mas as batatas *chips* ao estilo norte-americano tiveram de competir com marcas locais e também com outros petiscos que satisfaziam mais, como **samosas** (pastel indiano triangular), **pakoras** (bolinhos de vegetais) e biscoitos, e é sempre muito difícil mudar hábitos alimentares.

Manu Anand, presidente e CEO da PepsiCo Índia, destacou: "Em meados da década de 1990, percebemos que a criação de uma categoria leva tempo e que não seríamos capazes de construir um negócio nos baseando apenas na Lay's. Precisávamos ter outros produtos e, por isso, decidimos **'indianizar'** nosso portfólio."

A escolha óbvia era entrar no mercado **namkeen** (que em híndi significa "salgado", mas também se refere aos salgadinhos indianos), e foi exatamente isso o que a PepsiCo fez por meio da marca Lehar. Ao final da década, no entanto, a empresa descobriu que os **namkeens** não estavam fornecendo nem proposição diferenciada nem velocidade de distribuição suficiente (quantidade vendida por loja por semana). Manu Anand contou:

> *"Nós tentamos oferecer nosso portfólio relacionado a esse perfil de produtos, mas os consumidores sentiram que o Cheetos, com sua composição de milho e arroz, era muito leve. Ouvimos comentários como: 'Isso é bom para as crianças, mas eu quero algo diferente e com mais sustância.' Os consumidores também disseram: 'Não quero um* **namkeen** *em pacote.' Então começamos a buscar algo que preenchesse a lacuna entre o* **namkeen** *tradicional e as batatas fritas. Passamos o desafio à nossa equipe de P&D para que encontrassem algo que completasse essa lacuna. A equipe começou a testar várias combinações e receitas. Tínhamos alguns ativos não utilizados em nossa fábrica de Channo e decidimos utilizá-los como base para tudo o que fizéssemos.*

150   O PRÊMIO DE 10 TRILHÕES DE DÓLARES

A batata Lay's 'magic masala' provara-se um sucesso uns dois anos antes, portanto, sabíamos que os condimentos funcionavam na Índia."

O *Kurkure* combina **besan** (grão-de-bico), que fornece sustância ao salgadinho, e uma mistura de especiarias (**massala**), que lhe dão vigor. O nome do produto surgiu quase por acidente. "Todo mundo estava ideando sobre como a marca deveria se chamar, mas quando alguém disse *'Kurkure'* ('crocante') em híndi, o nome pegou. Coube como uma luva! Sentimos ter o produto certo com a marca certa. Os consumidores adoraram e começaram a voltar em busca de mais e mais", explicou Anand.

O *merchandising* destinado ao *Kurkure* foi fundamental para seu sucesso. Como disse Anand, as prateleiras reservadas nas lojas refletiam um conceito novo na época. Elas permitiam a compra por impulso.

O sucesso inicial do *Kurkure* deu ímpeto à PepsiCo na Índia – permitiu à empresa construir um negócio de grande volume de transações para estimular a distribuição do salgadinho, tendo o *Kurkure* como alicerce. A acessibilidade financeira tem sido fator importante para o sucesso do *snack*. O *Kurkure* começou com três níveis de preço: 5, 10 e 20 rupias (10, 20 e 40 centavos de dólar) para as embalagens de 25 g, 50 g e 125 g, respectivamente. Os preços eram os mesmos para as batatas fritas vendidas sob a marca Lay's, mas os pacotes de *Kurkure* continham volume de 50% a 70% maior em peso. O sucesso do *Kurkure* é uma história excepcional de percepção do consumidor local e empreendedorismo – gerentes de uma empresa global, agindo como empresários indianos com um orçamento apertado.

Um negócio espumante: do *baijiu* ao *champagne*, ao *bordeaux* e ao uísque

No outono de 2011, Zhang Jing e Li Demei foram ao Royal Opera House, em Covent Garden, Londres – ambos sorriram. Os enólogos acabaram de se tornar os primeiros chineses a ganhar o equivalente a um Oscar da vinicultura, por seu vinho tinto *bordeaux*.

Ao lado de *Châteaux Lafite Rothschild, Margaux* e *Latour* o nome He Lan Qing Xue soa quase como um trava-língua. Mas essa adega que Zhang – uma mãe de 34 anos, esposa de um banqueiro – administra na montanhosa região nordeste de Ningxia, agora é assunto nessa empresa tão distinta. Seu vinho tinto seco *cabernet* Jia Bei Lan – safra de 2009 – levou o prêmio internacional de melhor variação *bordeaux* acima de 10 libras esterlinas do Decanter World Wine Awards.[10]

Mas talvez isso não pareça tão surpreendente. Os chineses são agora os maiores importadores mundiais do *bordeaux* francês, tendo ultrapassado o Reino Unido em 2010.[11] De modo geral, eles dobraram seu consumo de vinho entre 2005 e 2010. Isso significa que a China é agora o maior mercado do mundo para vinhos e outras bebidas alcoólicas, representando cerca de 40% do consumo global.[12] Vinhos que tenham ganhado o prêmio *Trophy Bordeaux*[f] representam presentes muito desejados na China. Eles são usados como "lubrificantes" para facilitar e agilizar tomadas de decisão. E muitas vezes retornam aos leilões de vinhos de Hong Kong, onde são facilmente convertidos em dinheiro.

Em meados da década de 2000, quase todo o vinho consumido na China era produzido localmente, e nem todo ele era suco de uva puro. Como explica Li Demei, o consultor que aconselhava Zhang a respeito de seu tinto *bordeaux*: "Eu cresci chamando de vinho o que, na verdade, era suco de uva misturado a algum tipo de álcool", relatou Zhang Jing. Somente mais tarde, enquanto estudava horticultura na faculdade e seu professor – que acabara de retornar de uma recente viagem à França – criou um laboratório para fazer vinho, ele teve a oportunidade de provar a bebida pela primeira vez. E qual foi a reação dele? Zhang Jing disse: "Eu não gostei. Para mim, era muito ácido."

Mas agora, os consumidores chineses certamente adquiriram o gosto pelo que eles costumam chamar de "**vinho de uv**a." Quando a *Mouton Rothschild*[g] escolheu um artista chinês para seu rótulo[h] de 2008, comercian-

---

f   Patrocinado pelo banco francês Calyon Credit Agricole CIB, até 2009, a competição anual concentrava-se nos melhores vinhos tintos *bordeaux* da África do Sul. O produtor vencedor recebia um prêmio em dinheiro e um bilhete aéreo para facilitar sua viagem à região de Bordeaux, na França. (N.T.)

g   Famosa vinícola francesa da região de Médoc, comuna de Pauillac. (N.T.)

h   O *Château Mouton Rothschild* é particularmente famoso por seus rótulos, que são produzidos anualmente por um artista diferente. Em 1924, ocasião do primeiro engarrafamento no *Château*, um rótulo específico foi criado pelo artista Jean Carlu e é este trabalho do artista que decora o rótulo do *Petit Mouton* desde 1994. Em 1945, o barão Philippe de Rothschild decidiu comemorar a vitória na Segunda Guerra Mundial rotulando o *Mouton Rothschild* com um "V" (de Vitória) desenhado por Philippe Jullian. Depois, de 1946 a 1954, usou vários artistas (pintores, cartunistas) para decorar os rótulos. A partir de 1955, os rótulos passaram a ser produzidos anualmente por grandes artistas que não são pagos em dinheiro por esse trabalho, mas recebem vinhos de duas diferentes safras, incluindo uma que ele tenha ilustrado. (N.T.)

tes de vinho disseram que os preços futuros das vindimas aumentaram da noite para o dia. O artista recebeu seis caixas do vinho – no valor aproximado de 100 mil dólares – quando a bebida foi lançada. A Rothschild imprimiu esta mensagem no rótulo: "O papel de um grande vinho, como elo entre pessoas e culturas de um hemisfério ao outro." No leilão Christie's, em Hong Kong, uma única garrafa de seis litros de *Latour 1961* foi vendida por US$ 216 mil.

Tal é a demanda por vinho – especialmente o tinto, que comanda 90% do mercado – que as empresas estão despertando para as oportunidades comerciais. Existe muito espaço para crescer. Embora a China represente o maior mercado mundial de vinho, este permanece extremamente subdesenvolvido; em média, os consumidores chineses bebem apenas um litro por ano, em comparação com os 23 litros consumidos na Europa ocidental.

Cofco: uma empresa de 100 bilhões de dólares?

Uma das companhias que está aproveitando as oportunidades do mercado de álcool, um segmento em rápida expansão, é a China National Oils, Foodstuffs and Cereal Corporation – mais conhecida como Cofco. Esse gigante conglomerado estatal é a **maior processadora de alimentos da China**. Frank Ning, seu presidente, que concluiu um MBA na Universidade de Pittsburgh antes de voltar para o setor de negócios estatais da China, está construindo o futuro da empresa com a crescente demanda do país por alimentos e bebidas. "Se a China come, nós vamos crescer. Estamos bem no centro dos hábitos alimentares chineses – arroz, laticínios e salgadinhos", diz ele de maneira simples. O empresário é bem prático, orientado a aquisições e com ambição por crescimento acredita que conseguirá transformar a Cofco em uma empresa de alimentos e bebidas no valor de US$ 100 bilhões.

Antes da Reforma Política Comercial de 1987, a Cofco era a única importadora e exportadora de alimentos, grãos e óleos comestíveis autorizada da China. Os monopólios geram muitos lucros e podem cobrir deficiências na estrutura de custos e na capacidade de resposta ao mercado. No início de 1990, pela primeira vez a empresa experimentou concorrência. Porém, de acordo com Ning, essa competição tornou a Cofco mais forte, e a empresa se reorganizou por linhas de negócios. A Cofco observou a rentabilidade de suas linhas de negócios e eliminou as partes falhas. Era o capitalismo com um propósito: o **crescimento rentável**.

Entretanto, Ning ressaltou que a Cofco ainda trabalha de mãos dadas com o governo. Seu escritório está localizado em uma moderna torre comercial de Pequim, a apenas uma curta caminhada das agências governamentais com as quais a empresa precisa interagir. "Esta é uma economia controlada, e o governo é um bom parceiro", disse Frank Ning. "Durante os próximos dez anos, vamos aplicar o modelo ocidental à nossa economia. Nos próximos dez anos, a economia chinesa irá continuar sua dinâmica de crescimento rápido. Precisamos proporcionar estabilidade – política, social, equilíbrio entre ricos e pobres, entre zonas urbanas e rurais. Se fizermos isso, nossas oportunidades serão ilimitadas", enfatizou Frank Ning.

Em 2010, a Cofco comprou uma grande vinícola no Chile. Então, em fevereiro de 2011, a empresa adquiriu o Château de Viaud, um pequeno produtor de vinhos *bordeaux* com vinhedos em Lalande-de-Pomerol. Este negócio, assim como outros, foi impulsionado pelas teorias de que 1º) os consumidores chineses irão começar a buscar melhor qualidade e 2º) as empresas precisam controlar toda a cadeia de valor. Pode parecer incongruente que a empresa que detém o maior contrato para engarrafamento de outra grande bebida ocidental, a Coca-Cola, esteja de repente tão interessada em bebidas de luxo. No entanto, a Cofco está no negócio de vinhos desde a década de 1980 e foi nomeada fornecedora oficial de vinhos durante os Jogos Olímpicos de Pequim em 2008. Seu carro-chefe é o vinho da marca *Great Wall* (*Grande Muralha*), que a companhia exporta inclusive para a França. Mas o recém--adquirido Château de Viaud, além da importação do próprio *bordeaux*, permitirá à Cofco aprender habilidades muito necessárias relativas à viticultura mais refinada. Isso é importante, pois o mercado de vinhos está se preparando para enfrentar uma competição sem precedentes.

A aquisição também direciona a Cofco para um novo rumo. Ning considerou cuidadosamente a visão e a orientação da empresa. Seu futuro brilhante é sugerido pelo logotipo, da empresa, que simboliza um **"amplo céu, sol deslumbrante, terra fértil e início de primavera"**. Ele quer sair dos moldes de empresa estatal. "As empresas chinesas, em sua maioria, ocupam setores de lucros reduzidos na cadeia de valor", afirma Ning. "Toda vez que a Ralph Lauren vende uma camisa, ela eleva o valor de sua marca. Enquanto isso, cada vez que as empresas chinesas produzem uma camisa, seus equipamentos depreciam. Com os vinhos e outros produtos de marca, acredito que se poderá mudar essa situação, pois queremos ser inovadores", complementou Frank Ning.

A LVMH e o mercado da celebração

As duas últimas letras da sigla LVMH[i] se referem às suas empresas de bebidas: **M** para Moët, a companhia que detém marcas cobiçadas como o champanhe *Dom Perignon* e *Veuve Cliquot*, e **H** para *Hennessy*, a icônica marca de conhaques. A China e, até certo ponto, a Índia estão provando ser os principais mercados para a legião de marcas de bebidas de propriedade da maior empresa de produtos de luxo do mundo. De fato, em 2010, a China representou o segundo maior mercado de vinhos e outras bebidas alcoólicas da LVMH, responsável pela aquisição de 25% do seu negócio de bebidas. Somente os EUA, com 45% do negócio, eram maiores.[13]

Em maio de 2011, a LVMH entrou em uma *joint venture* com a Ningxia Nongken, empresa estatal de agronegócio, para a produção de vinho espumante chinês pelo período de três anos. Esse novo produto seria vendido sob a marca Chandon, uma marca secundária que atualmente comercializa vinhos de domínios não franceses na Califórnia, no Brasil, na Argentina e na Austrália.[14] Oficialmente, o produto não seria chamado de *champagne*, denominação reservada para o vinho produzido nos muito valorizados 32,4 mil hectares de **terroir**[j] francês, cerca de 160 quilômetros a leste de Paris.

A LVMH também antevê uma oportunidade na Índia. Em Nashik, cidade 170 km a sudoeste de Mumbai – apelidada de capital do vinho do país –, a empresa está construindo uma unidade de produção de vinho espumante. O mercado indiano é consideravelmente menor que o chinês nessa categoria, vendendo apenas 1,5 milhão de caixas por ano, ou cerca de 13,5 milhões de litros.

---

i Trata-se da *holding* francesa Moët Hennessy Louis Vuitton S.A., especializada em artigos de luxo. (N.T.)

j No **mundo dos vinhos**, o *terroir* não é apenas **o solo** aonde a vinha finca raízes, mas também **o clima** que apresenta, e **no quanto a relação entre ambos pode influenciar o vinho** que será produzido a partir dela. Para a grande maioria dos especialistas, é um fator fundamental para definir a qualidade de seus vinhos, onde cada elemento é crucial e desempenha papel importante no produto final.

Entretanto, a LVMH enfrenta uma já conhecida concorrência. O *Château Lafite Rothschild*, um dos nomes mais respeitados na elaboração de vinhos, fez parceria com a CITIC, maior empresa chinesa de investimento estatal, para criar um **grand cru**[k] em um vinhedo de 24 hectares na província de Shandong, na costa nordeste do país.[15]

A justificativa para esse investimento é clara: além do fato de vinhos premiados oriundos de famosos *chateaus* muitas vezes servirem de moeda para o fechamento de negócios na China, eles também servem de acompanhamento nas grandes celebrações que têm ocorrido no país cada vez em maior número e com mais frequência nos últimos anos. Como explica a literatura promocional da Cofco: "O vinho, além de uma bebida agradável, é também um símbolo de convivência, fraternidade, comunicação e alegria compartilhada."[16]

Pernod Ricard, uísque e chá verde

Outra companhia francesa que está prosperando com a recente descoberta do gosto do consumidor chinês por bebidas ocidentais é a Pernod Ricard. No final da década de 1990, a empresa com sede em Paris sofreu uma queda em seu negócio na China e ordenou uma revisão de sua estratégia de entrada no mercado. A companhia conduziu uma avaliação detalhada do mercado e dos competidores locais, redesenhou sua força de vendas, renovou a operação de seu departamento de fusões e aquisições e estabeleceu um relacionamento com o governo – requisito fundamental, tendo em vista que muitos de seus rivais locais eram empresas estatais.

Desde então, os resultados têm sido surpreendentes: aumento décuplo na receita entre 2004 e 2010 e criação de um negócio que hoje é o segundo maior no portfólio global da empresa e deve superar os negócios da companhia nos EUA em 2015. "Quando os empresários chineses comemoram, eles se aproximam para se conectar", nos disse Con Constandis, diretor administrativo da Pernod Ricard, ao explicar o sucesso da empresa. "Nossos produtos são emblemas de sucesso. Temos o uísque líder, *Chivas Regal*, e o conhaque líder, *Martell*. Trata-se de pura alegria e camaradagem", enfatizou Con Constandis.

---

k   *Grand cru* (francês para a expressão "bom crescimento") se refere à classificação regional do vinho, que designa uma vinha conhecida por sua reputação favorável quanto à produção de vinho. (N.T.)

Constandis disse que o negócio da empresa na China estava "pegando fogo", e acrescentou que a virada ocorreu quando seu programa de *marketing* foi redesenhado:

> *"Perguntamos aos empresários dos bares por que eles preferiam vender cerveja. Tratava-se de movimento de vendas e margem de lucro. Nós então fizemos experiências até que encontramos uma fórmula com a qual poderíamos estar à frente. Uma garrafa de Chivas mais seis latas de chá verde geram mais margem que cervejas. Para o paladar do consumidor chinês, essa receita é de bom gosto. A mistura de chá verde com **Chivas** se tornou o drink mais badalado na China. Suave e agradável, algo para se beber a noite toda."*

Em um bar comum, antes dos novos programas de *marketing*, a cerveja superava em 30 vezes o lucro do *Chivas*. Depois da nova experiência, a rentabilidade dos bares triplicou. E as vendas de uísque também estimularam o crescimento nas vendas de conhaque.

A Pernod Ricard – cuja linha de produtos inclui *Chivas, Ballantine's, Martell, Absolut, Beefeater, Kahlua* e uma série de outras marcas locais – agora gera mais de US$ 1 bilhão em receitas anuais, cerca de metade do que é gerado pela Coca-Cola. "A China é hoje o segundo maior mercado para a Pernod Ricard, depois de os EUA", ressaltou Constandis. "Vamos ultrapassar os EUA em cerca de quatro anos. Podemos ver a possibilidade de crescimento do mercado, de 25 milhões de consumidores para 200 milhões deles. E nós mal começamos", concluiu Constandis.

Entretanto, apesar de o *Chivas Regal* ter surpreendido a imaginação dos chineses e os persuadiu em relação aos méritos de uísque escocês, muitos consumidores ainda preferem o **baijiu** – um destilado chinês. Como resultado, várias multinacionais tem comprado destilarias locais para aprender a servir melhor essa clientela. A Pernod Ricard estabeleceu uma *joint venture* com o grupo Jiannanchun, produtor local de **baijiu**.[17] A LVMH, por sua vez, adquiriu 55% de participação na destilaria Wenjun, uma das melhores fornecedoras de **baijiu** da China.[18] E em junho de 2011, a Diageo, empresa de bebidas do Reino Unido, recebeu aprovação regulamentar para comprar a Shui Jing Fang, que se apresenta como a mais antiga fabricante de **baijiu** da China.[19]

ALIMENTOS E BEBIDAS 157

A história da Oreo: como a Kraft transformou o biscoito favorito dos EUA em um clássico chinês

Quando Irene Rosenfeld galgou para a posição de CEO da Kraft Foods, em junho de 2006, ela se tornou a líder de uma empresa organizada em duas divisões: América do Norte e Internacional. A divisão internacional ostentava baixo crescimento e representava a pesada contrapartida europeia do negócio principal nos EUA. A maior parte da atividade internacional consistia em café alemão, queijo europeu e chocolate da marca Milka. Além disso, existiam inúmeras empresas pequenas e isoladas, espalhadas por vários diferentes países e totalmente desconectadas entre si. O apoio publicitário estava em baixa, e em pleno declínio. Os lucros eram instáveis, tendo em vista que faltava poder de precificação ao portfólio orientado por *commodities*. A pesquisa do mercado consumidor não tinha pai nem mãe.

Rosenfeld tem três habilidades de liderança particularmente fortes – **curiosidade**, **energia** e **instinto**. Ela estudou de que modo outras multinacionais haviam assegurado grandes posições nos mercados emergentes e jurou que mudaria seu portfólio. Ela sabia que precisava acompanhar o crescimento e que a companhia reclamava uma injeção de talento e experiência internacional. Essa estratégia tem funcionado. Nos cinco anos anteriores à sua nomeação como presidente e CEO, a Kraft Foods International crescera cerca de 5% ao ano. Nos cinco anos seguintes à sua chegada, o negócio internacional aumentou – organicamente e mediante aquisições – em 250%, e o portfólio de desenvolvimento de mercados em colossais 300%. A maior parte desse crescimento se deu na China e na Índia.

A Kraft é agora quase tão internacional quanto a Procter & Gamble, o modelo exemplar para Rosenfeld, e está pronta para uma nova fase de crescimento. Em meados de 2011, a empresa decidiu criar duas novas companhias a partir de uma: a primeira é orientada ao crescimento e composta pelos negócios da Kraft Foods europeia e dos mercados em desenvolvimento, além do negócio norte-americano de *snacks*; a segunda abrange o setor de supermercados norte-americano – incluindo os segmentos de bebidas, queijos, itens de mercearia e pratos prontos.

O percurso do biscoito Oreo na China é um elemento importante da história de transformação da Kraft. Um dos primeiros movimentos de Rosenfeld como CEO foi recrutar Sanjay Khosla, um indiano alto, de fala mansa, para liderar esse projeto. Khosla, agora com 60 anos, usa óculos,

158   O PRÊMIO DE 10 TRILHÕES DE DÓLARES

blusas de malha soltas e ri de forma desenfreada. Ele viajou por todo o mundo ao longo de sua vida profissional, desde seus primeiros dias na equipe de vendas da Hindustan Unilever Índia, quando vendia a linha completa de produtos da Unilever. É intensamente competitivo e, por causa de sua localização geográfica, trabalha mais arduamente antes do nascer do sol e depois que ele se põe nos EUA – realizando telefonemas e reuniões com seus "oficiais remotos". Ele registra perto de 1,6 milhão de quilômetros por ano em viagens.

Khosla penetrou nos mercados mais remotos da Ásia, contratou vendedores e inventou novos produtos e modelos de negócios. Ele gosta de contar histórias sobre os milagres que acontecem quando as pessoas se concentram em uma **marca**, um **mercado**, uma **categoria** – o que ele denomina **"ganhar por meio do estabelecimento de foco"**. Khosla expandiu a unidade de mercados em desenvolvimento da Kraft para cumprir uma estratégia 5-10-10. Ele usou essa expressão para concentrar recursos em apenas **5 mercados**, **10 categorias** e **10 marcas**.

Sua filosofia de negócio começa com a obtenção correta da margem bruta. Para Khosla, isso significa observar todos os elementos de custo, bem como os concorrentes locais. Somente quando obtém a margem bruta correta ele faz investimentos incrementais de *marketing*. Ele chama isso de círculo virtuoso de crescimento. "Minha lição mais importante é sobre modelos de negócios sustentáveis", diz ele. "Quando as pessoas na China ou na Índia lhe dizem para esperar dez anos pelos lucros, elas estão erradas. Você precisa da estrutura de custos correta, de infraestrutura; você precisa ser capaz de competir de maneira efetiva localmente", declarou Sanjay Khosla.

Khosla, graduou-se pelo ITT, em Délhi, morou na Nova Zelândia e trabalhou para a Fonterra, uma cooperativa multinacional de laticínios, quando, um dia, Rosenfeld lhe telefonou. A oferta de trabalho de Rosenfeld enfatizou o forte apetite da CEO por aquisições com o objetivo de impulsionar o crescimento da empresa. Khosla subiu a bordo da companhia cinco meses depois do primeiro contato com Rosenfeld. Ele recrutou muitas pessoas de sua rede e deu início aos seus *workshops Winning in Kraft International* (WIKI) (*Vencendo na Kraft International*).

Ele se utilizou desse recurso para avaliar o talento de suas equipes locais, destrinchar suas opiniões, perguntar sobre os obstáculos criados pela sede e identificar oportunidades no mercado. Ele prometeu mudanças – em particular, **a criação de novos modelos de negócios**. Para ele, um modelo de negócios vencedor começa pela compreensão dos consumidores por parte da companhia: o que eles gostam e/ou não gostam a respeito do produto, como eles o consomem, quem na família o consome e com que frequência, como funciona a adoção de uma marca, que preços finais incendeiam o varejo e por que isso ocorre, e, mais especificamente, o que é necessário fazer para garantir a liberação de uma rupia ou de um renminbi.

Khosla olhou para a China e a Índia com especial alegria. Claro que ele conhecia a Índia intimamente, mas ele também já desenvolvera diversas *joint ventures* com a China. Apesar de sua personalidade discreta, Khosla é bastante rigoroso em relação a três princípios: **focar um pequeno conjunto de tarefas, colocar a equipe em ação** e **atentar cuidadosamente à entrega do planejado**. Seus mais de vinte trimestres de crescimento sustentável definem as expectativas dentro da Kraft.

Seu instinto lhe dizia que começar do início um negócio indiano levaria anos, custaria dezenas de milhões de dólares em desenvolvimento e drenaria o talento de sua equipe. Do mesmo modo, sua intuição lhe permitia ver que a China, da maneira como estava estruturada, jamais daria lucro – as margens brutas estavam muito baixas, os custos fixos eram altos demais e o consumidor chinês não tinha as mesmas características do consumidor dos EUA em termos de paladar. Ele criou sua própria versão da clássica entrevista do consumidor em domicílio na cidade de Xangai, onde está localizada a sede da Kraft China, e então decidiu que muitas coisas precisariam mudar para tornar o negócio da Kraft viável na China.

"Quando cheguei aqui, tínhamos menos de US$ 100 milhões em negócios na China e estávamos perdendo dinheiro", explicou Khosla. "Disseram-me que tinham o sonho de tornar a China um negócio de US$ 1 bilhão, para combinar com o número da população do país. O problema era que, depois de cinco anos, tínhamos um negócio de apenas US$ 100 milhões. As margens brutas eram muito reduzidas e a estrutura de custos fora construída para um mundo ocidental e uma escala diferente", relatou Khosla.

Khosla logo percebeu por quê: seus predecessores haviam simplesmente transplantado o modelo norte-americano de entrada no mercado – construindo uma grande fábrica "reluzente", voltando-se apenas ao pequeno comércio organizado de Pequim e Xangai e contando com uma equipe de alto custo, expatriados não falantes da língua chinesa.

Para resolver o problema, Khosla pediu que sua equipe chinesa se concentrasse em uma única categoria – não em cinco. Ele decidiu que biscoitos eram essenciais e que a Oreo seria sua marca principal, mesmo estando "na iminência de ser excluída."

Conforme Khosla renovou a marca Oreo na China, Rosenfeld implementou sua primeira grande operação como CEO da Kraft. A Danone, companhia francesa de água e iogurte, decidiu vender seu negócio de biscoitos Lefèvre Utile (LU), e Rosenfeld logo percebeu que dentro da LU havia um negócio voltado para a China um pouco maior que o da Kraft – e muito mais rentável.

"O interessante sobre a LU é que ela nos proporcionou vantagem em diversos mercados em desenvolvimento onde particularmente não tínhamos sido bem-sucedidos", destacou Rosenfeld. Ela acrescenta:

> "Estou muito orgulhosa desse fato: o legado da Kraft na China, antes da aquisição da LU, era de cerca de US$ 50 milhões. Depois da aquisição, vendemos US$ 100 milhões no país somente no mês de janeiro de 2011. Isso é uma verdadeira evidência do poder de se encontrar um posto privilegiado, alocar os gerentes certos e, então, construir essas infraestruturas. A combinação desses movimentos nos lançou a uma posição totalmente nova. E essa é uma das razões por que estou tão confiante de que estamos em uma trajetória de crescimento muito mais forte hoje do que estávamos alguns anos atrás."[20]

A aquisição da LU também trouxe talentos para a Kraft, como Lorna Davis – uma sul-africana alta e loura, que foi colocada no comando do empreendimento chinês. Hoje, ela é a dirigente mundial da categoria de biscoitos da Kraft e continua trabalhando em Xangai. Lorna Davis floresceu sob o estilo de gestão bastante particular de Khosla, que sempre enfatiza o conceito de "liberdade dentro de uma estrutura." Ele dá aos seus altos executivos o que ele chama de "cheques em branco" – recursos virtualmente ilimitados dentro de estruturas estratégicas da empresa. "Quando você diz 'Gaste o dinheiro como quiser dentro de uma estrutura estratégica,' as pessoas trabalham com afinco para mostrar resultados – crescimento em vendas, resultados financeiros, dinheiro", destacou Khosla. "Nós incentivamos a adoção de formas de trabalho inovadoras, e de processos que levem a conclusões definitivas.

Demos a Lorna um cheque em branco para que ela desenvolvesse o negócio dentro de nossa estrutura estratégica. Não se pode mudar a sequência 'girar, lamber e mergulhar'[1] de Oreo. Não é possível mudar o perfil fundamental do cacau e dos demais ingredientes. Mas pode-se realizar conexões locais", salientou Khosla. Lorna Davis deu andamento ao sucesso da LU e alcançou lucros ao personalizar, de maneira habilidosa, seus produtos para o mercado chinês – ao ponto de a marca ser quase considerada local – e estimular a entrada de seus biscoitos por meio de diversos pequenos estabelecimentos familiares.

O primeiro item alterado foi a receita. Depois de alguns testes de mercado, percebeu-se que o Oreo norte-americano era muito doce para o paladar dos consumidores chineses – o Oreo com teor reduzido de açúcar revelou-se um sucesso instantâneo. A equipe, então, realizou experimentos com a aparência do Oreo. Além do *wafer* de chocolate com recheio de baunilha, a Kraft criou uma bolacha de quatro camadas crocantes recheadas com creme de baunilha e chocolate e com cobertura também de chocolate. Desde então, a empresa desenvolveu outros sabores – incluindo pasta de amendoim e sorvete de chá verde – e um biscoito em formato de canudo recheado com creme, usado pelos consumidores chineses para beber leite.

Mas mudar o sabor e a aparência do Oreo foi apenas um dos muitos desafios. "O fato de que ele era muito doce foi só o começo. É preciso fazer o melhor. É preciso torná-lo local. Percebemos que tínhamos de competir com preços baixos e ganhar dinheiro imediatamente", detalhou Lorna Davis.

A equipe do Oreo alterou sua embalagem e seu preço, reduzindo o número de biscoitos por pacote e cobrando 2 renminbis (0,29 centavos de dólar) em vez de 5 renminbis (0,72 centavos de dólar). Também foram feitas algumas mudanças de *marketing* e operacionais: uma verdadeira tropa de embaixadores da marca foi recrutada para percorrer as ruas de Pequim em bicicletas com rodas de cobre que se assemelhavam a Oreos – o objetivo era entregar os biscoitos para mais de 300 mil consumidores; Yao Ming, um astro do basquete chinês, também foi contratada para aparecer em comerciais explicando a deliciosa rotina

---

[1] Referência à maneira de se comer um biscoito Oreo demonstrada em comerciais de TV, em que crianças pegam um biscoito, **giram** suas duas metades para descolar uma delas do recheio, **lambem** o recheio, juntam as partes novamente e então *mergulham* o biscoito em leite gelado antes de comê-lo. (N.T.)

de **"girar, lamber e mergulhar"**; em relação ao transporte do produto, um processo interno de manuseio foi introduzido para garantir que o chocolate chegasse em boas condições de consumo tanto no norte do país, uma região fria, quanto no sul, onde prevalece o calor.

A estratégia tem funcionado. "O Oreo é o **biscoito número um** na China, abocanhando cerca de 60% do mercado em 2011, e está em vias de se tornar dez vezes maior do que quando comecei na Kraft", recordou Khosla.

Essa mesma estratégia também tem funcionado na Índia. Quando Khosla entrou para a Kraft, a empresa tinha apenas um pequeno negócio na Índia. Em seu primeiro ano, ele convidou Rosenfeld para acompanhá-lo em uma visita ao seu país natal. Ambos observaram o que fazia a Cadbury, venerável empresa britânica, com suas marcas icônicas, como *Cadbury Dairy Milk* e *Trident*, e sua forte rede de canais de distribuição. Os dois imaginaram que, se a Kraft se tornasse proprietária da Cadbury na Índia, eles poderiam lançar biscoitos e bebidas em pó (como o *Tang*) naquele país.

Depois de uma briga, a Kraft finalmente adquiriu a Cadbury, e Khosla virou para sua nova equipe de gestão indiana e disse: "Progridam." Ele lhes forneceu os recursos necessários para que investissem no negócio de chocolate – mas, novamente, tudo dentro de uma estrutura estratégica. "Éramos um negócio de US$ 400 milhões em 2009 na Índia", afirmou Khosla. Ele contou:

> *"Eu disse: 'Eu quero um negócio de US$ 500 milhões em 2010, e vou lhes dar um cheque em branco.' Eles caíram das cadeiras. A proposta de negócio tinha duas páginas e foi aprovada em 24 h. Eles entregaram 27% de crescimento em 2010. Então, a Cadbury Dairy Milk, que estava na Índia havia sessenta e tantos anos, obteve um crescimento de mais de 40%."*

Parte desse crescimento foi atribuída a um aumento maciço na demanda do mercado local, mas outra parte se deu por conta de uma visão simples: o uso de refrigeradores para dessazonar o negócio, evitando o derretimento do chocolate no opressivo calor indiano.

Khosla tem trabalhado lado a lado com sua equipe na Ásia para cumprir essa agenda de crescimento. Pradeep Pant, um dos talentosos profissionais recrutados por Khosla, tem 57 anos e é o dirigente do negócio da Kraft para a Ásia. Ele se juntou à Kraft Foods há cinco anos, após uma carreira em multinacionais, que incluíram a Gillette e a Fonterra. Com uma voz rouca e profunda e um estilo envolvente, ele faz contato visual direto e acena com a cabeça para se assegurar da concordância de sua audiência à medida que fala. Ele é resoluto, decidido e demonstra atitude de comando.

"O quão alto é alto? O quão grande é grande? Essas são nossas questões", afirmou Pant durante o almoço. "As únicas coisas que podem limitar nosso crescimento são a nossa vontade e a nossa imaginação. É preciso ser um líder destemido, estar disposto a se arriscar e fazer as coisas acontecerem. A China não é complexa. A Índia não é complexa. Nosso foco precisa estar na execução", enfatizou Pant.

Pant é ponderado sobre o tema liderança. "Você não pode cair na armadilha de ser uma divisão de uma multinacional à espera de aprovação", diz ele. Ele gosta de tomar decisões rápidas e prefere pedir perdão, se não der certo. Ele também acredita que muitas multinacionais mudam suas equipes de liderança rápido demais, e completou:

> *"A organização precisa se sentir resolvida. O 'azeite' necessário para o sucesso na Índia e na China é emocional. Os jovens executivos de hoje são tentados o tempo todo por outras empresas que procuram talentos: assim, para mantê-los, é necessário conquistar sua lealdade, e para fazer isso é preciso realmente conhecê-los, reconhecer suas esperanças e conhecer suas famílias. É impossível conseguir isso em apenas três anos."*

Se o cultivo de equipes locais é essencial para o sucesso na China e na Índia, isso também é verdade para a criação de produtos locais. "Nós pegamos ideias globais da Kraft e as transformamos para que elas se tornem locais. Pegamos o termo **'glocal'**[m] e o transformamos em **'pensar local, agir local'**", explica Pant. "Nós personalizamos ao gosto chinês. Nós empacotamos para os consumidores chineses. Entendemos como

---

m   O termo glocalização foi introduzido na década de 1980 como estratégia mercadológica japonesa, inspirada na palavra japonesa *dochakuka* – derivada de *dochaku*, que, em japonês, significa "o que vive em sua própria terra" –, conceito originalmente referido à adaptação das técnicas de cultivo da terra às condições locais. No Ocidente, o primeiro autor a explicitar a ideia de glocal foi o sociólogo Roland Robertson. Segundo ele, o conceito de glocalização restitui à globalização sua realidade multidimensional; a interação entre global e local evitaria que a palavra "local" definisse apenas um conceito de identidade cultural, contra o "caos" da modernidade considerada dispersiva e tendente à homologia. (N.T.)

se ganha nas prateleiras e como se ganha em casa.Não se trata de fazer comerciais de trinta segundos. Trata-se de *marketing* integrado. Trata-se de envolver o cliente onde quer que ele esteja. Nós envolvemos nossos consumidores em múltiplos níveis", completou dizendo Pant.

São essas estratégias que ajudaram a transformar a Kraft e a Oreo nos maiores mercados emergentes do mundo. E provavelmente haverá um segundo capítulo nessa história. Khosla acredita que a Oreo tem potencial para tornar-se maior na China (e na Índia) do que em seu mercado de origem, os EUA.

Os mercados de alimentos e bebidas na China e na Índia estão crescendo rapidamente por causa da demanda dos consumidores emergentes por alimentos mais seguros e saudáveis – e por produtos ao estilo ocidental. Eles querem produtos saudáveis, com mais proteínas, maior variedade e, para alguns – especialmente as mulheres que trabalham – **produtos prontos para consumir**.

Nossa receita para o sucesso na China e na Índia, nas categorias de alimentos e bebidas inclui as seguintes práticas:

- Realize primeira pesquisa no ponto de consumo.
- Entenda as necessidades latentes e não mencionadas.
- Pesquise paladares, sabores e formatos específicos.
- Invista excessivamente em segurança e qualidade como diferenciais.
- Forneça sabores internacionais reformulados para os mercados locais.
- Use ícones globais como endossantes da marca.
- Segmente o mercado – por sexo, idade, renda e estilo de vida – e adapte-se de acordo com cada grupo.
- Busque o consumidor – do rural ao urbano, do comércio não organizado ao comércio organizado, do consumo na tranquilidade do lar ao consumo em movimento, das refeições em família ao consumo individual.

CAPÍTULO 8

Casa e lar
A residência, o mobiliário e a geladeira desejados

O crescimento da aquisição da casa própria e como as empresas podem satisfazer as necessidades dos orgulhosos consumidores com relação a financiamentos, decoração e eletrodomésticos

OI UM MOMENTO DE grande comemoração, quando Jaideep e sua esposa Saumya realizaram sua *griha pravesh*.[a] Depois de meses de preparação, o jovem casal estava dando graças às divindades hindus e, finalmente, mudando para seu novo lar: um apartamento no 11º andar de um complexo de arranha-céus em Whitefield, um dos melhores subúrbios de Bangalore.

Rodeados pela família e pelos amigos, e por um *pandit* – sacerdote –, recitando antigas instruções védicas por todo o período de dois dias do festival, esse encontro de inauguração representava a mistura do velho com o novo. O ar estava tomado pelo aroma das flores de calêndula, espalhadas por todo o luxuoso apartamento para afastar maus espíritos. "Foi um sonho que se tornou realidade," lembrou Jaideep, um engenheiro mecânico de 32 anos de idade.

Para os pais, foi um acontecimento ainda mais notável, impressionante. "Gostaria que pudéssemos ter comprado nossa casa quando tínhamos nossos trinta anos," disse a mãe dele. Mas, quando recém-casada, a ideia de possuir sua própria casa era uma perspectiva distante. "Eu ainda me lembro do dia em que pus os pés em nossa própria casa," afirmou o pai de Jaideep. "Já havia alcançado os cinquenta", recordou o pai.

---

a *Griha pravesh* é uma cerimônia realizada por ocasião da primeira entrada de uma família em uma casa nova/reformada. Uma vez que a casa esteja pronta, a família deve se mudar para ela em um dia considerado auspicioso determinado pelas cartas astrológicas. (N.T.)

Aproximadamente 5.000 km de distância dali, enquanto Jaideep comemorava, Zhang, funcionário público de 33 anos de idade, estava desfrutando o ambiente luxuoso de seu novo apartamento no centro de Xangai. Até então, ele, a esposa, Zhu Wei, e a filha de um ano viviam com seus pais, que pouparam por toda a vida para comprar um imóvel nas cercanias da cidade. Sem disposição para esperar e ansioso por certa independência, Zhang decidiu realizar um financiamento, algo que seus pais jamais consideraram. "Abracei minha esposa no momento em que entrei no apartamento. Finalmente, tínhamos nosso próprio espaço", afirmou Zhang, de forma esfuziante.

Na Índia e na China, os jovens não estão desperdiçando tempo algum para conquistar sua propriedade. Como veremos neste capítulo, eles estão se envolvendo com grandes financiamentos, mudando-se para seus lares recém-construídos, equipados com todo tipo de aparelhos modernos, e gastando grande parte de sua renda em decoração e *design* de interiores, tudo em busca de sua "*des res*" – *desirable residence* (residência dos sonhos).

A casa própria adquiriu o sentido de paraíso na China e na Índia. Em ambos os países, a ideia de propriedade – **um sinal de realização** – gera o mesmo tipo de conversa que gerava no Ocidente na década de 1990.

Lar doce lar: sonhos de energia confiável, água encanada e uma TV de tela grande

O aumento no número de imóveis adquiridos reflete a ascensão da China e da Índia. Antes de 1998, poucas pessoas possuíam suas próprias casas na China. Então, naquele ano, a construção civil recebeu sinal verde para começar a construir uma nova geração de imóveis residenciais: desde *siheyuan* (casas com quintal) até condomínios e prédios – arranha-céus – de apartamentos.

A Índia vem testemunhando um verdadeiro *boom* imobiliário residencial. As empreiteiras estão construindo desde os tradicionais *bungalows* – bonitas mansões, cujo nome deriva da palavra híndi para "bengali" – e apartamentos de cobertura até as chamadas "cidades planejadas", onde residências, lojas e escritórios são edificados juntamente a hospitais, escolas, hotéis e outras comodidades.

168 O PRÊMIO DE 10 TRILHÕES DE DÓLARES

Em 1990, existiam 227 milhões de casas na China e 145 milhões na Índia. Em 2010, esses números se elevaram para 371 milhões e 213 milhões, respectivamente – a lógica neste caso é de **crescimento triplo**. A maior razão para esse aumento foi a **urbanização**. Conforme discutimos no Capítulo 5, a China e a Índia têm testemunhado um aumento surpreendente no número de moradores de suas cidades.

Ligado a esse desenvolvimento percebe-se, em ambos os países, o surgimento da **família nuclear** – pais e filhos – sendo que, tradicionalmente, predominava no passado o conceito de "família multigeração" – ou *joint family* como os indianos costumam chamá-las.

Entretanto, nas últimas duas décadas os jovens deixaram as casas de suas famílias e migraram para os centros urbanos em busca de empregos, alterando seu tipo de unidade familiar a um estilo que é mais comum nos EUA e na Europa: **morar só**.

Essa mudança está influenciando o tipo de habitação disponível nas grandes cidades. Em Mumbai, cidade mais densamente povoada do mundo, a preferência é por apartamentos em edifícios altos, em especial unidades com um ou dois dormitórios. Em 1980, cerca de 82 milhões de famílias indianas viviam em casas ou apartamentos de um ou dois quartos. Em 2010, o número dobrou para 163 milhões. Em 2020, esse número deverá crescer para mais de 189 milhões.[1]

Uma terceira razão para o crescimento desse setor é a disponibilidade demonstrada pela geração de hoje em tomar empréstimos a fim de adquirir sua casa ou seu apartamento dos sonhos. Ao contrário da geração passada, os jovens da atualidade não estão dispostos a esperar muito tempo para adquirir seus próprios espaços.

Na Índia, o mercado de crédito interno cresceu a uma média de 32% ao ano entre 2001 e 2011. Em 2001, os empréstimos somaram 586 bilhões de rupias (US$ 13 bilhões).[2] Dez anos depois, esse número subiu para 9,3 trilhões de rupias (US$ 200 bilhões). Até 2016, espera-se o crescimento, a uma taxa anual média de 19%, para 22 trilhões de rupias (US$ 480 bilhões).[3]

Todavia, além de mais pessoas estarem tomando empréstimos, esse crescimento também é atribuído ao aumento nos montantes contratados. Em 2007, um empréstimo médio em um distrito urbano chegava a 1,3 milhão de rupias (US$ 28 mil). Em 2011, esse valor aumentou para 1,8 milhão de rupias (US$ 39 mil). A expectativa para 2013 é chegar aos 2,5 milhões de rupias (US$ 54 mil).

Enquanto isso, na última década, a idade em que as pessoas se sentem confortáveis para contrair esse tipo de dívida caiu drasticamente. Em 2000, a média de idade de um indiano ao realizar um financiamento era de 43 anos. Em 2010, essa média caiu para 36 anos, e a expectativa é de caia ainda mais, chegando aos 34 anos, até 2015. "Tenho um emprego estável e suponho que meus rendimentos irão crescer no futuro," disse-nos o proprietário de uma residência, de 30 anos de idade, que tomou um empréstimo com o banco Axis, popular financiadora de crédito. Ele acrescentou: "Estou confiante de que conseguirei pagar minhas dívidas em breve."

Mas tal confiança perturba a geração mais velha: "Temo muito por meus filhos tomarem empréstimos tão altos," diz um pai de 55 anos. "A gente nunca sabe o que o futuro nos reserva", complentou. Outro senhor, de 58 anos, residente de Bangalore, compartilha essas percepções: "Tomar um empréstimo tira a minha independência. Eu estaria sempre vivendo sob a pressão de pagar minhas dívidas."

Na China, a urgência para se comprar imóveis é tal que, em 2010, as pessoas pernoitavam em fila em frente às agências imobiliárias antes do início das vendas de novos apartamentos – como fazem os entusiastas dos mais recentes *iPhones* ou *iPads*, que se postam em frente às lojas da Apple em Nova York ou em Londres. Em um caso surpreendente, uma incorporadora de imóveis vendeu 150 apartamentos **em 1 dia** em Nanninbs, cidade subtropical, não muito longe da fronteira vietnamita.

Esta urgência se atribui principalmente a um pico extraordinário nos preços. De acordo com dados da Agência Nacional de Estatísticas da China, compilados pelo *Financial Times*, Pequim viu os preços dos imóveis subir de 4.557 renminbis (US$ 700) por metro quadrado, em 2000, para 17.782 renminbis (US$ 2.700) por metro quadrado, em 2010.[4] Em Xangai, no mesmo período, os preços subiram de 3.326 renminbis (US$ 500) para 14.400 renminbis (US$ 2.200). De fato, a capital costeira possui alguns bairros residenciais cujos condomínios são ainda mais caros do que em Manhattan.

Na China, existem temores de que o mercado imobiliário seja uma bolha prestes a estourar, o que geraria graves efeitos sobre a economia do país. Mais de 15% do investimento da nação se destina ao setor imobiliário, e cerca de 12% do PIB é gerado por segmentos relacionados a imóveis. Em 2010, a China pela primeira vez ultrapassou os EUA como o maior centro mundial para a construção civil, investindo mais de US$ 1 trilhão em projetos de construção. Mais da metade desse dinheiro foi gasto em novas moradias.

O governo introduziu várias medidas para moderar os preços, como as seguintes:

- Elevou o valor do sinal para a segunda propriedade de 50% para 60%.

- Impôs restrições para compras múltiplas: moradores locais, que já possuem uma propriedade, podem comprar apenas uma propriedade adicional. Já para os moradores locais com duas ou mais propriedades e a moradores não locais com uma propriedade **não é permitida** a compra de qualquer propriedade adicional.

- Exigiu que os governos locais definissem preços máximos de crescimento. A meta deve estar de acordo com o aumento da renda, da acessibilidade e do desenvolvimento econômico locais.

- Impôs o cumprimento de leis fiscais pertinentes (por exemplo, o pagamento de um imposto específico sobre o valor de venda de propriedades que fossem revendidas no prazo de cinco anos de sua compra).

- Alocou terrenos para projetos de habitação de baixo custo: 70% da oferta de terrenos é dedicada à habitação social.[5]

A demanda nas extremidades financeiramente mais acessíveis dos mercados imobiliários chinês e indiano continua forte, e esperamos um aumento significativo nos montantes que esses consumidores irão gastar em habitação e em bens domésticos ao longo da próxima década. Em media, no ano de 2010 apenas US$ 147 foram gastos por pessoa em moradia na Índia.[6] Na China esse número foi mais alto, US$ 580. Em contraste, nos EUA, o valor por pessoa foi de US$ 16.880.

Calculamos que, em 2020, a China testemunhará um aumento de **234%** em suas despesas domésticas *per capita*, o que elevará esse gasto médio para US$ 1.940. Enquanto isso, as despesas indianas irão aumentar quase quatro vezes, chegando a US$ 575. Os US$ 20.760 gastos por pessoa nos EUA ainda superarão os números chineses e indianos, mas registrarão um aumento de apenas 23%.

Como veremos na seção final deste capítulo, tal crescimento proporciona oportunidades para todos os tipos de empresas – construtores de imóveis e seus fornecedores; empresas especializadas em móveis e fabricantes de eletrodomésticos. Mas, primeiro, vamos descrever as decisões de compra de Jaideep, Zhang e de suas respectivas famílias.

Duas famílias em duas cidades:
Bangalore e Xangai

Bangalore, a terceira maior cidade da Índia, é muitas vezes descrita como a correspondente indiana do Vale do Silício. Há muito tempo associada aos avanços técnicos – foi a primeira cidade asiática a ter eletricidade –, Bangalore tornou-se o lar de algumas das maiores empresas de terceirização do mundo no setor de tecnologia de informação (TI), incluindo a Infosys.

Foi para essa cidade que Jaideep voltou depois de uma temporada de três anos em Boston (EUA). Casado, com um filho de três anos de idade, ele se estabeleceu em um apartamento de dois quartos apertados, desprovido de quaisquer comodidades ou área de lazer. Comprado como investimento, o imóvel não se adequava mais às necessidades de uma família em crescimento, tendo em vista que Jaideep e Saumya já conversavam a respeito de ter um segundo filho.

Quando decidiram comprar uma casa maior, ambos voltaram seus olhos para um dos novos empreendimentos em construção na periferia da cidade. O imóvel que mais atraiu a atenção do casal oferecia tudo que sempre quiseram: jardins, parque infantil, um clube, um ginásio, quadras de tênis e um enorme complexo comercial.

Após a primeira visita, eles ficaram muito animados ao imaginar seus filhos crescendo como parte de uma comunidade. Eles foram então diretamente ao corretor para reservar um apartamento – embora o edifício ainda estivesse em construção.

Então veio a pergunta difícil: **como pagar pelo novo imóvel?** Depois de muita deliberação, eles decidiram não vender seu apartamento atual, pois isso significaria negociá-lo por um preço baixo e, ao mesmo tempo, contrair um elevado financiamento.

Essa decisão levantou um segundo problema: encontrar uma financeira que lhes fornecesse o dinheiro rapidamente. Ganhar tempo era vital. Se demorassem mais de um mês, o promotor imobiliário certamente teria de aumentar o preço do apartamento para manter-se no

172   O PRÊMIO DE 10 TRILHÕES DE DÓLARES

ritmo do mercado. Eles consultaram os bancos ICICI e Axis, e, por fim, resolveram fechar negócio com o LIC Housing Finance, parte da gigante Life Insurance Corporation (LIC), maior empresa estatal da Índia no setor de seguros, e maior investidora do país. "Dois amigos já tomaram um empréstimo com essa companhia, e ambos ficaram muito satisfeitos", lembrou Jaideep. "Então, nós não pensamos mais", completou dizendo.

O casal optou por tomar um empréstimo de 4,8 milhões de rupias (US$ 104 mil) a uma taxa de 8,9%, para pagamento em vinte anos. A partir daí, teve início o trabalho mais complicado: decorar o apartamento e enchê-lo de coisas bonitas.

Eles conversaram sobre a ideia de contratar um *designer* de interiores, mas voltaram atrás. "Desde a minha infância, sempre quis decorar minha própria casa", afirmou Saumya. "Imaginei que me sentiria muito bem em viver em uma casa totalmente decorada por mim", disse ela.

As primeiras decisões foram sobre pisos e pintura. O corretor estava se preparando para colocar piso frio padrão sem polimento em todo o apartamento. Mas Saumya resistiu, preferindo pagar mais por um piso com polimento, que dá à casa aparência mais brilhante e refinada.

Para as paredes, Jaideep e Saumya brincaram com a ideia de contratar pintores locais, mas depois de algumas pesquisas significativas na Internet, se depararam com o serviço de **"soluções para o lar"** oferecido pela Asian Paints, maior empresa de decoração do país. Depois de se decidirem pela compra da marca *Royale Play*, tinta específica para pinturas texturizadas produzida pela Asian Paints, e de contarem com sugestões da própria empresa e recomendações positivas de amigos, o casal contratou os pintores profissionais da companhia.

Tomadas essas decisões, ambos se concentraram nas duas áreas consideradas mais importantes do apartamento, a cozinha e a sala de estar. "Nós procuramos projetos na Internet e estávamos prontos para gastar o que fosse preciso para fazer a cozinha", contou Saumya. Eles também visitaram algumas das grandes lojas de mobiliário doméstico para ter ideias quanto a modelos e preços. A loja preferida de Saumya é a HomeTown, especialista em "faça você mesmo" lançada em 2007 pela Future Group, varejista fundada por Kishore Biyani, um dos bilionários mais conhecidos da Índia, que venceu na vida por esforço próprio. No final, eles optaram por uma cozinha modular de estilo ocidental, que permitiria a Saumya alterar as unidades caso desejasse reorganizar o ambiente no futuro. Mas a empreitada não saiu barato: 350 mil rupias (US$ 7.600).

Para a sala de estar, o casal buscou a ajuda de um carpinteiro local, que os aconselhou a respeito de projetos de prateleiras, mesas e outros móveis. "Esse é o lugar onde vamos passar a maior parte do nosso tempo e por isso queríamos móveis elegantes e confortáveis", enfatizou Saumya.

Toda essa preparação levou vários meses – daí a comemoração quando finalmente alcançaram a meta. Ao caminharem pela nova casa, adentraram um mundo bem mais contemporâneo – e as perfumadas flores de calêndula, que antes ocupavam o apartamento, logo foram substituídas pelo primeiro de uma série de novos equipamentos.

Para a cozinha, eles compraram uma geladeira Samsung – com portas duplas e dispensador de água – e, como parte do acordo, receberam uma máquina de lavar louças grátis. Eles também compraram uma máquina de lavar roupas LG, bem em tempo para o *Diwali*.[b]

Para a sala de estar, compraram uma TV Samsung *wide-screen* de 42 polegadas, após considerarem o produto concorrente da Sony. Reservaram grande valor em dinheiro para um sistema de *home theater* da marca Denon, empresa japonesa de eletrônicos – o que lhes custou mais de 200 mil rupias (US$ 4.300), cerca de dois terços do preço de toda a cozinha. Mas, em vez de comprometerem a qualidade, parcelaram o valor da compra em quatro meses, e quando a espera pela entrega do equipamento acabou, eles celebraram assistindo a um de seus filmes favoritos de Bollywood.

A história de Zhang é notavelmente semelhante – e aponta para uma aspiração comum entre os consumidores da nova geração. Ele é funcionário público especialista em desenvolvimento da juventude e serviços à comunidade. Como tal, depois de ter caminhado pelas ruas da cidade para atender diferentes grupos de jovens espalhados por toda a região, pode-se dizer que ele realmente conhece todos os bairros do local. Então, quando resolveu sair da casa de seus pais, ele sabia exatamente onde queria viver: **no centro de Xangai**.

---

b   O *Diwali* (também transcrito *Deepavali* ou *Deepawali*) é uma festa religiosa hindu conhecida também como o festival das luzes. Durante o *Diwali*, celebrado uma vez ao ano, as pessoas usam roupas novas, compartilham doces e lançam fogos de artifício. (N.T.)

Mas querer é uma coisa; consegui-la é outra, completamente diferente.

Primeiramente, Zhang e sua esposa, Zhu Wei – uma funcionária pública de 31 anos de idade –, analisaram suas finanças e discutiram algumas opções com os pais dele. Eles perceberam que queriam ficar todos juntos, como uma família tradicional, mesmo que não morassem na mesma casa. Então, exploraram a possibilidade de comprar dois apartamentos, relativamente próximos um do outro, de modo que os pais de Zhang pudessem continuar cuidando da bebê (o casal tem uma menina) enquanto Zhang e a esposa estivessem ocupados construindo suas carreiras.

Felizmente, o casal possuía uma poupança considerável, embora insuficiente para pagar por dois apartamentos, mesmo com a venda da casa dos pais de Zhang. Desse modo, eles procuraram o banco e contraíram um financiamento para pagamento em dez anos, algo que nunca estivera disponível aos pais de Zhang.

Com suas finanças em dia, começaram a procurar pela casa de seus sonhos, vasculhando a Internet e fazendo visitas ao centro da cidade de Xangai. Depois de muita pesquisa, eles se concentraram no distrito de Jingan, um lugar animado com lojas chiques e vida noturna vibrante, e logo selecionaram o *Sanhe Garden*, empreendimento de prestígio incorporado pela Shanghai Sanhe Real Estate Company.

O lugar tinha tudo o que queriam: **boas instalações**, **muita vegetação** e **boa atmosfera comunitária**. Além disso, ficava a uma caminhada de apenas 5 min do escritório de Zhang. "Eu odiava gastar mais de uma hora no transporte público lotado indo para o trabalho. Agora posso ficar muito mais tempo com minha filha", salientou Zhang.

O apartamento de três dormitórios, distribuídos por 100 m², é muito maior que o apartamento de seus pais. Mas não foi barato: 1,7 milhão de renminbis (US$ 260 mil). E eles tiveram de agir rápido para comprá-lo. A procura por imóveis é tamanha que os preços dos imóveis em Xangai raramente permanecem os mesmos por muito tempo.

Eles rapidamente encontraram um lar para os pais de Zhang a 10 min a pé, e o preço total do investimento chegou a 2,6 milhões de renminbis (US$ 390 mil). Com a venda do apartamento dos pais, Zhang levantou 1,3 milhão de renminbis (US$ 195 mil). O restante veio da poupança (800 mil renminbis, ou US$ 120 mil) e do empréstimo (600 mil renminbis, ou US$ 90 mil).

O pagamento mensal de 6.200 renminbis (US$ 900) do empréstimo leva grande fatia das rendas mensais de Zhang e Zhu Wei. Mas eles estão otimistas sobre o futuro, e confiantes de que seus salários irão subir ao longo do tempo. Em suas economias, eles também guardaram dinheiro suficiente para a decoração de seu novo imóvel e para a compra de alguns eletrodomésticos vitais. Aliás, esse foi um motivador-chave para a mudança. Como Zhang nos explicou: "Eu queria tomar minhas próprias decisões a respeito do que comprar para a casa, em vez de sempre ter de respeitar as escolhas de minha mãe."

O apartamento está repleto de marcas de renome: televisores Samsung e Philips; aparelhos de ar condicionado e máquina de lavar com carregamento superior, ambos da marca Hitachi; uma grande geladeira Siemens; e um *laptop* Hewlett Packard. No total, eles gastaram 52 mil renminbis (US$ 8 mil) em eletrodomésticos.

Depois de anos se sentindo envergonhado por ainda morar com os pais, Zhang finalmente se considerou capaz de andar de cabeça erguida. "Consigo ver a admiração nos olhos dos meus amigos quando lhes digo que tenho um apartamento no centro de Xangai", ressaltou Zhang.

Oportunidade comercial: da construção civil aos fabricantes de eletrodomésticos

Na época do Raj,[c] os britânicos e os marajás costumavam se retirar das capitais quentes e úmidas de Calcutá, Delhi, Bombaim (atual Mumbai), Bangalore e Madras e seguir para as colinas, onde haviam estabelecido uma rede de belas residências nas montanhas (em cidades localizadas em grandes altitudes), famosas pelo ar fresco. Entre elas estavam Darjeeling e Simla, ambas no sopé do Himalaia, e Ooty, nas colinas de Nilgiri. Quase setenta anos após o fim do império, a nova elite está mais uma vez sendo atraída pela magia das montanhas – mas, desta vez, as montanhas são artificiais e se localizam no centro daquelas cidades enevoadas: são os **gigantescos arranha-céus**.

Um deles, chamado *World One* (*Mundo Um*), está sendo construído para alcançar 442 m acima do horizonte de Mumbai. Espera-se que o edifício chegue a essa altura vertiginosa – com 117 andares – em 2014, para figurar entre as torres residenciais mais altas do mundo.

---

c Período do reinado britânico na Índia – de 1757 a 1947. (N.T.)

A essa altitude, a vida se torna muito diferente – pelo menos de acordo com o Lodha Group, a incorporadora imobiliária do arranha-céu. Ao pregar sobre os benefícios de se viver em um edifício tão alto, a empresa diz que **"é como viver em um chalé nas montanhas"**: a temperatura nessa altitude cai até 4,5°C. Além disso, a cada trinta andares acima ocorre substancial redução da poluição sonora e atmosférica, com queda de 30% na quantidade de ruído.[7]

Oferecendo esses tipos de vantagens, a incorporadora está planejando cobrar US$ 1,5 milhão ou mais pelos apartamentos, que serão equipados com as melhores marcas europeias: *design* de interiores do estúdio de *design* Armani/Casa, Giorgio Armani; cozinhas Bulthaup e acessórios de toalete por Antonio Lupi, Dornbracht, Gessi e Villeroy & Boch.

Mas a competição está acirrada, já que outras companhias indianas também estão erguendo arranha-céus igualmente ambiciosos. Todavia, o Lodha Group, fundado por Mangal Prabhat Lodha, em 1980, não está dormindo em serviço. Até o fim de 2011, o grupo conduziu 27 projetos imobiliários de primeira linha, envolvendo 9.144 milhões de metros quadrados de área em Mumbai. O mais ambicioso foi o *New Cuffe Parade*, anunciado em outubro de 2011 – maior transação da Índia em quantidade de terras –, que se tornaria um complexo multibilionário.[d]

Esses projetos servem como símbolos das grandes ambições da elite comercial indiana – e também dos clientes que compram os apartamentos. Abhishek Lodha, o filho de 31 anos de idade do fundador do grupo, que se juntou à empresa da família após cursar Engenharia no Instituto de Tecnologia de Georgia, nos EUA, destacou: "Cada cidade global se torna memorável por seus marcos arquitetônicos. Seja a torre Eiffel, em Paris, a *Opera House*, em Sydney, ou o *Empire State Building*, em Nova York, essas formas vibrantes refletem a paixão e a cultura da cidade onde estão localizadas." Ao descrever o *World One*, ele afirmou: "Realizando parceria com os melhores arquitetos, *designers* e engenheiros do mundo, buscamos trazer para Mumbai um marco que irá exem-

---

d   Cuffe Parade é um bairro de luxo situado ao sul de Mumbai, nomeado após T. W. Cuffe, da Bombay City Improvement Trust (Fundação para Melhorias da Cidade de Mumbai), que recuperou em torno de 75 mil m² na costa ocidental de Colaba. Grande parte de Cuffe Parade foi desenvolvido em terrenos valorizados na década de 1960, com muitos edifícios de mais de trinta andares. O bairro é comparado à área ocupada por Manhattan, em Nova York. Além disso, é o lar de muitos empresários indianos famosos e ricos. (N.T.)

plificar seu espírito – sempre alcançar patamares mais altos por meio do trabalho árduo e da paixão."

Essa mesma percepção existe na China, onde um grupo similar de incorporadoras imobiliárias está transformando a silhueta do país. A China Vanke, maior empresa imobiliária do país, viu sua fortuna crescer de maneira surpreendente ao longo dos últimos vinte anos por conta da crescente demanda por habitação de classe média.

A companhia foi fundada na década de 1980 por Wang Shi, afluente ex-membro da Guarda Vermelha[e] que – de modo bastante apropriado, dada a trajetória apical de sua empresa e a trabalhos de construção – é conhecido por ter chegado ao topo do monte Everest. Em 1990, a companhia se concentrava em apenas quatro cidades de nível 1 no país. Quinze anos mais tarde, a empresa já cobria 34 cidades, inclusive algumas de nível 4, com menos de um milhão de habitantes, e vendia, anualmente, 2,5 milhões de metros quadrados em propriedades. Em 2010, os números saltaram novamente: 46 cidades e espantosos 9 milhões de metros quadrados de imóveis vendidos. A receita ultrapassou os US$ 15 bilhões.

Live In Your Dreams (*More Nos Seus Sonhos*) é o *slogan* da Vanke China. Porém, tanto na China como na Índia os sonhos têm um preço. Para comprá-los, os novos clientes procuram instituições financeiras e financiadoras especializadas em crédito imobiliário, rompendo a geracional relutância em se endividar. Na Índia, a Housing Development Finance Corporation (HDFC – sigla em inglês para Corporação Financeira para o Desenvolvimento Habitacional), comandada por Deepak Parekh, vem liderando essa trajetória.

O tio de Parekh fundou a empresa em 1977, mas Parekh somente ingressaria na companhia no ano seguinte, depois de trabalhar um tempo no banco Chase Manhattan. No período de 2005 e 2010, a companhia indiana testemunhou uma grande ascensão em sua carteira de crédito, que passou de US$ 10 bilhões para US$ 22 bilhões. No entanto, apesar de os números terem mais que dobrado, o conservadorismo sempre foi a palavra de ordem de Parekh. "Um líder precisa de muitas qualidades. Uma delas é

---

e   Movimento não militar composto sobretudo por estudantes e outros jovens na República Popular da China, mobilizados por Mao Tsé-tung, entre 1966 e 1968, durante a Revolução Cultural. Durante esse período, os guardas vermelhos viajaram por toda a China, indo a escolas, universidades, aldeias e cidades, ensinando os pensamentos de Mao reunidos em seu *Livro Vermelho*. (N.T.)

'visão', e, em uma organização que oferece empréstimos, a outra é 'conservadorismo'"[8], disse Deepak Parekh.

Normalmente, mais de 90% dos empréstimos individuais da HDFC são realizados a chefes de família assalariados.[9] Alguns de seus concorrentes foram forçados a realizar empréstimos a clientes de maior risco. Além disso, a maior parte do seu foco está nas metrópoles mais ricas, de níveis 1 e 2, onde cerca de 50% de suas mais de 300 filiais estão situadas. O índice médio de LTV[f] é de 68%, com prazo de treze anos. Amortizações cumulativas dos empréstimo equivalem a 4%na margem.

"Atendemos à classe média", realçou Renu Karnad, diretor da HDFC. "Eles têm as mesmas necessidades que as classes médias em todo o mundo. Eles querem uma casa melhor, aparelhos modernos e espaço. Estimamos que exista um déficit habitacional nacional na Índia de mais de 25 milhões de unidades", complementou Renu Karnad.

Desde o seu lançamento, a HDFC já financiou 3,9 milhões de casas. A empresa que até 2011 possuía apenas 87 agências, passou a oferecer seus produtos – como depósitos e empréstimos – em mais de 2.400 cidades. Hoje, a companhia é responsável por US$ 25 bilhões em empréstimos em aberto na Índia. No entanto, existe espaço para ainda mais crescimento. Na Índia, os financiamentos respondem por 9% do PIB, contra 81% nos EUA, 88% no Reino Unido e 48% na Alemanha. A HDFC quer captar o crescente poder do consumidor indiano.

E a mesma lucratividade obtida pelas incorporadoras e financiadoras de crédito com o *boom* imobiliário que anda varrendo a China e a Índia tem beneficiado os fabricantes de móveis e de eletrodomésticos. Na Índia, a multinacional sul-coreana LG vem se destacando. A história dessa empresa, que representa um modelo para as companhias que pretendem adentrar o mercado indiano, se baseia em **persistência**.

A primeira tentativa de entrada no mercado indiano realizada pela Lucky Goldstar (LG) ocorreu no início da década de 1990, mediante o estabelecimento de uma *joint venture* com a Bestavision, uma empresa indiana de eletrônicos de consumo. Entretanto, essa investida **fracassou**. A LG tentaria novamente em meados da mesma década, dessa vez com outra parceria – o grupo CK Birla –, porém essa nova empreitada também falharia.

---

f   Sigla em inglês para Loan-To-Value. Trata-se de um índice que relaciona o montante de um empréstimo ao valor da garantia apresentada. (N.T.)

No entanto, a LG não seria derrotada. A empresa sabia que a Índia representava uma grande oportunidade de negócios. Então, em 1998, a companhia sul-coreana lançou uma firma independente – algo que somente se tornou possível com o início das reformas econômicas – e investiu US$ 120 milhões em uma fábrica na cidade satélite de Noida,[g] em Uttar Pradesh. Foi um acontecimento importante. Em 1997, as receitas da companhia chegaram a US$ 34 milhões. Em 1998, elas duplicaram. K. R. Kim, que planejou tal investimento e que se aposentou como principal executivo dessa unidade da LG comentou: "A diferença mais importante foi o nosso compromisso para com o mercado indiano. Não estávamos aqui para sondar o terreno. Decidimos investir para o longo prazo – em produtos, em marcas e na própria fabricação."

Em 2010, depois de se estabelecer como **marca número 1** no mercado de televisores, condicionadores de ar, geladeiras, máquinas de lavar e fornos de microondas, a LG anunciou planos para a construção de uma terceira fábrica no sul do país. Suas receitas haviam ultrapassado a barreira dos US$ 3 bilhões.

O enorme sucesso da LG está fundamentado em cinco pilares fundamentais.

O **primeiro pilar** é a criação de **bons produtos** a **preços justos** – a própria essência do conceito *paisa vasool*. "As empresas que são atualmente bem-sucedidas na Índia mudaram sua equação 'valor-preço'", ressaltou Kim. "Os consumidores indianos são os mais complexos que eu já encontrei no mundo. São muito inteligentes e querem uma marca de qualidade a um preço razoável. Note que eu não disse **'preço menor'**. Temos concorrentes cujos produtos são 10% mais baratos, portanto, se o preço mais baixo fosse o atributo mais importante, eles certamente seriam o número um", complementou Kim.

Por exemplo, a LG criou uma TV com tecnologia *Goldeneye*, que ajusta automaticamente o brilho da tela à luz ambiente. Além disso, seu volume é muito mais alto que o normal – para dar conta de prováveis ruídos no ambiente – e seu menu vem em diferentes idiomas locais. O produto

---

g Trata-se de um importante centro para empresas multinacionais de terceirização de serviços de TI. Muitas grandes empresas de *software* e *business process outsourcing* (BPO) têm seus escritórios nesta cidade por causa da Zona Econômica Especial. Noida é também a sede do Parque de Tecnologia de *Software*, criado pelo governo indiano para promover a indústria de *softwares*. (N.T.)

custa cerca de 17 mil rupias (US$ 400), sendo assim mais caro que os modelos mais básicos disponibilizados pelos concorrentes, mesmo assim, ele é ainda percebido por oferecer maior valor.

O **segundo pilar** é a criação de produtos regionais específicos, reconhecendo a extraordinária diversidade do país. Os clientes que compram um micro-ondas no sul da Índia têm opções de cozimento automático para pratos regionais à base de arroz, como o *idli*[h] e o ***upma***[i]. Por outro lado, os consumidores do leste têm opções *autocook* para peixe de Bengali ao *curry* e ***shukto***, um prato à base de legumes mistos.[10]

Para oferecer esse produto de qualidade a um preço acessível, a LG teve de estabelecer outros dois pilares fundamentais: o **terceiro pilar** é a **manufatura de baixo custo**, e o **quarto pilar**, uma **marca forte**. A companhia firmou o terceiro pilar estabelecendo dois centros de produção – um em Noida e o outro em Pune (com planos para um terceiro no sul do país). Isso representa um corte nos custos de frete para distribuidores-chave. O quarto pilar foi assentado por meio do apoio a algumas das principais atividades dos indianos – especialmente a equipe de críquete da Índia e a Copa do Mundo de Críquete – e da criação do inigualável serviço de pós-venda da marca. Com uma marca forte e amplamente reconhecida, a LG tem sido capaz de dar as cartas em relação aos distribuidores – novamente, reduzindo o custo de se fazer negócios. Ao contrário de outros fabricantes, a LG não precisou oferecer crédito aos comerciantes, como forma de incentivá-los a estocar seus produtos.

O **quinto pilar** tem sido a **criação de uma extensa rede de distribuição** para se certificar de que esses produtos bem-feitos e acessíveis alcancem os consumidores que desejam comprá-los. O investimento inicial da LG – reconhecendo o potencial da Índia à frente de seus concorrentes – foi crucial para seu sucesso, mas seu contínuo auspício se apoia em busca por novos consumidores em todo o país. "Viajei de avião, trem, carro e até carro de boi a fim de chegar a todas as partes da Índia. Estive em áreas onde as pessoas tinham medo de ir por se preocuparem com a segurança, mas conseguimos sucesso lá. Outras empresas se concentraram em 'Délhis' e 'Mumbais', mas nós queríamos ser fortes em toda a Índia", declarou Kim.

---

h   Bolinhos de arroz cozidos no vapor e consumidos no café da manhã. (N.T.)

i   Trata-se de um prato tradicional servido no café da manhã indiano (no sul do país). É preparado com semolina e servido com molho picante de coco e picles de limão. (N.T.)

Além de trabalhar com distribuidores tradicionais, a LG também experimentou diferentes formas de *marketing* para seus produtos elétricos. Em alguns casos, a companhia disponibilizou furgões próximos aos **haats** – quiosques rurais, onde produtos são vendidos – para a realização de demonstrações e solicitação de encomendas.

A base para o sucesso da LG tem sido uma abordagem de negócios que descrevemos em mais detalhes no Capítulo 14 – a **mentalidade de aceleração**. Como Kim nos explicou: "Estabelecemos para nós mesmos a ousada aspiração de nos tornarmos **número um na Índia**, e então embarcamos nessa direção com força total. Ao longo dos três primeiros anos, focamos nossos esforços em receita e participação de mercado, para somente então nos concentrarmos na obtenção de lucros."

CAPÍTULO 9

Luxo
A sofisticação na China e na Índia – carros velozes, relógios caros e roupas de passarela

Como os novos-ricos estão começando a desfrutar sua riqueza, gastando valores recordes nos luxos de *la dolce vita* e oferecendo um grande leque de novas oportunidades de mercado para as marcas de prestígio de Milão, Paris, Londres e Nova York

ALICE SUN, CONHECIDA COMO Sunny pelos amigos, nos leva a um passeio por uma das grandes avenidas de Pequim. Essa metrópole antiga, palco dos Jogos Olímpicos de 2008, é o lugar onde arquitetos derrubaram dezenas de edifícios para criar uma entrada magnífica, praticamente um cenário hollywoodiano, para a grande cidade.

Agora, Pequim é a celebração permanente do sucesso e da maioridade da China. Alice Sun, de 24 anos, diplomada pela Universidade de Pequim – um dos mais prestigiados centros de aprendizagem chineses – e que dispõe de um trabalho bem-remunerado como analista, é um exemplo da nova geração próspera da cidade.

Hoje, Alice Sun está indo comprar sua primeira bolsa. Mas ela não está de olho em uma bolsa comum; ela quer uma *Coach*, sua primeira.

Esse é um grande passo para Alice Sun. Embora ela agora ganhe mais dinheiro que seu pai – que, como sua mãe, era professor – ela está profundamente consciente de que deve gastar seu suado dinheiro de maneira sensata. Enquanto ela crescia, seus pais eram frugais e economizavam tudo o que conseguiam para possíveis eventualidades. Eles sentiram na pele a dor da Revolução Cultural, e embora as cicatrizes daquela época tenham sido curadas, seus efeitos ainda são visíveis para a sua filha.

"Como graduado de uma universidade, meu pai foi enviado para uma fazenda. Ele trabalhava longas horas e tinha pouco para comer. Ele morava em um alojamento com outros doze homens," ela nos explicou durante nossa caminhada em direção a um *shopping*. "Ele escrevia para minha mãe. Eram cartas tristes e solitárias, e levava semanas até que nós as recebêssemos. Passaram-se muitos anos antes que fossem autorizados a se reencontrar", lembrou Alice Sun.

Alice Sun era, segundo seu pai, "um presente em sua vida." Ela diz: "Então, eles me mimaram enquanto criança, e ainda o fazem agora." Ela tinha aulas de piano, um treinador de natação e um tutor privado para prepará-la para o **gaokao**, o exame nacional de admissão universitária. Quando conseguiu seu bom resultado, atrelado às suas notas quase perfeitas, ela pôde escolher a universidade a cursar.

Alice Sun é uma jovem atraente, com pele clara, cabelos negros na altura dos ombros e um sorriso e risada que aprendeu a usar para "quebrar o gelo" com os outros. Ela é comunicativa e bastante informal.

Quando chegamos à loja da Coach, ela já sabia exatamente o que queria. Ela pagou 600 renminbis (US$ 90) em dinheiro e transferiu o batom, a maquiagem, as chaves e a carteirinha de moedas de sua bolsa antiga para a bolsa Coach, ainda no guichê do caixa.

Ela não está sozinha. O mercado de maior crescimento da Coach é a China.[1] É o luxo se apropriando do local. E, como descreveremos neste capítulo, os consumidores chineses com dinheiro, assim como os indianos ricos, estão à procura de emblemas de sucesso, momentos de celebração e manifestações prazerosas de realização. Os beneficiários são as empresas de bens de luxo da Europa e dos EUA.

O novo luxo: do Ocidente para o Oriente

Seda, especiarias, chá, porcelana, marfim – durante séculos, a China e a Índia foram as fontes dos produtos mais requintados do mundo. A Rota da Seda, uma rede de rotas comerciais que se estendia através das estepes da Mongólia, das montanhas do Himalaia e dos desertos da Arábia, foi desenvolvida para transportar esses produtos exóticos para os clientes mais ricos da Europa.

Hoje, tal comércio de bens de luxo está se revertendo, pois os consumidores do Oriente, especialmente da China, mostram um desejo extraordinário por *la dolce vita*: ternos sob medida e sapatos artesanais, da Itália; relógios, da Suíça; vinho, joias e perfumes, da França; carros esportivos, da Alemanha; escolaridade, na Inglaterra, e ensino superior na Ivy League[a] norte-americana.

Em 2010, o mercado global de luxo pessoal valia US$ 176 bilhões, de acordo com nossa análise. A China foi responsável por US$ 31 bilhões desse montante – 17% – tornando-se seu terceiro maior mercado, atrás somente do Japão (22%) e da América do Norte (27%). No entanto, ao longo dos próximos dez anos, o país deve se tornar **o maior mercado do mundo** em luxo pessoal.[2]

Calculamos que, até 2015, a China já terá ultrapassado os EUA, como o segundo maior mercado, o que representa US$ 87 bilhões, ou 23%, de um mercado de luxo pessoal avaliado em US$ 379 bilhões. E, em 2020, o país terá assumido o primeiro lugar na escala, desembolsando US$ 245 bilhões, cerca de 40%, de um mercado de luxo pessoal avaliado em US$ 610 bilhões.

A pesquisa JP Morgan sugere que o chinês continental consome um total de 22% dos bens de luxo definidos da maneira clássica – 9% localmente e 13% no exterior.[3] Baseando-se em uma gama de produtos como LVMH, Richemont, Swatch, Gucci, Hermès, Bulgari e Burberry, o relatório observa que as vendas dessas empresas na região Ásia-Pacífico aumentaram de **10%** para **36%** do total nos últimos três anos. Obviamente, a percepção é de alta – uma elevação impulsionada por mais categorias de luxo, pelo crescimento da massa afluente, pelo maior consumo feminino e pela crescente popularidade da ideia de comprar para si, não para os outros.

O número crescente de moradores das classes média e alta na cidade irá conduzir esse aumento acentuado. "Apenas 1% dos consumidores são milionários, mas eles são responsáveis por 20% de nossas vendas", disse um executivo sênior da Chanel, ateliê de alta costura francesa. "Mas as classes médias representam os propulsores-chave para o futuro", complementou depois esse executivo.

Existem outros fatores também. A China está assistindo a um aumento no número de usuários de cartão de crédito, à medida que os consumidores abraçam a "**compra por impulso**", uma prática bem conhecida entre os nor-

---

a   Grupo das oito universidades privadas mais antigas situadas no nordeste dos EUA, formado pelas universidades: Brown (Rhode Island), Columbia (Nova York), Cornell (Ithaca, NY), Dartmouth (New Hampshire), Harvard (Massachusetts), Pennsylvania (Filadélfia), Princeton (Nova Jersey) e Yale (Connecticut). (N.T.)

te-americanos e europeus. Em 2005, menos de 50 milhões de cartões de crédito foram emitidos no país. Em 2010, esse número subiu para 221 milhões. Para 2020, as grandes companhias de cartão de crédito objetivam **triplicar** seu número de cartões – bem como o uso deles pelos consumidores.[4]

Como descrevemos no Capítulo 6, uma **proporção cada vez maior** de mulheres está preparada para gastar muito em produtos de luxo. Por tradição, os maiores gastadores na China sempre foram os homens, responsáveis por mais de dois terços desse mercado. Mas os tempos estão mudando. A Maserati, marca italiana de carro esportivo de propriedade da Fiat, relata que 30% de seus compradores na China são mulheres, em comparação as taxas de 2% a 5%, tipicamente registradas nos EUA e na Europa.[5]

Porém, se a China está rapidamente se tornando o capital mundial do luxo, na Índia o crescimento nesse setor está sendo apenas modesto. A julgar pelas aparências, essa diferença é bastante estranha. Como observamos no Capítulo 3, algumas das pessoas mais ricas do mundo são indianas, e estão acostumadas com a ostentação e a vida luxuosa. Em termos de propriedade privada, uma parte considerável de todo o ouro do mundo está nas mãos de alguns indianos.

Essa fascinação por metais preciosos e joias remonta a séculos. Em 2011, um tesouro surpreendente em pedras, ouro e outros metais preciosos foi encontrado nas câmaras de um templo hindu em Thiruvananthapuram (conhecida como Trivandrum anteriormente), um antigo porto no extremo sul da Índia, que foi um entreposto comercial vital entre a Índia e o Império Romano. O inventário foi avaliado em US$ 22 bilhões.[6] Como outro exemplo, antes da independência do país, em 1947, muitos dos Rolls-Royces do mundo – considerados os automóveis mais caros do planeta – eram de propriedade de marajás fabulosamente ricos.

Apesar disso tudo, a Índia foi responsável por menos de 1% do mercado mundial de bens pessoais de luxo em 2010: cerca de US$ 1 bilhão. Esperamos que esse número triplique até 2020. Mesmo assim, ainda serão apenas cerca de US$ 3 bilhões, pequena fatia dos gastos globais em itens de luxo.[7] "Nós mal enxergamos um mercado de luxo ali", diz o executivo da Chanel, referindo-se ao mercado indiano.

Mas por que será que a Índia, famosa por sua opulência, é tão comedida quando se trata de bens de luxo? Existem várias razões. Uma delas é que o país é muito pobre: quase **meio bilhão de pessoas** vivem **abaixo da linha da pobreza**, mais que o dobro do registrado na China. Além disso,

186 O PRÊMIO DE 10 TRILHÕES DE DÓLARES

como já mencionamos, a Índia tem menos milionários e mulheres que trabalham. Outra razão é que a **experiência de compras de luxo** é bastante limitada, com diversas barreiras à entrada de varejistas globais no país. Essas circunstâncias forçam os grandes varejistas a vender seus produtos em locais infrutíferos como hotéis, aeroportos e lojas exclusivas. Isso não dá vida ao comércio. No hotel Taj, em Mumbai, balconistas se queixam de que, enquanto centenas de pessoas passam pelas lojas, poucas param para olhar os produtos e menos pessoas ainda compram alguma coisa.

Portanto, não é de estranhar que os indianos ricos optem por comprar seus artigos de luxo quando estão viajando por países estrangeiros. "Comprar produtos de marca tornou-se parte do meu prazer durante as férias. A experiência é muito mais prazerosa do que fazer compras na Índia", relatou um rico consumidor indiano.

Também não é de admirar que as principais marcas tenham resistido à tentação de entrar no mercado indiano com o mesmo entusiasmo que fizeram na China. Por exemplo, a Chanel tem apenas uma loja na Índia, em Nova Délhi, enquanto na China o número é bem maior: quatro em Pequim, cinco em Xangai, uma em Hangzhou, uma em Guangzhou, quatro em Macau e dez em Hong Kong. Da mesma maneira, a Hugo Boss tem duas lojas na Índia, em comparação às 14 no gigante asiático.

Um fator importante para essa decisão é o fato de os consumidores indianos preferirem estilos tradicionais indianos, especialmente quando se trata de roupas, em vez dos estilos internacionais apresentados pelas empresas de artigos de luxo. Em 2010, os indianos gastaram cerca de 70 bilhões de rupias (US$ 1,5 bilhão) em roupas tradicionais para mulheres, muito mais que os 45 bilhões de rupias (US$ 1 bilhão) de 2005. Esse montante correspondeu a 55% do mercado de vestuário feminino indiano.[8]

Outros **empecilhos** incluem altas taxas de importação, poucas opções de imóveis e obstáculos normativos. Por exemplo, apesar de o governo permitir agora 100% da propriedade de um imóvel ao varejo de marca única, essa permissão inclui cláusulas que atrelam o uso de fornecedores de pequena escala. Como diz Bertrand Michaud, presidente da Hermès, ateliê de alta-costura francesa na Índia: "É difícil fazer negócios aqui – aliás, é frustrante."[9]

Com o tempo, os indianos tenderão a descobrir o gosto por produtos de luxo. E alguns varejistas já estão se preparando para esse dia. Em 2011, vários fabricantes de carros esportivos – incluindo Aston Martin (cujos carros são destaque nos filmes de James Bond), Ferrari, Maserati e Bugatti

– anunciaram planos de abrir *showrooms* para vender carros no valor de mais de US$ 1 milhão. Em um eco estranho do passado, um incrementado Rolls-Royce de propriedade de um dos marajás da atualidade foi arrematado em leilão por US$ 1,2 milhão.

Enquanto isso, em julho de 2011, a Hermès abriu seu primeiro varejo de luxo independente na Índia, em Mumbai: uma loja de **mil metros quadrados**, com uma galeria de arte e um elevador de vidro. Em outubro daquele ano, a empresa revelou sua primeira coleção de sáris produzidos em Paris, curvando-se à preferência local pela costura tradicional indiana. "Se quiser ter sucesso na Índia," diz Michaud, "você precisa fazer parte da vida indiana."

Para o futuro de curto prazo, no entanto, os consumidores da China oferecem as melhores oportunidades ao segmento de luxo.

Kering, a campeã francesa do luxo: "A China triplicará nosso lucro nos próximos dez anos"

"A China avançou mais rapidamente no setor do luxo que qualquer outro país do mundo", diz François-Henri Pinault, elegante presidente e CEO da Kering. A produtora e varejista francesa de luxo, cujo nome até o primeiro semestre de 2013 era PPR – Pinault-Printemps-Redoute –, é agora uma companhia listada no índice *blue-chip*[b] da Bolsa francesa CAC 40. "Os consumidores chineses compram para se entreter. Compram porque podem. É uma forma de democracia e individualização. Existe neles uma enorme demanda reprimida. Os consumidores chineses querem tradição, autenticidade e moda", ressaltou François-Henri Pinault.

Em 1999, quando Pinault, então com 37 anos, lutou para adquirir a italiana Gucci por cerca de US$ 7 bilhões, ele não fazia ideia de que a China viria a se tornar o maior mercado da Gucci. Ele estava perseguindo o reposicionamento do grande conglomerado francês diante do baixo crescimento da França e tinha suas atenções voltadas para o rico mercado norte-americano.

"Estávamos procurando mudar nosso portfólio e reduzir nossa dependência econômica exclusiva em relação à França", disse Pinault, em seu contemporâneo e elegante escritório em Paris. "O rápido crescimento do mer-

---

b   Nome dado às ações de **empresas de prestígio** que são consideradas como lucrativas e estáveis, e, portanto, possuem preço relativamente alto. (N.T.)

cado chinês foi algo inesperado", complementou Pinault. Hoje, mais de dois terços das receitas da Kering vêm de fora da França. Pinault espera que, até 2020, mais de 60% de sua receita provenha da Ásia.

A segunda grande aposta relativa à aquisição de empresas da exaltada carreira de Pinault teve os mesmos objetivos. Ele contou:

> *"Quando compramos a Puma em 2007, estávamos tentando simplesmente expandir um pouco mais nosso portfólio, direcionando-o a negócios com potencial de crescimento orgânico. Queríamos uma posição importante na cultura e no vestuário desportivos. Não tínhamos nos dado conta de que o críquete é um vício nacional na Índia e que o patrocínio da Puma à seleção do país poderia criar uma revolução da marca da noite para o dia. De repente, a Puma se tornou moda na Índia."*

Duas grandes apostas em igual posição de liderança nas duas economias estão prontas para garantir a seus proprietários uma parte do prêmio de 10 trilhões de dólares: Pinault espera que as receitas de sua empresa tripliquem na China durante a próxima década, e está esperançoso de que, sob certas condições, a Índia acompanhe o crescimento da China.

Pinault, agora com 50 anos, acredita que **"o luxo está associado ao prazer, ao individualismo e à satisfação excessiva."** Na China e na Índia, diz ele, existe uma demanda inexplorada. "As compras de bens de luxo representam autoexpressão", complementou Pinault.

Ele diz que pretende apostar seu futuro de crescimento no mundo asiático emergente, e já anunciou planos de abandonar a maior parte das empresas que a PPR comprara ainda na década de 1990, incluindo seu negócio de varejo de venda à distância e a maior parte de seus ativos de varejo restantes do mercado de massa francês. A empresa madeireira e de produtos de construção fundada por seu pai alcançou US$ 19 bilhões em vendas em 2010, e US$ 2,3 bilhões em EBITDA (lucro pré-dedução de juros, impostos, depreciação e amortização).

Quando a reestruturação estiver concluída, a Kering compreenderá a Gucci, a Bottega Veneta (que está crescendo rapidamente), os ateliês Yves Saint Laurent e Balenciaga, a joalheria Boucheron, a relojoaria Girard-Perregaux, a produtora de calçados Sergio Rossi, as confecções Alexander McQueen e Stella McCartney e a sofisticada alfaiataria italiana Brioni, adquirida em 2011. Quanto às divisões esportiva e de estilo de vida, a Kering adquiriu a Puma e a Volcom, essa última voltada para esportes radicais.

LUXO 189

A Gucci é a principal joia do portfólio de luxo da Kering, tendo alcançado em 2010 um volume de vendas de US$ 3,4 bilhões e lucros de US$ 1 bilhão – o que representou 57% dos lucros totais da empresa. Em 2010, a Gucci obteve crescimento de 37% em seus negócios na China. O empreendimento já percorreu um longo caminho desde os dias terríveis em que ainda estava atrelado à sua família fundadora, na década de 1980. Trata-se de uma das pouquíssimas marcas de luxo que conseguiram contornar a própria morte e se recuperar. Depois que Guccio Gucci fundou a marca em 1921, a família Gucci controlou a empresa durante os primeiros setenta anos. Todavia, em 1991, a companhia estava em completa desordem – suas vendas eram de US$ 208 milhões, mas as perdas acumulavam US$ 41 milhões. O empreendimento sofreu com exposição excessiva, falta de inovação e até com a reputação de mercadoria de má qualidade.

Após a compra da marca por investidores privados, os estilistas Tom Ford e Domenico De Sole renovaram o negócio com um rigoroso controle de qualidade, novidades da moda, grande entusiasmo, amplos investimentos em publicidade e meticuloso controle tanto da distribuição quanto do *merchandising* visual. Em nosso livro *Trading Up*,[c] descrevemos como Ford e De Sole usaram o *glamour*, os *jeans* mais caros do mundo, um estilo *vintage-plus* e a expansão da categoria para alcançar US$ 1 bilhão em vendas antes da aquisição da companhia pela PPR.

Muitos pensaram que, com a saída dos *designers*, após a aquisição, a marca levaria um tombo. Mas Pinault provou que seus críticos estavam errados. A Gucci prosperou sob a propriedade da PPR, mais que **quadruplicando** suas vendas. De fato, a empresa abandonou o conceito de *designer* específico, aventurando-se em coleções baseadas em tradição e modernidade, em habilidade artesã e autoridade nas áreas de moda e inovação.

Pinault diz que a marca Gucci representa, ao mesmo tempo, paixão, emoção, juventude, modernismo e moda mundial. Entre em uma loja Gucci na China e você terá uma experiência vibrante, estimulante e enérgica. O interior das lojas é realmente impressionante, e seu *merchandising* visual é singular. Os consumidores chineses ainda fazem fila na abertura das lojas para comprar bolsas, sapatos, perfumes, acessórios, gravatas, camisas, ternos, blusas, camisetas e até mesmo a recém-introduzida coleção infantil.

---

c   Livro ainda não publicado no Brasil. O termo *trading up* se refere, em geral, ao aprimoramento ou à melhoria do padrão de produtos, e, no título em questão, alude à escolha dos consumidores por bens de qualidade superior e preços mais elevados. (N.T.)

A marca também significa sustentabilidade. Pinault mantém suas equipes de luxo comprometidas com as melhores práticas de trabalho, o uso de materiais reciclados, o consumo reduzido de água e a economia de energia em todas as loja. Ele acredita que os consumidores chineses irão rapidamente se tornar sensíveis ao meio ambiente.

Ele diz que o bom gosto dos consumidores chineses está em plena ascensão. Segundo ele, a autenticidade de uma marca requer fonte legítima, portanto, as etiquetas *Made in Italy* e *Made in France* nunca serão substituídas. A Gucci emprega 45 mil pessoas na Itália, incluindo 7 mil trabalhadores em suas fábricas de couro na Toscana.

"O consumidor chinês ostenta uma crença profunda de que agora merece produtos de luxo," disse Pinault. "Eles passaram cinquenta anos tendo acesso a bem pouco, mas agora muitos têm a oportunidade de comprar bens de luxo. O crescimento dessa demanda está enraizada em uma expressão de individualismo que se traduz na própria maneira de se vestir. Trata-se de uma forma de diferenciar-se dos amigos e vizinhos. Os consumidores chineses compram para se entreter. Esse mercado evoluiu mais rápido na China que em qualquer outro mercado no mundo", destacou Pinault.

Ele continua: "A China é hoje o mercado número um para a marca Gucci, maior que os EUA e o Japão. Se incluirmos os gastos dos turistas chineses no exterior, podemos considerar mais de 50%. Sete anos atrás, 66% dos turistas de Hong Kong eram japoneses. Agora, 80% deles são chineses."

Ele conta que foi solicitado a cada um dos principais gerentes de marca que imaginasse o mundo de 2020. "Cada um, de modo independente e individual, surgiu com uma robusta triplicação do volume de vendas na China."

Pinault diz que na Índia a história é diferente. "Trata-se de um mercado difícil para nós. Nossas aspirações para o mercado indiano são muito elevadas. Mas o consumo é menos **conspícuo**[d] e os lucros não são tão elevados. Existem taxas de importação enormes que tornam os preços muito altos."

"Temos a sorte de ter a Puma para oferecer à Índia," diz ele. "Os indianos são entusiastas do esporte. Nós temos a posição de liderança no críquete, e isso representa uma grande promessa para nós." Ele descreve

---

d   Termo criado em 1899 pelo sociólogo e economista Thorstein Veblen, usado para descrever gastos esbanjadores em bens e serviços adquiridos principalmente com o propósito de mostrar renda ou riqueza. Na mente do consumidor conspícuo, tal exibição serve como meio para ter ou manter *status* social. (N.T.)

a Puma como uma marca que inicia no esporte e termina na moda. Ele acredita que isso representa um diferenciador-chave em relação às duas potências esportivas mundiais, Nike e Adidas.

Pinault é um gestor de portfólio impassível; não tem alianças fixas com qualquer negócio. Ele sabe buscar crescimento e lucro, vê pouco crescimento na Europa Ocidental e percebe os Estados Unidos preso a 2% ou 3% de crescimento real. Ele declara: "Nossos mercados de grande crescimento são a China, a Indonésia e o Brasil."

Na verdade, ele acha que a China representa a maior oportunidade de crescimento econômico para a França. "Os chineses querem conhecer a cultura, o luxo e a arte em sua origem," diz ele. "Tenho dito aos líderes do governo francês, 'Vocês querem crescimento, desejam que as pessoas gastem aqui? Tragam os turistas chineses para a França. Eles virão aos milhões ao longo dos próximos dez anos. Isso irá reanimar nossa economia. E, quando vierem, eles vão gastar."

Os consumidores chineses do Luxo

Por definição, um número relativamente pequeno de pessoas faz girar o negócio do luxo. Na China, seus principais consumidores são as 700 mil famílias com ativos de mais de 1 milhão de dólares. Conforme descrito no capítulo 3, elas constituem apenas 0,2% de todas as famílias do país, mas controlam extraordinários 48% de sua riqueza.[10] Esses são os consumidores para quem o dinheiro não é impedimento; eles gastam com todos os tipos de bens e serviços de luxo.

Em rápida emersão vêm os consumidores das 1,7 milhão de famílias com ativos entre US$ 250 mil e US$ 1 milhão – que constituem 0,4% de todas as famílias do país e controlam 16% de sua riqueza. Essas são as pessoas que estão começando a comprar relógios de luxo, bolsas de couro e roupas de passarela.[11]

Tais consumidores, apesar de suas diferenças, apresentam três características em comum. Em primeiro lugar, como já mencionado no capítulo 2, eles são muito mais conscientes a respeito das marcas que os consumidores de outros lugares. Nossa pesquisa mostra que os chineses valorizam muito mais as marcas e sua correspondente visibilidade que os consumidores japoneses, norte-americanos ou europeus. O consumo conspícuo – que tem diminuído no Ocidente, onde os consumidores muitas vezes preferem que suas compras caras sejam envoltas em embalagens simples e discretas – está vivo e em pleno vapor nos *shoppings* e nas principais ruas da China. O desejo de se destacar da multidão, de ser visto como diferente, faz parte de uma reação mais ampla à época do coletivismo insípido e incolor dos anos pós-Revolução Comunista, de 1949.

Esses gestos extravagantes se assemelham aos praticados nos dias de glória de Wall Street, no período que antecedeu a Grande Recessão, quando, segundo um banqueiro, "um cliente tomou duas garrafas inteiras de Lafite durante um único jantar." Considerando que uma garrafa *vintage* de Château Lafite Rothschild, um dos vinhos mais caros do mundo, é vendida por mais de 2.500 dólares, esse foi certamente um gesto e tanto.

De fato, o funcionalismo público chinês está enfrentando um momento difícil com a palavra **luxo**. O jornal *China Daily* relata que os funcionários públicos estão tentando acabar com a publicidade que "promove o hedonismo" ou a "adoração por produtos de fabricação estrangeira." A lista de palavras proibidas nos anúncios inclui ***supreme*** (supremo, superior), ***royal*** (real, de realeza) e ***high-class*** (alta classe).[12]

Segundo, tendo em vista que os chineses ricos gostam de ostentar sua riqueza, hoje eles preferem investir em coisas bonitas, não em experiências memoráveis: agora, eles estão focados em **ter** em vez de **ser**. Algo pouco percebido é o efeito bumerangue das coleções, que incluem desde automóveis antigos e vinhos finos até a arte. Em novembro de 2010, a Bainbridges, famosa casa de leilões do Reino Unido, vendeu um vaso de 41 cm de altura, da época do Imperador chinês Qianlong, por US$ 84,5 milhões. Um recorde para uma única peça de arte chinesa. O comprador foi um colecionador chinês.

Essa venda recorde reflete uma grande tendência. De acordo com um relatório da European Fine Art Fair, em cinco anos a China passou de 5% do mercado mundial de arte para 23%.[13] Os colecionadores chineses têm um grande apetite por arte chinesa e antiguidades, e estão rumando em direção a esses produtos. A maioria das compras é feita por meio de agentes, e os chineses têm se revelado compradores muito ativos, tanto na Sotheby's como na Christie's.[14]

Em 2010, os consumidores chineses gastaram US$ 31 bilhões em bens de luxo pessoais: especificamente, US$ 16 bilhões em joias e relógios, US$ 6 bilhões com vestuário e acessórios de moda, US$ 5 bilhões em cosméticos e US$ 4 bilhões em artigos de couro. Em contrapartida, eles investiram US$ 25 bilhões em experiências de luxo: cerca de US$ 11 bilhões em viagens, hotéis e restaurantes; 4 bilhões em comida e bebida; US$ 4 bilhões em *spas* e tratamentos de beleza; US$ 4 bilhões em tecnologia pessoal; e US$ 3 bilhões de dólares em artigos para a decoração da casa.[15]

A preferência por bens em vez de serviços significa que o mercado de luxo chinês é muito diferente daqueles em outros países desenvolvidos e em desenvolvimento. Nos EUA, os bens de luxo pessoais, excetuando os automóveis, representam apenas 30% do mercado de luxo. No Brasil e na Rússia, esses bens representam 33% e 35% de seus respectivos mercados.

A terceira característica geral é a preferência por parte dos chineses ricos de adquirir seus produtos de luxo diretamente no exterior. Em busca das melhores coisas da vida, eles viajam muito e para longe: 58% do dinheiro que os chineses desembolsam com bens e serviços de luxo é gasto fora da China continental. As maiores beneficiárias são as lojas de luxo instaladas em regiões vizinhas, localizadas em Hong Kong, Macau e Taiwan. Esses três centros respondem por 33% do dinheiro que os consumidores chineses gastam em produtos de luxo. Outros países estrangeiros respondem por 25%.

Os consumidores de luxo procuram marcas europeias, confirmando Paris, Milão e Londres como as capitais globais do requinte. De acordo com a nossa análise, em 2009, a Rolex, a Omega, a Longines e a Cartier controlaram cerca de 50% do mercado de relógios de luxo na China.[16] Entre as marcas de cosméticos, a Chanel, a Dior, a Estée Lauder e a Lancôme são as mais procuradas pelos consumidores chineses. As marcas fortes relacionadas a produtos de couro incluem a Burberry e a Dunhill, de Londres, a Gucci e a Prada, de Milão, e a Louis Vuitton, de Paris – essas marcas controlam 60% do mercado. Além de Burberry e Dunhill, duas marcas italianas, a Armani e a Ermenegildo Zegna, e uma marca alemã, a Hugo Boss, dominam o mercado de vestuário. Já o mercado de joias é liderado pela Tiffany & Co. (joalheria de Nova York), pela Cartier e Bulgari.

Como parte de nosso trabalho rotineiro, falamos com milhares de consumidores. Uma delas – uma mulher chamada Li, de 30 e poucos anos – nos explicou a importância central dos bens de luxo em sua vida cotidiana.

Li nasceu em Xangai, em 1979, época em que Deng Xiaoping lançava seu programa de reforma econômica, sinalizando a abertura do regime comunista. Seus pais, professores do ensino médio bem-instruídos, tinham grandes ambições para a filha. Ela foi matriculada em uma escola primária de renome, e continuou seus estudos em uma instituição de ensino médio especializada na instrução da língua francesa.

Até 1946, a França exerceu extraordinária influência sobre a parte de Xangai conhecida como "Concessão Francesa." Ainda hoje, existe um significativo conjunto de ruas que mantém um caráter nitidamente parisiense, com avenidas arborizadas, cafés, e até mesmo *boulangeries*, que servem deliciosos *croissants* quentinhos. A mãe de Li escolheu a escola especializada no idioma tendo em mente o futuro de sua filha: existem relativamente poucos falantes da língua francesa na China de hoje.

Depois do ensino médio, Li entrou para a Universidade Fudan, uma das mais antigas e seletivas da China: é uma das escolas que compõem o **C9** do país, a "Ivy League" chinesa. Lá, ela estudou Finanças e Negócios e, ao final, recebeu uma oferta de emprego de uma empresa norte-americana de serviços profissionais, que recrutou apenas quatro pessoas para seu escritório de Xangai, em 2001.

Em seu primeiro trabalho, quando já ganhava US$ 4 mil por mês, ela começou a pensar sobre a compra de produtos de luxo. "É uma boa forma de compensar uma vida de muito trabalho. É também uma boa maneira de se destacar da multidão. E permite que eu mostre meu *status*", salientou Li.

Logo no início, ela comprou produtos de beleza. De modo pouco surpreendente, as marcas parisienses dominaram sua escolha. L'Oréal e Clarins eram suas favoritas, embora ela desejasse ser capaz de comprar cosméticos e perfumes ainda mais caros, produzidos pela Lancôme e Chanel.

Determinada a escalar os degraus de sua carreira, Li aproveitou a rara oportunidade de estudar em uma escola de negócios norte-americana, algo que lhe foi oferecido por seu empregador, sediado nos EUA. Ela se candidatou para as universidades de Harvard e Stanford, optando finalmente pela segunda instituição, que estava localizada na Costa Oeste do país, e, portanto, no coração do Vale do Silício.

De volta dois anos depois, munida com um MBA, a renda de Li dobrou, alcançando US$ 8 mil por mês. Mais rica e disposta a pagar muito mais por produtos de boa qualidade, ela investiu em roupas Chanel e joias Cartier, algo que até então lhe parecia um prêmio distante e para outras pessoas. "Eu nem sequer sonhava com essas peças naquela época", afirmou Li.

Um vestido de US$ 300, uma bolsa de couro de US$ 3 mil, um relógio ou uma joia de US$ 4.500 – esses são agora os preços aceitáveis para Li. "Eu ainda me sentia um pouco culpada", disse ela, lembrando aquele tempo.

"Mas eu queria comprar coisas que refletissem meu novo *status*. Queria sinalizar que eu tinha mudado e seguido em frente", complementou Li.

Hoje, os produtos de luxo não lhe são tanto um luxo, mas uma parte necessária de sua vida. Casada e com um filho de 1 ano de idade, Li é diretora em sua companhia e goza de um salário de US$15 mil mensais. Com o marido, ela dispõe de uma renda familiar de US$ 360 mil anuais, o que a coloca entre os 0,6% da população que recebem salários *top*. Por isso, ela diz: "Dinheiro não é problema. Posso pagar pela maioria das coisas que desejo comprar."

Uma rápida espiada no *closet* de Li nos dá uma ideia a respeito de seus hábitos de compra e suas preferências: vestidos Loewe e Club Monaco, sapatos Salvatore Ferragamo e Stuart Weitzman, um casaco Burberry e bolsas Shanghai Tang, Coach e Chanel. Ela também usa óculos de sol Gucci, um relógio Omega e joias da coleção *Love*, da Cartier.

Na maioria das vezes, Li compra seus bens de luxo no exterior, quando viaja a trabalho. Ela os adquire em outros países, em parte, por que na China os preços dos mesmos produtos vêm acrescidos de taxas. Mas, se essa diferença for inferior a 40%, então Li, por vezes, os compra na China, por pura conveniência. Caso contrário, ela prefere adquiri-los no exterior.

Além do preço, a variedade dos produtos representa outro importante fator para a escolha de comprar no exterior. Quando está na Europa ou nos EUA ela tem melhores chances de conseguir produtos de difícil acesso. "Algumas das melhores joias muitas vezes estão esgotadas", comentou Li. "Quando quis comprar a coleção *Love* , da Cartier, ela já estava esgotada no *shopping* IFC (Centro Financeiro Internacional), e isso me frustrou muito", enfatizou Li. E isso foi uma verdadeira surpresa, já que esse *shopping* é o novo epicentro das compras de luxo no país. No final, ela teve de pedir a uma amiga que estava visitando Paris que lhe trouxesse os anéis escolhidos.

Se os gastos de luxo de Li até o momento haviam se concentrado em produtos físicos, ela agora estava começando a considerar a ideia de investir em divertimento – a denominada **experiência de luxo**. "O tempo," diz ela, "é agora minha maior preocupação." Das 7h da manhã, quando se levanta para cuidar de seu bebê, até as 23h, quando finalmente envia seu último *e-mail* de trabalho, seu dia é totalmente esquematizado. Ela espera dedicar mais de seu dinheiro em atividades que lhe permitam retomar o controle de parte desse tempo: ela faz ioga e se entrega a um tratamento de beleza duas vezes por mês no Banyan Tree Spa, em Xangai. Ela também quer que o seu filho conviva com novas experiências que irão enriquecer a vida dele.

Essa transição, com ênfase crescente sobre os serviços e artigos de luxo, caracteriza a jornada empreendida por muitos consumidores chineses. O desejo crescente dessas pessoas de viajar para o exterior irá abrir algumas oportunidades significativas para as empresas de bens de luxo. Estimamos que, em 2020, os viajantes chineses realizarão 53 milhões de viagens – em comparação às 16 milhões ocorridas em 2010 –, e gastarão cerca de US$ 120 bilhões.[17] Algumas companhias já estão tirando proveito disso. A Burberry, marca britânica de luxo, estima que os consumidores chineses podem ser responsáveis por **um terço** de todas as vendas realizadas em suas lojas no Reino Unido.[18]

Mas as maiores oportunidades estão na própria China. Como veremos a seguir, já existem algumas empresas de luxo prosperando nesse vasto país.

LVMH: a gigante do luxo

Conforme descrito no Capítulo 7, se existe uma empresa que está perfeitamente posicionada para tirar proveito da recém-descoberta paixão da China por bens de luxo, esta é a LVMH, a companhia com sede em Paris, cujo acrônimo mascara algumas das marcas de luxo mais famosas do mundo: Louis Vuitton, marca de acessórios da moda; Moët & Chandon, fabricante do melhor champanhe; e Hennessy, a última palavra em conhaque.

Como a maior corporação do mundo de bens de luxo, a LVMH possui cerca de cinquenta marcas. As de relógios incluem a TAG Heuer, a Zenith, a Hublot, a Dior e a Bulgari, adquirida em 2011; entre as marcas de moda estão Marc Jacobs, Fendi, Pucci, Givenchy, Kenzo, Donna Karan e Loewe; as marcas de perfumes e cosméticos incluem Dior e Guerlain; e os vinhos e demais bebidas alcoólicas incluem Moët & Chandon, Dom Perignon, Veuve Clicquot e Krug.

Houve um tempo em que a perspectiva de a China ultrapassar o Japão como terceiro maior mercado da LVMH, atrás apenas dos EUA e da França, parecia bizarra. Mesmo em 2006, a China respondia por apenas 3% das vendas globais, muito atrás dos 13% do Japão. Mas, em 2010, a China respondeu por 8% das vendas globais, bem próxima dos 9% do Japão. As vendas na China dispararam de US$ 569 milhões, em 2006, para mais de US$ 2 bilhões, em 2010.[19]

Em uma entrevista, Bernard Arnault, CEO da LVMH, nos disse que ele acredita que a China represente uma das grandes oportunidades de nosso tempo:

"É claro que a China representa uma grande oportunidade para a LVMH na próxima década: o tamanho do país, o rápido crescimento de sua riqueza, sua educação, seu apreço por marcas de qualidade com tradição e sua cultura de oferecer o melhor aos seus colegas, familiares e amigos são todos fatores que contribuem para esse crescimento. Se executarmos corretamente nossas estratégias de marcas individuais e continuarmos a lhes proporcionar a mesma qualidade de produtos e serviços que fornecemos em todo o mundo, não existe nenhuma razão para que a China não se torne um dos maiores mercados para a LVMH."

Ele afirmou ainda que o fato de a empresa ter chegado no país bem cedo criou vantagens, ou seja:

"Sermos os pioneiros na China com nossas marcas mais fortes nos permitiu estabelecer um bom conhecimento a respeito de como trabalhar de maneira eficiente dentro do país; o conhaque Hennessy foi enviado pela primeira vez para a China em meados do século XIX; a primeira loja da Louis Vuitton abriu em Pequim, em 1992, e a da Dior, em 1997. É importante garantir a manutenção dos mesmos padrões de qualidade dos produtos, dos serviços e das lojas que os clientes estão acostumados a ver em todo o mundo; os programas de treinamento locais e internacionais, a alta qualidade das lojas e os excelentes produtos são fundamentais. Do mesmo modo, para os interesses de longo prazo das marcas individuais, temos sido pacientes e precisamos esperar pelas oportunidades certas. Por fim, trabalhar em conjunto com as comunidades locais para garantir que suas necessidades e seus interesses de longo prazo sejam levados em conta é um fator importante para o nosso sucesso."

Arnault acredita que a Índia precisa superar diversos obstáculos e resolver outras questões para alcançar uma posição de forte crescimento. "Todo o potencial da Índia será alcançado quando o país relaxar algumas de suas barreiras para a realização de negócios. A Índia tem um grande potencial: uma grande população; uma classe média forte e instruída; e apreço pelo luxo. O potencial está lá; só precisa ser liberado!", destacou Arnault.

Ele não está particularmente preocupado com a dependência da companhia em relação à China:

> "Embora seja sempre preferível ter suas dúzias de ovos distribuídas por mais de um cesto, é inevitável que alguns países cresçam mais rapidamente que outros. Em nossos negócios atuais, mantemos um bom equilíbrio geográfico em termos de rendimentos e diversidade. E, ao mesmo tempo em que a oportunidade na China parece mais iminente, existem outros lugares, como a Índia e a América Latina, com enorme potencial de crescimento, à medida que se tornarem mais acessíveis."

Detalhando ainda mais os números, é possível constatar que, em algumas categorias de luxo, a China já ultrapassou o Japão e a França tornando-se o segundo maior mercado para a LVMH. Como discutido anteriormente, o que diz respeito ao consumo dos vinhos e demais bebidas alcoólicas, a China é responsável por **25%** das vendas globais da empresa, atrás somente dos 45% dos consumidores norte-americanos. Em moda e artigos de couro, os chineses aparecem como os consumidores de 21% da produção da companhia, atrás apenas do Japão, com 22%, e à frente dos EUA, com 18%.[20]

O principal sucesso da corporação tem sido a Louis Vuitton, agora firmemente estabelecida como a **marca número um entre os milionários chineses**. Seus rivais e empresas de outros setores devem estudar de que modo esta marca tem alcançado tal desempenho estelar.

Oficialmente, a Louis Vuitton lançou sua operação de varejo em 1992, quando Yves Carcelle, CEO da LV, abriu sua primeira loja no ultraexclusivo hotel Peninsula Palace de Pequim, a poucos passos da histórica Cidade Proibida. Desde então, ele inaugurou 92 lojas Louis Vuitton em 29 cidades chinesas e elevou as receitas globais da empresa de 600 milhões, em 1990 – quando entrou para a companhia –, para 6 bilhões em 2011.

Entretanto, a bem da verdade, essa conexão com a China vem de muito mais tempo – desde 1907, quando a empresa patrocinou a corrida de automóveis de Pequim a Paris, em que os competidores percorreram os 14.500 km em carros providos de malas típicas da Louis Vuitton. Até então, a companhia tinha mais de 50 anos, e já havia se estabelecido como a fabricante favorita de malas de viagem da aristocracia europeia.

Essa herança colorida da Louis Vuitton encantou seus clientes chineses. "Eu gosto da Louis Vuitton, especialmente de suas bolsas, por sua qualidade e longa história", disse uma rica dona de casa. "É a marca mais famosa que quase todo chinês deseja possuir", completou essa cliente.

Longe de descansar sobre sua própria glória, a empresa teve o cuidado de nutrir sua marca desde sua chegada formal ao país, na década de 1990. Ela tem sido, de modo consistente, a maior investidora em publicidade, especialmente em revistas. No primeiro trimestre de 2009, a companhia gastou cerca de US$ 10 milhões, sendo 75% desse montante direcionado para anúncios em revistas.[21] Em contrapartida, a Gucci, sua concorrente mais próxima em se tratando de despesas com publicidade, desembolsou cerca de US$ 6 milhões, sendo 67% desse valor alocado para revistas.

A Louis Vuitton também procurou preservar sua imagem global, pois sabe que, ao adquirirem seus produtos, os consumidores estão tentando comprar um estilo de vida exótico, internacional e rico. Isso também inclui um pouco de *marketing* local. Em 2011, a Louis Vuitton organizou uma exposição no Museu Nacional da China, onde apresentou algumas de suas malas e bolsas mais preciosas, bonitas e históricas. Intitulada *Voyages* (*Viagens*), a exposição buscou enfatizar a longa ligação da Louis Vuitton com o país e suas profundas raízes no negócio de bagagem artesanal – uma das características que os consumidores mais identificam com a marca. A empresa também criou *podcasts* de viagem para Pequim, Xangai e Hong Kong. Os *podcasts* foram narrados por atrizes chinesas famosas, incluindo Gong Li, Shu Qi e Joan Chen.

Em 2003, a Louis Vuitton (LV) tinha apenas duas lojas – uma em Pequim e outra em Shenzhen. No ano seguinte, abriu seis, incluindo uma em sua primeira cidade nível 2: Xian, o ponto inicial da lendária Rota da Seda. Em 2008, a empresa abriu 26 lojas, incluindo uma em Sanya, cidade de nível 3, na ilha de Hainan. Essa última loja representou um importante complemento à rede. Como nos contou um executivo da Louis Vuitton: "A loja de Sanya representa nosso espírito de viagem – por isso, ela abriga quase toda nossa coleção de bolsas."

Em 2010, a LV abriu mais 35 lojas: cinco nas três maiores cidades chinesas (Pequim, Xangai e Guangzhou); 16 em cidades de nível 1; sete em cidades de nível 2 (incluindo duas em Shenyang); e uma na cidade de Sanya, de nível 3.

Ao abrir essas lojas, a LV se beneficiou do reconhecimento de sua marca para garantir as melhores locações em novos *shoppings* e negociar os aluguéis. "A Louis Vuitton sempre consegue os melhores pontos comerciais ao preço mais barato", comentou o gerente da loja de uma empresa rival em Xangai. "Por exemplo, eles abriram uma loja muito maior que a nossa no Plaza 66", disse ele. Esse complexo comercial, localizado sob dois arranha-céus projetados por arquitetos de Nova York, é um dos epicentros de luxo na cidade – e a loja da Louis Vuitton está situada na posição mais vantajosa.

Desde o início, os executivos da Louis Vuitton entenderam que seus clientes potenciais estavam geograficamente dispersos. (Conforme descrevemos anteriormente, as 700 mil famílias com ativos de mais de US$ 1 milhão estão espalhadas por cerca de 650 cidades.) Hoje, os executivos seguem um processo de quatro etapas para controlar sua base de clientes.

Primeiro, eles rastreiam os clientes existentes, coletando suas informações de endereço e ocupação. Isso ajuda os executivos a determinarem onde deverão abrir uma nova loja. "Por exemplo," diz o gerente da loja da Louis Vuitton do Shanghai Plaza 66: "Percebemos a existência de um grande número de clientes de Wenzhou, e agora temos uma loja lá." A loja de Wenzhou, uma cidade de nível 1, com 9 milhões de habitantes, foi inaugurada em 2006.

A fim de selecionar uma cidade – a **segunda etapa** do processo – a Louis Vuitton leva a cabo um programa completo de pesquisa. Tipicamente, uma equipe de dez a quinze pessoas visita até dez vezes um potencial ponto comercial, avaliando o poder de compra dos clientes locais, a qualidade do imóvel e o valor estratégico da cidade.

O **terceiro** passo é o estabelecimento da loja, e isso exige uma escolha cuidadosa e a definição de parceria com uma boa administradora de imóveis, além de pesados investimentos na paramentação da loja. O **quarto** passo é adaptar constantemente a gama de produtos disponibilizados na loja, para garantir que os **clientes consigam** sempre o **que quiserem, quando quiserem**.

Entretanto, a nova loja, apesar de bem-planejada, irá falhar sem o pessoal de vendas adequado. Sean Connery e Angelina Jolie podem ser "os rostos da Louis Vuitton" nas campanhas publicitárias mundiais, mas o executivo de vendas na loja local é o **"rosto"** mais importante quando se trata de comprar uma bolsa de couro.

Desse modo, a Louis Vuitton investiu pesado na seleção e no treinamento de seus funcionários da linha de frente. A empresa anuncia as vagas localmente, mediante jornais e *sites* na Internet, e realiza várias rodadas de seleção. Normalmente, de 60 candidatos, apenas 6 pessoas são recrutadas e enviadas para um programa de treinamento de dez dias em Xangai, onde aprendem desde minúcias da história da empresa até as técnicas básicas de vendas. Como recompensa e incentivo, a Louis Vuitton envia seus executivos de vendas de melhor desempenho, em torno de 30 a 40 por ano, a Paris para um programa de 12 dias, que inclui uma visita à loja matriz e à fábrica, bem como se oferece mais tutoria sobre a marca Louis Vuitton e sobre técnicas avançadas de vendas.

Essas estratégias ajudaram a fazer com que as operações da Louis Vuitton na China crescessem de apenas **1%** nas vendas globais da empresa, em 2003, para cerca de **20%**, em 2010. Elas também ajudaram a LVMH a testemunhar um verdadeiro salto em seus lucros, apesar das previsões sombrias para a economia global. No primeiro semestre de 2011, o lucro líquido global do conglomerado subiu 25%, alcançando US$ 1,9 bilhão; já o volume de vendas subiu 13%, registrando US$ 13,7 bilhões. A Ásia, excluindo o Japão, teve um crescimento de 26% nas vendas, o que sugere que os negócios na China se mantiveram aquecidos.[22]

A Louis Vuitton continua no centro da estratégia da LVMH. Em julho de 2011, a companhia abriu sua maior loja na China continental, no *shopping* Taikoo Hui, em Guangzhou, a terceira maior cidade do país, com cerca de 13 milhões de habitantes. E a empresa está reformando sua matriz de Xangai, do Plaza 66, que terá uma biblioteca e um espaço para exposições de arte.

Sua maior loja chinesa está localizada na Canton Road de Hong Kong, na área urbana Tsim Sha Tsui (TST), península de Kowloon, em Victoria Harbour. Em qualquer dia, milhares de turistas chineses entram e saem com pacotes da Louis Vuitton, Chanel, Dior, Ferragamo, Gucci e Hermès. Na verdade, a loja de Hong Kong é a maior da Louis Vuitton fora de Paris – mais de 1.600 metros quadrados, distribuídos por quatro níveis. Sua fachada ao nível da rua, projetada pelo arquiteto japonês Kumiko Inui, é uma enorme tela de LED, que cria um efeito surpreendente à noite. A loja fica aberta até às 22h, sete dias por semana. No interior do *shopping*, encontramos malas *vintage* Louis Vuitton penduradas no departamento de bagagem, um salão de joias e relógios e duas salas VIP privadas. É uma loja de tirar o fôlego. A decoração enfatiza detalhes em ouro e prata e belos pisos de bambu. Muitos dos produtos vendidos são edições limitadas. Segundo os concorrentes, essa única loja também apresenta um volume de vendas impressionante – mais de US$ 250 milhões, ou notáveis US$ 156 mil por metro quadrado.

Se a LVMH, com suas muitas marcas, está capitalizando sobre a recém-descoberta paixão pelos bens de luxo na China e na Índia, assim também estão algumas outras empresas de categorias específicas. Outro bom exemplo é a L'Oréal China, sob a administração de Paolo Gasparrini. Ele teve quinze anos de experiência na China, e fez parte do início da empresa. A companhia tem agora 30 mil trabalhadores, e construiu um centro de P&D em Pudong. "A China é um país para cuidados com a pele e produtos faciais", diz ele. "Os consumidores chineses não querem copiar os produtos de beleza dos EUA ou da UE. Você precisa entender e ser humilde neste mercado. Prepare-se para uma mudança rápida", complementou Paolo Gasparrini.

Outro setor que está aceitando esse conselho e ganhando sua parte do prêmio é o de automóveis *premium*: a Audi, pertencente à Volkswagen, a Mercedes, de propriedade da Daimler, e a BMW.

O *glamour* do carro esportivo

As estradas podem estar cheias de buracos e ostentar tráfego lento, mas o mercado de carros velozes está crescendo a uma velocidade espantosa. Na China, as vendas de automóveis de prestígio aumentaram de 24 mil, no ano 2000, para extraordinários 576 mil, em 2010. Na Índia, as vendas saltaram de 30 mil, em 2006, para 58 mil, em 2010. Supomos que esses números continuarão a crescer de modo surpreendente ao longo dos próximos cinco anos. Em um momento em que o mercado de veículos de luxo no Ocidente está estacionado, o mercado chinês representa uma verdadeira tábua de salvação para os fabricantes de carros esportivos velozes.

O *BMW Série 3* é destinado a jovens advogados, banqueiros e gestores de fundos – profissionais com idades que variam entre 25 anos e 45 anos. Custando entre US$ 45 mil e US$ 60 mil, o *S3* se destina a agradar suas necessidades funcionais (carro rápido com tração traseira, motor que não queima gasolina e um sistema conveniente para reparos rápidos e acessíveis) e emocionais (*design* desportivo, *status* elevado e som estrondoso).

Os *BMW Séries 5* e *7* são direcionados aos proprietários de empresas de pequeno e médio portes – empreendedores entre 40 e 50 anos de idade. Custando entre US$ 80 mil e US$ 200 mil, esses carros grandes satisfazem diversas necessidades funcionais desses executivos: são veículos seguros para se dirigir, com avançado sistema de frenagem; são confortáveis, com amplo espaço no banco traseiro para transportar importantes parceiros comerciais. Esses veículos são, portanto, perfeitamente adequados não apenas para viagens de negócios, mas também para ocasiões familiares.

Todavia, eles também satisfazem algumas das necessidades emocionais típicas de seus clientes-alvo: os carros transmitem uma sensação de superioridade e de ser "jovem para sempre." Aliás, para ressaltar sua suntuosidade, a BMW modificou o *S5* para seus clientes chineses, tornando-o ligeiramente mais longo e mais largo que os *S5* disponíveis no resto do mundo.

Um dos vendedores bem-treinados da BMW cumprimentou Zhai Wenqin assim que ela entrou em um *showroom* da empresa em Xangai. Ela representava a clássica cliente-alvo de carros de luxo: 30 e poucos anos, bem instruída, operadora de câmbio, renda familiar de cerca de 250 mil dólares por ano, casada e com uma filha de 1 ano de idade.

Sua melhor amiga tinha um *Mini Cooper* – marca britânica adquirida pela BMW em 1994, e revitalizada com um *design* suave e teto *soft-top* –, e Wenqin inicialmente imaginou que gostaria de comprar um também. "O *Mini* parece tão bonito e elegante", diz ela. "Eu vi muitas mulheres estilosas os conduzindo e logo me imaginei dirigindo um, com meus cabelos esvoaçando com o vento."

Mas quando pegou um *Mini Cooper* para um *test drive*, ela não ficou impressionada. "Não era espaçoso o suficiente. Minha mãe é uma senhora grande, e não imagino como ela e minha filha poderiam se espremer juntas no banco de trás." Além disso, o automóvel não apresentava outros benefícios funcionais para compensar seu tamanho extremamente pequeno.

Desapontada, ela caminhou pelo *showroom* da BMW. Ela fez *test drive* num *BMW 318* – maior que o *Mini Cooper*. No *checklist* de Wenqin, isso representou um primeiro item positivo. Ademais, o carro era veloz. "Eu dirigi a cerca de 120km/h durante o *test drive*. Foi muito bom, ultrapassei todos os outros carros. Tive a sensação de que poderia dirigir tão rápido como os pilotos de F1", declarou Zhai Wenqin.

E, muito importante foi o fato de seu marido, que dirige um Toyota Camry, também ter gostado da BMW. Assim, depois de uma reflexão mais aprofundada, Wenqin pagou US$ 50 mil por um *BMW 318* branco – preço comparável ao do *Mini Cooper*, mas, como ela diz, "com melhor custo-benefício."

O segmento de luxo: alguns fatores de sucesso

A Kering, a LVMH e a BMW estão mostrando como as empresas podem aproveitar o *boom* do mercado de luxo que está ocorrendo na China – e que deverá ocorrer na Índia nos próximos dez anos. Mais de 100 milhões de chineses e 10 milhões de indianos entrarão nos mercados *premium*, exigindo roupas, comida, vinho, carros, viagens e acessórios de classe mundial. À sua própria maneira, eles irão recriar o mercado dos EUA no que diz respeito à melhoria de padrão – um processo que testemunhamos no período de 1995 a 2005. As empresas com potencial de criar produtos para servir a esses mercados *premium* irão prosperar se conseguirem adentrá-los agora, alcançarem distribuição ampla e abrangente e aprenderem a personalizar seus produtos de acordo com os gostos e as preferências dos chineses e indianos. Não é tarde demais para realizar os investimentos necessários, primeiro na China e, posteriormente, na Índia, e assim garantir sua parte do prêmio de **US\$ 1 trilhão**, dos **US\$10 trilhões disponíveis**.

CAPÍTULO 10

A vida digital
Internautas, e-consumidores e os novos gigantes da Internet

Como uma vasta nova geração de consumidores digitais utiliza a Internet e os demais dispositivos móveis, criando um nível de conectividade e de oportunidades comerciais sem precedentes para as empresas que estão prontas para realizar os movimentos certos

JING FAZ PARTE DA nova geração de internautas que vive a vida no mundo virtual extremamente real da Internet. Jing tem 28 anos, é solteira e mora em Pequim. Ela é uma jovem profissional com mestrado e uma renda mensal de aproximadamente US$1.200.

Jing se mantém conectada à Internet quase o dia todo. "Posso satisfazer todas as minhas necessidades por meio do mundo digital – produtos, informações, tudo", disse ela. O *e-commerce* e o *m-commerce* – comércio realizado por meio de um dispositivo móvel – já respondem por 60% dos gastos mensais de Jing. "Adoro fazer compras *on-line*! Adquiro *on-line* quase todos os serviços relacionados às minhas diversões e atividades, como filmes, refeições, livros etc. É muito conveniente e é possível encontrar diversas pechinchas!", enfatizou Jing.

Ela tem um *smartphone* Lenovo, que é a primeira coisa que ela olha quando acorda, para verificar as notícias do dia antes de sair para o trabalho. A caminho para o trabalho, ela lê e posta no Sina Weibo (o equivalente chinês ao Twitter). Quando chega ao escritório, Jing liga seu *laptop* Lenovo, lê e responde a seus *e-mails* e pesquisa relatórios *on-line* para seu trabalho usando o Google e o IBISWorld[a].

---

a   Editora independente de pesquisa dos EUA. A equipe de analistas da IBISWorld abrange 700 diferentes segmentos de mercado. Cada relatório de mercado está disponível *on-line* em formato HTML e PDF. (N.T.)

Durante o almoço, ela dá uma olhada nas últimas pechinchas do Taobao, *shopping on-line* bastante parecido com o eBay e o Amazon.com. Caso não se sinta segura quanto à qualidade do produto anunciado, ela o adquire no *site* oficial da marca divulgada. Após o almoço, Jing geralmente está ocupada no trabalho usando o mecanismo de pesquisa Baidu e o Yahoo! Finance para coletar dados que irão compor o relatório de um cliente. Conforme seu dia de serviço vai chegando ao fim, ela se conecta ao Tuan800 – agregador da GroupOn na China – para encontrar ofertas de filmes e jantar.

Após o trabalho, ela geralmente conversa com amigos pelo Skype, serviço de bate-papo pela Internet da Microsoft, e depois vai para casa assistir a um programa – não na TV, mas na Sohu HDTV (resposta chinesa ao YouTube, da Google). Jing vê os episódios mais recentes de *The Big Bang Theory* ou *Desperate Housewives* por uma ou duas horas. Antes de apagar as luzes à noite, ela passa alguns minutos baixando um novo aplicativo para seu *iPad*. Não existe, portanto, praticamente nenhum momento durante o dia em que ela não esteja conectada.

É uma experiência resfolegante, ininterrupta. É vida vivida em plenitude – mas *on-line*.

E Jing não é a única. Existem muitas pessoas como ela, na China e na Índia. Como discutiremos neste capítulo, eles são ávidos integrantes da **revolução do consumidor** *on-line*.

Os internautas e o surgimento de um bate-papo nacional

Durante séculos, a China e a Índia foram países díspares, heterogêneos e desconectados. Agora, no entanto, ambos estão à beira de uma nova era, graças à chegada da tecnologia digital. Pela primeira vez, as duas populações estão se engajando em algo novo: um diálogo nacional – o que, por sua vez, está gerando um impacto profundo em ambos os países.

Em julho de 2011, um dos trens-bala da China sofreu uma colisão em Wenzhou, no leste do país, matando 40 passageiros – e o sentimento de ultraje público foi tão grande que obrigou Wen Jiabao, o então primeiro-ministro chinês, a levantar-se doente de seu leito para ir visitar o local do acidente. Mas, enquanto no passado as pessoas reagiam a tais calamidades tomando as ruas da cidade, dessa vez, elas escolheram uma maneira de expressão diferente: a Internet.

O Sina Weibo, a resposta chinesa ao Twitter (que é proibido no país), foi dominado pelas opiniões vociferantes de cidadãos blogueiros furiosos que as digitaram a partir de celulares, *laptops* e computadores instalados em centenas de *lan houses* e *cybercafes* em todo o país. De fato, o acidente de trem tornou-se um tópico de discussão para muitos de seus 250 milhões de usuários registrados que, em média, postam 90 milhões de mensagens todos os dias.

Tal é a prevalência das novas mídias sociais que pessoas de todas as classes e de todas as partes do país estão contribuindo para os **weibos**, ou *sites* de *microblogging*. Por exemplo, quando Wang Gongquan, um dos mais famosos investidores da China, decidiu deixar a esposa pela amante, ele fez o anúncio à família, aos amigos e a milhares de estranhos por meio de uma mensagem no Sina Weibo. Dentro de 24 h, o *post* tinha sido republicado 60 mil vezes. Seu amigo, Pan Shiyi, bilionário e presidente da Soho China, um dos maiores empreendedores imobiliários do país, entrou no *site* para instá-lo a "entrar em contato comigo o mais breve possível."[1]

Na Índia, também, o Twitter e outros canais de mídia social tornaram-se ferramentas comuns de comunicação para uma ampla gama de pessoas. Em 2011, durante os vigorosos protestos contra a corrupção liderados por Anna Hazare, milhares de pessoas voltaram-se para o Twitter, o Facebook e outros *sites* a fim de registrar apoio a ele – especialmente durante sua greve de fome.

Uma delas foi Anand Mahindra, um dos principais líderes empresariais do país e diretor da Mahindra Group, que comentou no Twitter: "Democracia significa que nenhuma voz, por menor que seja, pode ficar sem ser ouvida. O sentimento anticorrupção não é um sussurro, é um grito. Ignorá-lo é um grave erro."[2]

O protesto *on-line* foi tão poderoso que Hazare – um septuagenário – criou, desde então, suas contas do Facebook e do Twitter. "Minha voz já alcançou as pessoas através das mídias impressa e eletrônica", ele escreveu, em uma carta oficial enviada de Ralegan Siddhi, seu vilarejo no oeste do Estado de Maharashtra: "E agora vou tentar me adaptar também ao Twitter e ao Facebook"[3], comentou Anna Hazare.

Essas histórias indicam a extraordinária adesão que a Internet exerce sobre os dois países mais populosos do mundo. A China tem mais usuários de Internet que qualquer outro país. Em 2011, eram 525 milhões, mais que o dobro dos 245 milhões dos EUA. Na mesma época, a Índia tinha 121 milhões, mais que os 88 milhões do Japão.

Se esses números parecem grandes, eles representam apenas um indício do que poderão se tornar no futuro. O meio bilhão de usuários de Internet na China equivale a uma taxa de penetração de 39% da população (Figura 10.1). Em 2009, esses indivíduos somavam 384 milhões, ou 29% da população. Três anos antes, havia 138 milhões de usuários de Internet. Em 2015, esperamos que esse número supere os 700 milhões, ou mais de 50% da população. Isso ainda deixaria a taxa de penetração na China atrás da registrada nos EUA, cujos 265 milhões usuários representarão 83% da população. Na Índia, os 121 milhões de usuários em 2011 representaram um grande aumento em relação aos 31 milhões verificados em 2006 – mas eles ainda constituíam apenas 10% da população do país.[4] Em 2015, acreditamos que esse número alcance mais de 200 milhões, ou 15% da população.

FIGURA 10.1

A penetração da Internet na China e na Índia

Em relação aos EUA, a China está reduzindo a lacuna em termos de penetração da Internet, mas a Índia ainda permanece consideravelmente distante.

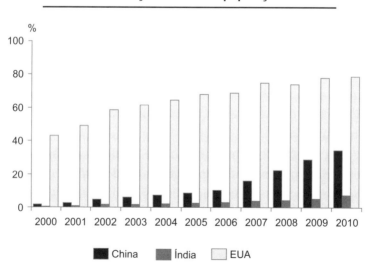

Fonte: União Internacional de Telecomunicações (UIT), Dados e Estatísticas ICT, http://www.itu.int/ITU-D/ict/statistics/; ITU, *The World in 2011: Facts and Figures ICT*, www.itu.int/ITU-D/ict/facts/2011/material/ICTFactsFigures2011.pdf; Análise BCG.

Vale ressaltar, entretanto, que os consumidores chineses e indianos acessam a Internet de maneiras diferentes. Na China, o PC (sigla em inglês para computador pessoal) é muito mais prevalente que na Índia. Nossa pesquisa mostra que, em 2009, havia 267 milhões de PCs na China – pertencentes a 20% da população. Na Índia, em contrapartida, havia "**apenas**" 55 milhões, cobrindo apenas 4% da população.

O outro ponto de acesso principal é o telefone celular. Aqui, a diferença é menor entre os dois países, que, aliás, são os dois maiores mercados de telefonia móvel em todo o mundo. Em 2011, havia 950 milhões de celulares na China, representando 70% da população.[5] Na Índia, os números eram, respectivamente, 893 milhões e 70%. Nossa pesquisa sugere que, em 2015, 92% da população chinesa – 1,27 bilhão de pessoas – terão **celulares**. A Índia não ficará muito atrás, abrigando 953 milhões de telefones celulares, o equivalente a 75% da população.

Um terceiro meio de acesso à Internet que está em rápida expansão é o *tablet*. Em uma pesquisa da BCG de 2010, cerca de 23% dos respondentes chineses disseram possuir um *tablet*, em comparação com 16% nos EUA. Mais de 24% disseram ter "muita familiaridade" com o equipamento, em comparação com pouco mais de 18% nos EUA. É certo que o *iPad* da Apple tenha sido especialmente bem-sucedido no gigante asiático, impulsionando as receitas da empresa a níveis recorde. Nos três primeiros trimestres de seu ano fiscal de 2011, a receita da companhia norte-americana na Grande China, que inclui Hong Kong e Taiwan, somou US$ 8,8 bilhões , seis vezes a receita do ano anterior. Suas quatro lojas na China – duas em Pequim e duas em Xangai – registraram o maior tráfego e a maior receita de todas as lojas do mundo, incluindo até mesmo a maior loja matriz na Quinta Avenida, em Manhattan.[6]

Na Índia, o *iPad* não teve o mesmo sucesso. O *tablet* tem alguns fãs dedicados. Em um de seus *tweets* diários, Anand Mahindra postou que estava viajando pela Europa e "acompanhei cada detalhe de uma partida internacional de críquete (entre a Índia e a África do Sul) em meu *iPad*." Seu veredicto? "Dispositivo surpreendente. Não é de admirar que os *laptops* ainda estejam tentando se recuperar dessa inovação!" O governo indiano acredita que o mercado de *tablets* irá decolar e, em outubro de 2011, concordou em comprar 100 mil *tablets* superbaratos de DataWind, empresa sediada no Reino Unido.

Ao longo dos próximos cinco anos, o governo planeja adquirir dez milhões desses dispositivos para as escolas, a fim de aumentar o domínio da informática entre os alunos. Ao fazê-lo, é possível também aumentar o próprio apetite por *tablets*. O Aakash da DataWind, ou "céu" em híndi, é vendido a US$ 60, uma fração do custo do *iPad* (US$ 500) e do Kindle Fire (US$ 199).[7]

Os telefones celulares e os *tablets* permitem a qualquer pessoa acessar a Internet em qualquer lugar. Mas, para isso, a infraestrutura de telecomunicações – em particular, a disponibilidade de banda larga – é **imprescindível**. E, quando se trata de infraestrutura, a China e a Índia ficam atrás das principais economias desenvolvidas – como refletido no Índice de e-Intensidade da BCG (e-Intensity Index), que mensura a maneira como a Internet está sendo usada em diferentes economias.[8] Em princípio, as crianças com um *tablet* Aakash deveriam ser capazes de "alcançar o céu". No entanto, sem *Wi-Fi* elas têm à sua disposição o **equivalente a um carro sem combustível**.

Apenas 15% da população da Índia têm acesso a uma conexão de banda larga, e somente 8% têm acesso a uma rede móvel de terceira geração (3G), que oferece velocidades mais rápidas de *download* para Internet móvel. Apenas alguns *cybercafes*, *shopping centers* e escritórios modernos sediados nas cidades mais abastadas oferecem *hotspots Wi-Fi*. A China, em contrapartida, está em um patamar bastante diferente: extraordinários 80% da população do país têm acesso à banda larga, e 95% a uma rede móvel 3G.

Na Índia, os planos do governo estão caminhando lentamente no sentido de começar a resolver esse problema. Em 2010, realizou-se no país um leilão controverso do espectro 3G, e a Tata Docomo, uma *joint venture* entre a Tata e a NTT Docomo, operadora móvel com sede no Japão, tornou-se a primeira empresa a lançar serviços 3G no país.

A maneira como os consumidores na China usam a Internet reflete sua acessibilidade. Em 2011, os chineses investiram um total de 1,9 bilhão de horas na Internet – todos os dias. Esse número foi quase três vezes maior que o registrado entre os consumidores norte-americanos: 637 milhões de horas. A diferença reflete o tamanho das populações –, mas não deixa de ser surpreendente que, em média, os usuários chineses passam mais tempo na Internet que os usuários dos EUA: 3,6 h e 2,6 h, respectivamente.

A prevalência da Internet na China significa que seus consumidores se acostumaram a uma gama muito maior de serviços digitais. Em alguns casos, os chineses são usuários mais ávidos de serviços *on-line* que os próprios norte-americanos. Por exemplo, em 2010, 79% dos consumidores de Internet chineses já usavam mensagens instantâneas – em comparação com apenas 21% dos consumidores norte-americanos. Eles também se revelaram maiores consumidores de música *on-line* (79% *versus* 61%), jogos (64% *versus* 46%), *e-books* (40% *versus* 7%) e Weibo / Twitter (40% *versus* 13%).

Os consumidores indianos também têm um apetite maior por mensagens instantâneas, música *on-line* e jogos que os norte-americanos – mas os indianos ultrapassam até mesmo os chineses nas pesquisas de emprego e no envio de *e-mails*. Quase todos os consumidores digitais indianos (95%) usam *e-mail* – em comparação com 52% dos consumidores chineses – e quase três quartos (73%) deles acessam *sites* de ofertas de emprego, como Naukri.com, Monster.com e o portal de empregos gerido pelo jornal *Times of India*.

Os indianos também diferem dos chineses em sua preferência por *sites* internacionais – algo atribuível à sua familiaridade com o inglês e à sua liberdade para navegar na *Web* sem intervenção estatal. Em 2009, apenas dois dos dez melhores *sites* visitados na Índia – mensurados por seu uso no país – eram indianos: Rediff, um portal de notícias, entretenimento e compras e o *Times of India*. Já os mais populares eram a versão indiana do Google e o Google.com, seguidos pelo Yahoo!.

Na China, por outro lado, apenas 2 dos 10 melhores *sites* não eram chineses: o Google Hong Kong e o Google.com. O mais popular era o Baidu, mecanismo de busca (e terceira maior empresa de Internet do mundo), seguido pelo QQ, serviço de mensagens instantâneas da Tencent (quinta maior empresa de Internet do mundo).

Entre os consumidores digitais, os adolescentes devem ser os mais observados – os **grandes consumidores do amanhã**. A título de exemplo, analisamos dois jovens nativos da era digital: Swapnil e Jianhong.

Swapnil é um adolescente de classe média. Ele vive com seus pais e irmã em Lucknow, capital do Estado de Uttar Pradesh. Sua casa está bastante conectada à tecnologia – Swapnil possui um computador de US$ 600, um telefone celular de US$ 150 e uma câmera digital de US$ 250.

Seus pais lhe dão uma mesada de US$ 40 em dinheiro todo mês, e ele gasta um terço desse valor em telefonemas e mensagens de texto. "Meu celular está sempre ao meu lado. É como um melhor amigo", diz ele. Como muitos indianos, ele tem dois cartões SIM (*subscriber identity module*) para tirar proveito das melhores taxas oferecidas por diferentes operadoras.

Em um dia típico, Swapnil envia mensagens de texto a seus amigos sobre trabalhos escolares e atividades depois da escola, usa seu *pen drive* para salvar apresentações e, invariavelmente, coloca seu computador para baixar filmes e músicas de *sites* de compartilhamento de arquivos *peer-to-peer*,[b] enquanto está na escola. De volta para casa, ele normalmente acessa o cricinfo.com – o mais popular dos *sites* de notícias de críquete – e, em seguida, verifica seu *e-mail* e fala com os amigos por meio de uma plataforma de mensagens instantâneas. Antes de ir para a cama, ele também encontra tempo para conversar no Facebook, fazer uma pesquisa *on-line* para sua lição de casa e despachar as últimas das duzentas mensagens de texto que normalmente envia todos os dias.

Quatro anos mais jovem, Jianhong vive com os pais em um apartamento em Guilin, cidade de nível 3 em uma região montanhosa no extremo sul do país. Como a maioria das pessoas de sua geração, ele é apenas mais uma criança cercada de "engenhocas" digitais. Ele tem um telefone celular Nokia de US$ 220 e um MP3 *player*, e gasta um terço dos US$ 30 da mesada que recebe todos os meses em seus passatempos digitais: cerca de US$ 3 em mensagens instantâneas – ele usa o QQ –, US$ 3 em jogos *on-line* e mais US$ 3 em seu telefone celular.

Seus pais geralmente também lhe dão 10 renminbis (US$ 1,50) para lanches na escola. Mas, em um sussurro confidente, ele revelou: "Eu sempre uso esse dinheiro para pagar por jogos *on-line*, como *Dungeon Fighter*."

E-shopping na China: a ascensão da nova superpotência mundial do comércio eletrônico

Os chineses dizem que adoram fazer compras. Eles são os maiores compradores mundiais de carros, motos, sapatos, celulares e vários outros tipos de produtos. Até 2015, supomos que eles terão ultrapassado os norte-americanos como os maiores **e-consumidores** em todo o mundo.[9]

Responsável pela maior população mundial de usuários da Internet, em 2010, a China ostentava 145 milhões de consumidores *on-line* – ficando atrás apenas dos EUA, com 170 milhões de e-consumidores. Todavia, ainda existe muito espaço para crescimento nessa área: apenas 23% da população urbana está envolvida em compras *on-line* e o comércio eletrônico representa apenas 3,3% do total das vendas a varejo.

---

b   Também conhecida como P2P. Trata-se de uma tecnologia utilizada para estabelecer um tipo de rede de computadores, em que cada estação possui capacidades e responsabilidades equivalentes. É um modelo de comunicação no qual os meios utilizados se conectam diretamente uns com os outros, podendo cada parte dar início a uma sessão (N.T.)

Calculamos que, em 2015, haverá 356 milhões de e-consumidores na China. Os EUA, por sua vez, terão 199 milhões. Na ocasião, cerca de 44% da população urbana da China farão compras *on-line*. Mas então, quanto esse mercado de *e-shopping* valerá no futuro? Uns 2,3 trilhões de renminbis (US$ 364 bilhões) – em comparação aos 461 bilhões de renminbis registrados em 2010.[10]

Esse aumento marcante é atribuível a diversos fatores. Naturalmente, o mais significativo é o aumento dos rendimentos. Outro diz respeito à acessibilidade e disponibilidade da Internet, graças aos esforços do governo no sentido de modernizar a infraestrutura de telecomunicações do país. O terceiro é a crescente confiança que as pessoas estão adquirindo no canal *on-line*. De acordo com a pesquisa que realizamos naquele país, as recomendações boca a boca de amigos e parentes representam para o consumidor sua fonte de informação mais confiável. Sua segunda fonte mais confiável são os blogues *on-line* e as análises dos produtos, seguidos pelos *sites* de redes sociais. Os *sites* dos fabricantes e as propagandas de TV ficam em quarto e quinto lugares, respectivamente, como fontes confiáveis.

Um quarto fator é a limitada quantidade de lojas físicas – em oposição às virtuais. Em 2015, como já descrevemos, cerca de 365 cidades terão mais de 100 mil consumidores das classes média e alta. No entanto, os maiores varejistas do país têm lojas físicas apenas em cerca de 260 dessas cidades, e a Wal-Mart tem lojas em menos de 120 (número em 2010). Por causa da falta de desenvolvimento do comércio organizado, os maiores varejistas da China respondem apenas por cerca de 13% das vendas urbanas gerais de varejo (número de 2010). Em contrapartida, a Internet oferece alcance quase ilimitado.

Um quinto fator que explica a ascensão da China como superpotência do *e-commerce* é o **baixo custo da entrega dos produtos adquiridos**. Além do alto valor do aluguel, os varejistas físicos pagam também os custos extras dos intermediários e atacadistas, tão necessários para a distribuição. Na China, o envio pelo correio custa, em média, US$1, em comparação aos US$ 6 cobrados nos EUA.

Mas, se a trajetória de crescimento é clara, o desafio de construir um negócio *on-line* é bem mais complexo, exigindo uma verdadeira compreensão das características singulares do mercado chinês de *e-commerce*.

Para começar, existem imensos desafios logísticos. Embora a postagem pelos correios seja relativamente barata, a qualidade da infraestrutura de entrega continua terrível. Os consumidores se preocupam com o recebimento de mercadorias danificadas, e um grande número deles – **45%** – teme que seus produtos sejam trocados por falsificações antes da entrega.

Por tais razões, os vendedores *on-line* estão confiando cada vez mais nas pequenas empresas de serviços especializados de encomendas, que tradicionalmente entregavam jornais a pessoas físicas. De fato, em 2010, os bens *on-line* representaram 60% das receitas do negócio de entrega de encomendas.

Outra característica marcante dos chineses é sua maneira de realizar compras *on-line* – que é bem diferente dos norte-americanos e dos japoneses. Apenas 19% dos e-consumidores da China acessam os *sites* oficiais das marcas e dos fabricantes – em comparação com até 60% no Japão, nos EUA e na Europa. Em vez disso, e talvez de maneira espantosa, eles confiam mais nas opiniões de revisores anônimos do que nas afirmações dos próprios fabricantes dos produtos. Mais de 70% dos e-consumidores chineses alegam ter lido ou postado alguma revisão de produto – o dobro da percentagem verificada entre os consumidores norte-americanos.

Os e-consumidores chineses também pesquisam de maneira diferente. Sua ferramenta de busca preferida é o Baidu.com – a resposta do país ao Google. Porém, o *site* Taobao bloqueia respostas do Baidu a quem realiza compras por meio de seu canal, e isso tem forçado os chineses a procurar outras maneiras de encontrar produtos *on-line* em vez de utilizar-se de uma ferramenta de busca clássica.

Este último ponto talvez destaque a característica mais importante do mercado de *e-commerce* chinês: o domínio do *site* Taobao. Como parte do grupo Alibaba (que também é dono do popular *site* Alibaba.com – B2B), o Taobao praticamente definiu o cenário de *e-commerce* na China. Em 2010, o *site* foi responsável por 79% das transações *on-line* de valores da China. Outros mercados de comércio eletrônico são muito mais fragmentados: no Japão, por exemplo, a principal companhia do setor, Rakuten, tem uma participação de apenas 30% nas transações *on-line*, enquanto a Amazon.com dispõe de uma quota de apenas 14% nos EUA.

Ao contrário do eBay, a maioria dos produtos vendidos no taobao.com são novos. O *site* apresenta mais de 800 milhões de produtos *on-line* e os comercializa a uma razão de **48 mil por minuto**. Em 2010, a companhia vendeu mais que os cinco principais varejistas de tijolos e argamassa do país juntos, o que a torna a maior varejista na China. Em geral, seus vendedores são fornecedores que não tiveram sucesso em outros canais de venda no varejo, ou distribuidores que comercializam seu estoque excedente.

O Taobao se beneficia da alta fidelidade de seus clientes, ou da "adesão" desses indivíduos. Isso ocorre em virtude dos bons preços oferecidos (seus consumidores *on-line* afirmam ser capazes de encontrar itens que custam 25% menos no Taobao que em outros canais), de sua conveniência e da enorme diversidade de comerciantes no *site*. Além disso, os consumidores têm a segurança do serviço de atendimento proporcionado ao cliente. A empresa dispõe do maior *call center* do mundo, bem como de uma inovadora ferramenta de mensagens instantâneas chamada Taobao *wangwang*, que permite que consumidores e vendedores se comuniquem em tempo real. Duas outras características diferenciadas são: 1ª) seu sistema de classificação de credibilidade do vendedor – que permite que os compradores avaliem e postem comentários sobre os fornecedores –, o que cria um alto nível de confiança em relação aos produtos vendidos, gera *marketing* boca a boca para o *site* e torna a experiência de compra no Taobao ao mesmo tempo social e interativa; 2ª) seu serviço de pagamentos tipo depósito em garantia, Alipay.

O desafio para os rivais – e para outros varejistas – é que o Taobao não está dormindo em serviço. Como um relativo retardatário em relação ao mercado C2C[c] chinês – lançado somente em 2003 – o *site* captou com sucesso mais de 60% do mercado no período de dois anos, graças à sua estratégia "livre": não cobrar qualquer taxa de registro ou transação. Ele ainda alcançaria um público maior por conta de um efeito de rede: sua grande diversidade de comerciantes elevou o tráfego de consumidores, o que, por sua vez, atraiu ainda mais comerciantes, aumentando ainda mais o tráfego de consumidores.

Então, em 2009, em um esforço para diversificar a partir do seu modelo original de não cobrança de taxas, o grupo Alibaba lançou o Taobao Mall, ou Tmall, e agora está estrategicamente levantando os recursos necessários para essa nova plataforma. O *site* simula um *shopping off-line*, oferecendo, em diferentes "andares" virtuais, variadas categorias de produtos, liquidações e um programa de pontos de fidelidade. Os consumidores afirmam que o Tmall é mais discernível que o Taobao original e oferece mais confiabilidade e melhor serviço ao cliente. Os comerciantes participantes devem ser autenticados pelo *site* e pagar taxas de inscrição e transação. Muitos fornecedores de marca já criaram lojas oficiais no Tmall, de maneira direta ou por meio de distribuidores.

---

c   *Consumer to consumer (C2C).* Comércio realizado entre pessoas físicas. (N.T.)

O modelo está se mostrando bem-sucedido. Existem hoje cerca de 150 mil comerciantes e 200 mil marcas no Tmall, vendendo para mais de 180 milhões de clientes. O *site* se beneficia de sua sinergia com o principal *site* do mercado: as pesquisas realizadas no Taobao retornam, automaticamente, lojas do Tmall, e a maioria dos usuários do Tmall diz que conhece e confia no *site* por causa do Taobao. Embora a percepção dos consumidores do Tmall não lhe seja tão favorável quanto a outras empresas B2C em termos de entrega, serviços de atendimento e confiabilidade, a companhia está trabalhando rapidamente nesse sentido e já realizou grande melhoria em comparação às percepções relativas a essas áreas no Taobao.

Em junho de 2011, em mais um passo direcionado à diversificação, o grupo Alibaba reestruturou a Taobao, dividindo-a em três empresas distintas: Taobao Marketplace, Tmall e eTao (um serviço para busca em diferentes *sites* de compras chineses).

Daqui para frente, enxergamos cinco grandes tendências no mercado em rápido crescimento de *e-commerce* na China:

- Os chamados superconsumidores estão em ascensão. Além de gastar mais dinheiro que os demais compradores, eles também adquirem mais produtos de marca, de ponta ou *premium*.

- A demografia diversa dos superconsumidores se traduz em diferentes atitudes, preferências e necessidades emocionais. Satisfazer as necessidades emocionais dos superconsumidores será fundamental para o futuro sucesso do cenário de *e-commerce* da China.

- Ocorrerá clara mudança na demanda dos consumidores, que trocarão os itens de preço baixo, sem garantia, vendidos por comerciantes às vezes duvidosos ou desconhecidos, por serviço de alta qualidade e produtos adquiridos de fontes confiáveis.

- A tendência para o futuro são as compras *on-line* em múltiplas lojas. Os consumidores frequentemente visitam mais de um tipo de *site* para atender às suas diferentes categorias de necessidades, e seu desejo por variedade de opções apenas irá aumentar daqui para frente. As companhias precisam gerenciar sua presença *on-line* de maneira ativa e envolver os consumidores por meio de diversidade de opções *on-line*, a fim de conquistarem êxito.

- A experiência em loja física continua sendo um fator-chave na influenciação das decisões de compra dos consumidores.

A Índia digital: um subprêmio de US$ 100 bilhões

Roti, kapda, aur makaan. Este tem sido o grito de guerra das pessoas comuns da Índia: **alimento, roupa** e **abrigo**. Mas, na última década, eles expandiram essa lista para incluir **telefones celulares**: *roti, kapda, makaan, aur mobile*.

Menos de vinte anos atrás, nem mesmo um em cada cem indianos dispunha de serviço telefônico. Agora, como já foi salientado, o país se tornou o segundo maior consumidor mundial de telefones celulares, e em 2015, quase **um bilhão de pessoas** – três quartos de sua população – terá um desses dispositivos. Como resultado, o celular se tornará o **motor da transformação** digital da Índia.

Hoje, de acordo com os nossos cálculos, o mercado de produtos e serviços digitais perfaz cerca de US$ 65 bilhões por ano. Em 2015, supomos que esse mercado irá ultrapassar a marca dos US$100 bilhões .[11] No entanto, as coisas vão se tornar intensamente competitivas, abrangendo não apenas as empresas de telecomunicações, como a Bharti Airtel, mas também as companhias de tecnologia com forte presença do consumidor – fabricantes de dispositivos, como a Nokia e a Apple, e gigantes da *Web*, como o Google e o Facebook. Empresas como a Bharti Airtel e Nokia já estão lançando novos tipos de produtos e serviços que as conduzirão por uma direção totalmente nova.

O mercado tradicional de telecomunicações da Índia está avaliado em cerca de US$ 32 bilhões. Mas quando outros negócios relacionados são contabilizados, o mercado digital revela o dobro desse tamanho. É nesses outros negócios – aparelhos digitais, vídeos, *softwares* e programas – que residirá a verdadeira oportunidade comercial ao longo dos próximos dez anos.

O núcleo dos negócios do setor de telecomunicações é o acesso às redes móveis. O acesso gera cerca de US$ 31 bilhões em receita anual. Os dispositivos e os serviços – que contribuem, respectivamente, com US$ 22 bilhões e US$ 12 bilhões – tradicionalmente têm sido vistos como complementares ao negócio do acesso. Mas, com a ascensão do acesso a um novo patamar, a próxima onda de crescimento virá de quatro tipos de serviços recém-criados: 1º) serviços educacionais, financeiros e outros oferecidos diretamente ao consumidor e disponibilizados em celulares e nas "telas panorâmicas" de seus computadores pessoais, *laptops* e *tablets*; 2º) rede corporativa e serviços gerenciáveis viabilizados por computação em nuvem; 3º) programas M2M[d]; 4º) publicidade, *marketing* e comércio móveis.

Três fatores irão possibilitar essa nova onda de crescimento. O **primeiro** é a implantação de redes de banda larga 3G e *wireless*. Inicialmente, essas redes rápidas (que, aliás, já estão sendo substituídas por 4G) estarão limitadas às 200 maiores cidades, mas, no final, as pequenas também serão beneficiadas. Em **segundo** lugar, o desenvolvimento tecnológico e de produtos nos dispositivos e nas interfaces de usuário, tais como telas sensíveis ao toque e reconhecimento de voz, e até mesmo o reconhecimento de gestos, irão incentivar a adoção pelo consumidor. **Terceiro**, os preços vão cair. O preço médio dos *smartphones* deve cair para menos de US$ 100 em 2015, dos mais de 250 US$ atuais, enquanto o preço dos celulares com recursos avançados cairá para cerca de US$ 60.

Com as redes, os produtos e os preços adequados já em vigor, e com a continuação da penetração generalizada da conectividade móvel, as operadoras terão de começar a oferecer serviços cada vez mais corretos. Os jovens consumidores indianos, em particular, estão cada vez mais digitalmente experientes e querem desfrutar da comodidade e do valor de entretenimento das comunicações móveis – em especial das **redes sociais**, dos **vídeos** e das **mensagens instantâneas**.

A maior oportunidade pode estar na prestação de serviços que ajudem os consumidores a melhorar suas perspectivas de emprego e de ganhos financeiros e que preencham as lacunas relativas a cuidados com a saúde, serviços financeiros e de educação. Estimamos que, em 2015, o negócio do acesso valerá cerca de US$ 44 bilhões, enquanto o setor de serviços terá triplicado para US$ 36 bilhões e o de dispositivos terá aumentado em mais de 60%, alcançando US$ 36 bilhões.

A Bharti Airtel e a Nokia têm expandido rapidamente sua atuação em serviços e dispositivos. Ambas as empresas estão identificando o ponto ideal de melhoria das condições de vida dos consumidores.

---

d *Machine to machine*: em português **máquina à máquina**, refere-se a tecnologias que permitem a diferentes equipamentos se comunicarem entre si, com ou sem fio (exemplo: máquinas usadas no Brasil para pagamentos com cartão de débito/crédito). (N.T.)

Sunil Bharti Mittal, fundador da Bharti Enterprises, um dos maiores conglomerados da Índia, tem sido um importante elemento na transformação digital do país. No entanto, ele começou sua vida profissional em meados dos anos 1970 fabricando peças para bicicletas em Ludhiana, no Punjab. Trabalhando de dezesseis a dezoito horas por dia, ele tentou vários negócios – alcançando graus variados de sucesso. Por fim, ao se mudar para Nova Délhi, lançou a Airtel, depois de ganhar um contrato com a Siemens, a empresa alemã de engenharia, para a fabricação de seus telefones de botão de pressão para o mercado indiano. Aquela foi sua grande chance – e ele sabe que teve sorte. "Eu acredito que existem ainda muitos quilômetros a percorrer – sempre", disse ele certa vez. "Todo mundo alimenta sonhos, mas são poucos os que conseguem realizá-los"[12] , complementou Sunil Bharti Mittal.

Hoje, a Bharti Airtel é a quinta maior operadora de telefonia móvel do mundo, medida pelo número de assinantes. Em 2006, era apenas a 32ª da lista. Além de ser a maior empresa de telefonia celular da Índia, também se expandiu em dezenove países e tornou-se a fornecedora líder em doze deles. Em 2010, a companhia gerou receita de US$ 8,8 bilhões. Os segredos de seu sucesso – e de seu fundador, tendo em vista que hoje ele dispõe de uma fortuna US$ 8,3 bilhões – são os modelos de negócios inovadores relativos às operações e à distribuição.[13]

Em 2004, a Airtel desenvolveu seu modelo *minute factory* segundo o qual a empresa deu um passo **radical** e **terceirizou** partes significativas de sua rede (considerada durante muito tempo a joia da coroa entre as operadoras de telecomunicações) para a Ericsson e outras empresas. Nesse sentido, a denominação *minute* foi utilizada com o significando de "**muito pequena** ou **diminuta**." De maneira ainda mais significativa, esse processo de terceirização permitiu que a Airtel aumentasse e gerenciasse de modo mais flexível sua capacidade de rede, essencialmente construindo *minutes* (cujo significado, neste caso, é "**minutos**", ou seja, "**tempo**") através do aumento da demanda – assim como ocorre em uma linha de montagem que acelera sua produção conforme a necessidade.

Esse modelo produziu muitos benefícios. Em primeiro lugar, como líder precoce no campo de *outsourcing* (terceirização), a Airtel conquistou boas relações com fornecedores, desfrutando, assim, de custos operacionais mais baixos que seus rivais. Em segundo lugar, o modelo permitiu à empresa construir sua rede de maneira rápida e sensível ao mercado: ao reduzir suas despesas de capital, a companhia teve dinheiro para adquirir mais espectro, ou capacidade de ondas (*airwave capacity*). Em terceiro lugar, o modelo possibilitou que Mittal e seus gestores devotassem mais tempo ao desenvolvimento de novos produtos aos clientes.

Um desses novos produtos relaciona-se ao crescente mercado de **mobile money**,[e] A maioria dos indianos não tem conta bancária – são, para usar o jargão, os "**sem-banco**." No país, existem apenas 240 milhões de pessoas com contas bancárias, 20 milhões de cartões de crédito, 88 mil agências bancárias e 70 mil caixas eletrônicos.[14] O governo, desejoso de resolver esse problema, acha que o setor de telefonia móvel pode ajudar – porque 42% das pessoas que não têm uma conta bancária, **possuem** um telefone celular. Estimamos que, até 2015, aproximadamente US$ 350 bilhões possam fluir em operações de pagamento e transações bancárias por meio de telefones celulares, em comparação aos cerca de US$ 235 bilhões que totalizam as transações de débito e crédito nos dias de hoje.

Várias empresas de telefonia móvel já formaram alianças com bancos. Em janeiro de 2011, a Bharti Airtel deu seu primeiro passo para desenvolver serviços para os sem-banco, que permitam a inclusão financeira e ofereçam mais poder econômico às pessoas espalhadas por toda a Índia. A companhia fará isso mediante parcerias estratégicas com os principais bancos indianos. Juntamente ao State Bank of India (SBI), a empresa anunciou a formação de uma *joint venture* para desenvolver serviços para os sem-banco. Mittal explicou: "Os serviços oferecidos pela *joint venture* permitirão a inclusão financeira e garantirão maior poder econômico para as pessoas em toda o país. Esta será uma virada de jogo completa, que potencializará a experiência da SBI no setor bancário, com a forte base dos 150 milhões de clientes da Airtel e um ecossistema de mais de 1,5 milhão de revendedores e distribuidores em toda a Índia."[15]

Outra companhia que está detectando novas oportunidades é a Nokia, que celebrou uma parceria com a Union Bank of India para oferecer *mobile banking* ("banco móvel"). A gigante finlandesa entrou no mercado indiano em 1995, com um modesto investimento de US$ 10 milhões. Em 2001, montou instalações de P&D em Bangalore e Hyderabade. A empresa teve sua primeira grande onda de crescimento em 2003, após o lançamento de seu primeiro telefone específico para o consumidor indiano. Em 2008,

---

e   Em tradução livre: **dinheiro móvel**. Referência ao uso do celular para a realização de operações financeiras, uma facilidade já disponibilizada no Brasil, embora ainda pouco utilizada. (N.T.)

vendia mais de 100 mil aparelhos por ano e gerava mais de US$ 4 bilhões de receita, de acordo com várias estimativas do setor.

Seu principal sucesso tem sido justamente a personalização de seus produtos e serviços para o mercado indiano. Seu aparelho *1100*, que no prazo de dois anos desde o lançamento se tornou o telefone mais popular da Índia, teve uma série de funcionalidades concebidas para atrair os usuários do país: uma lanterna para ajudar a enxergar durante os frequentes apagões; um menu de opções em híndi e em outras línguas; uma película de silicone resistente a poeira, crucial para aumentar sua durabilidade em ambientes empoeirado e um revestimento exterior antiderrapante para ajudar a garantir a aderência em dias quentes e úmidos.

Os serviços da Nokia também variam. Em 2009, a empresa lançou seu serviço Nokia Life Tools. Destinado a comunidades rurais e semiurbanas, ele oferece aos assinantes as informações mais recentes sobre o clima, os preços das safras e outros aspectos agrícolas essenciais para esse público. O serviço também oferece dicas úteis de cultivo para ajudar seus assinantes a aumentar sua produtividade e seus lucros. Bharat Kumar Patel, o agricultor de algodão introduzido no Capítulo 4, usa o serviço para decidir a qual dos quatro *mandis* – ou mercados – mais próximos ele deve ir para vender seu algodão pelo melhor preço. Em 2010, esse serviço foi ampliado para oferecer serviços de saúde.

A China e a Índia entraram corajosamente na era digital – e é isso o que lhes permitiu alcançar e, em alguns casos, ultrapassar os EUA e muitos países da Europa. Ao longo dos próximos dez anos, se a China e a Índia construírem a infraestrutura correta, eles serão os consumidores dominantes no setor de tecnologia digital. Isso oferece às empresas uma extraordinária **janela de oportunidade** – não só àquelas especializadas em tecnologia, mas também às de varejo e outras companhias que têm se esforçado para alcançar o consumidor.

Para obter sucesso, essas empresas precisarão de uma estratégia digital personalizada, o que significa levar em consideração os hábitos de compras *on-line* e *off-line* dos clientes. Entretanto, se desperdiçarem esta oportunidade, os riscos serão graves. Companhias sem uma estratégia *on-line* efetiva e bem orientada, além de perderem uma oportunidade fundamental de crescimento, também permitirão que sua identidade de marca se desenvolva *on-line* sem que elas próprias tenham participação nesse processo. Neste sentido, outras empresas, mais adaptadas aos novos tempos, poderão ultrapassá-las e, inclusive, assumir seus lugares de destaque.

CAPÍTULO 11

Educação
A escada rolante para empregos mais bem remunerados

Como a inovação e o investimento na educação estão impulsionando a corrida para produzir trabalhadores especializados, estimulando o crescimento e criando a próxima geração de consumidores novos-ricos na China e na Índia

A O VISITARMOS O IIT em Nova Délhi, conhecemos Shriram, um jovem que se classificou em 19º lugar entre os **485 mil candidatos no vestibular**. Nós o chamamos de **"Sr. Número 19"**. Ele é um rapaz jovem e bonito – alto, magro, com cabelos pretos curtos e cavanhaque cuidadosamente aparado – que "pensa em inglês" e, portanto, poderia facilmente se passar por um adolescente norte-americano. Ele tem um sorriso rápido e uma risada suave. Nós o conhecemos do lado de fora do *campus* do IIT em um dia quente de fim de verão e lhe perguntamos o que o motivava, por que ele se esforçava tanto e aonde ele gostaria de chegar. Respondeu Shriram:

> *"Por toda minha vida eu quis estar aqui. Eu sabia que se conseguisse entrar para o IIT, principalmente para o curso de Engenharia, se trabalhasse e estudasse muito, minha vida seria perfeita. Eu me casaria com uma jovem bonita, abriria uma empresa, ajudaria no desenvolvimento do meu país e realizaria as esperanças e os sonhos de minha família. É por meio do trabalho árduo que serei capaz de conseguir tudo o que eu quiser. O IIT é o auge. Estou cercado pelas melhores mentes da Índia. É aqui que estou aprendendo a resolver problemas, longe do processo de aprendizagem maquinal."*

A China e a Índia dispõem de intensos programas vestibulares nacionais para encontrar os melhores e mais brilhantes estudantes para suas universidades de elite. De fato, a forte competição, a preparação e a ansiedade nacional gerados em função da obtenção de bons resultados nas provas desses países transformam os programas vestibulares SAT e ACT[a] nos EUA em campeonatos juniores.

As apostas são altas para todos os participantes. Os "escolhidos" – que alcançam as máximas pontuações nos testes – podem escolher a universidade que querem cursar, o que funciona como o lançamento de um foguete para suas carreiras, sua longevidade e sua experiência de vida.

Em 2011, o ITT aceitou somente 9.618 dos 468 mil candidatos que realizaram os testes.[1] Hoje existem 16 *campi* da IIT espalhados por todo o país.[2] Mas a eles faltam os edifícios de prestígio e as extensas dependências existentes nas universidades ocidentais de elite, e seu corpo docente não é atrativo – não há ganhadores do prêmio Nobel em qualquer uma das suas unidades.

Então, uma pergunta razoável a se fazer é: o que motiva essa escolha? Shriram respondeu:

> *"Buscamos essa universidade por conta dos alunos que aqui estudam. Quando se coloca os melhores dos melhores em conjunto e lhes dá uma chance de solucionar problemas de maneira prática, coisas incríveis acontecem. Aprendemos uns com os outros. Meus colegas são meu aprendizado. Nós competimos academicamente, atleticamente – estamos todos juntos nisso. Nossos predecessores são os nossos heróis. Eles elevam a meta daquilo que podemos alcançar. O IIT tem influência enorme sobre nosso país."*

Shriram sabe dizer a data e hora exatas em que se conectou ao *site* da instituição para ver os resultados do vestibular do IIT – o Joint Entrance Exam (JEE). Esse evento o marcou porque o exame e a própria preparação para a prova dominaram toda sua adolescência. Nascido em 1989, Shriram foi distinguido como academicamente brilhante ainda em idade precoce, demonstrando forte **aptidão** para **matemática** e

---

a Siglas para Scholastic Aptitude Test (SAT) e, até 1996, American College Testing (ACT). Esta última simplificou seu nome original para ACT a fim de refletir os demais serviços oferecidos pela empresa, que vão além do vestibular universitário. (N.T.)

226 O PRÊMIO DE 10 TRILHÕES DE DÓLARES

ciências. Aos 11 anos de idade ele começou a participar de competições de matemática interescolares, nas quais obtinha excelentes resultados. Ele diz: "Eu gostava de ganhar e me sair melhor que os outros. Deve ter sido por volta da oitava série que eu decidi que faria o vestibular para o IIT."

Ele se matriculou no Vidyamandir Classes, instituto privado de treinamento para o IIT, que preparava seus alunos com exercícios intensos voltados para as principais áreas do teste – Física, Química e Matemática. Os alunos estudam e memorizam as respostas para milhares de perguntas. Por dois anos, Shriram seguiu um cronograma exigente. "Foram 104 semanas de preparação constante – mais como uma maratona", lembrou ele. "Eu estudei ininterruptamente durante esses dois anos, sem falhar", ressaltou Shriram. Em uma semana comum, ele participava da aula de treinamento por três horas, três vezes por semana. Então, passava seis a sete horas por dia lendo e resolvendo os problemas das aulas e se preparando para os simulados. Ao mesmo tempo, ele continuou a frequentar a escola regular, cinco dias por semana. Shriram estima ter estudado cerca de 80 h a 90 h por semana.

Quando finalmente chegou ao IIT de Délhi, ele encontrou uma classe cheia de *superstars* acadêmicos. A faculdade se orgulha de definir expectativas elevadas e estabelecer a realidade da competição desde a primeira semana. No primeiro exame de Matemática, sua turma de calouros recebeu uma nota média com só 30% de acertos. Shriram logo se recuperou, voltando à sua marca de 90 h semanais de estudo. Ele sacrificou seu sono para alcançar as melhores notas e ter uma vida extracurricular ativa. O IIT de Délhi oferece treze associações culturais [com música, fotografia e até participação em uma equipe de *quiz* (teste de conhecimentos)] e uma grande variedade de oportunidades para que as pessoas pratiquem em suas áreas de interesse, tanto de maneira curricular quanto extracurricular. "Eu nunca quis ser somente um *nerd*", enfatizou Shriram, que se tornou líder na equipe de debates do IIT.

"Muito do meu aprendizado se deu fora das salas de aula e dos laboratórios", acrescentou Shriram. Isso é consistente com o que muitos "IITianos" dizem sobre sua experiência. Nandan Nilekani, um dos fundadores da Infosys, diz que sua primeira experiência de gestão foi ter organizado o festival cultural IIT Bombay.

Hoje, Shriram é um jovem confiante. É animado e falante, e dá gargalhadas quando responde às nossas perguntas. Ele está satisfeito com suas conquistas e acredita que a sua ética de trabalho, seus dons naturais e a oportunidade de uma Índia resiliente irão lhe proporcionar uma vida de sucesso: "Vou trabalhar tanto quanto for necessário, muitas horas, como ninguém. Vou utilizar meus dons ao máximo. Sou ambicioso. Eu me preocupo com o meu país e a minha família. Deixarei ambos orgulhosos. Eu fui qualificado como muito, muito inteligente. E isso me levará longe", declarou com confiança Shriram.

Seu plano de vida bem-definido, tanto pessoal quanto profissional, é surpreendente. Ele disse:

> *"Minha vida será boa. Em virtude da minha posição no teste, pude fazer a escolha de minha especialidade. Conseguirei um bom emprego e um bom salário. Aprenderei administração e engenharia. E, então, aplicarei meus conhecimentos em minha própria empresa. Ela crescerá. Em dez ou quinze anos, estarei casado e terei um ou dois filhos. Não será um casamento arranjado, mas pretendo me casar com uma indiana. Teremos uma vida boa. Viveremos na Índia e ajudaremos a tornar nosso país mais forte, mais seguro economicamente. O futuro será brilhante, de fato."*

Além do "Sr. Número 19": a batalha para ser melhor – e o índice E4[b] de educação da BCG

Nem todo mundo pode ser um Shriram – ou um **"Sr. Número 19"**.

Existem outros 40 milhões de universitários na China e na Índia, ou quase isso.[3] A maioria deles estuda em instituições que não têm reputação internacional com altas taxas de rotatividade entre os alunos. Não é de estranhar que muitas empresas digam que estes graduados precisam de um ano adicional de treinamento prático antes de conseguirem alcançar um nível moderado de produtividade.

As escolas de ensino fundamental são ainda piores, e a experiência educacional pode ser sombria. Em ambos os países, as aulas acontecem em salas de aula lotadas, com professores desmotivados e colegas que preferiam estar em qualquer outro lugar. Na Índia, a relação aluno-pro-

---

b   E4 = *Enrollment* (Matrícula), *Expenditure* (Gastos), *Engineers* (Engenheiros) e *Elite Institutions* (Instituições Acadêmicas de Elite). (N.T.)

fessor é de **40 para 1**. Na China, essa proporção é mais gerenciável, **18 para 1**.

Mas existe um reconhecimento de que o sistema educacional precisa mudar. Os governos da China e da Índia estão considerando a reforma educacional como o bloco de construção central de seus planos quinquenais. Eles percebem que precisam transformar suas populações de operários diaristas em **trabalhadores de conhecimento**. Eles têm de criar uma força de trabalho qualificada para a economia especializada do futuro se quiserem continuar no caminho do crescimento. Ambos os países entendem que existe uma equação simples: **educação é igual à inovação, maior produtividade** e **trabalho mais bem-remunerado**. É por isso que existe uma forte demanda por engenheiros, inovadores, educadores e empreendedores. Os que se sobressaem garantem aumentos reais de salários, ajudam a aumentar a longevidade de todos os cidadãos e a promoverem a liderança global nos negócios e a estabilidade social e política em seus países. Além disso, eles criam uma nova geração de consumidores novos-ricos.

Para determinar o quanto precisa ser feito, desenvolvemos o índice E4 BCG, uma medida aproximada da competitividade global relativa do sistema educacional de um país. O índice é composto por quatro bases: **matrícula** (o número de alunos utilizando o sistema educacional); **gastos** (o nível de investimento em educação por parte do governo e de instituições particulares), **engenheiros** (o número de engenheiros qualificados que entram no mercado de trabalho, impulsionando o desenvolvimento econômico mediante pesquisa e inovação) e **instituições acadêmicas de elite** [o número de instituições de ensino superior (IESs) globais de nível *top*].

Avaliamos igualmente os quatro componentes em uma escala de mil pontos. Os EUA e o Reino Unido estão classificados em primeiro e segundo lugares, por sua posição dominante de quantidade de universidades globais, gastos brutos e taxas de graduação na área de Engenharia (Tabela 11.1). A China ocupa a terceira posição, em grande parte, pelo número de matrículas. A Alemanha aparece em quarto lugar, com base em melhores universidades, em número de graduados em Engenharia e nos gastos. A Índia está em quinto, quase inteiramente pelo número de matrículas.

TABELA 11.1

Índice E4 BCG da força da educação

Apesar das fortes pontuações da China e Índia em número de matrículas, os EUA e o Reino Unido permanecem no topo por conta do nível da educação.

País	Posição (Rank)	Total de pontos	Pontos por matrículas	Pontos pelas despesas[a]	Pontos por graduados em Engenharia	Pontos por instalações acadêmicas de elite
EUA	1	237	25	73	48	91
Reino Unido	2	125	4	26	46	48
China	3	115	86	17	4	8
Alemanha	4	104	5	25	37	38
Índia	5	104	90	4	3	6
França	6	87	4	24	41	18
Canadá	7	85	2	25	39	18
Japão	8	72	7	31	19	16
Brasil	9	38	17	16	2	3
Rússia	10	32	9	10	10	3

Fontes: Organização Educacional, Científica e Cultural das Nações Unidas; U.S. Census Bureau; Pesquisa Oppenheimer & Co; Organização para a Cooperação Econômica e Desenvolvimento (OCED); Universidade Duke; *US News & World Report;* Análise BCG.
a. Soma de pontos para as despesas totais e os gastos por aluno.

Vamos estudar cada um dos quatro componentes, começando pelas despesas. A China gasta US$ 300 bilhões em educação pública. Após **a defesa**, **a educação** é o setor que recebe maior investimento do governo. As famílias contribuem com US$ 180 bilhões em gastos privados adicionais. O governo da Índia investe bem menos: US$ 110 bilhões. E as famílias indianas contribuem com US$ 70 bilhões. Nos EUA, que apresenta um quarto do número de estudantes da Índia, os investimentos totalizam US$ 980 bilhões,

TABELA 11.2

Dados utilizados no cálculo do Índice E4

País	Matrículas totais (em milhões)	Despesas totais estimadas com educação (bilhões de dólares, PPA*)	Despesa anual total estimada/aluno (US$, PPA)	Engenheiros graduados contratáveis[a] anualmente/mil habitantes	Quantidade de universidades globais entre as 400 melhores[b]
EUA	67	980	14.600	741	87
Reino Unido	12	150	12.400	710	46
China	235	480	2.000	55	8
Alemanha	14	145	10,700	566	36
Índia	244	180	700	49	6
França	12	130	10.600	622	17
Canadá	6	85	13.600	603	17
Japão	19	215	11.500	290	15
Brasil	47	210	4.500	31	3
Rússia	25	105	4.200	152	3

Fontes: Organização Educacional, Científica e Cultural das Nações Unidas; U.S. Census Bureau; Pesquisa Oppenheimer & Co.; Organização para a Cooperação Econômica e o Desenvolvimento; Universidade Duke; *US News & World Report*; Análise BCG.
* PPA = Paridade de Poder Aquisitivo.
a. Qualidade ajustada com base na vontade do empregador multinacional de contratar graduados.
b. Por *U.S. News & World Report* (2010).

ou seja, o dobro do montante investido na China e cinco vezes mais do que na Índia (Tabela 11.2).

Neste caso, o número de matrículas é o ponto-chave. Os EUA têm apenas 67 milhões de alunos. China e Índia, oferecendo nove anos de educação gratuita, possuem quase 250 milhões de alunos em cada nação. Isso representa uma conquista significativa. Desde 1950, a China já educou cerca de meio bilhão de pessoas, incluindo 400 milhões até o ensino médio e 60 milhões até a faculdade. Ao fazer isso, o país melhorou a taxa de alfabetização de 20% de sua população para um número muito próximo ao dos EUA e mais elevado que a média global de 84% (Tabela11.3).[4] A Índia demonstra uma tendência de crescimento na alfabetização que lhe permitirá coincidir com os EUA em cerca de vinte anos.

EDUCAÇÃO **231**

TABELA 11.3

Fatos-chave: população, educação e investimento por país, 2010

País	Crescimento do PIB (%)	Incremento da população trabalhadora[a] (em milhões)	Taxa de emprego (%)	Salário relativo[b]	Produtividade do trabalho[c] (US$)	Taxa de alfabetização (%)	Matrículas (em milhões)	TBM combinada[d] (%)	Cientistas em P&D (por milhão de pessoas)	Qualidade do sistema educacional[e]	Formação de capital fixo bruto (bilhões de US$)	Investimento em P&D (bilhões US$)	Gastos totais em educ.[f] (bilhões de US$)
China	9,5	54,4	93,9	20,6	12.130	93	235	68,7	1.071	62,6	2.040	39	480
Índia	8,1	81,2	89,2	11	8.760	66	244	61	137	72,7	430	8	180
Rússia	4,2	6,8	92,1	16,7	28.660	100	25	81,9	3.305	44,6	368	15	105
Brasil	4,1	25,6	93	20,6	20.470	91	47	87,2	629	26,6	307	19	210
EUA	2,8	3	90,3	100	94.340	100	67	92,4	4.663	82	2.414	293	980
Reino Unido	2,7	1,5	92,2	81,6	69.410	100	12	89,2	2.881	80,6	446	29	150
Canadá	2,4	2,3	92	90,3	70.050	100	6	99,3	4.157	97,1	340	20	85
França	2,1	1,2	90,6	86,7	75.920	100	12	95,4	3.440	79,9	627	36	130
Japão	1,9	−2	95,1	84,3	62.720	100	19	86,6	5.573	75,5	1.134	108	215
Alemanha	1,7	1,2	92,9	73,1	67.700	100	14	88,1	3.453	87,8	702	55	145

Fontes: Organização Educacional, Científica e Cultural das Nações Unidas; Fundo Monetário Internacional, World Economic Outlook; Programa de Desenvolvimento das Nações Unidas; National Center for Education Statistics (EUA); Instituto Nacional de Estatísticas da China; Oppenheimer & Co., *Stay in School: A Secular Growth Story for China Education* (*Fique na Escola: Uma História de Crescimento Secular para a Educação na China*), relatório oficial, Nova York, 17 de dezembro de 2009; U.S. Census Bureau; Pesquisa Edelweiss, *Indian Education: A Leap Forward* (*Educação Hindu: Um Salto Adiante*), 7 de outubro de 2009; Economist Intelligence Unit; Análise BCG.

a. Mudança de 2000 a 2010.

b. Salários médios mensais indexados (EUA = 100).

c. PIB por trabalhador em Paridade de Poder Aquisitivo (PPA).

d. Fundamental, Ensino Médio e Superior; a Taxa Bruta de Matrículas (TBM) se refere ao número de alunos matriculados, dividido pelo número de pessoas da população em idade-alvo.

e. Com base nas classificações da pesquisa do Fórum Econômico Mundial, *The Global Competitiveness Report 2010-2011* (*Relatório de Competitividade Global 2010-2011*), convertidas em escala de 100 pontos.

f. Público e privado, PPA ajustado.

232　O PRÊMIO DE 10 TRILHÕES DE DÓLARES

Com os novos investimentos e a expansão das populações, o número de alunos tende a aumentar na próxima década, tanto na China como na Índia. Os melhores irão progredir para o sistema de ensino superior. Os dois países deverão graduar aproximadamente 140 milhões de estudantes em nível superior entre 2011 e 2020, mais de quatro vezes a quantidade projetada para os EUA (Figura 11.1).

O maior grupo de estudantes é composto por **engenheiros** e **cientistas**, o terceiro elemento do Índice E4 da BCG. A **política do governo chinês** é investir em tecnologia nativa para impulsionar o avanço econômico, a vantagem tecnológica e a criação de empregos. O gigante asiático afirma produzir 644 mil bacharéis e técnicos por ano em Engenharia, Ciência da Computação e Tecnologia da Informação, quase o triplo dos EUA e da Índia.

FIGURA 11.1

Estimativa de graduados no ensino superior por país, 2011-2020

Em 2020, o número de graduados anual projetado na China e na Índia irá superar significativamente os registrados nos EUA.

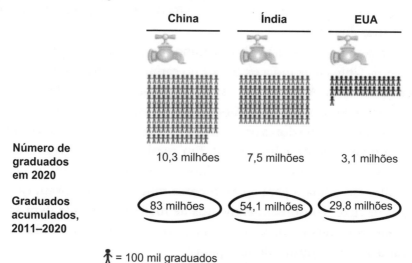

Fontes: UNESCO; T. Jing: *The Popularization of China's Higher Education and Its Influence on University Mathematics Education* (A Popularização do Ensino Superior da China e sua Influência na Educação Universitária da Matemática), Estudos *Educational Studies in Mathematics* 66 (setembro de 2007); S. Kunjabihari Singh, *The Higher Education System Under Review* (O Sistema de Ensino Superior sob Revisão), E-Pao! Página na internet, 23 de novembro de 2010, www.e-pao.net/epPageExtractor.asp?src=education.The_Higher_Education_System_Under_Review.html; Nasscom Strategic Review 2010; Instituto Nacional de Estatísticas da China; U.S. Census Bureau; Banco Mundial; World Development Indicators; Análise BCG.

Mas esses números não contam toda a história. Os EUA continuam com a maior concentração de engenheiros, com 981 graduados por milhão de cidadãos, em comparação a 553 na China e 197 na Índia. Além disso, existe a questão da qualidade. Como já observamos, as empresas são céticas em relação ao padrão dos graduados que se formam nas universidades da China e da Índia. O Fórum Econômico Mundial estima que os engenheiros imediatamente "contratáveis" estão representados nos 81% de diplomados nos EUA – em comparação a apenas 10% dos diplomados chineses e 25% dos diplomados indianos.

Isso é algo que os acadêmicos chineses e indianos – muitos dos quais estudaram no exterior – compreendem bem. "Os estudantes chineses são capazes de resolver problemas operando em conjunto – **inteligência de enxame**"[c], nos disse o reitor de uma grande universidade chinesa. "Mas quando se trata de pensamento original e inventividade, nós tropeçamos. Estamos trabalhando duro para mudar isso. Estamos tentando transformar o ensino técnico na base da resolução de problemas", complementou esse reitor.

Mas ainda existe um longo caminho a percorrer. Quando se trata de instrução de elite – o quarto E do Índice E4 da BCG –, China e Índia estão muito atrás dos EUA.

Certamente, para os melhores alunos, o acesso às melhores universidades da China e da Índia os coloca no caminho para o sucesso – como vimos com o "Sr. Número 19". As duras provas nacionais de ingresso a essas instituições criam **"passeios mágicos"** para poucos sortudos. Calculamos que os vencedores obterão um retorno de pelo menos **trinta vezes** seu **investimento educacional**. Em geral, os jovens egressos de instituições de elite conseguem os melhores empregos, ganham os salários mais altos, se mudam para apartamentos modernos, compram carros e artigos de luxo, consomem alimentos de melhor qualidade, têm acesso aos melhores cuidados de saúde e serviços de investimento e influenciam profundamente o futuro de seus países.

No entanto, mesmo entre os melhores alunos, muitos optam por estudar no exterior, viajando para os EUA e o Reino Unido em busca de

---

c   Inteligência de enxame (*swarm intelligence*) é o termo utilizado para designar sistemas de inteligência em que o comportamento coletivo dos indivíduos em uma população gera soluções ou padrões simples e coerentes. (N.T.)

educação de classe mundial. O sistema educacional dos EUA, com sua capacidade institucional e suas faculdades, continua invejado em todo o mundo; ele dispõe das mais elitizadas instituições, cem anos de vantagem em pesquisa e educação e um nível de investimento sem precedentes. De acordo com o *U.S. News & World Report*, 87 das 400 universidades globais mais bem classificadas são dos EUA.[5] O Reino Unido dispõe de 46 delas, e da segunda maior concentração de engenheiros por milhão de

TABELA 11.4

Matrículas por nível de escolaridade

China e Índia ainda estão muito aquém dos EUA em métricas-chave da educação.

Matrículas	China	Índia	EUA
Ensino fundamental I (%)	99	92	99
Ensino fundamental II (%)	92	77	99
Ensino médio (%)	62	47	89
Faculdade/ universidade (%)	23	14	56
Pós-graduação (número de alunos)	1,280 milhão	1,585 milhão	3,750 milhões

Fontes: Instituto Nacional de Estatísticas da China; U.S. Census Bureau; Banco Mundial, World Development Indicators; Análise BCG.
Nota: Todos os dados são de 2008, exceto que os dados de matrículas para faculdades da Índia são de 2007; o número de matrículas das faculdades dos EUA é o resultado da divisão do número de estudantes universitários com idades entre 18 e 22 anos pela população de mesma idade relatada pelo U.S. Census Bureau em 2009.

cidadãos. A China tem apenas 8 entre as 400 melhores universidades (não incluindo as universidades de Hong Kong) e a Índia, apenas 6.

Alguns dos principais empresários entrevistados neste livro estudaram nos EUA, incluindo Adi Godrej, Frank Ning, Ratan Tata e Anand Mahindra. Muitos milhares de pessoas estão seguindo seus passos. De acordo com os dados mais recentes, as universidades dos EUA têm 103 mil estudantes indianos e 156 mil estudantes chineses.[6] No Reino Unido, existem 75 mil estudantes chineses e 19 mil indianos.[7] Além disso, de acordo com a Academia Nacional de Ciências dos EUA, cerca de 52% dos Ph.Ds. do país com idade inferior a 45 anos são estrangeiros.[8]

EDUCAÇÃO **235**

Os EUA continuam dominantes quanto à quantidade de matrículas de pós-graduação, graças à sua tradição de revisão por pares[d] e à ativa participação em programas de doutoramento. Os EUA têm cerca de 4 milhões de estudantes de pós-graduação, em comparação com menos de metade desse número na China ou Índia (Tabela 11.4). E em termos de percentagem de população em idade escolar matriculada em vários níveis de graduação, há uma significativa queda no âmbito do ensino médio na China e na Índia, em relação aos EUA – e uma queda surpreendente no ensino superior.

Mas, apesar de estarem muito defasados nessa questão educacional, ambos os países estão começando a introduzir medidas para diminuir tal lacuna. Na verdade, como mostraremos a seguir, a determinação da China em alocar recursos para financiar a educação, assim como sua capacidade de importar talentos, prenunciam particularmente bem o grande futuro do país.

O desafio da educação na China: a universidade de Pequim e a ascensão da *Ivy League* chinesa

Muitos classificam a Universidade de Pequim como a melhor instituição de ensino superior (IES) da China. Ela está localizada no distrito de Haidian, em Pequim, e foi fundada em 1898. Seu moderno *campus* está espalhado por 275 hectares e ostenta belos lagos, passarelas lindíssimas, uma mistura interessante de arquitetura antiga e contemporânea e um deslumbrante investimento em instalações de pesquisa, com salas de aula modernas e ótima infraestrutura.

A universidade tem 30 mil estudantes matriculados e um corpo docente composto por 2.900 professores. O custo anual para cursá-la é de menos de US$ 2 mil, e cerca de 20% de seus estudantes recebem ajuda financeira. A universidade oferece 110 cursos de graduação, 278 programas de mes-

---

d   Nos meios acadêmicos, a revisão por pares, também chamada revisão paritária ou arbitragem (*peer review, refereeing*, em inglês) é um processo utilizado na publicação de artigos e na concessão de recursos para pesquisas. Consiste em submeter o trabalho científico ao escrutínio de um ou mais especialistas do mesmo escalão que o autor (que se mantêm anônimos para o autor). Esses revisores anônimos frequentemente fazem comentários ou sugerem a edição do trabalho analisado, contribuindo para a qualidade da obra a ser publicada. Aquelas publicações e prêmios que não passaram pela revisão paritária tendem a ser vistas com desconfiança pelos acadêmicos e profissionais de várias áreas. (N.T.)

trado, 229 programas de doutorado, um programa de medicina de **oito anos** e 36 centros de pesquisas pós-doutorado.[9] Os principais programas são na área de ciências básicas e aplicadas (especialmente Matemática e Química), ciências sociais e gestão.

A Universidade de Pequim desempenhou um papel central na história da China. O presidente Mao trabalhou na biblioteca da universidade e começou a estudar o marxismo sob a influência de dois professores – e esse fato foi um foco central das manifestações estudantis que se iniciaram na década de 1980, e levaram ao massacre ocorrido na praça da Paz Celestial, em 1989.

Agora, a universidade de Pequim faz parte de um esforço do governo para criar uma liga de universidades de primeira linha no país. De fato, em 2009, o governo instituiu a *C9 League*, ao melhor estilo da *Ivy League* norte-americana.[10] Melhorar o futuro econômico e social mediante avanços educacionais em um punhado de instituições é uma escolha política bastante distinta. Aliás, na China há um ditado que diz "em relação ao ensino e à aprendizagem, todo o restante se torna secundário." Além disso, os objetivos de uma sociedade *xiaokang* (próspera) – algo que os líderes chineses defendem –, somente podem ser conquistados com uma força de trabalho culta e motivada. O governo declarou que a **educação** é a **chave** para o sucesso do século XXI no **comércio mundial**, no **crescimento da renda** e na **inovação**.

Porém, antes mesmo dessa iniciativa, a Universidade de Pequim já havia recebido subsídios por conta do Projeto 211, que identificava as cem principais universidades e lhes fornecia financiamento para instalações – valores que totalizaram US$ 2,8 bilhões; ela também recebeu extraordinários US$ 360 milhões sob o Projeto 985, responsável por identificar as nove melhores universidades do país.[11] Mediante essas fontes de financiamento, a Universidade de Pequim recebeu quase US$ 500 milhões em infraestrutura.

Dado tal nível de apoio, não é de estranhar que a universidade atraia os melhores e mais esforçados alunos da nação. Como nos disse um estudante durante uma de nossas visitas ao *campus*: "Boa sorte para encontrar um lugar na biblioteca. É quase impossível encontrar um espaço para sentar lá, mesmo às três da manhã", comentou o aluno.

Lea Chung, uma estudante de 21 anos de idade da Universidade de Pequim, nos falou sobre suas ambições. Ela sempre foi uma garota prodígio em Matemática, uma das poucas mulheres com especialização na área. Ela espera encontrar um trabalho em um banco ou em uma consultoria de investimentos. Durante uma visita ela nos disse:

EDUCAÇÃO **237**

"Meu futuro será brilhante. Acredito que meu salário inicial seja quatro ou cinco vezes maior que o salário do meu pai. Quero ter um belo apartamento, um marido, dois filhos e uma casa no campo. Será uma vida muito boa. Mas ninguém irá entregá-la a mim de mão beijada. Precisarei conquistá-la, mas estou acostumada a trabalhar muito, muito duro. Isso faz parte do meu caráter. Eu tive uma mãe tipicamente chinesa. Ela exigiu bastante de mim quando eu era criança. Eu estudava pelo menos doze horas por dia na escola. Eu não diria que nunca brinquei. Mas as brincadeiras eram menos importante do que o estudo. Eu me esforcei para ser classificada em primeiro lugar na minha classe. Os meus pais sempre colocaram pressão sobre mim, mas eu diria que grande parte dela (pressão) veio de mim mesma."

O desafio para a China é o fato de que nem todas as suas universidades sejam como a de Pequim. Mais de 80% de seus alunos estão saindo de universidades inferiores – e, como mencionado anteriormente, esses alunos não impressionam os empregadores. Cerca de 6,1 milhões de graduandos se formam a cada ano, em comparação aos 850 mil de dez anos atrás. Em 2011, a Mycos Institute, uma empresa de consultoria em recursos humanos, entrevistou 227 mil diplomados, graduados em 2010, e descobriu uma taxa de 83,5% de empregos temporários de seis meses entre eles.[12] Muitos desses recém-contratados vivem no que os chineses chamam de **"tribos de formigas"** – edifícios baratos, pobres e apertados erguidos em centros urbanos. Eles estão à espera da disponibilidade de um bom emprego, mas para muitos graduados de universidades secundárias, essa espera será longa.

Mas a China está determinada a reformar seu sistema de ensino. O país afirma ter mais de 25 milhões de estudantes em mais de 2.200 faculdades e universidades – o **maior sistema do ensino superior do mundo**. Seu plano de cinco anos para 2011-2015 se concentra no apoio a indústrias emergentes – que inclui os setores de conservação de energia e proteção ambiental, tecnologia da informação, biologia, manufatura avançada, nova energia e nova ciência dos materiais – e na formação de talentos para constituí-las.[13]

Além disso, a China também quer desenvolver seus níveis de ensino infantil, fundamental e médio. O número de escolas é impressionante: mais de 115 mil jardins de infância, cerca de 500 mil escolas de ensino fundamental, 65 mil escolas de ensino médio e 3 mil escolas técnicas profissionalizantes. Em nossas visitas a algumas dessas instituições, notamos a impressionante disciplina demonstrada pelos alunos em sala de aula. Os professores esperam ser respeitados em sala de aula. Não existe má postura, os alunos usam uniformes limpos e estão atentos aos professores. Leng Hui, um educador chinês, traduziu algumas das frases emblemáticas e passionais utilizadas pelos pais e professores para impulsionar os alunos: "A diligência é o caminho para a montanha de livros, e a dor é o barco para o oceano do conhecimento", "Se você se esforçar o suficiente, poderá transformar uma barra de ferro em uma agulha." Um estudante de Xangai disse: "Você nunca é bom o suficiente na escola, literalmente. A meta é a perfeição." A **"mãe tigre"** chinesa, popularizada na imprensa norte-americana, continua bem viva na China. Ela exercita em seus filhos o senso de honra pela superação, pela longa jornada de trabalho, e o senso de responsabilidade pela conquista.

A escolaridade chinesa é bastante diferente da dos jovens norte-americanos. No ensino fundamental, até 75% do currículo é voltado para a língua chinesa e a matemática. A ênfase está na memorização: tabelas matemáticas e todos os caracteres do alfabeto devem ser aprendidos até o terceiro ou quarto ano. No ensino médio, o *gaokao*, o vestibular nacional, dita o que deve ser ensinado. Três áreas temáticas dominam: **chinês**, **matemática** e **inglês**. Dez milhões de estudantes realizam o *gaokao* a cada ano. O teste é considerado um **evento nacional**, além de uma **provação pessoal**. Os que se destacam se tornam celebridades nacionais, e o sucesso do aluno reflete sobre seus pais, familiares, professores e comunidade.

Em Xangai, no dia do exame, o número de trens do metrô é aumentado para que os alunos cheguem aos locais da prova. A polícia e os guardas de segurança mobilizam todo o país para garantir a segurança física e prender os suspeitos de fraude. O resultado é a seleção universitária baseada em **mérito acadêmico**, **memorização**, **recordação de fatos** e **velocidade de processamento**.

Algumas escolas de ensino médio se concentram apenas na obtenção de um grande sucesso nas taxas de admissão para as faculdades. A política do **filho único** continua a fazer com que os pais chineses se concentrarem nas realizações e na educação de seu descendente. Não é de surpreender que o teste coloque tamanha pressão sobre os alunos.

Existe um lado positivo nesse sistema. Os resultados dos testes objetivos melhoram a qualidade do ensino, e o exame nacional tem sido ferramenta essencial para que os estudantes rurais ganhem acesso a instituições urbanas e as carreiras nacionais. Todavia, alguns dos melhores estudantes ainda sonham ir para uma universidade dos EUA.

Empenhando-se para reverter tal fuga de cérebros, além de melhorar seu sistema de ensino, o país também está cortejando seus emigrantes. Entre 1972 e 2009, cerca de 1,4 milhão de estudantes chineses emigraram. Destes, cerca de 400 mil *haiwai guilai* – que significa "retornou do exterior" – foram atraídos de volta com pacotes lucrativos, altos bônus para financiar a mudança de endereço e empregos patrocinados. Os bônus para mudança podem alcançar US$ 150 mil, e a experiência adquirida no exterior é altamente valorizada.[14]

O desafio da educação na Índia: construindo sobre o sucesso dos IITs

O IIT (Indian Istitute of Technology) Bombay é a universidade de Engenharia mais bem classificada na Índia. A revista *U.S.News & World Report* a classificou em trigésimo lugar entre as cem melhores universidades mundiais para Engenharia Civil.[15] A faculdade foi criada em 1958 e em seu início contou com cem alunos matriculados. Quatro outros IITs também estão classificados entre as cem *top* mundiais.

Como ouvimos do Sr. Número 19, as instalações do IIT não coincidem com os padrões de algumas das universidades dos EUA e da China. O IIT Bombay é administrado com um orçamento de cerca de US$ 26 milhões, e estimamos que o valor de seu *campus* físico esteja bem abaixo dos US$ 100 milhões, excluindo os imóveis. As salas de aula são básicas, as construções são simples e os alunos consideram o serviço de alimentação bem precária. Os estudantes dizem que os alojamentos mais parecem pavilhões de celas de prisão que dormitórios. O salário recebido pelo corpo docente é substancialmente mais baixo que o pago pelo setor.

Apesar disso, o IIT Bombay e os demais IITs já revelaram muitos alunos brilhantes. O diretor executivo da Tata, R. Gopalakrishnan, resumiu os pontos fortes dos IITs em um discurso em comemoração ao quinquagésimo aniversário do Instituto. Eles incluíam a resolução objetiva de problemas, a disciplina coletiva, o espírito de autossuperação, a humildade, o mérito e a "mensuração do progresso baseada no conforto atualmente oferecido pelo *campus* em relação ao fornecido no passado."[16]

Este sucesso é atribuído ao seu dificílimo exame vestibular: o JEE – uma prova de Matemática, Física e Química com **duração de 6 h**. De acordo com as novas regras, o JEE só pode ser realizado duas vezes. Antes desse teste nacional, ao final do 10º ano de estudos, os alunos do ensino médio realizam o exame do Conselho Nacional. Trata-se de um momento importante na vida dos estudantes. Como lamentou um aluno do ensino médio de Délhi: "Essa pontuação o seguirá para o resto de sua vida."

O JEE tem seu preço sobre os candidatos. Um aluno que conhecemos no IIT Delhi descreve o estresse: "Eu tinha dois currículos de estudo durante meus dois últimos anos do ensino médio: o que estudávamos na escola e o que eu utilizava para me preparar para o exame. Eu até deixei de ir às aulas todos os dias depois que cumpri minha percentagem de presença obrigatória no 11º ano."

Outro estudante que entrevistamos na Índia fez o exame do IIT e nos disse:

> *"Eu me classifiquei em 900º lugar entre os 485 mil estudantes que prestaram o exame do IIT. Havia entre 3 mil e 4 mil vagas disponíveis (antes das recentes expansões). Entretanto, você não está concorrendo a todas essas vagas, mas às que estão disponíveis para pessoas que não fazem parte de grupos desfavorecidos e que não são mulheres. Embora tenha obtido o nongentésimo lugar, não consegui entrar em minha área de preferência."*

Se você perguntar aos alunos do IIT o que eles querem da vida, como fizemos em uma sessão de grupo, eles são ambiciosos e claros na definição de seus sonhos:

"Quero gerir minha própria empresa."

"Eu quero me tornar um milionário."

"Quero utilizar minha habilidade e criar empregos para o meu país."

Sandipan Deb, em seu livro *IITians*,[e] estima que até 40% dos ex-alunos do IIT tenham se estabelecido definitivamente **fora da Índia**. Três graduados do IIT estão na lista *Forbes 400*: Bharat Desai, fundador da Syntel; Romesh Wadhwani, presidente do Symphony Technology Group; e Vinod

---

e   Sem título em português. Referência à obra *The IItians: The Story of a Remarkable Indian Institution and How its Alumini are Rechaping the World*. (N.T.)

EDUCAÇÃO   **241**

Khosla, fundador da Sun Microsystems e da Khosla Ventures. Eles são os modelos exemplares de alunos talentosos e bem-sucedidos das recentes turmas do IIT.

Sanjay Khosla, o executivo da Kraft Foods que integrou o programa de treinamento da Unilever logo que saiu do IIT Delhi, relembra seus dias de estudo com muito carinho: "Estávamos todos juntos naquilo. As instalações eram modestas, mas o entusiasmo sobre o nosso futuro era de tirar o fôlego. Era nossa chance de fazer a diferença, de mudar o mundo", recorda Sanjay Khosla.

No longo prazo, no entanto, o subfinanciamento se tornou um problema sério. Durante uma entrevista, um diretor sênior da IIT Délhi nos disse que ele lida diariamente com problemas como a falta de equipamentos, a falta de salário para os professores e um sistema de quotas que coloca estudantes não qualificados em sala de aula, sem nenhuma assistência em termos de reforço. "Estamos carentes de recursos financeiros, temos pouquíssimos doutores em nosso corpo docente e 20% de nossos alunos advêm do sistema de quotas, sem qualquer programa de recuperação", lamentou ele, em seu escritório quente e abafado, cuja porta precisa permanecer aberta.

À medida que conversávamos, estudantes se espremiam para dentro e para fora do seu escritório. Um ar condicionado malconservado soprava ar morno para dentro da sala. Telefones de disco giratório tocavam continuamente durante a conversa sem que houvesse nenhum assistente disponível para atendê-los. No IIT, os alunos criam sua própria "música" intelectual na forma de interação, desafio e cultura. "Nossas instalações precisam de investimento. Não recebemos grandes doações, poucos ex-alunos contribuem e temos muitas necessidades", disse o diretor.

Apesar de toda essa falta de recursos, os IITs são as melhores IES na Índia, com taxas de admissão de 1% a 2%. No entanto, descendo apenas um nível nessa escala, as demais faculdades demonstram ter uma infraestrutura pobre e financiamentos bem mais limitados. Por exemplo, a Universidade de Délhi tem de lidar com quase 250 mil estudantes espalhados por dois *campi*. Enquanto isso, nas escolas públicas de ensino fundamental a situação é ainda pior: 16% delas **não oferecem água potável**; 37% **não têm banheiros modernos**; e 86% não contam com um **único computador**. Desse modo, não é de estranhar que a Índia apresente fraco desempenho nas classificações internacionais. No quesito educação, o Programa de Desenvolvimento Humano da ONU classificou a Índia em 134º lugar entre os 182 países analisados. De acordo com a própria comissão de planejamento do governo indiano, as taxas de abandono entre os vários níveis de educação são elevadas: 29% para 1ª a 5ª séries; 50% para 6ª a 8ª séries; e 62% para 9ª a 12ª séries.[17] Cerca de 8 milhões de crianças em idade escolar de ensino fundamental nos "grupos sociais marginalizados" continuam fora da escola. A taxa de alfabetização das mulheres é, em média, 20% mais baixa que a dos homens. Isso significa que a Índia tem a maior população de analfabetos do mundo, estimada em **300 milhões de indivíduos**.[18]

Um dos problemas é a relativa fraqueza do governo central da Índia. O governo central se responsabiliza por apenas 15% das despesas totais em educação. Os 28 Estados que respondem por esse equilíbrio possuem níveis de riqueza e infraestrutura altamente variados. Mas o ensino privado é significativo: existem cerca de 200 mil escolas particulares e 17 mil faculdades privadas na Índia. E há a esperança de que os empresários privados irão ajudar a impulsionar mudanças no setor.

A Educomp é uma empresa privada que está tentando mudar o *status quo* na Índia. A companhia criou o SmartClass, um conjunto de materiais didáticos digitais concebidos para atender aos objetivos específicos dos diferentes Estados indianos. O conteúdo, produzido em **onze línguas regionais**, consiste em milhares de módulos multimídia animados. É consistente, divertido, financeiramente acessível e completamente repetível. Os pais pagam uma taxa mensal modesta para que seus alunos de escolas públicas desfrutem de uma educação melhor. "Nós oferecemos o conteúdo personalizado ao aluno", diz Shantanu Prakash, o CEO. "Tornamos a experiência educacional totalmente confiável. O aluno pode aprender uma língua, estudar química, entender matemática de uma maneira previsível e reproduzível", comentou Shantanu Prakash.

A empresa foi fundada em 2005 e já alcançou US$ 175 milhões em receita – ganhos a uma taxa de cerca de US$ 1 por mês por aluno. Ela agora tem uma parceria e licença exclusiva com o Discovery Channel. Além disso, a companhia presta serviços de tutoria *on-line*. Essa é uma alternativa ou um complemento às aulas presenciais e inclui palestras, testes e suporte à lição de casa por meio da Internet. Uma das opções mais populares, num país onde a Matemática é muitas vezes vista como um **esporte**, é o *maths guru* (guru da matemática).

Outras empresas indianas que estão tentando resolver o problema de professores desmotivados e malpagos são a NIIT e a Everonn. Enquanto isso, o Banco Mundial e os investidores privados estão injetando bilhões de dólares na educação na Índia. Esses esforços complementam os planos ousados do governo de expandir a Universidade Central, os IITs, o Instituto Nacional de Tecnologia, as faculdades comunitárias e as escolas de pósgraduação em distritos educacionalmente atrasados. Com 300 milhões de jovens indianos que deverão adentrar a força de trabalho até o ano de 2025, não há tempo a perder.

A vantagem da Harvard

As escolas ocidentais de elite dispõem de um atraente conjunto de vantagens. A Universidade de Harvard, fundada em 1636, tem 21 mil estudantes, um orçamento operacional de US$ 3,9 bilhões, um fundo de doações de US$ 30 bilhões e dependências que se espalham ao longo de 743 mil metros quadrados. Suas instalações de pesquisa são inigualáveis – suas bibliotecas possuem mais de 16 milhões de volumes – e contam com 2.800 docentes, cinco vezes o número do IIT Bombay e aproximadamente o mesmo da Universidade de Pequim. E Harvard ainda está investindo em instalações. Entre 2000 e 2009, a planta física de Harvard cresceu 43%.[19] A universidade atrai os melhores alunos do país, que pagam taxas enormes: o custo do curso, da acomodação e da alimentação é 25 vezes o custo da Universidade de Pequim e cerca de 50 vezes o custo do IIT. O preço de uma graduação em Harvard – tudo incluso – é de mais de US$ 200 mil.

Na classificação mundial das universidades da revista *Times Higher Education*, os EUA ocupam os cinco primeiros lugares, com Harvard em primeiro lugar. Os EUA têm 7 das 10 melhores universidades do mundo, 27 das 50 consideradas *top* e 72 entre as 200 melhores do planeta. É claro que os méritos dessas classificações podem ser debatidos. Os críticos afirmam que a velocidade da análise dessas classificações é **lenta** e, portanto, ocorrem inúmeras alterações ao longo da lista com o passar do tempo.

Mesmo assim, os *rankings* da *Times Higher Education* representam uma medida de desempenho acadêmico percebida por uma equipe de docentes e pesquisadores. A pesquisa é enviada apenas por convite e é traduzida para oito línguas, incluindo chinês simplificado. Em 2011, foram recebidas 13.388 respostas de 131 cidades.[20] As três principais categorias, valendo 92,5% da classificação, se referem ao **ensino**, às **pesquisas** e à **influência**

dessas pesquisas. O *ranking* retrata pontuações para reputação, prêmios de doutoramento, taxa de admissão, remuneração por membro do corpo docente, volume de pesquisa, produtividade, resultados financeiros das pesquisas realizadas e a internacionalização do corpo discente.

Por enquanto, os EUA ainda estão muito à frente, e o índice E4 BCG também ressalta essa realidade. De maneira mais ampla, o mundo desenvolvido como um todo – com suas tradições educacionais de mais de 500 anos e seus grandes investimentos em instalações e programas de pesquisa de pós-graduação – ainda comanda uma enorme vantagem em termos de liderança intelectual.

Ao longo da próxima década, o investimento incremental na educação irá proporcionar crescimento e vantagens fundamentais em todos os três países. Os EUA precisam elevar suas taxas de graduação, estimular o crescimento dos postos de trabalho de nível básico e direcionar recursos focados nas áreas de Matemática e Ciências. A China, por sua vez, precisa desenvolver programas de pós-graduação de elite, recrutar excelentes integrantes para seu corpo docente e usar sua riqueza para criar instituições que ofereçam o melhor de Stanford, do Massachusetts Institute of Technology (MIT), do California Institute of Technology e da London School of Economics. A Índia, em contrapartida, precisa investir na educação de nível básico – para acabar com a pobreza que acomete várias gerações de seus cidadãos de classe mais baixa – e criar incentivos – como empregos com altos salários e acesso a financiamento de risco – para manter suas melhores e mais brilhantes joias dentro da Índia.

Pelo que vimos, a China, mais que qualquer outra economia emergente, está comprometida em investir seus recursos, sua cultura e sua energia política no fechamento dessa lacuna. Prevemos que a China irá mudar o futuro por meio de planos ambiciosos que criem instalações, faculdades e educação de classe mundial. Por outro lado, a Índia seguirá de maneira bem mais lenta. O país se encontra em um ponto de inflexão, e, se quiser competir, precisará elevar suas apostas na forma de financiamentos, instalações e corpo docente.

PARTE III

As lições para os líderes empresariais

CAPÍTULO 12

Paisa vasool
Como cativar a classe emergente da China e da Índia

Uma inovadora estratégia de negócio, desenvolvida primeiramente nas barracas dos mercados e nos bazares indianos, está começando a se espalhar do leste para o oeste à medida que as empresas procuram maneiras de agregar valor ao dinheiro em uma era de comedimento. Trata-se de uma ideia impulsionada pelo cliente na sua busca do consumidor por valor e por sua exposição a produtos de melhor qualidade – e por uma visão global de que é preciso adquirir os melhores produtos a preços mais baixos.

QUANDO OS CONSUMIDORES INDIANOS experimentam a combinação perfeita de **qualidade** e **valor**, eles muitas vezes dizem *paisa vasool*. E este é seu maior elogio. Em todo o mundo, os clientes estão com seu orçamento espremido. Eles se mostram céticos em relação a fornecedores e comerciantes, além de preocupados com o próprio futuro. Em vista disso, o conceito de *paisa vasool* está se transformando na **palavra-chave** para a criação de mais valor, mais atributos por um custo menor e consumidores que se tornem defensores de sua marca.

Por mais de mil anos ocorreu vigorosa troca de ideias e tecnologias entre o Oriente e o Ocidente. Até o ano de 1500 a China liderou essa jornada, apresentando um extraordinário catálogo de invenções. A partir daí, o Ocidente tomou a vanguarda no quesito **inovações** e o Oriente vem, desde então, lutando para alcançá-lo.

Todavia, os clientes emergentes da China e da Índia estão, mais uma vez, mudando a direção do fluxo dessas ideias – especialmente no setor de negócios. Até certo ponto, o **fluxo leste-oeste** foi retomado na década de 1950, quando o Japão se tornou um centro de produção de equipamentos eletrônicos de consumo e de automóveis. As empresas japonesas aprenderam com o Ocidente, cresceram e, em seguida, ganharam participação de mercado. Com o tempo, as multinacionais norte-americanas e europeias adquiriram o novo pensamento das empresas japonesas – principalmente o conceito de *kaizen*, ou de **aprimoramento contínuo**, que provocou o surgimento da **produção enxuta**.

Agora, através de toda a China e Índia, as empresas estão, por meio de uma rivalidade intensa, redefinindo a natureza da concorrência e introduzindo nos negócios uma abordagem, muito mais **rígida, precisa** e **implacável**. Em Xangai e Mumbai, Delhi e Pequim, o que conta não é o MBA, mas o MO – o *modus operandi* – forjado no calor da batalha comercial. Como coloca Ratan Tata, presidente do Tata Group, as companhias dos mercados emergentes estão **"trabalhando quase como em situação de guerra"** à medida que batalham pela supremacia comercial.[1]

Na luta pela realização de seus sonhos e objetivos, essas empresas e seus líderes não estão mais satisfeitos com os negócios realizados como de costume. De fato, as empresas orientais ouviram e aprenderam com suas rivais do Ocidente, mas agora estão selecionando as melhores ideias cuidadosamente e, em seguida, desenvolvendo suas próprias, sem se sentirem subjugadas pelo **raciocínio legado. De que outra maneira se explicaria sua ascensão tão célere, tendo em vista que algumas delas sequer existiam vinte anos atrás?** Ou a conclusão surpreendentemente rápida de gigantescos projetos de infraestrutura, como a ponte mais longa do mundo já construída sobre o mar – uma autoestrada de tirar o fôlego, com seis pistas de rodagem cobrindo uma distância de 42 km e ligando o porto de Qingdao no norte, em plena expansão, ao subúrbio industrial de Huangdao – em apenas quatro anos?

Ambição, impulso, determinação, criatividade – estas características não são, naturalmente, exclusivas dos líderes empresariais chineses e indianos. Entretanto, na batalha diária pela sobrevivência, esses líderes elevaram tais características a um novo patamar, e as companhias norte-americanas e europeias terão de aprender a fazer o mesmo – ou **sairão perdendo**. Ainda existe tempo para desenvolver esses atributos e aprimorar as habilidades – porém, desta vez o tempo já não é medido em períodos de uma década ou mais, mas em **anos** ou até **meses**. Para ter uma noção do desafio da velocidade em relação aos prazos convencionais, dê uma olhada no YouTube no vídeo da empresa Broad, mencionada no Capítulo 3. Nesse vídeo acelerado, a companhia usa fotografias quadro a quadro para demonstrar a construção em seis dias de um hotel de quinze andares com peças pré-fabricadas.[2]

As melhores empresas estão reembalando o conhecimento e o *know--how* desenvolvidos na China e na Índia e permitindo que eles se espalhem por toda a organização a fim de estimular o crescimento em seu mercado interno e em outros países emergentes.

No Capítulo 14, discutimos essa abordagem de avanço rápido para os negócios. Aqui, no entanto, nos concentramos em outra exportação estratégica do Oriente.

Além de ultracompetitivas, as companhias mais bem-sucedidas são ultrassensíveis às necessidades dos clientes emergentes: **alta qualidade** e **baixo preço**. De maneira hábil, as empresas desenvolveram estratégias para atender a essas demandas aparentemente paradoxais. Dessa maneira, muito tem sido escrito a respeito de *jugaad* – o conceito de se **fazer mais com menos**. Isso vem despertando grande interesse em uma época de escassez de recursos e uma maior preocupação com as mudanças climáticas e a sustentabilidade.

Todavia, preferimos dar maior ênfase a outro conceito poderoso já mencionado anteriormente, que promete exercer um impacto profundo nos negócios globais: *paisa vasool*. Como já explicado, *paisa vasool* é uma expressão indiana utilizada para categorizar uma aquisição ou um serviço como plenamente satisfatórios – algo que apresenta alta qualidade e grande valor; um pacote completo que realmente vale a pena ser adquirido (Figura 12.1). Nós a ouvimos pela primeira vez nas ruas de Délhi, em um mercado ao ar livre. Desde então, percebemos sua contínua utilização, tanto na Índia quanto na China.

Ele faz parte de uma **frugalidade natural**, inerente a muitos indianos e chineses. Eles cresceram tendo acesso a bem pouco, muitas vezes ouvindo de seus pais histórias sobre **privação**. Por causa disso, eles tentam estender tanto quanto possível o valor de seus rendimentos, e são rápidos em reclamar e desacreditar um fornecedor pelo pouco valor, pela baixa qualidade ou por possíveis adulterações apresentados em um produto adquirido.

FIGURA 12.1

Paisa vasool

Avaliadores afiados e negociadores difíceis querem tudo em um só produto (componentes técnicos, funcionais e emocionais por pechinchas).
Imagem: Shutterstock.

Os consumidores indianos e chineses querem a gama completa de benefícios do produto por uma faixa de preço que corresponda ao seu valor. Como disse Pawan Goenka, presidente da Mahindra & Mahindra: "O consumidor indiano é diferente de qualquer outro consumidor. Ele deseja tecnologias e desempenhos funcionais ocidentais com custos indianos." Goenka sabe do que está falando. Ele foi o líder de um projeto para o desenvolvimento do primeiro SUV[a] da Índia – um produto que custa a metade do preço de seus concorrentes e oferece uma gama completa de benefícios. Esse veículo representa agora um item fundamental de exportação para a Mahindra.

Como o *paisa vasool* ganha vida no mercado

Se viajar pela Índia, você logo descobrirá que a maioria dos bens de consumo – de quase todas as categorias – é negociado em mercados e bazares

---
a   *Sport utility vehicle*: veículo utilitário esportivo. (N.T.)

de rua. Você é avisado de antemão para não pagar o preço pedido, porque, se a troca de bens ocorrer no primeiro lance, comprador e vendedor perderão prestígio. Desde cedo, as crianças aprendem a oferecer apenas o que têm condições de pagar e querer comprar somente o que considerarem valer a pena. As crianças são instadas a "gastar seu dinheiro de modo inteligente, a aprender a negociar e a nunca terem vergonha de pechinchar."

Em um bazar típico de Mumbai, é possível comprar três camisas polo por US$ 10 ou seis pares de meias por menos de US$ 5. No mesmo mercado, você pode comprar um ventilador, um par de tênis "Pumo" – claramente projetado para passar pela marca Puma, mais famosa –, fatias de abacaxi, medicamentos "secretos" para quase qualquer doença e uma vasta gama de produtos de cuidados pessoais. Aqui, o *paisa vasool* – onde as mercadorias com características e benefícios adequados oferecem grande valor – permanece **vivo** e **saudável**.

Às vezes, ao lado do mercado é possível encontrar um *shopping* moderno, com uma variedade de lojas de luxo. Os estabelecimentos são limpos, silenciosos e ostentam uma aparência intocada. Em uma delas, indagamos o preço de um par de tênis Nike – US$ 150. Perguntamos então ao lojista se ele tinha vendido algum par naquele dia, e a resposta foi um lento aceno negativo com a cabeça.

Apesar de *paisa vasool* ser uma expressão indiana, seu conceito subjacente também floresce na China. As cadeias de lojas de estilo ocidental podem ser muito mais prevalentes na China que na Índia – estimamos que "o comércio organizado," as cadeias de lojas nacionais e regionais, será responsável por quase metade das transações de consumo em 2013 na China –, entretanto, os consumidores chineses continuam a comprar legumes frescos, carnes, iguarias locais, roupas, sapatos, medicamentos e bens de decoração para a casa nas barracas simples de comerciantes locais, isso porque a sua aquisição dessa forma é muito mais barata.

Empresas que encontrarem maneiras de desenvolver uma abordagem *paisa vasool* em sua estratégia estarão entre as mais bem-sucedidas na China e na Índia. Uma outra tradução para *paisa vasool* poderia ser **baixo preço de entrada**. O que deve variar por categoria. Na China e na Índia, isso significa que a maioria dos alimentos e dos produtos de higiene pessoal custa menos de 6 renminbis ou 10 rupias (menos de US$ 1), respectivamente. Essa é a quantia em **trocados** que os milhões de novos consumidores carregam em seus bolsos quando se dirigem às bancas de mercado e a outros varejistas tradicionais. No entanto, somados, **esses trocados podem criar fortunas!!!**

Na Índia, por exemplo, a Godrej vende uma tintura em pó para cabelos, embalada em pacotes de 3 gramas, por 7 rupias (0,15 centavos de dólar). A empresa comercializa esse produto em 1,1 milhão de pontos de venda, o que se traduz em uma parcela de 65% do mercado de tintura para cabelos. Da mesma maneira, a Coca-Cola lançou sua "Coca-Cola de 1 renminbi" em algumas das menores cidades na China. Isso fez com que a companhia se tornasse a maior fabricante de bebidas na China, com 25% do mercado.

Tal estratégia parece extremamente simples: reembalar os produtos em unidades pequenas e de preço reduzido, tornando-os acessíveis para muito milhões de clientes. Porém, o processo é muito mais complicado do que parece; ele exige uma complexa estratégia de combinação, que agregue: recursos de produção adequados; uma rede de varejo com ampla distribuição; inovação em termos de ingredientes; embalagens criativas que proporcionem margens brutas e capacidade de se mover rapidamente.

Aplicamos o conceito nos mercados ocidentais com considerável nível de sucesso. Como explicaremos mais adiante neste capítulo, *paisa vasool* irá se tornar um quadro de referência ainda mais importante à medida que os consumidores ocidentais envolvidos na guerra global por empregos de altos salários experimentem declínios reais de renda. Neste momento, eles também irão querer mais por menos, e mais recursos pelo mesmo preço.

Criamos uma lista de verificação para ajudar as empresas a elaborarem a estratégia correta (veja o quadro *Check-list* **Paisa Vasool** da BCG). Siga essas recomendações, responda a essas perguntas e sua empresa desenvolverá a arte da fabricação de produtos *paisa vasool*.

CHECK-LIST PAISA VASOOL DA BCG

Faça do preço de entrada dos produtos o seu mantra

Faz-se necessário o desenvolvimento de uma estratégia de combinação de três etapas ou passos.

1º Passo: Oferta do produtos ao consumidor.

No laboratório, engenheiros devem projetar um portfólio simplificado que disponibilize recursos àquilo que denominamos nível "mágico" de preço. Essa é a abordagem **"*design* para nível de preço"**.

- Nós entendemos os atributos desejados para cada produto, assim como as necessidades de cada segmento de consumo?

- Já removemos todos os custos que os clientes não valorizam?

- Estamos fornecendo qualidade superior atestada?

- Nossos produtos têm um nível de preço acessível?

- Será que possuímos um conjunto de unidades de estocagem (SKUs[b]) de alta rotatividade, que garantam uma parcela desproporcional de rentabilidade da categoria?

- Oferecemos aos nossos parceiros comerciais uma maneira visualmente deslumbrante de exibir nossos produtos?

- Mostramos caminhos para que os nossos clientes melhorem seu padrão de consumo?

- Será que realmente demonstramos o valor e os benefícios de nossos produtos nos pontos de venda?

2º Passo: A cadeia de suprimentos.

No processo de produção, as empresas devem contar com fornecedores locais e manter os custos e os investimentos baixos. Não há espaço para floreios na cadeia de abastecimento.

- Será que aproveitamos os fornecedores locais quando buscamos matérias-primas?

- Estamos reduzindo nossos custos de transporte ao utilizar fabricação distribuída?

- Estamos reduzindo nossos custos de mão de obra ao terceirizar o processo de fabricação?

- Será que a cada ano estamos promovendo 5% ou mais de melhorias em nosso nível de produtividade?

---

b *Stock keeping unit.* (N.T.)

- Já retiramos todos os materiais desnecessários de nossas embalagens, concentramos as matérias-primas e inovamos em termos de recalafetagem?

3º Passo: A abordagem de ida ao mercado (*Go-to-market*[c]).
Ao levar seus produtos aos clientes, as empresas devem encontrar canais de distribuição nas áreas rurais e nos demais mercados remotos, promover a marca dentro dos estabelecimentos e alcançar posição dominante nas lojas.

- Temos uma lista de distribuidores envolvidos e leais que irão reforçar nossa rede física de distribuição?
- Será que acompanhamos e fiscalizamos a distribuição, a participação no ponto de venda e a velocidade do processo?
- Já otimizamos a frequência de visitas às lojas por nossa equipe promocional para ajudar os varejistas a estimularem a visibilidade do produto, a frequência do consumidor, a experimentação e a adoção de uso?
- Estamos alcançando até mesmo os mercados mais remotos?

Aravind Eye Care: *paisa vasool* em ação

Vaidheyan, um trabalhador rural de 52 anos de idade, da aldeia de Muthupettai, no interior de Tamil Nadu, é um típico paciente da Aravind Eye Care, uma empresa que procura levar a cirurgia de catarata aos 7,5 milhões de indivíduos carentes desse cuidado na Índia. Casado e com dois filhos, ele ganha cerca de 25 rupias por dia – menos de US$ 1 dia. Como ele disse: "Eu não era capaz de enxergar as pessoas à distância. Não conseguia ver as pessoas que entravam no meu terreno."

---

c   Processo de "ida ao mercado" que define claramente as questões relacionadas a mercados e ofertas, com base na percepção de valor dos clientes. (N.T.)

Um dia, ele visitou um *stand* de serviços oftalmológicos patrocinado pela Aravind que se apresentava à sua aldeia. Ali mesmo, ele realizou uma bateria de testes e, então, foi encaminhado para cirurgia no principal hospital de Madurai. Após uma operação gratuita de 10 min, Vaidheyan recuperou sua visão. Essa foi apenas uma das mais de 300 mil cirurgias que são realizadas anualmente sob os auspícios da Aravind Eye Care.

A empresa foi uma ideia original do oftalmologista G. Venkataswamy. Ele a fundou aos 58 anos de idade, depois de se aposentar do serviço médico público oferecido pelo governo da Índia. Esse país tem a **maior proporção de cegos de catarata no mundo**. Nas regiões rurais, existe apenas um oftalmologista para cada 120 mil habitantes.

O doutor V, como era conhecido antes de seu falecimento, em 2006, abriu o primeiro hospital Aravind Eye Care, com apenas 11 leitos, em meados da década de 1970. Hoje, existem 6 grandes hospitais e 48 centros oftalmológicos que realizam pesquisas, fabricam materiais como lentes intraoculares, operam uma organização internacional de banco de olhos e administram um instituto que compartilha as melhores práticas com outros hospitais oftalmológicos em países em desenvolvimento de todo o mundo.

Para fornecer amplos cuidados oftalmológicos de alta qualidade, e torná-los acessíveis e disponíveis, o doutor V concebeu uma estratégia que se dividiria em três frentes:

1. Adoção de processos altamente padronizados para otimizar o tempo dos médicos. O tempo gasto pelos cirurgiões em cada operação é significativamente menor no hospital Aravind Eye Care do que em outras instituições (de 12 min a 22 min *versus* 55 min em faculdades de medicina privadas).

2. Introdução de uma abordagem de "linha de montagem" à cirurgia para aumentar a produtividade dos cirurgiões. Nos hospitais Aravind, as cirurgias são realizadas pelos cirurgiões em blocos de duas ou três horas, com apenas intervalos de um minuto entre cirurgias consecutivas. Tarefas rotineiras são realizadas por equipes bem treinadas, de baixo custo, que constituem cerca de 60% da força de trabalho total. A produtividade dos cirurgiões da Aravind é **seis vezes maior** que a de seus pares na Índia: um cirurgião da

Aravind faz 2 mil cirurgias por ano, em comparação com uma média nacional de cerca de 350. Isso também resulta em uma redução significativa nos custos.

3. Fabricação de baixo custo para produtos de consumo caros. No final da década de 1980, a cirurgia de catarata evoluiu para cirurgia de implantação de lentes intraoculares (LIOs); as lentes tinham de ser importadas e, em geral, custavam entre US$ 100 e US$ 4,2 mil. Desse modo, a Aravind estabeleceu a Aurolab, entidade independente, para fabricar lentes intraoculares por um décimo do custo das lentes importadas. O laboratório logo se expandiu e começou a fabricar outros produtos de cuidados oftalmológicos do mesmo nível de qualidade que seus homólogos ocidentais, mas por uma fração de seu custo – uma consideração relevante para economias em desenvolvimento.

O doutor V encontrou uma maneira de cortar custos – e, ao mesmo tempo, garantir a qualidade das intervenções. Os hospitais Aravind apresentam menor incidência de complicações durante a cirurgia que os procedimentos realizados pelo Sistema Nacional de Saúde do Reino Unido. Não surpreende, portanto, que essa companhia – cuja margem de Ebit (lucro antes de juros e impostos) em 2010 foi de 46% sobre um faturamento de cerca de US$ 30 milhões – acredite ser capaz de levar suas lições ao Ocidente e reduzir os custo dos cuidados com a saúde oftalmológica, aplicando estratégias de inovação, industrialização e suprimento interno de componentes materiais.

Levando *paisa vasool* para o resto do mundo

Os produtos de preço baixo, mas ricos em recursos, **vão se tornar a categoria de mais rápido crescimento em todos os mercados**, tendo em vista que os consumidores de todos os lugares lutam para sobrepujar suas despesas. *Paisa vasool* pode ser um conceito indiano, mas, em breve, ele será tão exigido em Nova York, Londres e Paris, quanto nas áreas rurais da Índia e da China.

Nossa pesquisa sugere que os consumidores norte-americanos e europeus estão se sentindo ainda mais cautelosos em relação ao futuro do que se sentiram durante o auge da crise financeira. Em nossa pesquisa anual com 24 mil consumidores de todo o mundo, mais de 90% dos entrevistados disseram que iriam manter ou reduzir – mas não aumentar – seus gastos em 2012. Aparentemente, a verdadeira tragédia dessa crise – e a probabilidade de que não haverá forte recuperação em curto prazo – está finalmente se abatendo sobre os consumidores e afetando seus padrões de gastos.

Além disso, "a correspondência entre valor e dinheiro pago" é a característica que tem apresentado maior crescimento em termos de peso nos últimos dois anos – nos EUA, cerca de 60% dos respondentes à nossa pesquisa de 2011 relataram-na como mais importante do que em 2009. Em contrapartida, **luxo** e *status* tiveram declínio acentuado no *ranking* dos fatores mais importantes para os compradores. Esses consumidores em dificuldades financeiras, muitos dos quais tradicionalmente classificados como pertencentes à classe média, se tornaram a "classe média espremida": eles ainda gostam de café italiano e de produtos orgânicos, mas não dispõem mais dos rendimentos adequados para investir nesses luxos, como muitas vezes fizeram nos dias felizes que antecederam a crise financeira de 2008. E, além disso, existem os tradicionalmente pobres, ainda em números surpreendentes mesmo no Ocidente. Os EUA têm 38 milhões de pessoas que vivem abaixo da linha de pobreza norte-americana – 12% da população. Da mesma maneira, 20 milhões de japoneses e 9 milhões de alemães vivem abaixo de suas respectivas linhas de pobreza nacionais.

Além dessas lutas de caráter nacional, os próximos grandes campos de batalha ocorrerão na África, na América Latina e em partes do sudeste da Ásia. Nesses locais, a abordagem *paisa vasool* será uma questão de necessidade – e, potencialmente, muito rentável. Um terço da população mundial – 2,7 bilhões de pessoas – vive em cidades localizadas nos mercados emergentes. Em 2030, esse número terá aumentado em mais 1,3 bilhão – um aumento de 50% –, enquanto as cidades dos mercados desenvolvidos somarão apenas mais 100 milhões de novos moradores. Esse crescimento populacional maciço irá transformar o cenário competitivo – e as empresas que prosperarem irão explorar grandes fontes de lucro, gerar mais inovação e crescer mais rápido que suas rivais. Tal como já acontece na China e na Índia, será importante segmentar tais mercados. Ao assessoramos empresas, dividimos as cidades dos mercados emergentes nas quatro categorias já descritas no capítulo 5: megacidades, capitais de concentração, centros especializados e cidades-horizonte.

Lembramos que, além do aumento no número de cidades, haverá um aumento no número de clientes emergentes nesses locais. De acordo com nossos cálculos, cerca de 42 milhões de lares nas cidades da Rússia, da Indonésia, do Brasil, da Turquia, do México e da África do Sul irão adentrar a classe média até 2015 – elevando o total de habitantes dessa categoria nesses países de 85 milhões, em 2010, para 127 milhões. Consequentemente, seus hábitos de consumo irão mudar e os produtos anteriormente considerados inacessíveis tornar-se-ão necessidades.

Essa população crescente de consumidores abastados em outros mercados emergentes exigirá casas maiores, melhor infraestrutura e novos produtos e serviços que são familiares aos consumidores norte-americanos e europeus – e estará pronta a pagar por esse diferencial.

As empresas que já tiverem competido na China e na Índia – países que estão desenvolvendo rapidamente sua pegada global – estarão bem-preparadas para atender a essas novas demandas. Elas também estarão prontas para enfrentar a ameaça representada por uma série de novos rivais, ou seja, fortes novos **desafiantes globais** sediados nesses países emergentes e geridos por executivos que cresceram sob os conceitos *paisa vasool*. Identificamos cem dessas empresas em economias de rápido desenvolvimento que estão redefinindo segmentos globais, e, enquanto mais da metade (53) são provenientes da China e da Índia, muitas outras são do Brasil (13), México (7) e Rússia (6), bem como da Argentina, Chile, Egito, Hungria, Indonésia, Malásia, Arábia Saudita, África do Sul, Tailândia, Turquia e Emirados Árabes Unidos.[3] (Voltaremos a esses desafiantes globais no Capítulo 14.)

A África, rica em recursos naturais, é alvo de muitas dessas empresas – especialmente as da China. Em grande medida, o continente espelha a própria diversidade de seus países: ele dispõe de 20% das terras do mundo e 15% de sua população, mas apenas 4% do seu PIB. Os 450 milhões de habitantes africanos têm diferentes experiências de vida e expectativas – dependendo de onde vivem. Cinco países (Argélia, Egito, Marrocos, Nigéria e África do Sul) são responsáveis por 60% do PIB do continente, e o PIB *per capita* varia de US$ 330 na República Democrática do Congo para quase US$ 15 mil em Botsuana.[4]

Em 2010, a Bharti Airtel, maior empresa de telecomunicações da Índia, adquiriu a africana Zain, companhia de telecomunicações baseada no

Kuwait. Isso catapultou a empresa indiana para a posição de **número** 1 em seis países. Em 2011, a Godrej fez sua maior aquisição mundial na África, comprando a participação majoritária no grupo Darling, uma companhia pan-africana de cuidados para os cabelos, sediada na África do Sul.

Enquanto isso, as empresas chinesas se envolvem na frenética apropriação de terras na África – atividade apoiada pelo governo chinês, que tem feito todo o possível para cortejar os líderes políticos do continente. Em novembro de 2007, praticamente todos os líderes africanos foram convidados para uma reunião de cúpula China-África em Pequim. Mas o que foi apelidado de "disputa chinesa pela África" começou no início dos anos de 1960, quando a Zâmbia se tornou o primeiro país africano a estabelecer relações diplomáticas com a China. Em meados da década de 1970, Mao Tsé-tung presenteou a Zâmbia com a ferrovia Tanzânia-Zâmbia, que liga o país sem litoral ao porto tanzaniano de Dar es Salaam, no maior projeto de ajuda externa realizado pela China.

Hoje, a Zâmbia, rica em cobre, tem **trezentas empresas chinesas** e se beneficia de investimentos estrangeiros diretos no valor de cerca de US$ 2 bilhões. No entanto, embora a China seja agora o maior parceiro comercial da África, algumas empresas chinesas, especialmente aquelas do setor de mineração, foram acusadas de explorar trabalhadores africanos.[5]

Claro, nem todas as companhias chinesas estão entrando em África por seus recursos naturais. Algumas, como a Huawei, enxergam no continente quase meio bilhão de consumidores. As empresas de tecnologia da informação e comunicação vêm desenvolvendo sua atividade a partir do zero ao longo dos últimos quinze anos. Como nos disse um de seus executivos:

> *"Quando vim pela primeira vez para a África, ninguém sabia nada sobre a Huawei e, aliás, nem mesmo sobre a China. Enfrentei 25 países, com uma população de 450 milhões, começando tudo do zero. Viajei com frequência, visitei diferentes países africanos. Em 1998, fiquei no Quênia por dois meses, sem falar chinês com ninguém. Não consigo contar quantos voos realizei, mas sei que utilizei três passaportes no período de dois anos."*

Em 2011, a Huawei lançou seu *smartphone* IDEOS de US$ 100 na Nigéria, um dos países mais ricos do continente. A companhia pretende aproveitar o apetite dos consumidores africanos pela conectividade em um local onde a infraestrutura é deficiente – e fazê-lo de modo acessível.

Paisa vasool pode ainda não ser um hábito hoje – mas descreve uma estratégia que está começando a se espalhar para muito além das fronteiras da Índia. Em sua maioria, os clientes emergentes da China e da Índia cresceram tendo, no início, acesso a bem pouco e se acostumaram a pechinchar pelo que compravam nos bazares locais e mercados de rua. Agora eles estão trazendo essa mesma abordagem para as lojas mais sofisticadas dos seus países. Na sequência da crise econômica global deflagrada em 2008, os consumidores em outros mercados emergentes – bem como nos EUA e na Europa – também estão à caça de barganhas, o que significa que as empresas precisam oferecer uma proposta de valor única: produtos que alcancem o aparentemente impossível, sendo, ao mesmo tempo, financeiramente **acessíveis** e de **alta qualidade**. **Realizada corretamente, essa estratégia poderá proporcionar, simultaneamente, ganhos em participação de mercado na China, na Índia e no resto do mundo!**

CAPÍTULO 13

O efeito bumerangue
O impacto global da corrida por recursos

Como o crescimento da demanda na China e na Índia dará origem à oferta limitada de commodities e a fortes oscilações na demanda mundial – e as ações que as empresas devem tomar para se proteger e lucrar com tal volatilidade

OS CONSUMIDORES NOVOS-RICOS NA China e na Índia estão criando uma oportunidade única de crescimento, que tem potencial para levantar a economia global, tirando-a da **melancolia** que se estabeleceu depois das últimas grandes crises financeiras. Ao mesmo tempo, esses povos estão gerando desafios inesperados para a economia global – o que chamamos de **efeito bumerangue**.

Ao longo desse livro demonstramos as razões pelas quais a demanda na China e na Índia irá aumentar rapidamente nos próximos anos. O efeito bumerangue se refere justamente às consequências do aumento dessa demanda – os **resultados de segunda ordem**. À medida que os consumidores na China e na Índia alteram suas dietas, exigem veículos pessoais, constroem casas maiores com comodidades modernas e se mudam para arranha-céus, eles geram aumentos impressionantes na demanda por milho, fertilizantes, cobre, algodão, minério de ferro, cimento, petróleo, gás, eletricidade e muitas outras *commodities*. Nos mercados em que a oferta desses bens é restrita, os preços irão oscilar violentamente em função das importações mensais, das flutuações de estoque e da nova capacidade de produção.

O aumento da demanda do cliente irá gerar o mesmo impacto sobre mercados específicos que a Apple exerceu sobre a música. Grandes fortunas serão conquistadas e perdidas.

O EFEITO BUMERANGUE **263**

O crescimento da demanda vai impulsionar a inovação, forçar a consolidação, aumentar os custos dos insumos e estimular a criação de produtos substitutos. Será uma época de impetuoso crescimento e poderosa modelagem do mercado. Haverá novos bolsões de riqueza local estimulando um surpreendente crescimento nos mercados de luxo – mas também existirá uma pressão sobre os rendimentos reais globais, conforme os consumidores de classe média tiverem de lutar para adquirir os mesmos produtos com os quais já estavam acostumados, mas agora aos preços do mercado mundial.

O efeito bumerangue teve início na década de 1990, quando os investimentos estrangeiros diretos começaram a fluir rumo à China e Índia – em essência, o propulsor de um bumerangue econômico do Ocidente para o Oriente. No início, quando o bumerangue – um investimento acumulado ao longo de vinte anos no montante de quase US\$ 1 trilhão na China e US\$ 200 bilhões na Índia – voltou para o Ocidente, trouxe consigo enormes lucros para as empresas que venderam a preços elevados produtos manufaturados nesses países a custos reduzidos. O Ocidente gostou dos produtos de baixo custo produzidos com mão de obra barata. Ao mesmo tempo, os empregos criados alimentaram o crescimento do consumo na China e na Índia. Com o tempo, os rendimentos reais – particularmente na China – cresceram a uma taxa acelerada. De fato, eles estão ajustados para continuar nessa tendência de crescimento, e grande parte da renda real será revertida na compra de bens de capital.

Todavia, a trajetória desse bumerangue está agora mudando. Ao alterar seus hábitos de consumo – comprando mais comida, mudando para apartamentos em arranha-céus, adquirindo o primeiro automóvel, comprando bens de consumo modernos –, os consumidores chineses e indianos estão provocando uma corrida por recursos. Juntos, os novos hábitos de consumo individuais de muitos milhões de pessoas significam que, enquanto países, China e Índia tornaram-se **megaimportadores**.

A China é hoje um dos maiores consumidores dos dez melhores bens de consumo duráveis do planeta, além do maior mercado consumidor de bicicletas, motocicletas, automóveis, calçados, telefones celulares e muitas categorias de bens de luxo. O gigante asiático é também o segundo maior comprador de eletrodomésticos, eletroeletrônicos, joias e Internet. A Índia também está se tornando cada vez mais expressiva em uma variedade de categorias. O país é, por exemplo, o segundo maior consumidor mundial de sabão, motocicletas e aparelhos celulares.[1]

Em 2020, a China consumirá grande parte de várias substâncias produzidas no mundo: 54% do carvão (acima dos 47% de 2010), 53% do alumínio (acima dos 42%), 48% do minério de ferro (acima dos 38%) e 39% do cobre (acima dos 30%) (Tabela 13.1). Enquanto isso, a Índia será responsável pelo consumo de 14% do carvão mundial (acima dos 10%), 12% do cobre (acima dos 5%) e 7% do minério de ferro (acima dos 4%) (Tabela 13.2). Esses recursos naturais serão utilizados em novas habitações, estradas, ferrovias e linhas de energia, e servirão de suporte para o crescimento futuro de ambos os países.

TABELA 13.1

Mudanças no consumo da China, 2010-2020

| | 2010 | | 2020 | | |
Produto	Consumo	% mundial	Consumo	% mundial	Aumento do consumo total anual
Alimentos					
Total de calorias	4.256 bilhões/dia	20	4.856 bilhões/dia	19	219 trilhões
Carne	98 bilhões kg/ano	30	134 bilhões kg/ano	32	36 bilhões kg
Frutas	94 bilhões kg/ano	17	139 bilhões kg/ano	21	45 bilhões kg
Legumes	474 bilhões kg/ano	44	716 bilhões kg/ano	52	242 bilhões kg
Peixe	37 bilhões kg/ano	28	43 bilhões kg/ano	30	6 bilhões kg
Energia					
Total	2.348 milhões TEP/ano	22	4.170 milhões TEP/ano	28	1,822 milhões TEP
Carvão	3.271 milhões t/ano	47	5.721 milhões t/ano	54	2,450 milhões t
Gás natural	101 bilhões m³/ano	4	327 bilhões m³/ano	9	226 bilhões m³
Petróleo	10.199 mil barris/dia	13	18.457 mil barris/dia	18	3,01 bilhões barris
Produtos refinados	10.618 mil barris/dia	14	19.165 mil barris/dia	18	3,12 bilhões barris
Mineração					
Minério de ferro	705 milhões t/ano	38	969 milhões t/ano	48	264 milhões t
Aço	471 milhões t/ano	34	641 milhões t/ano	38	170 milhões t
Alumínio	17 milhões t/ano	42	32 milhões t/ano	53	15 milhões t
Cobre	6 milhões t/ano	30	12 milhões t/ano	39	6 milhões t
Zinco	4 milhões t/ano	30	6 milhões t/ano	40	2 milhões t
Níquel	350 milhões kg/ano	21	700 milhões kg/ano	32	350 milhões kg

Fonte: Economist Intelligence Unit; U.S. Census Bureau Internacional Data Base; BCG, *Mining Market Overview* (*Visão Geral do Mercado de Mineração*), June 2009; Conferência das Nações Unidas sobre Comércio e Desenvolvimento, *Joint Índia/OECD/IISI Workshop on Steel* (Oficina Conjunta sobre o Aço: Índia (OECD), maio de 2006; BCG, *China Steel/IO Demand Outlook Tier 1* (*Aço da China/Visão Demanda de MF Nível 1*), janeiro de 2009; *Bloomberg Businessweek*, *China 2010 Aluminium Consumption Better Than Expected* (*Consumo de Alumínio da China em 2010 é Melhor que o Esperado*), janeiro de 2011; Análise BCG.
Abreviaturas: kg, quilogramas; m³, metros cúbicos; TEP, toneladas equivalente ao petróleo.

Por sua vez, o surpreendente crescimento da China e da Índia está provocando o aumento nos preços globais de todas as *commodities* – desde o milho, o cobre e o carvão até o alumínio, o cimento, o petróleo e o minério de ferro, além de todos os tipos de alimentos e bebidas.

O EFEITO BUMERANGUE **265**

Um apartamento moderno é um verdadeiro celeiro de recursos naturais. Segundo estimativas da Bloomberg, na China um apartamento estilo moderno utiliza 41 kg de cobre, dos quais 13 kg são usados na fiação, 20 kg no sistema de ar condicionado e 4,6 kg no fogão.[2] Observemos agora o impacto em outras duas categorias: minério de ferro e alimentos.

TABELA 13.2

Evolução do consumo da Índia, 2010-2020

	2010		2020		
Produto	Consumo	% mundial	Consumo	% mundial	Aumento do consumo total anual
Alimentos					
Total de calorias	3.022 bilhões/dia	15	3.908 bilhões/dia	16	323 trilhões
Carne	7 bilhões kg/ano	2	11 bilhões kg/ano	3	4 bilhões kg
Frutas	46 bilhões kg/ano	8	66 bilhões kg/ano	10	20 bilhões kg
Legumes	85 bilhões kg/ano	8	118 bilhões kg/ano	8	33 bilhões kg
Peixe	6 bilhões kg/ano	5	10 bilhões kg/ano	7	4 bilhões kg
Energia					
Total	532 milhões TEP/ano	5	1.092 milhões TEP/ano	7	560 milhões TEP
Carvão	687 milhões t/ano	10	1.526 milhões t/ano	14	839 milhões t
Gás natural	49 bilhões m³/ano	2	104 bilhões m³/ano	3	55 bilhões m³
Petróleo	3.175 mil barris/dia	4	6.059 mil barris/dia	6	1,05 bilhões barris
Produtos refinados	3.190 mil barris/dia	4	5.777 mil barris/dia	5	0,94 bilhões barris
Mineração					
Minério de ferro	79 milhões t/ano	4	149 milhões t/ano	7	70 milhões t
Aço	50 milhões t/ano	4	90 milhões t/ano	5	40 milhões t
Alumínio	1 milhão t/ano	4	3 milhões t/ano	5	2 milhões t
Cobre	1 milhão t/ano	5	4 milhões t/ano	12	3 milhões t
Zinco	0,5 milhão t/ano	4	0,8 milhão t/ano	5	0,3 milhão t
Níquel	70 milhões kg/ano	4	140 milhão kg/ano	6	70 milhões kg

Fonte: Economist Intelligence Unit; U.S. Census Bureau Internacional Data Base; BCG, *Mining Market Overview* (*Visão Geral do Mercado de Mineração*), junho, 2009; Conferência das Nações Unidas sobre Comércio e Desenvolvimento, *Joint India/OECD/ IISI Workshop on Steel*, maio de 2006; BCG, *China Steel/IO Demand Outlook Tier 1* (*Aço da China/Visão Demanda de MF Nível 1*), janeiro de 2009; *Bloomberg Businessweek, China 2010 Aluminium Consumption Better Than Expected* (*Consumo de Alumínio da China em 2010 é Melhor que o Esperado*), janeiro de 2011; Análise BCG.
Abreviaturas: kg, quilogramas; m³, metros cúbicos; TEP, toneladas equivalente ao petróleo.

Minério de ferro: os altos e baixos de um componente essencial para a vida da classe média moderna

Mas, afinal, por que razão estamos discorrendo sobre minério de ferro em um livro sobre consumo e necessidades? A resposta é simples: a crescente demanda por minério de ferro e aço resulta, de maneira direta e profunda, da expansão das classes médias chinesa e indiana. Nesse sentido, o minério de ferro é um mercado de consumo – impulsionado pela demanda por melhores condições de moradia, carros, eletrodomésticos, utilidades domésticas confiáveis, transporte, hospitais e escolas. Uma vez transformado em aço, ele se torna um componente essencial na vida das pessoas de classe média.

A demanda por aço deve crescer muito na China e na Índia. Existem quatro principais mercados para uso final do aço – **automóveis, eletrodomésticos, construção civil** e **infraestrutura** – e todos eles estão se expandindo como resultado direto do rápido crescimento econômico de ambos os países. Esse crescimento continuará a pressionar os fornecedores, que, por sua vez, prosseguirão em um processo de rápida consolidação de ofertas, no qual profissionais chineses e indianos exercerão papel fundamental. A elevação da demanda precederá o aumento da capacidade, o que ameaçará a ocorrência de inflação e escassez –fenômenos que elevarão os preços dos produtos finais não apenas na China e na Índia, mas também nas economias desenvolvidas.

Como já descrevemos, a China, de maneira mais específica, deu início a uma onda de construções de proporções épicas, impulsionada principalmente por um governo que tem priorizado a infraestrutura e a habitação: cerca de 75 milhões de unidades de habitação a preços acessíveis eram imediatamente necessárias no país.[3] Essa situação tem se mostrado uma "mina de ouro" para os produtores de minério de ferro – os preços reais aumentaram substancialmente desde a década de 1990. Cerca de 1 bilhão de toneladas de aço são negociadas a cada ano, e a China é responsável por 62% do volume comercializado em todo o mundo.[4] No período de 2000 a 2010, a demanda mundial aumentou a uma taxa anual composta de 6,1%.[5] O comércio internacional dobrou.

Como o mercado tem se ampliado, as grandes mineradoras mundiais – principalmente a Vale, a BHP Billiton e a Rio Tinto – têm investido em novas e significativas produções com base em estruturas de custos mais baixas. Já existe planejamento para uma nova produção escalonada de 685 milhões de toneladas para até 2015 – o que representará um enorme aumento na oferta mundial, se de fato ocorrer.[6] A mina Quantum na Austrália está avaliada em 110 milhões de toneladas, enquanto a Serra Sul de Carajás, no Brasil, está avaliada em 90 milhões de toneladas métricas. Já a mina Simandou da Rio Tinto, na África, é uma instalação de 95 milhões de toneladas métricas.[7]

É claro que nem todos os novos projetos e expansões entrarão em operação como previsto. Parte dessa capacidade é descrita como conceitual e provável. No entanto, os produtores de minério de ferro estão agora correndo um grande risco: se os projetos de construção e infraestrutura da China não continuarem ao longo da próxima década, os produtores ficarão encalhados com uma produção **cara** e **ociosa**. E, com toda a certeza, haverá volatilidade na demanda, o que, por sua vez, irá afetar a maioria dos principais produtos industriais – minério de ferro, cobre, cimento, alumínio, níquel, metais preciosos e madeira.

Períodos mansos no desenvolvimento imobiliário poderão causar verdadeiras calamidades nos mercados de minério de ferro. Como resultado, a bonança poderá rapidamente se transformar em depressão. No mundo das *commodities* é muito fácil estar absolutamente errado. No início de 2011, negociadores promoveram de maneira entusiástica os investimentos em produtores de matérias-primas, somente em agosto e setembro do mesmo ano despejarem seus títulos em uma cruel liquidação no mercado de ações. Foi uma lição salutar.

Carne de porco, frango e noz-pecã: nova dieta, novos preços

A corrida por recursos, bem como por bens e serviços, é uma consequência direta do novo poder aquisitivo dos consumidores chineses e indianos e das mudanças ocorridas em termos de **necessidades**, **exigências** e **apetites** – às vezes, de maneira literal. Estimamos que os chineses irão gastar quase US$ 1,4 trilhão por ano em alimentos em 2020, contra os US$ 650 bilhões de 2010, principalmente porque esses consumidores já estão começando a comprar maiores quantidades de alimentos mais caros, como legumes frescos, produtos lácteos e carne – antes considerados luxos. Em 2010, as carnes de porco e de frango eram responsáveis por 19% da dieta do cidadão chinês. Em 2020, supomos que esse percentual suba para 28%. Em outras palavras, em 2020, os chineses estarão gastando US$ 215 bilhões a mais com porções de carne de porco e US$ 185 bilhões a mais de porções de carne de frango do que comprariam em 2010.[8]

Esse gosto por carne irá elevar a demanda por milho, soja e aminoácidos necessários para alimentar porcos e galinhas. Calculamos que a China precisará de um adicional de 166 milhões de toneladas de milho, o equivalente a 20% da produção mundial desse grão em 2010. Esse consumo incremental, que poderá elevar o preço do milho de US$ 186 a tonelada, em 2010, para até US$ 292 a tonelada, em 2020, o que gerará desequilíbrio entre oferta e demanda, acarretando preços voláteis que afetarão muitos produtos alimentícios acabados.[9]

"Um item que realmente destaca o apetite chinês nos mercados agrícolas mundiais é o seu forte aumento e predomínio no comércio mundial de soja", diz Dan Basse, presidente da AgResource, agência de previsão agrícola de Chicago.

"Vinte anos atrás, a China importava quantidades limitadas de soja. Hoje, o país compra cerca de 56 milhões de toneladas – o que representa **62%** de toda a soja global negociada. Em termos de valor, a soja é a terceira cultura mais importante do mundo. Isso reflete o que poderá ocorrer quando os líderes políticos chineses aceitarem seu papel como importadores de alimentos – e romperem com seu tradicional modelo de autossuficiência."[10]

As nozes-pecã representam outra boa ilustração do efeito bumerangue. Há cinco anos, as importações chinesas de pecãs norte-americanas eram quase nulas. Entretanto, à medida que a classe média chinesa cresceu, o apetite por alimentos saudáveis, incluindo nozes, tem aumentado. Em 2009, a pecã se tornou a alternativa favorita à castanha local durante a celebração do Ano Novo chinês. De fato, em 2011, a demanda pelas pecãs foi tamanha que elas praticamente não paravam nos estoques das mercearias chinesas – mesmo ao custo de US$ 5 ou mais por quilo, cinco vezes o salário médio por hora de um trabalhador fabril na China. Em todo o mundo, o preço das pecãs dobrou entre 2009 e 2011.[11]

Em teoria, a China é capaz de cultivar suas próprias pecãs, mas o tempo e os recursos – **dinheiro**, **água** e **terra** – representam enormes obstáculos. São necessários dez anos de cultivo para que uma árvore de pecãs alcance produção comercial completa. Durante esse período, a nogueira precisa de muita **água**, um **recurso escasso** em grande parte da China. Além disso, seu cultivo também teria de competir por terras com outras culturas.

Assim, os EUA, **maior produtor mundial de pecãs**, continuarão sendo o principal fornecedor do fruto no futuro previsível. Essa é uma ótima notícia para os agricultores norte-americanos de pecãs – alguns dos quais possuem árvores de mil anos, com 30 m de altura e troncos de 2 m de diâmetro. Porém, essa recém-descoberta paixão do consumidor chinês pelo fruto se tornou um problema para outros consumidores de pecãs e para produtores de tortas, bolos e sorvetes de nozes. Afinal, ninguém quer gastar US$ 30 em um panetone de Natal ou US$ 10 por meio litro de sorvete de nozes.

O que o efeito bumerangue significa para você

Ao longo desta década, tornar-se-á evidente o modo como o aumento na procura de produtos pelos consumidores chineses e indianos se traduzirá em aumentos de preços e no crescimento na demanda por *commodities* – e na resultante constrição no fornecimento de energia, água e alimentos. Essas carências de abastecimento acabarão provocando preços mais elevados para automóveis, motores, equipamentos, *jeans*, camisetas e até mesmo sapatos de couro.

Essa inflação *whipsaw*[a] (caracterizada por mudanças abruptas) e esse consumo em curva-S (consumo de subsistência com US$ 1.000 de renda *per capita*, seguido por saltos desproporcionais para US$ 4 mil e US$ 12 mil *per capita*) no Oriente são os mais significativos efeitos bumerangue, e representarão novos desafios para as empresas do Ocidente – não somente na China e na Índia, mas também em seus países de origem.

Nos EUA, as famílias de mais baixa renda – 40% da população norte-americana – ganham US$ 40 mil ao ano, ou até menos e, em média, gastam apenas US$ 3 mil por ano com alimentos. Essa população já está enfrentando um aperto no mercado de trabalho, com mais de 20% de taxa de desemprego entre homens sem ensino médio. Digamos que essas pessoas tenham de enfrentar um aumento de 10% nos custos dos alimentos (e isso é uma estimativa conservadora, dada a possibilidade de um aumento de 50% no preço médio do milho ao longo dos próximos dez anos), neste caso, elas se verão obrigadas a alocar um adicional de US$ 300 por ano para a alimentação: o salário de cerca de meia a uma semana inteira de trabalho.[12] De repente, todos os tipos de empresas terão de enfrentar consumidores que não mais serão capazes de pagar por seus produtos e que passarão a ser frugais, a poupar e a procurar pechinchas.

---

a   Ser pego por movimentos de preço voláteis e realizar operações que resultam em prejuízo à medida que os preços aumentam ou diminuem abruptamente. Um negociador se encontrará em tal situação se comprar ações imediatamente antes da queda dos preços ou vendê-las imediatamente antes do aumento. (N.T. de acordo com Downes, J. e Goodman J. E. *Dicionário de Termos Financeiros e de Investimento*. São Paulo: Nobel-Bovespa, 1993.)

Outro efeito bumerangue será a competição por empregos. Haverá um grande fluxo de novos graduados universitários surgindo dos sistemas educacionais chinês e indiano – ao longo da próxima década, 83 milhões de pessoas obterão diplomas na China e 54 milhões na Índia; enquanto isso, somente 30 milhões irão se formar nos EUA, e um número ainda menor nos principais países da Europa. Haverá ainda um fluxo maciço de jovens trabalhadores (entre 20 e 30 anos de idade) no mercado de trabalho – que conta atualmente com 204 milhões na China e 218 milhões na Índia, contra 43 milhões nos EUA –, todos ostentando uma inegável atitude de **"quero mais agora"** (Figura 13.1).

FIGURA 13.1

Tamanho da população jovem trabalhadora por país, 2010 e 2020

Em 2020, a população jovem em idade ativa na Índia – da faixa etária de 20 a 30 anos de idade – terá ultrapassado a da China.

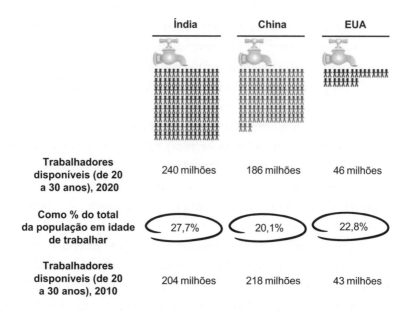

Fontes: Economist Intelligence Unit, Indicadores de Mercado e Previsões; Nações Unidas, Departamento de Assuntos Econômicos e Sociais, Divisão de População, Estimativas da População e Projeções; U.S. Census Bureau International Data Base; Análise BCG.
Nota: O total da população em idade de trabalho é constituído por aqueles na faixa etária de 15 a 59 anos: EUA = 202 milhões; China = 924 milhões; Índia = 868 milhões.

Eles ganharão rendimentos cada vez maiores e, como resultado, consumirão mais bens e serviços.

Um terceiro efeito bumerangue da ascensão dos consumidores novos-ricos é o surgimento de novas empresas com ambições internacionais. Testemunhamos quando companhias até então locais e voltadas para o mercado interno – que atendiam grandes empresas multinacionais oferecendo-lhes mão de obra barata – tornaram-se poderosas concorrentes. Firmas chinesas e indianas estão se aproximando de posições de liderança em vários segmentos globais. A Petro-China é uma das empresas mais valiosas do mundo em termos de capitalização de mercado. Já a companhia de telecomunicações China Mobile e o banco ICBC da China são as empresas mais valiosas do planeta, em suas respectivas áreas de atuação.[13]

Enriquecidas por consumidores locais novos-ricos e por mercados locais vibrantes, essas empresas estão competindo por talentos. Elas também estão concorrendo por oportunidades de fusões e aquisições, liderando extraordinária ocupação fundiária global para empresas de extração de recursos naturais, fabricantes de eletrodomésticos de marca e inovadores tecnológicos, entre outros. E tais companhias estão levando essa luta para a África, a América Latina e até mesmo para a Europa e os EUA.

Entre as empresas que adquiriram subsidiárias substanciais na América do Norte e na Europa, estão, muitas vezes, nomes bastante conhecidos, como Birla, Infosys, Mahindra, Tata – todas indianas –, Aluminum Corporation of China, Lenovo, China Petrochemical, China National Chemical Corporation, Geely Holding Group e China Huaneng Group – todas chinesas.

Para recapitular, o efeito bumerangue pode representar uma ameaça ou uma oportunidade. O rápido crescimento da demanda nos mercados da China e da Índia irá fomentar concorrentes nativos. A pressão global sobre o fornecimento elevará os preços das *commodities* nos setores cuja oferta é limitada. Companhias nacionais chinesas e indianas irão se expandir para os mercados globais, particularmente os emergentes, da África e da América do Sul. As empresas que atendem aos consumidores emergentes da China e da Índia irão se concentrar em projetos de baixo custo e muitos recursos. As firmas que chegarem somente no final da festa perderão significativa quota de mercado. Já as corporações multinacionais comprometidas com a vitória, principalmente dentro do contexto *paisa vasool*, irão se adaptar e vencer.

Para prosperar, as empresas terão de dominar novas habilidades, incluindo o uso de fornecedores alternativos, flexibilidade no tamanho dos produtos disponibilizados, resposta rápida em termos de precificação e melhor *hedging*[b] para suas mercadorias. Teremos a oportunidade de observar uma estratégia do tipo "o vencedor leva tudo" baseada em liderança, tanto na China como na Índia. Tentativas tímidas de participação irão se traduzir em armadilhas de caixa – investimentos sem retorno. Acreditamos que a ignorância permite que outros reúnam forças e voltem para seus mercados domésticos.

Agora é o momento de se antecipar ao efeito bumerangue. As empresas que responderem a esse desafio terão de implementar várias ações:

1. Aventurar-se em uma **"jornada de compras"**, pagando preços integrais por posições de liderança na China e na Índia.

2. Integrar plenamente suas aquisições, prestando muita atenção à incorporação cultural, ouvindo e atendendo/respondendo aos seus novos empregados.

3. Considerar atentamente as lições de acessibilidade financeira e preço baixo, e então levá-las para o laboratório.

4. Impulsionar o alcance e a amplitude de distribuição de seus produtos.

5. Investir na criação de marca.

---

b   Trata-se de uma técnica ou estratégia de cobertura de risco, usada para proteger ativos, contratos ou índices de uma eventual perda de valor de mercado. (N.T.)

CAPÍTULO 14

Avanço rápido
A realização dos negócios e a mentalidade de aceleração

Por que a abordagem chinesa e indiana para os negócios – ambiciosa, agressiva, audaciosa, adaptável – pode representar uma de suas exportações mais duradouras. Eles realmente não aceitam "não" como resposta.

ADI GODREJ, QUE APRESENTAMOS no Capítulo 3, tem uma grande visão. Com uma fortuna familiar no valor de US$ 7,3 bilhões, ele é um dos empresários mais ricos da Índia –, mas ele sonha com um conjunto de empresas ainda maior e mais diversificado.[1]

Sentado em seu escritório com piso de mármore branco no Godrej Park, um centro comercial imenso e caótico, de 14 km², localizado em Mumbai, onde a produção fabril ocorre perto de florestas de mangue, Godrej fala animadamente a respeito de sua visão **"dez por dez"**: crescimento décuplo no período de dez anos. As maneiras pelas quais os EUA e a Europa fazem negócios não lhe são estranhas. Nascido em uma poderosa família industrial – seu avô, um advogado que virou serralheiro, fundou a companhia em 1897 –, ele estudou no Massachusetts Institute of Technology (MIT) antes de ingressar na empresa da família. Ele diz que, na Índia, o potencial de crescimento orgânico é sem precedentes – e, para o grupo Godrej, um conglomerado com interesses nos setores de imóveis, bens de consumo e eletrodomésticos, existe uma perspectiva muito real de crescimento em um prazo de dez anos, partindo de um faturamento de US$ 3 bilhões para outro de US$ 30 bilhões.

Bebendo uma *Diet Coke*, Godrej explica que nos últimos **quarenta anos** a empresa apresentou crescimento anual de 17%. "Nós alcançamos muito sucesso, e eu tenho orgulho do que conquistamos", diz ele. "Ma ainda há muito a se fazer – muitas, muitas outras oportunidades para se conquistar",complementou Godrej. Seu plano de crescimento dez por dez é apresentado com humildade e compromisso sério.

Realistas, corajosas, imperturbáveis, determinadas – essas são as qualidades típicas das pessoas que estão transformando a face dos negócios na Índia e na China. Como explicamos neste capítulo, esses indivíduos administram empresas que estão prestes a se tornar nomes conhecidos em todo o mundo.

A mentalidade de aceleração

Não é difícil perceber que muitos altos executivos na China e na Índia desenvolveram algumas características importantes: 1ª) uma maneira diferente de trabalhar; 2ª) uma forma distinta de definir metas; e 3ª) uma mentalidade diferenciada – ambiciosa, audaciosa, agressiva, se necessário, e adaptável.

Trata-se de uma atitude mental de avanço rápido à qual denominamos **mentalidade de aceleração**, típica de indivíduos incansáveis em sua busca pelo sucesso.

Sua estratégia se baseia em três pontos fundamentais: uma grande visão, sonhos colossais e oportunidades ilimitadas. Eles não se sentem em dívida com absolutamente nada, muito menos com quaisquer regras de negócios descritas em livros didáticos ou com eventuais limitações impostas pela lógica comum dos negócios. Eles começam do zero, focam em uma oportunidade específica, ampliam-na ou se reorientam, caso necessário, aprendem com a prática e rumam inexoravelmente para frente.

Na China e na Índia, **estratégia** não significa **perfeição**. O empreendedor de sucesso tem pouco medo de errar. Ele acredita que todos os erros podem ser corrigidos com o tempo ou até mesmo se tornar palatáveis pela crescente demanda. Claro, nem todo empreendedor é bem-sucedido ou representa um modelo de melhores práticas nos negócios: às vezes, eles acabam pegando atalhos e adotando comportamentos antiéticos e corruptos que seriam rejeitados no Ocidente, como, por exemplo, se **utilizar de influências políticas** para alcançar seus **objetivos**. Mas, independentemente do que façam, eles enfatizam a **execução** – o "**fazer acontecer**".

Godrej é apenas um dos muitos líderes empresariais que conhecemos que sonham grande, ostentam grande ousadia e demonstram toda a confiança no fato de que o otimismo pode vencer os obstáculos. Um deles nos disse: "Vamos crescer para US$ 100 bilhões." Outro comentou: "Para cima e para baixo, sem dúvida, mas no final, para cima, para cima e para cima!" Um terceiro afirmou de maneira objetiva: "A nossa estratégia e os nossos investimentos são limitados apenas pelos nossos próprios sonhos."

Dhirubhai Ambani, fundador da Reliance Industries, o **maior conglomerado de empresas da Índia**, representou o exemplo clássico de um líder de negócio com uma mentalidade de aceleração. Sua história de ascensão social é quase uma parábola de como **perseverar** e **prosperar**.

"Nossos sonhos devem ser maiores; nossas ambições, mais elevadas; nosso compromisso, mais profundo; e nossos esforços, mais firmes. Somente é possível realizar algo quando se consegue sonhar. Mas os sonhos, por si só, não são suficientes. Persiga seus objetivos, mesmo diante das dificuldades", ele aconselha, "e transforme suas adversidades em oportunidades."[2], relatou Ambani.

Os empresários chineses e indianos dos dias de hoje se ergueram por seus próprios esforços; eles visam alcançar o sucesso por meio de sua ambição e se deixam guiar por uma extraordinária capacidade de adaptação adquirida através da sobrevivência em um ambiente difícil, intransigente e darwiniano. "As pessoas vêm aqui esperando um tapete vermelho, mas elas precisam conhecer as nossas regras", comentou Ratan Tata. "Se você vier para a Índia já reconhecendo que a vida aqui é uma luta constante, isso fará toda a diferença", completou o executivo indiano Ratan Tata.

Ratan Tata, descendente da dinastia Tata, que se mostrou um grande crítico dos tipos de gestores britânicos. Ele encontrou as condições para comprar a Corus, a antiga British Steel, em 2007, e a Jaguar Land Rover, em 2008. "Trata-se de uma questão de ética no trabalho", disse ele, em uma entrevista para a jornal *The Times*. "Sexta-feira, após as 15h30min, você já não encontrava mais ninguém nos escritórios das empresas da Grã-Bretanha", destacou Tata.

Desde então, ele passou a observar que o mesmo padrão de complacência podia ser observado do outro lado do Atlântico. Comentou Ratan Tata:

> *"Nos EUA, um latino-americano demonstra muito mais prazer em trabalhar mais horas do que um norte-americano. Um coreano fica feliz em fazer horas extras a fim de terminar algum serviço. O mesmo se dá com os chineses e os indianos. O norte-americano vai para casa e suas horas de lazer são mais importantes. Ele pode até deixar um*

emprego, por considerá-lo muito pesado. Então, eu acho que países que passaram por boas experiências proveem certo nível de conforto."[3]

Note, porém, que a mentalidade de aceleração não é exclusiva aos executivos de empresas; ela também se revela em pessoas de todos os níveis da sociedade. Os pobres, os famintos e os motivados – os verdadeiros "Ph.Ds.", cuja única qualificação é uma fonte abundante de energia e de iniciativa – sonham com sucesso, realização, esperança, riqueza material e uma vida melhor. É a versão deles do "sonho norte-americano", e eles estão plenamente dispostos a trabalhar duro para isso: as semanas de 90 h de estudo para os adolescentes; as 50 h de prática semanais para crianças de 8 anos que aspiram se tornar grandes pianistas; as 16 h por dia, sete dias por semana, investidas por engenheiros no desenvolvimento de produtos eletrônicos que terão o dobro das funcionalidades oferecidas por seus concorrentes ocidentais, mas serão vendidos pela metade do preço.

Liu Jiren: de metalúrgico a gomandante global de TI

São exatamente 7 h da manhã em Dalian, na China, no hotel Howard Johnson, qualificado como cinco estrelas. Do outro lado da mesa de café da manhã está um homem esbelto, de 55 anos, com um sorriso acolhedor e uma gargalhada sincera. Ele fala um inglês impecável e tem mais energia do que muita gente que já conheci. Durante nosso encontro, ele nos revela uma história de sua juventude: "Eu nasci em uma época de revolução e privações."

Liu Jiren – fundador, presidente e CEO da Neusoft Corporation, a maior empresa de soluções e serviços de TI da China – é um excelente exemplo de líder de negócios com **mentalidade de aceleração**. Sua jornada foi extraordinária. Ele começou como metalúrgico aos 17 anos de idade, e, então, acabou indo para a faculdade e completando um doutorado, antes de estabelecer um negócio cuja capitalização seria de US$ 1,6 bilhão no mercado atual.

Nascido em 1955, em Dandong – uma cidade de nível 4 em Liaoning, Província no nordeste da China –, Liu cresceu muito pobre. Ao terminar o ensino médio, tinha apenas três opções de emprego: **agricultor**, **soldado** ou **operário**. Ele começou a trabalhar em uma usina siderúrgica em Benxi, e a atribuição que recebeu era arriscada: caso os tubos de vapor começassem a vazar, ele teria de se unir a um grupo de homens bem mais velhos que ele e con-

278   O PRÊMIO DE 10 TRILHÕES DE DÓLARES

sertar o vazamento. "Era um trabalho perigoso", ele se recordou. Seus colegas de trabalho ostentavam queimaduras nas faces, cicatrizes e feridas oriundas de encontros anteriores com o perigo. Seu salário era de 41 renminbis (US$ 6) por mês – três vezes maior que o dos outros trabalhadores da fábrica, por causa justamente do perigo da função. As horas livres eram outra forma de compensação. "Meu trabalho provia bastante tempo livre entre as emergências", diz ele. "Eu tinha tempo para desenhar cartazes do partido, aprender a reparar relógios mecânicos e a imprimir fotografias", lembrou Liu Jiren.

A vida era bem difícil. "Éramos oito em um único dormitório, não tínhamos comida o suficiente e eu sentia falta de minha família", enfatizou Jiren. "Mas eu trabalhei naquela função apenas por um ano", ele afirmou. Liu era apenas um entre os 300 mil trabalhadores da fábrica, porém, sua diligência natural logo chamou a atenção dos dirigentes, que lhe deram a oportunidade de ganhar experiência trabalhando em várias divisões da empresa.

Aos 21 anos, ele foi aceito na Northeastern University of China, em Shenyang, como um dos dois únicos candidatos vindos da fábrica. A partir daí sua vida decolou, alcançando, entre outras coisas, riquezas incalculáveis e um nível de influência inimaginável. "Por causa dos meus *hobbies*", salientou Liu Jiren, "eu comecei a conhecer mais pessoas e acabei fazendo muitos amigos. Isso me ajudou a vencer a concorrência e entrar na universidade." Ele estudou Controle de Automação, precursor importante para o curso de Engenharia de *Software*. Mergulhou nos estudos, dedicando-se a eles das 6h da manhã até quase meia-noite, sete dias por semana.

Ele foi o melhor aluno do curso, garantindo uma vaga em um programa de mestrado e trabalhando como professor assistente na área de Ciência da Computação antes de estudar para seu doutorado. Na Northeastern University of China, Liu Jiren se tornou um dos alunos favoritos de Li Huatian – professor chinês formado em Harvard –, que o ajudou a conseguir um emprego no National Bureau of Standards dos EUA. "Eu estava em Washington olhando para o rio Potomac. Então suspirei para mim mesmo e pensei: 'Um dia vou construir um parque de *softwares* na China, com equipamentos avançados e fundos de pesquisa'", declarou Liu Jiren.

Liu retornou e montou um laboratório de pesquisas na Northeastern University of China, cujo *site* é neu.edu.cn – de onde, aliás, vem o nome de sua empresa. A Neusoft surgiu em 1996, com vendas de US$ 7,5 milhões e lucros inferiores a US$ 2 milhões. As vendas aumentaram cerca de cem vezes desde então, com lucros sendo em torno de 10% das vendas.

"Nós não somos a IBM ou a Microsoft da China. Temos o nosso próprio modelo de negócios", ressaltou Liu Jiren. Em nosso passeio pelas instalações, Liu Jiren orgulhosamente exibiu suas várias subsidiárias e seus vários negócios. Eles fornecem soluções de TI para inúmeros setores, incluindo telecomunicações, energia, finanças, seguridade social, saúde, manufatura, transporte e educação. O *software* incorporado da Neusoft está em um grande número de produtos digitais domésticos, terminais móveis, automóveis e produtos de TI que possuem presença global.

Mas o maior orgulho de Liu Jiren está em sua decisão de investir na criação de três *campi* universitários de TI na China. São faculdades particulares com investimentos de cerca de US$ 60 milhões. O maior *campus* da Universidade Neusoft está localizado em Dalian, têm agora mais de 14 mil alunos e oferece 34 cursos, incluindo Ciência da Computação, Engenharia de *Software*, Gestão de TI, Artes Digitais, Inglês e Japonês.

Os estudantes operam de acordo com o seguinte mantra: CDIO[a] – **conceber**, **projetar** (*design*, em inglês), **implementar** e **operar**. Quando os visitamos, como parte de sua metodologia, os alunos repetiram o conceito "C-D-I-O" com prazer. No SOVO[b] (Student Office, Venture Office, ou seja, Oficina do Aluno, Oficina de Iniciativa), cada aluno é solicitado a participar de uma experiência de risco. Os alunos são muito informais e amigáveis – eles se parecem com os estudantes de Berkeley, com longos cabelos tingidos, calças *jeans*, camisetas e sacolas estilo mensageiro. Eles têm habilidades práticas, e a universidade representa uma das principais fontes de talentos para a Neusoft.

Na Universidade Neusoft, em Dalian, os alunos desfrutam de uma grande variedade de artes, tecnologia e estudos relacionados a empreendedorismo. Os estudantes sonham em abrir *start-ups* ligadas à Internet, companhias desenvolvedoras de *games*, empreendimentos multimídia, entre outras oportunidades. É a grande chance de ver suas novas ideias ganharem vida.

O *campus* tem a aparência de uma faculdade norte-americana – é a Babson College of China. Para o dia de nossa visita, os alunos do SOVO prepararam

---

a   Em inglês, CDIO: *conceive, design, implement, operate*. (N.T.)

b   Um centro *start-up* para alunos de graduação, que organiza os integrantes e os insere em uma espécie de "empresa virtual". O SOVO oferece aos alunos uma oportunidade de eles iniciarem suas carreiras e se conectarem com o setor desejado, assim que eles deixarem a universidade. (N.T.)

um grande programa de imersão com suas ideias e seus empreendimentos. Cada aluno discorreu sobre o seu conceito de negócio, como ele foi criado, que problema resolveria e de que modo contribuiria para mudar o mundo – um quadro nitidamente contrastante com outras universidades da China.

"Estou criando uma empresa de jogos", disse orgulhosamente um aluno. "Durante a noite, um agricultor vivendo em um distrito rural terá algum tempo livre e poderá ficar *on-line*. Neste caso, ele utilizará meus jogos. Claro que meu projeto visa criar riqueza para mim, mas ele também implica na criação de jogos distintamente chineses." Esse rapaz vestia calças Levi's e uma camiseta preta. Seus cabelos, na altura dos ombros, tinham uma mecha lateral tingida de vermelho.

Não é por acaso que o maior centro de desenvolvimento global da empresa e sua universidade estejam localizados em Dalian – uma cidade de 6 milhões de habitantes no extremo sul da região nordeste da China. Cerca de cem anos atrás, o local já havia atraído um grupo de engenheiros russos, e hoje abriga a Zona de Desenvolvimento Econômico e Tecnológico de Dalian. Além disso, a região também é o lar do bilionário parque industrial dos *chips* da Intel – o maior investimento empresarial estrangeiro na China. Quando concluída, a usina da Intel irá empregar 1.500 trabalhadores.

Dalian oferece isenções fiscais significativas para novos negócios – nenhum imposto por dois anos, 50% de redução nos três anos seguintes –, além de outros incentivos financeiros. Ao agrupar empresas de *software* e TI em um mesmo lugar, a região desenvolve habilidades e potenciais neste setor – Dalian é uma das equivalentes chinesas ao Vale do Silício. Seu crescimento é sustentado por fundos de risco, pela proteção de dados privados, por recursos físicos e por uma forte orientação para os mercados de exportação.

O sonho de Liu de criar um parque de *softwares* foi concluído. Existem mais de 6 mil engenheiros de *software* trabalhando no Neusoft Dalian Park. "Eu serei lembrado por ter começado a universidade", diz ele. "É meu sonho retribuir ao meu país. É meu sonho deixar um legado de alunos capazes de inovar, criar novas empresas e competir em escala mundial."

As desafiantes globais

Se algo demonstra bem o impacto da mentalidade de aceleração, é o aumento surpreendente do conjunto daquilo que denominamos **empresas desa-**

fiantes globais: empresas públicas e privadas sediadas na China, na Índia e em outros mercados emergentes, que estão sacudindo a ordem econômica estabelecida. No ano de 2000, havia 8 empresas chinesas e uma empresa indiana na *Fortune 500*. Em 2010, esses números subiram para 46 e 8, respectivamente. Na última edição do relatório das 100 Desafiantes Globais da BCG, havia 33 da China e 20 da Índia: em outras palavras, mais da metade das desafiantes globais provinham desses dois países.[4]

Começamos a rastrear essas companhias há mais de cinco anos, quando a ideia de uma nova geração de empresas multinacionais emergentes da China e da Índia parecia absurda. Embora o grupo de tecnologia chinês Lenovo tivesse acabado de adquirir o negócio de PCs da IBM, este fora considerado um raro caso de sucesso. Desde então, no entanto, uma série de companhias se aventurou no exterior, adquirindo grandes marcas ocidentais e se estabelecendo como fortes concorrentes às multinacionais tradicionais dos EUA e da Europa.

Tomemos o Tata Group como exemplo. Seis empresas diferentes que integram esse grande conglomerado aparecem na lista das 100 Desafiantes Globais da BCG, representando os setores de produtos químicos, comunicações, serviços de consultoria, bebidas globais, motores e aço. Ao longo da última década, foram concluídas aquisições internacionais no valor de mais de US$ 17,5 bilhões. Entre outras, a Tata Steel comprou a Corus (antiga British Steel); a Tata Motors comprou a Jaguar e a Land Rover, marcas que estão entre os maiores nomes do setor de automóveis de prestígio; e a Tata Global Beverages comprou a Tetley Tea, a segunda maior fabricante e distribuidora de chá do mundo. Como resultado, o grupo agora ganha cerca de três quintos de sua receita no exterior e emprega mais trabalhadores britânicos que qualquer outra fabricante.[5]

À medida que crescem, o Tata Group e as demais desafiantes globais se beneficiam de uma série de vantagens naturais para competir com empresas multinacionais já estabelecidas. Para começar, as desafiantes gozam de acesso privilegiado aos mercados locais de alto crescimento e amplos recursos, raramente enfrentando ameaças de fortes concorrentes globais que, em geral, são confrontados pela legislação protecionista do Estado. Em segundo lugar, elas não são oneradas por práticas de negócios e tecnologias ultrapassadas, que se tornaram um fardo para seus rivais que operam em mercados de crescimento lento. Em terceiro lugar, as desafiantes têm acesso a enormes concentrações de mão de obra barata.

Todavia, o ingrediente vital que irá perdurar à medida que os concorrentes mundiais ganharem acesso a seus mercados internos e as diferenças entre os salários dos trabalhadores do Oriente e do Ocidente diminuírem, é justamente a mentalidade de aceleração. Afinal, esta característica não é exclusiva aos empresários chineses ou indianos, é claro. O fato é que continuamos a ser surpreendidos pela enorme abundância de pessoas que apresentam tal particularidade. De vez em quando, deparamos indivíduos que apresentam extraordinária criatividade, enorme capacidade para os negócios e força de vontade excepcional: eles realmente não aceitam "não" como resposta.

Uma desafiante chinesa: Huawei Technologies

Ren Zhengfei, fundador e CEO da Huawei Technologies, usou a **mentalidade de aceleração** para alcançar extraordinária liderança no setor de aparelhos telefônicos e computadores. A Huawei é uma empresa de US$ 32 bilhões sobre a qual poucos já ouviram falar – é uma das líderes globais em banda larga móvel, transmissão óptica e sistemas centrais de rede de telecomunicações. A edição de fevereiro de 2010 da revista *Fast Company* classificou a Huawei como a 5ª companhia **mais inovadora do mundo**, atrás apenas das empresas Facebook, Amazon, Apple e Google.

Em menos de vinte e cinco anos, ela deixou de ser apenas uma *start-up* para transformar-se na segunda maior empresa de equipamentos de telecomunicações do mundo, ficando atrás somente da Ericsson. Aproximadamente dois terços de suas vendas ocorrem fora da China – e triplicaram entre 2006 e 2010. Segundo o relatório anual da empresa (de 2010), suas margens de lucro foram de 12,8% e o retorno sobre o patrimônio líquido foi de 42,9%. A Huawei é uma companhia de pesquisas e serviços, e terceiriza a produção da maior parte de seu *hardware*. De acordo com a nossa tradução, os dois símbolos chineses que formam o nome Huawei significam **"conquista esplêndida"**.

Com um capital inicial inferior a US$ 5 mil, Ren fundou a firma em 1987, como representante comercial para um fabricante de comutadores PBX (Private Branch Exchange) –, dispositivos usados em estações de telecomunicação – de Hong Kong.

A tecnologia da Huawei é altamente avançada. Quando visitamos a companhia em 2011, mais do que um intérprete da língua chinesa, nosso diálogo sobre o setor necessitou de um especialista em tecnologia. A empresa participa de todas as formas de redes de acesso via rádio, desenvolvimento de *softwares* para aplicações móveis comerciais e residenciais, fontes de alimentação, infraestrutura de fibra e de cobre, integração de sistemas, dispositivos móveis, celulares, terminais e telepresença. Tudo é uma abreviação para uma tecnologia ou um padrão.

Os membros do setor atribuem o sucesso da Huawei ao seu "espírito de lobo." A empresa diz que é conduzida e inspirada a trabalhar como equipe, a perseguir múltiplas oportunidades de crescimento ao mesmo tempo e a não ter medo de se concentrar em inovações de baixo custo. A tática de *coup de grâce* (golpe de misericórdia) é buscar participação de mercado em mercados desenvolvidos, com um ataque vigoroso e sustentado.

Hoje, Ren Zhengfei detém pouco menos de 2% da empresa e seu patrimônio líquido é estimado em cerca de US$ 1 bilhão. Ele está entre as duzentas pessoas mais ricas da China.

Sediada em Shenzhen, centro industrial na China continental, perto da fronteira com Hong Kong, a Huawei possui um impressionante conjunto de edifícios em um parque de 404 hectares, com cerca de 465 mil metros quadrados de espaço para escritórios, instalações de P&D e fabricação. Seus funcionários, que figuram entre os mais bem pagos da China, chegam para seus turnos alternados de trabalho por transporte público, após serpentear ao longo de largas avenidas que ostentam um toque de Paris ou Washington D.C.

Seus dirigentes dizem que a abordagem prática de Ren Zhengfei nos negócios foi forjada por sua juventude tumultuada e seu início de carreira como engenheiro militar. Membro de uma família com sete filhos, ele nasceu na remota província montanhosa de Guizhou, em 1944, durante a Segunda Guerra Mundial. Seus pais eram professores. Ele frequentou a Universidade de Chongqing, instituição líder em Engenharia. De lá, ele se juntou à subdivisão de Engenharia do Exército da Libertação do Povo, chegando, por fim, a vice-diretor – um papel profissional equivalente a um vice-chefe regimental, mas sem patente militar. Ele se aposentou do exército em 1983, quando o governo chinês dissolveu a subdivisão de Engenharia.

Ren Zhengfei desenvolveu fascínio por todas as coisas novas: durante os dez anos de sua carreira militar, ele registrou duas patentes relacionadas a telecomunicações. Também desenvolveu seu foco em estratégia, estudando as táticas de guerrilha concebidas por Mao Tsé-tung para construir o suporte para seu movimento revolucionário e aplicando essas táticas à estratégia da Huawei e às suas operações diárias. Por exemplo, uma batalha de guerrilha se concentra na conquista do campo e, em seguida, no ataque às cidades. A Huawei teve início nos mercados rurais e se expandiu mais tarde para as cidades; a empresa também se globalizou alcançando primeiramente os países em desenvolvimento, e, então os países desenvolvidos. Outro elemento importante é a avaliação de desempenho e autocrítica. A Huawei realiza reuniões mensais organizadas para melhorar as operações e aprimorar a competência empresarial. Além disso, existe forte ênfase na combinação entre teoria e prática. Os gerentes seniores da Huawei são regularmente reorganizados, movimentando-se para cima e para baixo na hierarquia da empresa. Finalmente, a companhia enfatiza a dialética, incentivando o debate ativo sobre grandes mudanças nos mercados mundiais, mudanças na tecnologia e ameaças de novos concorrentes. Existe um sentimento dentro da Huawei de que nunca se deve ser demasiado otimista e que o planejamento para se enfrentar crises é essencial.

Conforme cresceu, a Huawei expandiu para mercados internacionais, servindo a British Telecom (BT), a Vodafone, a France Telecom-Orange, a T-Mobile e a Bell Canada, bem como a empresas em muitos mercados emergentes, incluindo o Brasil, a Nigéria, a Rússia, a Turquia, o Vietnã e as Filipinas. Ao mesmo tempo, a organização tem gradualmente importado sistemas de gestão ocidentais para seus processos de desenvolvimento, governança corporativa, finanças, tecnologia da informação (TI), recursos humanos e ações de controle de qualidade.

Em média, os funcionários da Huawei apresentam formação universitária, têm entre 25 e 29 anos e recebem um salário inicial de cerca de 130 mil renminbis (US$ 20 mil). Eles também têm direito a assistência médica, subsídio para moradia e uma participação acionária na empresa, que é de total propriedade do empregado. Mas eles trabalham duro por esses privilégios. De acordo com uma estimativa, a equipe de P&D da Huawei trabalha, em média, 2.750 h por ano, em comparação as cerca de 1.300 h a 1.400 h trabalhadas na Europa: em outras palavras, eles trabalham o dobro do tempo. Naturalmente, muitos chineses trabalham mais horas que os seus homólogos ocidentais, mas no caso da Huawei, o alto nível de participação dos trabalhadores promove uma forte ética no trabalho. A Huawei criou um grande número de postos de trabalho de classe média na China, e está elevando sua produtividade.

Se o apetite pelo sucesso ajudou a Huawei, seu foco na inovação também a auxiliou. Quando a empresa foi fundada, a economia da China era dominada por empresas estatais inchadas e ineficientes, e por fábricas que exploravam ao máximo seus funcionários a fim de produzir réplicas baratas de produtos.

Ante esse cenário, a decisão de Ren Zhengfei de construir uma empresa de alto desempenho e alta qualidade é extraordinária. "Todo ano, estou disposto a investir vários bilhões de dólares em inovação", diz ele, "mesmo que os resultados de P&D não apareçam antes de vários anos. "Normalmente, a Huawei reinveste 10% de seu faturamento em P&D. Cerca de 43 mil dos 130 mil funcionários da empresa estão envolvidos com P&D nos 17 centros especializados espalhados por todo o mundo. Originalmente sediada apenas na China, a Huawei estabeleceu instalações de P&D primeiramente na Índia, em 1999, e, um ano depois, na Suécia, às portas da Ericsson, sua mais poderosa rival. Em 2001, a companhia montou mais quatro centros de P&D nos EUA.

Com um foco tão forte em pesquisas, a Huawei tornou-se a maior requerente de patentes do mundo até 2009, apresentando naquele ano **6.770** novas patentes e levando seu total a notáveis **42.543**. Todavia, toda essa inovação no mundo seria inútil sem uma estratégia global para ganhar fatia de mercado – e, nesse campo, a Huawei realmente se destaca. Enfatizando o valor, o serviço e a rápida resposta, a Huawei atinge os pontos fracos de seus concorrentes, ataca com uma ferocidade sem limites e jamais relaxa.

Ela primeiro ganhou novos negócios construindo sua presença através da China rural, que fora largamente ignorada não somente pelas empresas estatais maiores, mas também pelas multinacionais. Aqui, ela poderia competir em preço. Em seguida, a companhia marchou em direção aos centros urbanos, onde competiu em preço **e** qualidade de produto e serviço. A tática da Huawei é inundar um mercado, como uma matilha de lobos que derruba e subjuga sua presa com uma força avassaladora. Com mais de cem filiais, os técnicos podem oferecer serviços personalizados – **24 horas/7 dias**. "Lembro-me de quando nosso servidor caiu à meia-noite; liguei para o centro de serviços da Huawei", recorda um funcionário da China Mobile, maior operadora mundial de telefonia móvel. "Depois de apenas uma hora, um técnico chegou ao local e nos ajudou a resolver o problema. Eles foram muito atenciosos!", completou aquele funcionário.

Em meio à forte concorrência de muitos competidores estrangeiros no mercado chinês local daquele momento, demorou oito anos para que a empresa passasse dos distritos rurais para os centros urbanos e estabelecesse um perfil nacional. Então, em meados dos anos 1990, a Huawei começou a tornar-se global. Primeiro, a companhia entrou em outros mer-

286   O PRÊMIO DE 10 TRILHÕES DE DÓLARES

cados emergentes, onde cortou os preços de seus concorrentes em cerca de 40%. Em seguida, se aventurou em mercados desenvolvidos, onde sua capacidade técnica e persistência triunfaram. Em 1997, estabeleceu uma *joint venture* na Rússia, com base na visita de Estado feita por Boris Yeltsin à China no ano anterior. Em 2005, a Huawei invadiu os mercados estabelecidos da Europa Ocidental, tornando-se a maior fornecedora da Vodafone e da British Telecom.

Em nossa visita à Huawei, seus líderes se mostraram radiantes sobre o futuro da empresa com base em sua visão de crescimento da tecnologia digital, da interação por vídeo, da substituição dos PCs pelos dispositivos móveis, da revolução da banda larga e do surgimento da computação em nuvem. A Huawei tem forte presença em cada um desses mercados. Eles estão realizando grandes investimentos no setor de telefonia celular e acreditam que conseguirão se manter no mercado como fornecedores de *smartphones*, à medida que esse campo sofre mudanças tecnológicas e enfrenta grandes alterações por conta das novas necessidades do consumidor e da crescente tendência de o celular ser visto como acessório de moda e símbolo de *status*.

A próxima fronteira para a Huawei é a dos EUA, que a companhia tem demonstrado dificuldades para ultrapassar – em parte por causa do passado de Ren Zhengfei como engenheiro do Exército chinês, mas também por alegações por parte dos norte-americanos de uma possível ameaça dos chineses à segurança nacional. Em carta aberta publicada em 1º de março de 2011, a empresa cita o discurso de posse do presidente Barack Obama, que discorreu sobre a "esperança sobrepor o medo, a unidade de propósito sobrepor o conflito e a discórdia."[6] A companhia acrescenta que está buscando a cooperação de empresas norte-americanas para aumentar sua presença nos EUA. "Ren Zhengfei é apenas um dos muitos CEOs do mundo todo que serviram às forças armadas", diz a carta amplamente divulgada. A Huawei conta com mais de mil funcionários nos EUA e diz que está investindo US$ 62 milhões em P&D no território norte-americano. A companhia afirma ter pago às empresas ocidentais US$ 222 milhões em taxas de licenciamento em 2010, dos quais US$ 175 milhões se destinaram a firmas dos EUA.

Ren Zhengfei – e a empresa como um todo – está empreendendo uma ofensiva "de sedução"; ele está se posicionando como uma das companhias socialmente mais responsáveis da China, dizendo-se ansioso para mudar, crescer e aprender. E toda a determinação – uma das marcas registradas da mentalidade de aceleração – de Ren Zhengfei será de fato necessária para que a companhia alcance sucesso. Porém, a empresa está disposta a fazer investimentos contínuos em mercados estrangeiros. Ela utiliza sua força de trabalho de baixo custo e elevada ética para oferecer um forte serviço ao cliente, com flexibilização e alto valor.

Uma desafiante indiana: Mahindra & Mahindra

Anand Mahindra é um empresário muito diferente de Ren Zhengfei. O elegante e cosmopolita líder global representa o legítimo garoto Harvard – graduando-se *magna cum laude*[c] em 1977, depois de ganhar uma bolsa de estudos integral. Na faculdade, estudou Cinema; obteve um MBA pela Harvard Business School, em 1981. Ele dirige a empresa de capital aberto iniciada por sua família, a Mahindra & Mahindra (M&M).

Durante seu período no comando, o valor de mercado da companhia aumentou de US$ 1 bilhão para mais de US$ 14 bilhões. Hoje, a empresa é uma forte protagonista nos setores automotivo (carros e peças), de equipamentos agrícolas (a maior contagem em termos de unidades de tratores em todo o mundo), de TI, de serviços financeiros, de hospitalidade, além de outros segmentos.

A empresa foi fundada em 1945, pelo avô de Mahindra, como uma montadora e distribuidora de *Jeeps*. Anand Mahindra juntou-se à divisão de aço em 1981. Uma década mais tarde, ele se mudou para a empresa-mãe. Em seguida, ele subiu rapidamente, introduzindo uma gestão moderna, recrutando gestores profissionais, incentivando a **inovação**, oferecendo participação de capital privado à sua equipe por meio de investimentos em novos empreendimentos. Ele se tornou diretor em 1997. Esse líder exigente, envolvente e realizador de negócios globais adquiriu então uma empresa automotiva coreana, uma fabricante de carros elétricos, várias fabricantes europeias de componentes automotivos, empresas de TI e ações aeroespaciais.

Ele afirma que seu grupo não é um conglomerado, mas uma federação de empresas:

---

c   Termo em latim para indicar o nível de distinção acadêmica alcançado por um aluno. A tradução literal desse nível seria "com grandes honras". (N.T.)

*"Estamos muito felizes com nossa constelação de negócios. Nós temos um ritmo – nosso processo de planejamento estratégico, nossas conferências anuais, nosso sistema de alocação de capital, a maneira como apregoamos valores e nossas práticas de governança. Temos um modelo baseado em participação privada (**private equity**[d]) que visa o crescimento imediato. Conseguimos investidores externos, o que nos permite um foco na criação de valor. Para nós, trata-se de acionistas e do dinheiro deles. Faço do meu trabalho a entrega de resultados. Nós não escolhemos ou favorecemos um negócio em detrimento de outro. Cada um deles deve ganhar seu próprio espaço."*

Mahindra enfoca sua gestão em princípios estratégicos – liderança de segmento, globalização, inovação e foco implacável nos retornos financeiros. Ele iniciou recentemente o reposicionamento de uma marca chamada Rise. Ele nos conta:

"A Rise se alicerça em três elementos essenciais. Em primeiro lugar, não aceitar limites; em segundo, apresentar pensamentos alternativos; em terceiro, impulsionar mudanças positivas. Nós não estamos simplesmente focados em objetivos quantitativos, como participação de mercado. Trata-se de retribuição, de melhorar a vida as pessoas. No campo agrícola, por exemplo, trata-se da criação de uma segunda revolução verde. Vamos garantir nosso próprio crescimento à medida que permitamos que outras pessoas cresçam."

E a M&M certamente cresceu. Anand Mahindra continuou:

"Se você tivesse nos conhecido há dez anos, e se eu tivesse dito que iríamos crescer de US$ 1 bilhão para US$ 14 bilhões, ninguém teria acreditado. No entanto, foi isso o que fizemos. Daqui a dez anos, queremos ser uma das cinquenta marcas mais admiradas do mundo, com base em métricas que sejam, ao mesmo tempo, quantitativas e qualitativas."

Mahindra afirma que, recentemente, a Índia se tornou mais difícil para as empresas. Ele atribui esse fenômeno ao **"partidarismo e à paralisia política"**.

---

d   Trata-se de um tipo de atividade financeira implementada por instituições que investem essencialmente em empresas que ainda não estão listadas em bolsas de valores. O objetivo é alavancar seu próprio desenvolvimento. (N.T.)

No entanto, ele está otimista a respeito da economia indiana no longo prazo, "enquanto nossos vizinhos – China, Paquistão, Coreia do Sul – continuarem pacíficos o suficiente para que não tenhamos de nos preocupar com sobrevivência. Teremos percalços, enfrentaremos pequenas pausas, mas, de modo geral, a economia de consumo é inevitável", destacou Anand Mahindra.

Por causa de sua experiência e conhecimento da economia indiana, ele percebe muitas oportunidades de investimento em sua terra natal, como explicou:

> *"Se eu tivesse um bilhão de dólares extra, eu, é claro, continuaria a investir na Índia. Nós também pretendemos continuar investindo na China. Mas por que eu deveria olhar para fora da Índia? Eu conheço bem a Índia. Temos escala e tamanho. Na verdade, acredito que ao se investir em uma empresa indiana que está se tornando global, se está, de fato, investindo no mundo."*

Na China, a M&M tornou-se a segunda maior empresa de tratores. A meta da Mahindra é se tornar a número um na China. "A vida é muito curta para ser o número dois", comentou o empresário.

Os sucessos da empresa incluem o primeiro SUV indiano – o *Scorpio*. Com um início de prestígio, a M&M criou uma rival para a Toyota e a Land Rover. É uma lição de desenvolvimento de negócios de avanço rápido, *design* de produto centrado no consumidor e inovação frugal. Muito do crédito do *Scorpio* se deve a Pawan Goenka, pós-graduado de IIT Kanpur e de Cornell. Oriundo da General Motors, Goenka foi recrutado para a empresa em 1993. Ele nos disse que o *Scorpio* foi criado por uma equipe de *design* com um terço do tamanho das equipes da GM ou Ford, e com engenheiros contratados por um décimo do custo dos engenheiros dos EUA. A companhia se baseou em uma profunda pesquisa de mercado para conduzir o projeto de acordo com as variadas necessidades do consumidor. A M&M trabalhou com fornecedores de outros mercados emergentes, especialmente da Coreia do Sul, para manter os custos baixos. E construiu sua fábrica com aproximadamente US$ 120 milhões, cerca de 40% dos custos estimados de outros fabricantes globais.

Na Índia, a M&M Tratores comanda 42% do mercado, à frente da TAFE, empresa sediada em Chennai, e da Escorts Group, com sede no norte, na cidade indiana de Faridabad. Agora, entrando no mercado dos EUA, a M&M está à procura de maneiras de atender as necessidades dos agricultores norte--americanos e de competir com as empresas locais de tratores, como a Deere

& Company. Como disse Goenka, agora presidente dos negócios agrícolas e de equipamentos automotivos da M&M: "Nós fazemos mais tratores que John Deere. Nós realmente queremos nos tornar multinacionais."

Mahindra está apontando para a alta visibilidade – e os *outdoors* da empresa, que margeiam a rodovia Interstate 80 que atravessa o Estado de Indiana, nos EUA, se utilizam de um humor projetado justamente para atrair os norte-americanos. Acontece que muitos dos clientes da M&M são mulheres – pessoas cujo passatempo é o campo, que deixam a vida agitada da cidade e se ocupam da boa vida comprando terrenos que podem ser lavrados com pequenos tratores. Um *outdoor* na rodovia dos EUA mostra uma mulher loira dirigindo um trator, com a legenda: "Deere[e] John, encontrei um novo amor." Em alguns Estados do sul dos EUA, a participação de mercado da M&M relativa ao segmento de tratores já alcançou 20%.[7]

Adi Godrej, Ratan Tata, Liu Jiren, Ren Zhengfei e Anand Mahindra são **exemplos de empreendedores com mentalidade de aceleração**. Eles nos dão a impressão de que não há tempo a perder. Fazer negócios na China e na Índia exige não apenas os melhores produtos e processos, mas também as melhores pessoas – e **ambição global**. À medida que esses empresários e suas empresas se tornarem globais, eles levarão essa mentalidade com eles. E nós acreditamos que essa poderá se revelar sua exportação mais duradoura.

---

e Trocadilho em inglês para *dear* (querido). (N.T.)

CAPÍTULO 15

O manual de estratégia da BCG
Estratégias práticas para conquistar novos consumidores na China e na Índia

Como mover de sua posição atual para aproveitar o crescimento da China e da Índia, e que expectativas você deve ter acerca de prioridades, tempo de retorno e poder de permanência

NESTE LIVRO, TENTAMOS DESTACAR as ambições e os anseios, as aspirações e os apetites do **novo bilhão de consumidores** novos-ricos chineses e indianos. Tentamos mostrar como eles vivem hoje e como esperam viver no futuro. Esboçamos suas origens, seus ambientes de vida, seus hábitos, suas preferências alimentares, suas preocupações com a saúde e as metas que eles têm para seus filhos.

Os consumidores chineses e indianos são os **mais otimistas do mundo**. Os primeiros, em particular, estão "superaquecidos" em relação ao futuro. Eles desejam melhorar o seu padrão de vida, comprar *on-line* e adquirir as melhores marcas do mundo. Eles são o sonho dos comerciantes: milhões de consumidores para comprar, sem grandes dívidas correntes, apoiados por pais e avós, com uma memória de necessidade e desejo.

Os indianos também estão confiantes sobre o futuro. Sua classe média emergente representa uma mina de ouro para as empresas de marca do mundo. Esses consumidores enfatizam a família, a casa, a saúde e a educação. Eles estão procurando durabilidade e qualidade, produtos de marcas e autenticidade, mas não são fáceis de convencer. Eles são discernentes e exigentes, e dispõem de refinada habilidade de buscar pechinchas, adquirida ao longo de seus anos de negociações em empoeirados bazares de rua. A Índia é a pátria do *paisa vasool* – uma expressão híndi que representa a perfeita combinação entre **funcionalidade** e **custo**.

É uma oportunidade magnífica.

Tentamos estabelecer o tamanho dessa oportunidade de consumo: US$ 10 trilhões de gasto dos consumidores em 2020.

Enquanto escrevíamos este livro, já havia sinais de que a China poderia deparar uma lombada em 2012 e 2013. O pacote maciço de estímulos do governo, na esteira da crise econômica mundial de 2008, impulsionou a percepção e a confiança do consumidor, porém, os preços imobiliários, os movimentos da taxa de juros, a desaceleração da demanda global e a inflação dos salários estão conspirando no sentido de abrandar o crescimento na China – pelo menos no curto prazo.

No entanto, mesmo com tudo isso, permanecemos confiantes a respeito das perspectivas de longo prazo da China e da Índia. Por isso é fundamental entender como os consumidores chineses e indianos pensam, passeiam pelas lojas, compram e sonham. Sem isso, o prêmio de 10 trilhões de dólares será uma perspectiva distante.

Tentamos explicar as grandes diferenças dos consumidores de ambas as nações asiáticas para os norte-americanos e europeus. Ao contrário dos consumidores no Ocidente, os chineses e indianos **não têm qualquer lealdade de longa data a marcas específicas e tradicionais**. Eles querem o melhor valor em tudo o que compram. Eles almejam respeito, inovação, coisas que possam economizar tempo e representar mais por menos. Para alcançar todo o sucesso, esses clientes novos-ricos não estão totalmente seguros com relação a uma vida melhor. Então, eles estão dispostos a trabalhar longas horas para alcançar rendimentos mais elevados.

Juntos, esses clientes potenciais estão criando uma grande nova oportunidade – mas esta representa consequências significativas para o resto do mundo. Existe um efeito bumerangue, e nós tentamos quantificar o montante de matérias-primas, água e energia que essa mudança de estilo de vida irá exigir. Nós descrevemos como isso irá gerar pressão sobre o fornecimento de algumas *commodities*, causando inflação, volatilidade, escassez e pânico no mercado.

Para as empresas, o prêmio pode ser grande, mas os desafios também são enormes. Não é de estranhar que poucas companhias estejam se dando bem na China e na Índia.

As que tentaram e não conseguiram entenderam mal os diferentes ambientes de negócios em ambos os países. O sucesso não virá por meio de bens ajustados e/ou de serviços projetados aos consumidores ocidentais. Ele também não ser fará através da adaptação de estratégias de ida ao mercado desenvolvidas para os EUA e/ou para a Europa. O sucesso não ocorrerá com a duplicação dos modelos de negócios idealizados para funcionarem em Nova York, Londres e Frankfurt.

Então, quais são os segredos para o sucesso? Em **primeiro lugar**, ele demanda uma enorme quantidade de tempo de raciocínio e planejamento dos executivos das organizações. Não se pode **delegar** a **compreensão** das **necessidades desses consumidores**. Esta exige a construção de alianças com parceiros de negócios locais e instituições governamentais – provinciais, centrais, fiscais, judiciais. O sucesso também requer enormes quantidades de energia. Trata-se de um trabalho física e emocionalmente desafiador – a expressão **"Sangue, suor e lágrimas"** não é exagerada neste caso. Mas as mudanças de posição, influência e poder da próxima década estão se desenvolvendo agora, e você não pode se dar ao luxo de perder esta oportunidade.

Enquanto estávamos terminando este livro, o jornal de moda *Women's Wear Daily,* de Nova York, publicou um artigo a respeito da celebração do Ano-Novo chinês, no Empire State Building.[1] De acordo com o artigo, em uma noite de janeiro de 2012, as luzes da torre erguida no topo daquele gigante edifício de escritórios mudavam de cor para vermelho brilhante e ouro – as cores da bandeira chinesa. Cerca de 300 dos chineses mais ricos estavam ali, no octogésimo andar do prédio, comemorando privadamente o Ano Novo chinês. Foi uma ocasião organizada pela Affinity China, uma *start-up* que oferece eventos para convidados chineses ricos e curiosos. Na mesma semana, muitos daqueles chineses assistiriam a *shows* particulares dentro da Montblanc, da Piaget, da Bergdorf Goodman, da Ralph Lauren, da Coach e da Estée Lauder.

O evento proporcionou um vislumbre do **consumidor chinês novo-rico**. Para ganhar a sua parte do prêmio, recomendamos que você abrace cinco importantes tarefas:

1. Conheça os consumidores **"de perto e pessoalmente"**.
   Entenda como eles tomam decisões a respeito de bens e como suas esperanças para o futuro se traduzem em surpreendente crescimento de mercado. Pesquise cuidadosamente as necessidades de consumo locais e regionais dos chineses e indianos.

2. Compreenda a forma, o tamanho e o *timing* (momento) da oportunidade. Segmente o mercado de acordo com a renda e a geografia (especialmente a divisão urbana e rural). Pense de maneira profunda e original.

3. Construa a abordagem *paisa vasool* no seu *kit* de ferramentas global. Elabore cada produto e serviço a partir dessa abordagem. Torne-a o padrão para benefícios e preços nos mercados chineses, indianos **e** ocidentais.

4. Compreenda as **diferenças** e **semelhanças** entre a China e a Índia: uma criança *versus* cinco; autocracia *versus* democracia; velocidade e autoridade *versus* escolha; investimento maciço com poucas garantias de mercado *versus* retorno protegido pelos mercados de capitais; capitalistas de Estado *versus* empresários privados.

5. Pergunte – e **responda** – as **dez questões** do *Manual BCG* para revelar crescimento espetacular e determinação organizacional na China e na Índia.

Nesse momento a China e a Índia proporcionam uma oportunidade de crescimento única. Durante a próxima década, esses dois países irão manter a perspectiva do maior desdobramento de compras pelo consumidor já ocorrido. Mas o prêmio não será entregue a você em uma bandeja. Esses são campos de batalha – e os despojos da vitória irão para quem descobrir como cativar os consumidores que se tornaram ricos recentemente nesses mercados ultracompetitivos. Haverá volatilidade, riscos e obstáculos, além de muitos novos concorrentes locais poderosos, surgindo para lutar por mercados. Mas a força da demanda está acontecendo diante de nossos olhos, e representa uma ótima oportunidade de fazer uma grande carreira.

Acreditamos que esta seja a verdadeira chance para o indivíduo corajoso, sábio e que tenha força de vontade. Trata-se de uma oportunidade para criar novos dispositivos de crescimento e de trazer as lições e a mentalidade competitiva para casa.

Você está pronto? Você tem o que é necessário? Para descobrir, responda às perguntas a seguir.

O MANUAL BCG: DEZ PERGUNTAS PARA CATIVAR O CONSUMIDOR NOVO-RICO DA CHINA E DA ÍNDIA

Este livro se destina a servir não somente como um **manifesto**, definindo as oportunidades que se apresentam na China e na Índia, mas também como um **manual**, proporcionando um guia prático de como proceder para ganhar nesses dois países e no resto do mundo. Gostaríamos de deixá-lo com um conjunto de dez perguntas que deverão permanecer em sua mente enquanto você assume o desafio de conquistar uma fatia do maior prêmio da história.

Dez trilhões de dólares é o cálculo do crescimento que acreditamos quase certo nos países mais populosos do mundo ao longo dos próximos dez anos. Mas, para aproveitar a oportunidade será preciso agir agora. Não há tempo a perder. À medida que você se prepara, pergunte a si mesmo:

1. Seus melhores e mais brilhantes executivos estão bem posicionados na China e na Índia?

2. Você definiu uma aspiração ousada o suficiente para si próprio – e você está gastando proporcionalmente ao tamanho do mercado futuro?

3. Você criou um modelo de negócio rentável que proporciona um crescimento sustentável agora?

4. Você é inovador o suficiente para alcançar diferentes mercados com propostas de valor fortes e distintas?

5. Você está desenvolvendo um modelo de operação capaz de entregar resultados ao custo adequado?

6. Você, seus membros de Conselho Superior e seus principais tomadores de decisão investem suficiente tempo pessoal *in loco* para poder distinguir os **fatos** da **ficção**, a **crença** da **realidade**?

7. Você consegue pintar um quadro detalhado das esperanças e dos sonhos dos consumidores novos-ricos e da evolução de suas necessidades – e comunicar isso aos seus funcionários?

8. Seu conjunto de investimentos (tamanho, escala, tempo) é suficiente para que, em 2020, não haja arrependimentos, hesitações ou questionamentos do tipo **"deveríamos ter, poderíamos ter"** quando sua equipe se reunir ao redor da mesa de reuniões?

9. Você está levando as lições para casa – e para outros mercados ao redor do mundo?

10. Tem certeza de que você vai ganhar o seu quinhão do **prêmio 10 trilhões de dólares**?

1. Seus melhores e mais brilhantes executivos estão bem posicionados na China e na Índia?

Recomendamos – Aumente o percentual de seus duzentos melhores executivos na China e na Índia para que este se aproxime do percentual de crescimento que você espera conseguir na Índia e na China – **e,** por meio de programas de desenvolvimento de executivos, aloque 10% de seus líderes em potencial nesses mercados. Dê aos líderes de amanhã uma profunda experiência primária nesses mercados – algo que predominará no auge de suas carreiras.

2. Você definiu uma aspiração ousada o suficiente para si próprio e está gastando proporcionalmente ao tamanho do mercado futuro?

Recomendamos – Entenda a curva de consumo de sua categoria de produto nesses dois mercados (não confie em curvas históricas de economias avançadas) e determine o tempo de seus investimentos nesse sentido. Distribua os gastos de acordo com a previsão da participação de sua empresa no mercado. Defina uma meta de crescimento pelo menos duas vezes mais rápida que o mercado.

3. Você criou um modelo de negócio rentável que proporciona crescimento sustentável agora?

Recomendamos – Adote um *scorecard* que meça o que você está **"construindo"** na China e na Índia. Ele deve acompanhar o desempenho financeiro, o valor da marca, os canais de distribuição, bem como o recrutamento e a retenção de talentos. Você precisa de uma fórmula que proporcione margens brutas atraentes dentro de um prazo de três anos, e que construa um plano de negócios rentável e sustentável.

4. Você é inovador o suficiente para alcançar diferentes mercados com propostas de valor fortes e distintas?

Recomendamos – Segmente os mercados – regiões, cidades, distritos rurais – para que você possa desenvolver produtos inovadores adequadamente projetados para consumidores específicos.

5. Você está desenvolvendo um modelo de operação capaz de entregar resultados ao custo certo?

Recomendamos – Mantenha a atitude *paisa vasool* desses consumidores em sua mente enquanto estiver desenvolvendo modelos de negócios que visem atendê-los. Analise seus concorrentes e alcance as inovações por eles alcançadas enquanto ainda estiverem na fase de testes. Nesses mercados em rápida evolução, muitas vezes é necessário **imitar** para, no fim, dominar.

6. Você, seus membros do Conselho Superior e seus principais tomadores de decisão investem tempo suficiente pessoal in loco para poder distinguir os fatos da ficção, a crença da realidade?

Recomendamos – Esteja presente nos **lugares estratégicos** – invista tempo com os consumidores em seus mercados locais e, melhor ainda, mude-se para esses locais e permaneça lá por longos períodos. Para terem sucesso, as empresas precisam de experiência, de hipóteses fundamentadas e de um método quantitativo para separar a **verdade** de **pressupostos incorretos**. A regra é, portanto, **falar, ouvir** e **participar** – e fazê-lo sempre face a face. Você precisa se envolver com o Estado – o governo central, o governo local e os reguladores. A realização de parcerias com o Estado pode se traduzir em vantagem competitiva, aprovações regulatórias rápidas e negócios lucrativos.

7. Você consegue pintar um quadro detalhado das esperanças e dos sonhos dos consumidores novos-ricos e da evolução de suas necessidades – e comunicar isso aos seus funcionários?

Recomendamos – Desenvolva um **conjunto exclusivo** de dados para que você entenda corretamente o padrão de comportamento dos consumidores em todos esses mercados. Aprenda a falar com autoridade e segurança sobre os segmentos do mercado – sobre as esperanças e os sonhos das pessoas dessas regiões. Tenha uma visão de como esses consumidores vivem, do que eles querem, de onde esperam chegar. Proporcione a eles avenidas para que alcancem esses sonhos.

8. Seu conjunto de investimentos (tamanho, escala, tempo) é suficiente para que, em 2020, não haja arrependimentos, hesitações ou questionamentos do tipo "deveríamos ter, poderíamos ter" quando sua equipe se reunir ao redor da mesa de reuniões?

Recomendamos – Calcule o que a sua empresa irá precisar para alcançar uma posição de liderança – em particular, o quanto isso custará em tempo de gestão e recursos. Não se trata apenas de não investir o suficiente, mas de ser inteligente na gestão e na superação dos riscos.

9. Você está levando as lições para casa – e para outros mercados ao redor do mundo?

Recomendamos – Repense a maneira de fazer negócios em todos os lugares – e reaplique as lições aprendidas na China e na Índia em toda a organização. Suas próximas participações em duas conferências globais devem representar visitas à China e à Índia, buscando exposição a mercados de níveis 2 e 3.

10. Tem certeza de que você vai ganhar o seu quinhão do prêmio 10 trilhões de dólares?

Recomendamos – Estime o tamanho que o seu mercado alcançará ao longo dos próximos dez anos, a quantidade de participação que será necessária para alcançar a liderança, quão forte são seus concorrentes e com quantos riscos e perigos você terá de lidar para alcançar sucesso. Em seguida, construa um plano, proveja-lhe recursos adequadamente, monitore e ajuste seu progresso frequentemente. Dê a equipe de campo um cheque em branco dentro de um contexto claro. Use **métricas** para avaliar o **sucesso**: calcule a fatia de mercado e reme direto para a liderança; selecione os produtos mais criativos; analise os pontos competitivos de distribuição; verifique e compare as operações de baixo custo; estime a experiência relativa acumulada e aumente sua capacidade nos submercados.

EPÍLOGO

Uma carta para a próxima geração
A renovação e o sonho norte-americano

JENNIFER WU É UMA notável professora de música. Ela é pós-graduada pelo Conservatório Central de Música de Pequim (o equivalente chinês à Juilliard,[a] de Nova York) e mestre no ensino de piano. Se visitá-la em seu estúdio, conhecerá muitas crianças que anseiam por tocar em uma grande sala de concerto do mesmo modo como seu maior ídolo, Lang Lang.

Lang Lang é um grande pianista chinês de 29 anos de idade. Ele começou a tocar com a idade de três anos e venceu o concurso de piano Shenyang. Com apenas 13 anos, ele já havia executado as 24 peças completas de Chopin no Beijing Concert Hall, e, aos 17 anos, ele se tornou uma estrela internacional ao tocar Tchaikovsky com a Orquestra Sinfônica de Chicago. Na China, ele é uma verdadeira celebridade musical, sendo adorado pelas crianças que frequentam o estúdio de Wu.[1]

"Eu ajudo as crianças a apreciarem música," diz Wu em sua escola lotada, localizada em um subúrbio de Pequim. O edifício é frio em janeiro e quente e úmido em julho, mas, mesmo assim, as crianças frequentam sempre as aulas. Wu atende a uma centena de estudantes, sete dias por semana, e seu estúdio geralmente fica aberto das 6h até as 23h – todos os dias. Os alunos começam a estudar com 3 anos de idade.

"Algumas das crianças estudam aqui cinco horas por dia. Eles querem **treinar, treinar, treinar**; querem ser como Lang Lang", salientou Jennifer Wu.

---

a   Referência à Julliard School, conhecida e respeitada escola de dramaturgia e conservatório norte-americano. (N.T.)

Na China, um pianista pode ter uma boa vida. Os preços da hora/aula variam de US$ 15 a US$ 100. São necessárias **dez mil horas de prática** para se tornar um mestre. Wu diz que apenas **2%** dos seus alunos têm o potencial para tornarem-se pianistas de concerto. Mas isso não os impede de tentar ser o melhor. Wu trabalha ativamente com cada aluno. Ela nos contou:

> *"Os pais têm o dinheiro. Eles querem que seus filhos experimentem a competição; querem que seu filho ou filha conheça bem a música e, assim, desenvolva ambos os lados do cérebro e se torne culto(a) e criativo(a). Muitas mães são duras demais com seus filhos. Às vezes eu preciso lhes dizer para não serem cruéis com eles. Queremos que eles toquem por alegria, não por obrigação ou para satisfazer a ambição de seus pais."*

Sentados em seu estúdio, pedimos a ela que toque uma pequena peça. Sendo uma mulher modesta ela se escusa, mas pede a uma de suas alunas de 8 anos de idade, uma menina chamada Flora, que faça uma demonstração. A jovem aceita alegremente e se senta no banco do piano. Com drama e talento, ela acena com a cabeça e começa a tocar. A música, um concerto de Bach, é fascinante. Ela toca por cerca de 5 min, sem olhar para a partitura, em ritmo perfeito e com a graça perfeita. Wu sorri feliz ao final da apresentação. Ela está orgulhosa do desempenho não ensaiado. Flora, que pesa cerca de 27 kg e tem aproximadamente 1,35 m de altura, sorri e nos saúda vigorosamente com as mãos atrás das costas.

"Flora pode ser uma entre os 2%", afirmou Wu. Ao sairmos do estúdio, ela acrescentou: "Em Atlanta, ninguém se preocupa com música – eles jogam futebol norte-americano. Na China, o piano e a música são levados muito a sério. Ganhar uma competição pode significar a entrada para a universidade e o caminho para a riqueza."

O modelo de Flora é uma advertência para a próxima geração do Ocidente. **É preciso competir para ganhar**. E, para concorrer, é necessário tornar-se **especialista** – é necessário aplicar-se na tarefa escolhida com energia e compromisso.

Pedimos agora que você conte a seus filhos e netos a seguinte história: "Certa vez, o mundo deparou com uma forte demanda de produtos e com sonhos de uma vida melhor, que fosse além da mera subsistência. A ocasião se caracterizava por uma massa crítica de pobres que se tornava economicamente capaz; por investimentos estrangeiros prontos para iniciar a mudança; por uma forte seleção acadêmica para classificar os indivíduos mais bem preparados e mais brilhantes; por modelos que representavam a transição entre a pobreza e a riqueza; por tecnologias que permitiam a cópia e a industrialização de produtos; por vantajosos custos de mão de obra; e por uma cadeia de fornecimento global de matérias-primas de baixo custo. O fato é que, por três décadas, os dois países mais populosos do planeta se envolveram em um período de crescimento econômico sustentável.

O resultado disso foi a criação do prêmio de **10 trilhões de dólares**: a possibilidade de ganhar dinheiro tanto na China como na Índia, e de trazer as lições para casa.

Se os ouvintes forem mais velhos e, mesmo assim, ainda estiverem interessados, apresente-lhes o seguinte contexto: "Existe uma crescente competição global por água, energia, tecnologia e *commodities* nos setores agrícola e de construção civil. Até agora, o Ocidente tem ganhado a disputa. O padrão de vida dos norte-americanos e da maioria dos europeus é em média quatro vezes mais elevado que o dos chineses e doze vezes maior que o dos indianos. Para o cidadão comum, a vida na China e na Índia é **brutalmente difícil** – inexistem cuidados de saúde gratuitos ou acesso a redes de segurança social; apenas níveis mínimos de educação estão disponíveis para todos; e a infraestrutura é relativamente primitiva. A primeira geração de migrantes rurais teve vidas bem difíceis em cidades populosas – habitação precária, pouca oferta de empregos e intervenção periódica, aleatória e dura por parte do governo em suas favelas. A família e os amigos criam uma espécie de rede de segurança, mas esta é irregular e casual.

Nos próximos dez anos, o mundo será reordenado. As economias globais da China e da Índia crescerão muito em termos reais; a maior parte do Ocidente, hoje presa em um profundo mal-estar, terá a sorte de voltar aos trilhos com um pequeno crescimento real, de dígito único.

Mas nesse cenário, o potencial de progressão individual permanece elevado em todos os cantos do mundo. O crescimento da China e da Índia representa um ímã para empresários, aspirantes e inovadores. Inventores criarão novos modelos de negócios que irão interferir nas ofertas atualmente disponíveis. Empreendedores apresentação produtos novos e inteligentes, utilizando-se de tecnologias inovadoras, da última palavra em termos científicos e de novas aplicações para matérias-primas já existentes. Empresários fornecerão as melhores soluções para os consumidores individuais, personalizando-as de acordo com o mercado local. Esses líderes empresariais irão se distinguir pelo respeito e pela honra que oferecerão aos seus novos clientes.

Haverá sem dúvida a necessidade de novas soluções para os problemas do mundo novo. A busca incessante por crescimento, o que está provocando o que denominamos **efeito bumerangue** irá exigir soluções sustentáveis, não poluentes. Bilhões de dólares serão ganhos com a oferta de alimentos de maior qualidade, mais seguros, produzidos de acordo com padrões de sustentabilidade, embalados com materiais recicláveis e distribuídos por meio de sistemas que exigirão 80% menos energia e gerarão uma perda total 50% inferior ao modelo atual. Outros bilhões de dólares serão obtidos com a adequada prestação de cuidados à saúde e com o oferecimento de formação profissional e educação de elite para as massas. E outros bilhões de dólares serão garantidos no mercado da água – fornecendo soluções que economizem o precioso líquido e forneçam-no em forma potável para as pessoas desses dois mercados. Bilhões de dólares também serão ganhos com a resolução de alguns dos problemas rotineiros do mundo moderno: o tempo que se leva para construir uma casa ou um prédio de escritórios, o transporte de passageiros que vivem a 80 km do escritório ou a prestação de serviços de creche para que as mulheres possam trabalhar sem se sentirem discriminadas, traumatizadas ou amedrontadas.

Devido ao tamanho dessa oportunidade, essa 'corrida do ouro' na criação de valor estará disponível para muitos, não somente para poucos. Ninguém precisará se mostrar um Terry Malloy de *O Sindicato de Ladrões*. Ninguém terá de trair o próprio irmão. Porém, isso não quer dizer que o prêmio será fácil de ganhar. Esse novo mundo não será herdado pelos preguiçosos, pelo ignorantes, pelo medrosos ou pelo fracos."

Já para a próxima geração, temos o seguinte a dizer: "Vocês vivem em um mundo que está sendo radicalmente reformulado por forças globais que não podem ser vistas e às quais seus pais tiveram apenas uma limitada exposição – porém, sua escala é **épica**. Essas forças irão moldar suas perspectivas de carreira e de criação de fortunas. Pela primeira vez, seus concorrentes para um emprego ou seus clientes mais importantes poderão estar em outras partes do mundo, falando línguas diferentes. Os melhores têm uma ambição, um dinamismo e uma ética de trabalho que vocês jamais testemunharam em toda sua experiência de vida.

Vocês também vivem em um mundo de atritos entre grupos, nações e civilizações, e em um clima político no qual existe grande incentivo para a **demonização**. Inevitavelmente, alguns líderes com os quais estão familiarizados, e aos quais respeitam, irão demonizar as civilizações descritas neste livro. Mas não se deixem afetar por essa atribuição de caráter demoníaco. Isso vem da **ignorância** – o que representa uma verdadeira ironia em um mundo altamente conectado, em que as informações estão sempre disponíveis.

Não tenham inveja, também. As crianças ambiciosas da China e da Índia vivem em ambientes acirrados e incertos, nos quais faltam muitas das coisas (até mesmo ar puro e água limpa) a que os habitantes no Ocidente têm fácil acesso. Em cada um desses mercados, existem dezenas de milhares de pessoas que, indubitavelmente, ficariam felizes em trocar de lugar com vocês.

E não invejem o sucesso dos outros. A ascensão da China e da Índia está impulsionando o crescimento e a criação de oportunidades para todos. Assim como a mecanização libertou seus próprios antepassados de uma vida presa à lavoura, a ascensão desses mercados, ao mesmo tempo em que força mudanças dolorosas, está criando novas possibilidades.

Vocês vivem em um mundo no qual fazer deduções a respeito do que os cerca e sobre a carreira de seus pais não representa uma maneira segura de navegar. Hoje, o mundo é muito mais diversificado e as forças demográficas e econômicas características das gerações de seus pais se movem em direções muito diferentes. O futuro está sendo impulsionado por padrões muito distintos.

Para obter sucesso no futuro, será preciso desenvolver habilidades duradouras. Vocês terão de encontrar seu próprio equilíbrio, a partir de habilidades baseadas em seus próprios interesses e capacidades. Mas existe uma combinação de habilidades que se revelará especialmente importante para todos, descrita pela longa sigla (em inglês) LASTING (duradouro). São elas: **l**iderança, **a**titude, **c**onhecimento científico (*science*), conhecimento **t**ecnológico, habilidades **i**nterpessoais, **n**uméricas e **g**lobais (incluindo as linguagens). Acumular capacidades em cada uma dessas áreas, e combiná-las, irá prepará-lo para os tumultuados – mas ao mesmo tempo emocionantes – tempos vindouros.

Vocês podem aplicar os princípios das habilidades LASTING aos seus estudos, à sua ambição ou ao seu uso do tempo. Vocês têm a vantagem de saber que haverá grande crescimento e intensificação da concorrência."

Este livro está repleto de conselhos e sugestões para empresas e executivos. Mas aqui vai um conselho para você, como pessoa: vá morar na China ou na Índia, aprenda mandarim ou híndi, passe um semestre ou um ano em Pequim ou Calcutá. Além disso, considere a importância de escolher o caminho certo na faculdade. Vivemos em um mundo onde a **invenção** faz a **diferença**; onde o **entendimento** do consumidor **quebra os concorrentes**; onde a **Ciência**, a **Matemática**, a **Engenharia** e os **negócios** geram investimentos e acumulação de riqueza.

Os setores que mais crescem no mercado de trabalho dos EUA exigem ensino superior. A maior procura será por engenheiros biomédicos, analistas de rede, analistas financeiros, cientistas no campo da saúde, médicos e assistentes, bioquímicos e engenheiros de *software*. De acordo com a pesquisa da Occupational Employment Statistics, do U.S. Bureau of Labor Statistics, mais de um milhão de trabalhadores serão necessários para essas categorias de salários elevados.[2] O envelhecimento da população também irá orientar o setor de cuidados com a saúde. Os mais altos salários serão ganhos nas áreas de **gestão**, **direito**, **arquitetura**, **engenharia**, **operações comerciais** e **ciências da vida**.

Esse novo mundo será herdado pelos indivíduos mais dinâmicos, inventivos e curiosos. Nós ainda vivemos em um mundo dividido entre **ricos** e **pobres**. Mas centenas de milhões de jovens na China e na Índia têm a intenção de passar da condição de **"não ter"** para a de **"ter"**. Nascido na pobreza relativa, o "Senhor Número 19" estudou 90 h por semana durante anos se preparando para o vestibular do Indian Institutes of Technology (IIT). A "garota de Harvard" abriu mão de parte de suas brincadeiras de infância concentrando-se em estudos sérios, na memorização e no desenvolvimento de habilidades. A agricultora WX Liu decidiu que sua família precisava viver em uma casa mais segura, com todas as comodidades mais modernas, e resolveu construir seu sonho, tijolo por tijolo.

Todos devem reformular o próprio futuro em torno de um conjunto de escolhas pessoais. A educação, a ambição, o trabalho árduo, a energia empreendedora, a colaboração e a verdadeira inovação são os valores que passarão a dominar o mundo.

Aqueles que não encararem esse grande desafio se arriscam a sofrer declínio relativo no seu padrão de vida – são eles os que não se apercebem dessa realidade, que dissipam riqueza e poder, que **deixam de investir** em tecnologias ou que **desperdiçam** seu tempo no Twitter e no Facebook.

Intrinsecamente, o "Senhor Número 19" e seu regime de estudos de 90 h semanais não representam nenhuma ameaça. Trata-se apenas de um modelo para aqueles que procuram realizar seu pleno potencial. Ele e outras milhões de pessoas estão vivendo a versão oriental do grande "sonho norte--americano" – que há muito tempo estendeu a esperança de prosperidade e sucesso para aqueles dispostos e capazes a lutar por eles.

O mundo está passando por um **ponto de inflexão** em sua história, um momento em que a riqueza relativa irá mudar, mas a riqueza absoluta deverá aumentar. Não se trata de uma proposta de soma zero. Todavia, para conquistar a sua parte, é necessário agir agora. A escolha é sua. Você quer ser um candidato? É hora de trazer o grande sonho norte-americano para a era moderna. É hora de escrever seu próprio próximo capítulo. Faça com que sua história seja pautada pela diligência, pela imaginação e pela recusa em se deixar levar pelo mal da abundância.

APÊNDICE A

Mundos diferentes
As regiões da China e da Índia

A CHINA E A ÍNDIA são países de dimensões continentais; são grandes, com enormes populações e heterogêneos. Para obter êxito em sua empreitada, e a fim de entender os costumes e gostos locais, você terá colocar as mãos na massa e gastar a sola dos seus sapatos com viagens e visitas. Neste apêndice, oferecemos um quadro dessas diferenças regionais, que abrange a variedade de religiões, línguas e preferências alimentares, bem como a riqueza e a pobreza contrastantes que se mesclam nas províncias vizinhas.

A abundância de consumidores chineses

"A China não é **um** país," disse um líder corporativo, "é uma coleção de países a céu aberto; um conjunto tão vasto e tão diferente quanto a Europa."

À primeira vista, a China é uma nação única, dominada por um só povo – o Han –, que fala uma língua oficial específica – o **mandarim** – e opera em um fuso horário singular. Em contrapartida, a União Europeia (UE) tem 27 países membros, abriga uma grande quantidade de povos distintos que falam 23 línguas oficiais e operam em três fusos horários diferentes.

Todavia, a bem da verdade, na China se falam muitos idiomas. Embora exista uma língua oficial, o país possui 80 dialetos, em comparação aos mais de 60 registrados na Europa. Cerca de 70% dos chineses realmente falam mandarim, a língua de Pequim e do norte do país.[1] No sul, particularmente na Província de Guangdong, o dialeto dominante é o cantonês,

APÊNDICE A **309**

também conhecido como *yue*, a língua sínica popular em Hong Kong. Os xangaienses tendem a falar o *wu*, um dialeto suficientemente diferente para tornar sua compreensão quase impossível pelos falantes de *yue*, sem a devida tradução.

Ao todo, existem 7 dialetos chineses, além de muitos outros subdialetos. Também existem muitas outras línguas faladas pelos indivíduos que compõem as 56 etnias minoritárias oficialmente reconhecidas – como os mongóis, os uigures e os manchurianos. Apenas algumas pessoas ainda falam o manchu, idioma nativo dos últimos imperadores do país, que, embora à **beira da extinção**, ainda aponta para a extraordinária amplitude do patrimônio linguístico chinês.

E é justamente por causa da diversidade geográfica e cultural que dividimos a China em sete regiões.

A região **leste** é a mais abastada. Ela tem 7 províncias: Anhui, Fujian, Jiangsu, Jiangxi, Shandong, Zhejiang e Xangai. Juntas, elas geram um PIB de US$ 2,5 trilhões – mais que o dobro da segunda região mais rica.[2] O número de consumidores de classes média e alta é elevado: 60 milhões, ou 29% da população. Supomos que esse número irá mais que dobrar até 2020, alcançando 144 milhões. Isso significa que 56% da população do leste será das classes média ou alta. Porém, essa região não é totalmente homogênea: em Jiangsu e Shandong, as pessoas tendem a falar o dialeto do norte, o mandarim; na província de Zhejiang a língua principal é o *wu*, enquanto os habitantes de Fujian falam o *min*.

A próxima região mais rica é a **norte** – incluindo a Mongólia interior, Hebei, Tianjin e Pequim –, com um PIB de US$ 997 bilhões. Lá, cerca de 20 milhões de pessoas são das classes média ou alta. Calculamos que esse número deverá triplicar até 2020, alcançando 62 milhões de indivíduos, ou 54% da população local.

O **sul** – com Guangdong, Guangxi e Hainan – é a terceira região mais afluente, gerando um PIB de US$ 891 bilhões. Guangdong, que se beneficia de sua proximidade com Hong Kong, tem uma economia equivalente à da Indonésia. As classes média e alta compreendem 24 milhões de seus habitantes, ou 26%. Em 2020, esse número deverá subir para 56 milhões, ou 50% da população na época.

Depois do sul, em termos de riqueza, vem a **região central**, com Henan, Hubei e Hunan. Seu PIB é de US$ 854 bilhões e, apesar de ela possuir apenas 13 milhões de indivíduos das classes média e alta, ou 14% de sua população, até 2020 o número de novos consumidores dessas classes deverá quadruplicar, chegando a 53 milhões, ou 44% de seus habitantes.

O sudoeste, que inclui Chongqing, tem uma economia proporcional à do Qatar, gerando US$ 580 bilhões. A região nordeste se aproxima desse valor, onde Liaoning possui uma economia proporcional a outro Estado árabe: os Emirados Árabes Unidos.

A área mais pobre do país é a **noroeste**, onde estão localizadas cinco províncias: Gansu, Ningxia, Qinghai, Shaanxi e Xinjiang. Embora abrigue Xian – o ponto inicial da antiga e lendária Rota da Seda, que costumava ligar a China à Europa –, essa região gera atualmente um PIB de apenas US$ 352 bilhões. No entanto, ela deverá ostentar o maior crescimento em termos de consumidores das classes média e alta: de 4 milhões, ou 11% de sua população, em 2010, para 19 milhões, ou 37%, em 2020.

Uma maneira de mensurar as diferenças existentes é observando os consumidores de cidades específicas – assim como o conjunto de aldeias em seu entorno – dentro dessas regiões. O povo de Xian, por exemplo, é **tradicional, trabalhador** e **avesso a riscos**; as pessoas aí preferem produtos "clássicos" em vez dos modelos mais **recentes** e **ultramodernos**. Nossa pesquisa revela que 41% dos consumidores têm a intenção de melhorar seu padrão de consumo, e que 73% pretendem gastar mais dinheiro.

Em contrapartida, os habitantes de Nanquim, a 650 km de distância, na Província de Jiangsu, na região leste, são bem mais otimistas. Essa orgulhosa cidade, que já foi conhecida como Nanking e serviu como capital da China em diferentes momentos ao longo da história, é **intensamente patriota**. No entanto, seu povo acolhe novas ideias e novos produtos. Nossa pesquisa mostrou que 45% deles estão prontos para elevar seu padrão de consumo, e 79% têm planos para aumentar seus gastos. Descobrimos que um forte senso de segurança financeira os levou a tal otimismo.

Outro grupo otimista se encontra nos arredores de Chengdu, na região **sudoeste**. Por conta de sua localização em uma planície fértil e rica em recursos naturais, a capital da Província de Sichuan – um dos últimos redutos dos pandas gigantes selvagens – é apelidada de "**a terra da abundância**". Seu povo é descontraído e voltado para a família, e sabe aproveitar a vida. São compradores impulsivos e não são especialmente leais a alguma marca específica. Nossa pesquisa revelou a intenção de 43% desses indivíduos de melhorar o seu padrão de consumo; 80% pretendem aumentar seus gastos com bens e serviços. Porém, seu otimismo é orientado por

APÊNDICE A **311**

um fator diferente: a sensação de estarem relativamente isolados da crise global. Localizada longe da costa leste, que tem crescido de modo estelar ao longo dos últimos anos, Chengdu tem sido capaz de desenvolver sua indústria de uma maneira mais comedida que algumas das cidades costeiras. Além disso, como um centro de produção de alimentos, a região tem prosperado devido ao crescente apetite da China por grande variedade de carnes, produtos lácteos e vegetais.

Isso leva a outra importante diferença regional – a **dieta**. Existem muitos paladares distintos e diferentes estilos de alimentação, com implicações importantes para as empresas que desenvolvem alimentos e bebidas para o mercado chinês. Ao redor de Xangai, onde o famoso rio Yangtze deságua no Mar Amarelo, a preferência nutricional é por alimentos com sabor adocicado e fresco, como caranguejo cozido no vapor. Mais acima ao rio, percebem-se diferenças sutis: as pessoas em Hunan, por exemplo, preferem alimentos picantes, enquanto as de Jiangxi optam por um sabor agridoce.

Compreender as variações regionais da China é um primeiro e importante passo para o desenvolvimento de uma estratégia comercial, porém, é essencial ir ainda mais fundo e se familiarizar com suas cidades de rápido crescimento.

O National Bureau of Statistics, da China, publica anualmente um relatório intitulado *China Statistical Yearbook*, com mais de mil páginas. Neste volumoso anuário são apresentadas várias informações valiosas sobre o país: **renda familiar**, **gastos do governo**, **tabelas de importação e exportação**, **proporção entre gêneros e composição familiar por região**. Todavia, embora esse documento apresente um incrível conjunto de dados temporais que marcam o desenvolvimento do país mais populoso do planeta, ele é também um **livro de curiosidades**. Por exemplo, o maior parceiro da China em termos de investimentos diretos é a América Latina, com US$ 7,3 bilhões – em comparação aos EUA, com US$ 900 milhões, e à África, com US$ 1,4 bilhão. O número de professores de ensino superior em tempo integral aumentou de 463 mil, em 2000, para 1,3 milhão, em 2009. O número de assinantes de telefonia móvel cresceu de 180 mil, em 2000, para 747 milhões, em 2009. A taxa de divórcios na China é atualmente de 8,2%, com um quinto dos casamentos terminando em separação – contra 1 em cada 24, em 1978. Em 1990, apenas 48% da população tinham acesso à água encanada potável – hoje o percentual é de 96%. Surpreendentemente, 63% das visitas estrangeiras à China provêm da Ásia (principalmente do Japão e da Coreia do Sul); o número de europeus que visitam a China é o dobro do número de norte-americanos.

Um caleidoscópio de contrastes na Índia

Se a China é uma nação variada, a Índia é um verdadeiro **caleidoscópio** de regiões, culturas, religiões e línguas.

Manmohan Singh, que ocupava o cargo de primeiro-ministro quando escrevemos este livro, é um *sikh* (sique). Ele nasceu no que é hoje conhecido como Paquistão, e estudou em Oxford e Cambridge. Sonia Gandhi, líder do Partido do Congresso, o maior partido político do país, nasceu na Itália e se casou com um integrante dominante da família Nehru-Gandhi. Pratibha Patil, a primeira mulher presidente da Índia, é advogada e membro da casta *maratha*, um grupo conhecido por sua alta participação política no Estado de Maharashtra. Mayawati, ex-ministra-chefe de Uttar Pradesh, o maior Estado do país, é uma *dalit* de nascimento – uma casta tradicionalmente referida como de indivíduos "impuros" –, embora existam relatos de que ela tenha se convertido ao budismo.

Essa multiplicidade em termos de liderança indica a diversidade do próprio país. A Índia é uma nação com 28 Estados e 7 territórios administrados diretamente pelo governo federal. Sua geografia é extremamente variada: além de abrigar o lugar mais chuvoso da Terra (o vilarejo de Mawsynram, que é regularmente inundado pelas chuvas das monções), uma das regiões mais quentes do planeta (o deserto de Thar, no Rajastão, onde a temperatura chega a 50°C) e uma das áreas mais frias do mundo (a geleira de Siachen, onde a temperatura pode cair até - 50°C), o país ainda ostenta uma linha costeira de 7.240 km.

No país se falam **22 idiomas oficiais** e **centenas de dialetos** – e até hoje outros ainda estão sendo descobertos. Em outubro de 2010, os linguistas anunciaram ter encontrado uma nova língua no país – o *koro* – falada por cerca de 800 pessoas, entre as tribos de Arunachal Pradesh, no extremo nordeste do país. Algumas dessas línguas são tão bem estabelecidas no país que no *site* indiano do Google – o endereço da Internet mais popular da Índia – são oferecidos **dez idiomas**: inglês, híndi, bengali, tâmil, telugo, canarim, gujarati, malaiala, marata e punjabi.

APÊNDICE A **313**

Essa diversidade significa que, assim como a China, a Índia não deve ser tratada como **um único país**. Desse modo, quando assessoramos empresas, começamos pela segmentação desse vasto território em quatro regiões distintas: **norte**, **sul**, **leste** e **oeste**.

O **norte**, que inclui Délhi, mas é dominado por comunidades rurais, é um centro agrícola e detém 30% da população indiana. A língua principal é o híndi, mas também são falados o panjabi e o pahadi. A região tem uma população significativa de *sikhs* e muçulmanos. Não é uma área rica, como um todo, e o PIB *per capita* é de US$ 900.[3]

O **sul**, que inclui Bangalore, é mais rico, e seu PIB *per capita* é de US$ 1.100. Trata-se de um centro de tecnologia, e ostenta a maior comunidade indiana de cristãos. As pessoas da região, que constituem 21% do total da população do país, falam tâmil, malaiala, telinga e canarim.

O **oeste**, que é centrado em torno de Mumbai (antiga Bombaim), é a região mais rica, com um PIB *per capita* de US$ 1.200. A região é o centro de negócios da Índia, tendo 23% da população e fala-se, além do híndi, o gujarati e o marata. Além de hindus e muçulmanos, há também no oeste os parses, cujos antepassados vieram da Pérsia.

A região mais pobre está no **leste**, centrada em torno de Calcutá, onde madre Teresa, famosa freira católica romana, trabalhou nas favelas infestadas de ratos. A região possui muitos recursos naturais, com enormes reservas de carvão e minério de ferro, mas sua população local – que fala principalmente o híndi e o bengali, e representa 26% da população nacional – gera apenas US$ 850 dólares de PIB por indivíduo.

Porém, se a divisão regional já representa um bom ponto de partida, faz-se necessário segmentá-la ainda mais, uma vez que existem grandes variações também entre as regiões. O sul, por exemplo, compreende quatro Estados. Em uma extremidade de seu espectro encontra-se o maior território, Andhra Pradesh, cuja população também é a maior: 84 milhões de pessoas falando principalmente o telinga, uma linguagem fortemente influenciada pelo sânscrito. A expectativa de vida no Estado é de **64 anos**, e sua taxa de alfabetização é baixa – apenas 68%. Administrado pelo Partido do Congresso da Índia, Andhra Pradesh tem um PIB *per capita* de US$ 1.180.

Tal estatística de PIB não é tão baixa quanto a de Karnataka, que gera uma média de US$ 1.160 por pessoa, mas é significativamente inferior a de Kerala, cujo PIB *per capita* é de aproximadamente US$ 1.500. Kerala, Es-

314 O PRÊMIO DE 10 TRILHÕES DE DÓLARES

tado mais ao sul da Índia, é geograficamente pequeno – sete vezes menor que Andhra Pradesh – e tem uma população de 33 milhões de habitantes. Porém, sua riqueza se reflete em uma série de estatísticas: expectativa de vida de 74 anos – uma década a mais que para as pessoas de Andhra Pradesh – e taxa de alfabetização de 94%.

Outra maneira de perceber a extraordinária variedade do país é observando as grandes cidades de cada região. Mahatma Gandhi, que enxergava as grandes metrópoles como centros de influência estrangeira, preferia promover as aldeias como melhores exemplos da "Índia autêntica." Hoje, porém, as capitais do norte, sul, leste e oeste são muito diferentes – com culturas e comunidades contrastantes.

No norte, a cidade de Nova Délhi, capital política do país, assemelha-se à capital norte-americana. As pessoas são socialmente competitivas – importa, por exemplo, o local onde você mora e qual automóvel você dirige – e muito orgulhosas de sua cidade, que é uma espécie de vitrine para todo o país. O metrô de Délhi, que se espalha por mais de 177 km, é uma das maiores redes de metrô do mundo. Trata-se de um dos projetos mais ambiciosos do planeta, e foi construído dentro do cronograma e do orçamento pré-estabelecidos – prova de que a Índia pode funcionar bem, se e quando precisar fazê-lo. Hoje, seus usuários dizem que ele já está operando no limite.

No oeste, Mumbai é rica, cosmopolita e orientada aos negócios e às finanças. A cidade tem burburinho e energia – é uma cidade em constante movimento. É também o lar da indústria cinematográfica do país – conhecida como Bollywood, que funde Hollywood ao antigo nome da cidade, Bombaim. Todavia, como já discutido no Capítulo 4, é também o lar de algumas das maiores favelas do mundo. Dirigir em Mumbai significa encarar o barulho incessante das buzinas estridentes, um mar de vendedores de comida nas ruas e muitos exemplos de pobreza extrema que contrastam com os luxuosos arranha-céus da cidade.

No sul, Bangalore é a resposta indiana ao Vale do Silício dos EUA. Tradicionalmente conhecida como a "Cidade Jardim" por sua área verde e clima temperado, Bangalore já foi o lugar para onde as pessoas mais prósperas se mudavam ao se aposentar. Nos últimos vinte anos, toda a região perdeu essa sonolência e agora serve como base para as principais empresas de tecnologia do país, incluindo a Infosys e a Wipro. No entanto, o desenvolvimento de suas estradas e de sua rede ferroviária não tem acompanhado o crescimento de seus negócios. Por exemplo, quando deixam as cercanias da empresa, os visitantes da Infosys – cujo *campus* é repleto de gramados verdes e fofos, ao melhor estilo das universidades dos EUA – sofrem para chegar a qualquer lugar da cidade.

No leste, Calcutá foi a capital da Índia durante os dias tranquilos do *Raj* britânico. Em um eco do passado, as pessoas da região adotam uma abordagem um tanto descontraída em relação à vida. De fato, até pouco tempo, a cidade não era conhecida como um centro industrial e comercial, mas as coisas estão mudando – talvez até por causa da influência da China. Em 2008, atendendo a um convite do então governante do Partido Comunista de Bengala Ocidental, a China estabeleceu um consulado na cidade. Existem hoje fortes laços comerciais entre Calcutá e alguns dos principais centros chineses, como a província de Yunnan e a cidade de Shenzhen. Entretanto, em outro sinal de mudança, Mamata Banerjee, a líder de um partido regional, depôs os comunistas em 2011.

A dieta também reflete essas variações. No norte – que representa o cinturão do trigo do país – o ***roti***,[a] acompanhado por molhos de vegetais e produtos à base de leite, é uma refeição comum. Nos centros urbanos de Punjab, as pessoas consomem quatro vezes mais trigo que arroz, e cinco vezes mais produtos lácteos que carne e/ou produtos oriundos da pesca. No sul e oeste, o arroz é fundamental para a dieta, assim como os legumes, os *chutneys*[b] e as ***papadums*** – grandes bolachas planas feitas de arroz. No sul também se consome coco, enquanto o peixe é destaque em todo o extenso litoral do país. Nos centros urbanos de Andhra Pradesh, as pessoas consomem dez vezes mais arroz que trigo, enquanto na Bengala Ocidental, as pessoas comem duas vezes mais peixe e carne que em outras regiões.

---

a   Trata-se de um pão sem fermento feito com farinha de trigo e água. (N.T.)

b   Trata-se de um condimento agridoce e, ao mesmo tempo, picante. O termo também é usado para definir um tipo de salada picante servida no país. (N.T.)

APÊNDICE B

Riscos e um cenário de fim da linha
Como gerenciar a volatilidade

A CHINA E A ÍNDIA não são apostas patentes. Ambos os países estão repletos de riscos e perigos. Os líderes desses Estados deverão enfrentar grandes desafios na próxima década, e o sucesso não é garantido. Corrupção, bolhas de ativos, desarmonia política e social, poluição, desastres naturais e conflitos políticos e econômicos representam sérias ameaças ao crescimento e à prosperidade (Figura B.1). As empresas devem navegar nesses mercados com os olhos abertos. As companhias de sucesso irão trabalhar de modo a mitigar os riscos, mantendo o compromisso de **ganhar**, e **nunca recuar**. Elas também irão ativamente envolver os governos e as partes interessadas no sentido de influenciar acontecimentos e reduzir riscos.

As projeções de crescimento da Índia e da China são, naturalmente, bastante extraordinárias. Mas, como em qualquer ciclo de crescimento, haverá altos e baixos, principalmente em uma economia que ainda não está totalmente madura. No final do século XIX e início do século XX, o crescimento industrial dos EUA foi marcado por períodos de declínio e agonia financeira. Em 1893, a produção industrial dos EUA, mensurada com base em picos e quedas, caiu 17,3% e, de modo similar, diminuiu 20,1% em 1907 e 32,5% em 1920.[1] De fato, declínios extraordinários foram seguidos por períodos de rápida recuperação.

Nós desenvolvemos um **cenário de fim de linha**. Este foi inspirado na experiência da Coréia do Sul, que testemunhou o crescimento real de seu PIB cair pela metade entre os anos de 1985 e 1995 e novamente entre 1995

FIGURA B.1

Ameaças potenciais para o crescimento e a prosperidade

Suborno, burocracia e corrupção

Bolhas de ativos

Desarmonia política e social

Poluição

Desastres naturais

Guerra e turbulência geográfica

Fonte: Imagem de "suborno, burocracia e corrupção": www.nomad4ever.com/wp-content/uploads/2008/04/corruption-a-paralyzing-pest.jpg. Imagem de "poluição": foto de Owen Byrne, de *Smoke One*, www.flickr.com/photos/ojbyrne/2167696800.

e 2005. Tal redução renderia uma taxa de crescimento real do PIB de 5% para a China e de 4% para a Índia, entre 2010 e 2020. Nesse caso negativo, a economia de consumo da China cresceria de US$ 2 trilhões em 2010 para US$ 4,2 trilhões em 2020, enquanto a economia de consumo da Índia iria crescer de US$ 1 trilhão para US$ 2,4 trilhões – e o valor total do prêmio seria de US$ 6,6 trilhões, e não de US$ 10 trilhões (Tabela B.1).

TABELA B.1

Cenário de fim de linha: efeito sobre o PIB e o consumo

Uma redução no PIB combinado de até US$7 trilhões reduz o consumo total a US$ 3,2 trilhões.

		Bilhões de dólares nominais		
	2010	**Cenário favorável 2020**	**Cenário desfavorável 2020**	**Diferença entre os cenários**
China				
PIB Total	5.923	17.186	12.287	4.899
Consumo total	2.036	6.187	4.227	1.960
Índia				
PIB total	1.653	5.981	3.940	2.041
Consumo total	991	3.584	2.362	1.224
PIB combinado	7.576	23.167	16.227	**6.940**
Consumo combinado	3.027	9.771	6.589	**3.184**

Fonte: Com base no consenso da Euromonitor, Países e Consumidores; Fundo Monetário Internacional; Economist Intelligence Unit, Indicadores de Mercado e Previsões, Banco Mundial, World Development Indicators, Goldman Sachs; Oxford Economics; Análise BCG.

Burocracia, suborno e corrupção

A **corrupção** – particularmente nos níveis local e regional – continua a representar um desafio no dia a dia das empresas multinacionais, tanto na China quanto na Índia. Ao avaliar a "facilidade de se realizar negócios no país," o Banco Mundial classifica a Índia na humilde 134ª posição, entre 183 colocações. Leva-se até dez anos para se conseguir construir um arranha-céu em Mumbai – um processo longo, arrastado e que exige mais de 60 aprovações.[2] A China, por sua vez, está classificada em 79ª – abaixo de Ruanda, Namíbia e de sua vizinha Mongólia. No Índice Internacional de Transparência e Percepção da Corrupção de 2012, o mais confiável *ranking* do mundo no que diz respeito a corrupção interna do setor público, a Índia padece na 94ª posição, entre 174 países mencionados, enquanto a China aparece em 80º lugar.[3]

A corrupção pode assumir muitas formas. Em determinado estágio, ela se dá pelo fechamento de contratos com base em conexões políticas e privadas. Em um outro nível, ela aparece como propinas e subornos mesquinhos que visam superar a burocracia e outros entraves burocráticos. Por exemplo, os comerciantes chineses do setor de produtos de luxo afirmam que até a metade de seus estoques de relógios (de mais de US$ 5 mil) e garrafas de vinho francês importado (que custam mais de US$ 200) é comprada de uma só vez em Hong Kong, como "presentes" para funcionários do governo e empresários.

Os registros de acusações de políticos e empresários chineses condenados por corrupção revelam foco em subornos, evasão fiscal e peculato. Trata-se de aquisições, aprovações de crédito, desvio de fundos, aprovação de projetos de infraestrutura, bens imobiliários e direitos de uso da terra e prioridade em setores regulamentados. Uma edição do periódico *Carnegie Policy Brief* aponta:

> *"O preço para socorrer os bancos estatais da China, principais vítimas da corrupção no setor financeiro, é de cerca de US$ 500 bilhões. A corrupção local gera dezenas de milhares de tumultos e protestos, prejudicando a estabilidade social. A corrupção também contribui para a degradação ambiental massiva na China, a deterioração dos serviços sociais e o aumento dos custos de habitação, saúde e educação."[4]*

As consequências – tanto para a China como para a Índia – são terríveis. "A corrupção representa um grande encargo ao crescimento da Índia", disse Ravi Ramamurti, professor da Faculdade de Administração de Empresas da Universidade Northeastern. "Ela atrasa a execução, aumenta os custos (tanto para os indianos como para as multinacionais) e destrói a fibra moral"[5], complementou Ramamurti. Além disso, de acordo com alguns, a corrupção representa o maior impedimento para os investimentos estrangeiros no país.[6]

O sistema democrático da Índia, infestado de burocracia, e o sistema autocrático da China exacerbam os efeitos de corrupção. As autoridades têm enorme influência sobre os grandes contratos, os convênios e as aprovações de projetos governamentais – além do poder de adiá-los depois de iniciados. Periodicamente, ambos os países revelam denúncias e fazem grande publicidade a esse respeito. A China é líder mundial em condenação de funcionários corruptos, apresentando 24 crimes violentos e 31 crimes não violentos, cujos culpados estão todos sujeitos à pena de morte. Wen Qiang, chefe de polícia de Chongqing, foi executado depois de sua condenação por suborno, estupro e proteção ao crime organizado.[7] Em 2011, Liu Zhijun, ministro do transporte ferroviário da China, foi removido de seu alto posto e acusado de corrupção. Enquanto isso, seu irmão, Liu Zhixiang, que era o chefe do departamento de trens na cidade de Wuhan, foi condenado por aceitar suborno e desvio de mais de US$ 5 milhões em recursos públicos durante um período de nove anos.[8]

A corrupção e a burocracia paralisantes são uma combinação corrosiva e destrutiva. Se não tratadas, os esforços dos governos para transformar suas economias irão por água abaixo. Mas, no cômputo geral, acreditamos que a corrupção desaparecerá ao longo do tempo. A Internet forneceu aos ativistas anticorrupção uma excelente plataforma pública.

Problemas relacionados a bolhas e medos fiscais

Em Xangai, em abril de 2011, centenas de caminhoneiros fizeram um protesto contra o aumento do custo do combustível, forçando concessões por parte de um governo que tentara limitar a capacidade desses profissionais de repassar aumentos de preços. Em Mumbai, em novembro de 2010, centenas de pessoas fizeram filas nas ruas para protestar contra o aumento do preço da cebola – **alimento básico na dieta indiana**. Em julho de 2011, o preço global do cobre de repente desabou de quase US$ 10 mil para menos de US$ 7 mil por tonelada. A princípio, os motivos não pareciam claros, porém, mais tarde revelou-se que um importante fator fora o colapso de um grupo de especuladores de cobre em Wenzhou, na China. Por vários anos o grupo vinha praticando o que se poderia chamar de **"aposta certeira"**, acumulando cobre durante a constante elevação dos preços – de fato, o preço mundial do cobre havia mais que triplicado, passando de US$ 3 mil por tonelada, em janeiro de 2008, para um pico de US$ 10 mil, em meados de 2011 –, ao mesmo tempo em que importava cobre como um meio de acesso ao capital. Todavia, esses especuladores se tornaram vítimas de uma repressão do governo chinês sobre empréstimos informais.

Qual é a ligação entre esses diferentes eventos? Após duas décadas de crescimento rápido – fundamentado em fontes aparentemente ilimitadas de terras, trabalho e recursos – a China e a Índia estão enfrentando agora as consequências da inflação. Wen Jiabao, premiê da China até março de 2013, disse abertamente que a inflação poderia ser mantida sob controle. "Existe preocupação quanto ao fato de a China conseguir conter a inflação e, ao mesmo tempo, manter seu rápido desenvolvimento," escreveu Jiabao no *Financial Times*. "Minha resposta é um enfático **sim**"[9], destacou Wen Jiabao.

Ao apresentarmos nosso caso básico, assumimos taxas de inflação elevadas: 5,9% ao ano na China e 8,4% ao ano na Índia. Mas, mesmo assim, o efeito sobre os preços dos alimentos, das casas e sobre os salários pode gerar um impacto sobre a competitividade e a produtividade dos países. A bolha imobiliária revela-se especialmente preocupante.

Juntos, o *boom* imobiliário e, mais amplamente, a revolução infraestrutural, estão alimentando a corrida por recursos – o que, por sua vez, está elevando cada vez mais as taxas de inflação. Consideremos, por exemplo, o minério de ferro. Como explicamos no Capítulo 13, o minério de ferro se enquadra no mercado de consumo – impulsionado pela demanda por melhores condições de moradia, carros, eletrodomésticos, serviços públicos confiáveis, transporte, hospitais e escolas –, sendo, portanto, um componente essencial para a vida de classe média.

Porém, o problema não é apenas a **inflação**, mas também a **volatilidade** da procura e dos preços e, como resultado disso, a **imprevisibilidade**. Consideremos outra mercadoria: o cimento. Em 2010, a China foi responsável por mais de 50% do consumo mundial de cimento – em comparação aos 19% de 1990 –, resultante de um número notável de projetos de habitação e infraestrutura novos e significativos.[10] Em média, a demanda anual da China por cimento foi de mais de **mil quilos por pessoa** – contra **300 quilos** nos EUA.[11] Entretanto, calculamos que essa quantia logo atingirá seu pico – o que, aliás, já está ocorrendo nas regiões costeiras –, o que deixará para trás uma onda cinza de 250 milhões de toneladas de cimento indesejadas, o que possivelmente forçará os preços para baixo mais uma vez.

Desarmonia política e social

Mesmo com todo o seu extraordinário crescimento ao longo dos últimos trinta anos, a China e a Índia são países surpreendentemente **pobres** e **divididos**. Existe também uma entrincheirada divisão entre suas comunidades urbanas e rurais. Na Índia, de acordo com nossa análise, 81,8% das pessoas que se encontram na categoria de "destituídos" – aquelas que sobrevivem com cerca de US$ 2 mil por ano e representam cerca de 50% da população – vivem em áreas rurais. Na China, o sistema *hukou* de residência – que historicamente regula o *status* da população rural e urbana – continua a rotular as pessoas e a limitar sua liberdade de movimento.

Muitos dos esforços dos governos indiano e chinês ocorrem no sentido de aliviar o sofrimento dos pobres – e o crescimento estelar de cada um desses países tem contribuído para o alcance desse objetivo. Todavia, uma desaceleração do crescimento – especialmente com o aumento nos preços dos alimentos – poderia desencadear uma onda de agitação social. Na China, a polícia já lida com motins quase que diariamente, e há uma grande preocupação de que manifestantes radicais possam encontrar estímulo na transformação que vem ocorrendo no norte de África – conhecida como **Primavera Árabe** –, um movimento que foi deflagrado por indivíduos comuns, irritados com os aumentos dos preços dos alimentos na Tunísia. De fato, a memória do protesto da praça da Paz Celestial, ocorrido em 1989, ainda pesa na mente dos líderes chineses.

Na Índia, onde a população é jovem e vibrante, existe a preocupação de que a energia dos havitantes possa ser direcionada para protestos, se não lhes forem garantidos empregos e oportunidades. O movimento maoísta Naxalita representa um risco à estabilidade do país. Esse grupo se originou em uma aldeia da Bengala Ocidental, chamada Naxalbari. Seus membros, que somam mais de 20 mil revolucionários armados e mais de 50 mil oficiais regulares, defendem a derrubada combativa e violenta da classe dominante e a redistribuição da riqueza.[12] Eles já realizaram muitos ataques e assassinatos de policiais.

Porém, não há dúvida de que o maior risco social e político seja o colapso da chamada "grande oportunidade (ou barganha)" entre as classes dominantes e as classes médias. Isso pode acontecer se os governos não conseguirem atender às necessidades e expectativas dos indivíduos da classe média urbana, que têm propriedades, que surfam na Internet e estão cada vez mais bem-informados – em questões como segurança, qualidade dos serviços públicos essenciais (saúde, educação, meio ambiente), corrupção, sentimento geral de justiça e controle da inflação. E é inevitável que algum tipo de colapso ocorra ao longo dos próximos anos. Por exemplo, a fim de manter seu rápido crescimento, a China terá de convencer suas classes médias urbanas a concordar em ter 60 usinas nucleares construídas perto de suas cidades de grande porte – ou, como alternativa, persuadi-las a aceitar muito mais poluição atmosférica proveniente de novas usinas a carvão.

A poluição e a população envenenada

Os ambientes poluídos da China e da Índia podem realmente começar a cobrar um preço significativo sobre a saúde e a produtividade de suas populações. Muitas das cidades mais poluídas do mundo estão nesses países. O envenenamento pode resultar de vários metais pesados, pesticidas, produtos químicos perigosos, partículas de carvão lançadas no ar e outros poluentes do ar em recintos sem ventilação.

O choque do crescimento devastou grande parte da paisagem e gerou muitos problemas de saúde, incluindo os cânceres relacionados à poluição. Como resultado de sua dependência do carvão barato, a China é o **maior emissor mundial de dióxido de carbono** (Co_2). E, de acordo com a análise BCG, essas emissões deverão aumentar 6,5% ao ano até 2020. A Índia, terceiro maior emissor de dióxido de carbono do mundo, atrás somente dos EUA, provavelmente terá um aumento anual de 4,4% ao longo desta década. Em Pequim, a embaixada dos EUA posta, de hora em hora, um relatório sobre a poluição no país. Um *tweet* específico causou frenesi na mídia ao descrever a qualidade do ar em Pequim, medida em PM 2,5[a], como **"absurdamente ruim"**. Ela atingiu o índice de 500 – o limite máximo do medidor – registrando vinte vezes o nível estabelecido pela Organização Mundial da Saúde (OMS) como insalubre.

---

a   Material particulado (MP), do inglês *particulate matter* (PM): conjunto de poluentes constituídos de poeiras, fumaças e todo tipo de material sólido e líquido que se mantém suspenso na atmosfera por causa de seu pequeno tamanho. As principais fontes de emissão de material particulado para a atmosfera são: veículos automotores, processos industriais, queima de biomassa, ressuspensão da poeira do solo, entre outras. O material particulado pode também se formar na atmosfera a partir de gases como dióxido de enxofre (SO_2), óxidos de nitrogênio (NO_x) e compostos orgânicos voláteis (COVs), que são emitidos principalmente em atividades de combustão, transformando-se em partículas como resultado de reações químicas no ar. As partículas inaláveis podem ser classificadas como partículas inaláveis finas - MP2,5 (<2,5 µm) – e partículas inaláveis grossas (2,5 a 10 µm). As partículas finas, em virtude de seu tamanho diminuto, podem atingir os alvéolos pulmonares, enquanto as grossas ficam retidas na parte superior do sistema respiratório. (N.T.)

Além dos danos causados pelas fábricas que expelem fumaça preta, existem ainda os efeitos colaterais que resultarão do número de animais cada vez maior que será necessário para alimentar uma população em crescimento e com novo apetite por carne. Na China, calculamos que uma elevação no número de porcos e galinhas causará também um aumento na produção de gás de efeito estufa: mais especificamente, serão 34% a mais de óxido nitroso e 18% a mais de metano.

Além disso, em ambos os países, o número de pessoas que vivem perto umas das outras também está causando problemas. Por exemplo, na Índia, mais de 400 milhões de indivíduos vivem ao longo do Ganges, o rio sagrado do hinduísmo. Ao entrar na cidade sagrada de Varanasi, o rio apresenta 60 mil coliformes fecais por cada cem mililitros de água, 120 vezes **mais do que o considerado seguro para banho**. Não é de estranhar que mil crianças morrem a cada dia na Índia de doenças diarréicas.[13]

De fato, o amplo número de trabalhadores pouco saudáveis representa um cenário bastante real. O Banco Mundial afirma que o uso crônico de tabaco e de álcool, a má alimentação, o alto consumo de *fast foods* e o sedentarismo são fatores de risco na China. O país tem o maior número de fumantes do mundo – cerca de 300 milhões – e sofre com altos índices de câncer de pulmão e doenças do coração.[14] Adicionado a isso, tem-se o crescente número de pessoas idosas. O número de indivíduos com idade de 65 ou mais irá crescer de 130 milhões, em 2010, para 180 milhões em 2020 – em comparação aos 63 milhões de 2000.[15] Imagine andar pelas ruas do Reino Unido, da França e da Alemanha e ver populações inteiras de mais de 65 anos de idade. Esse envelhecimento da população irá desacelerar o crescimento e, ao mesmo tempo, aumentar a fatia de cuidados nacionais com a saúde – o que, por sua vez, desviará fundos públicos dos investimentos de capital necessários para estimular o crescimento. O Banco Mundial prevê a duplicação das doenças cardíacas, do diabetes e do câncer de pulmão. Essa epidemia de idosos e fumantes já desvia US$ 1 trilhão para cuidados com a saúde. É um custo que certamente poderá gerar uma grande crise.

O legítimo "Estudo da China": o impacto da dieta na saúde

T. Colin Campbell escreveu um livro notável, *The China Study* (*O Estudo da China*). Trata-se, principalmente, de um livro de saúde e nutrição destinado a ajudar os ocidentais a evitarem doenças cardíacas, diabetes e câncer. Sua fonte é um estudo pouco conhecido realizado na década de 1970 pelo então *premier* chinês Zhou Enlai, que, na época estava enfrentando um câncer. De acordo com Campbell, o estudo representa a pesquisa mais ambiciosa da história médica, com 650 mil avaliadores alcançando 880 milhões de indivíduos da China (96% da população da época). A pesquisa correlacionou dieta e doenças, e demonstrou a incidência do câncer como resultado de **fatores ambientais** e de **estilo de vida**.

Na época, de acordo com Campbell, as taxas de câncer na China variavam de 35 indivíduos para cada 100 mil até 721 indivíduos para cada 100 mil. Campbell concluiu que o baixo colesterol encontrado no sangue dos camponeses chineses se correlacionava à sua dieta, que continha apenas 9% a 10% das calorias de proteína, 14,5% de gordura e 33 gramas de fibra dietética. Ele ressaltou que nas Províncias do sudoeste de Sichuan e Guizhou, durante o período de 1973 a 1975, em uma população de mais de 400 mil habitantes nem um único indivíduo com idade inferior a 65 anos morreu de doença cardíaca coronariana.

De certa forma, o livro de Campbell previu a agora iminente epidemia de doenças relacionadas ao enriquecimento na China. Ele disse que o esbanjamento nutricional está ligado ao câncer (de pulmão, de cólon, de mama, do estômago, do fígado e leucemia), ao diabetes e à doença coronária cardíaca. A inadequação nutricional e o saneamento ineficaz originam as doenças da pobreza. Esses males incluem pneumonia, úlceras, doenças gastrointestinais, tuberculose, parasitas, doenças endócrinas e as mortalidades infantil e materna. À medida que a dieta chinesa se torna mais rica e mais calórica – e, portanto, mais parecida com a dieta ocidental –, epidemias de doenças se tornam possíveis. Os tratamentos, por sua vez, têm o potencial de sobrecarregar o governo chinês com despesas na área de saúde.[16]

Enquanto isso, na Índia, as doenças crônicas são a principal causa de morte no país, representando uma grande ameaça para um crescimento econômico estável. A OMS diz que 24,3% dos homens indianos são fumantes.[17] Os pequeno cigarros enrolados à mão chamados *bidis* e o rapé são os itens mais populares. A concentração de fumo e bebida é mais elevada entre os consumidores de baixa renda; o fumo é duas vezes mais popular entre os consumidores rurais que entre os urbanos.

Desastres naturais

Dos **dez desastres naturais mais mortais da história, cinco** foram terremotos, inundações ou escassez de alimentos ocorridos na China. O terremoto de Shaanxi, em 1556, matou cerca de 830 mil pessoas. A inundação do rio Amarelo, em 1887, pode ter matado até 2 milhões de indivíduos.[18] Mais recentemente, o terremoto ocorrido em Sichuan, em 2008, foi considerado o vigésimo mais letal de todos os tempos. Ele matou cerca de 69 mil habitantes. O prejuízo econômico gerado foi estimado em US$ 150 bilhões.[19]

A Índia também enfrenta inundações, secas, terremotos, ondas de calor, ciclones e deslizamentos de terra. As mortes por desastres naturais no país representam 24% das ocorridas na Ásia e promovem a perda de 2% do PIB a cada ano, de acordo com dados da secretaria do interior do país.[20] De 2004 a 2010, inundações, tempestades e deslizamentos de terra danificaram mais de dez milhões de lares indianos.

Além disso, a grande proximidade de milhões de pessoas significa que pandemias devastadoras podem ocorrer a qualquer momento. Em 2003, a **síndrome respiratória aguda severa** – mais conhecida como SARS – efetivamente parou a Grande China e o sudeste da Ásia por três meses. E tal pandemia poderia acontecer novamente: cepas de gripe aviária aparecem regularmente. É claro que se uma pandemia ocorresse, atingiria não apenas a China, mas também a Índia e o sul da Ásia (incluindo o Paquistão e Bangladesh, por exemplo), e poderia sobrecarregar os sistemas de saúde pública.

Guerras e conflitos econômicos

Todos os dias, a Índia e a China são confrontadas pelo risco de um conflito militar em suas regiões. A Índia é delimitada por alguns dos países mais voláteis do mundo. A China, por sua vez, enfrenta a ameaça de um colapso ou uma mudança radical na Coréia do Norte – algo que, em determinados cenários, poderia levar a China e os EUA a um grau mais elevado de conflito. Por exemplo, não está claro se a China iria tolerar a absorção da Coréia do Norte pela Coréia do Sul. Existe também significativa tensão regional sobre disputas territoriais que envolvem as áreas do mar da China meridional – uma situação que já provocou confrontos entre a China e várias nações do sudeste asiático. Será que esses eventos um dia se tornarão mais diretos na região? Será que esses eles poderão aumentar em volume e gravidade rapidamente?

Outro provável ponto de inflamação é a **água** – em particular, a água fornecida pelo Himalaia que abastece os rios Ganges, Yangtze e Amarelo. A China e a Índia enfrentam aguda escassez de água, e não apenas por causa da mudança de seus padrões de consumo. A quantidade de água disponível *per capita* na China é de apenas um quarto da média mundial, a menor quantidade entre todas as grandes economias.[21] Cerca de metade da população da China vive no norte do país, que possui apenas 8% dos recursos hídricos do país.[22] Para complicar esse padrão de uso, a típica família chinesa de classe média ou alta tem água canalizada, banheiro privativo, máquina de lavar roupas e, muitas vezes, um carro que precisa ser lavado.

Na Índia, o problema da água é ainda pior. O país abriga **17%** da população do mundo, mas possui apenas **4%** da água do planeta, por isso suas provisões locais estão se esgotando rapidamente.[23] Vale lembrar que, assim como costumam discorrer sobre o pico de petróleo, os cientistas já falam a respeito do **"pico da água"**: o momento em que as fontes sustentáveis de água doce finalmente irão se esgotar. Os agricultores são os maiores consumidores de água, representando **86,5%** do consumo, mas a classe média em ascensão também demanda uma fatia crescente desse escasso recurso.

A grande ineficiência dos sistemas de fornecimento também não ajuda: em Nova Délhi, por exemplo, a água percorre 90 km de tubos, sofrendo uma taxa de perda de até 40%.[24] As mudanças climáticas, por sua vez, também não estão colaborando: as geleiras do Himalaia estão encolhendo, e o aquecimento global está aumentando a incidência de padrões climáticos extremos. Nessas circunstâncias, 50% da precipitação pluviométrica anual da Índia ocorre ao longo de quinze dias, durante a estação das monções, que vai de junho a setembro.[25]

Os dois países exigem ações urgentes – incluindo investimentos maciços em infraestrutura. Na China, têm ocorrido debates a respeito de uma possível mudança de localização da ressecada capital, Pequim. Todavia, um projeto caro e ambicioso para redirecionar o abastecimento de água do país a partir das planícies de inundação do sul e das montanhas cobertas de neve do oeste talvez possa evitar a necessidade de implementação dessa drástica opção. Se colocado em prática, o projeto conhecido pelo nome de Desvio de Água Sul-Norte custará até US$ 62 bilhões, o dobro do custo da famosa barragem das Três Gargantas. Além disso, o governo chinês afirma estar investindo US$ 600 bilhões em melhorias nos reservatórios de água do país.[26]

A Índia, por sua vez, possui apenas metade do que o Banco Mundial estima ser necessário para garantir um fornecimento estável.[27] Tendo em vista que o rio Ganges fornece água para **um terço** dos indianos, trata-se de uma situação assustadora. A falta de água se iguala ao não crescimento da renda rural, o que, por sua vez provoca uma drástica diminuição no crescimento do PIB. O não crescimento do PIB resulta em um enorme desastre: a vida rural indiana se congela em baixos níveis de consumo e alfabetização – e os destituídos permanecem bloqueados no tempo.

O fato é que qualquer desses fatores que de algum modo abrande o crescimento desses países poderia gerar consequências catastróficas para ambas as nações e também para as empresas que estão depositando suas esperanças nessa nova e dinâmica geração de consumidores. A bem da verdade, nós prevemos que haverá pela frente muita volatilidade e trágicos imprevistos. No entanto, estamos encorajados pelo espírito resiliente dos dois países. Acreditamos que, ao longo dos próximos dez anos, a China e a Índia irão superar seus desafios.

NOTAS DO AUTOR

CAPÍTULO 1

1. The Boston Consulting Group (a partir daqui somente BCG), Center for Consumer and Customer Insight: China & India Consumer Reports 2011 (Centro de Percepção do Cliente e Consumidor da BCG: Relatórios sobre o Consumidor da China e da Índia, 2011).
2. Euromonitor: Countries and Consumers (Euromonitor: Países e Consumidores), Income and Expenditure (Receita e Gastos); BCG consumer research (pesquisa do consumidor BCG); BCG analysis (Análise BCG).
3. Karen Ward, *The World in 2050: Quantifying the Shift in the Global Economy (O Mundo em 2050: Quantificando a Mudança na Economia Global)*, HSBC Bank, 4 de janeiro de 2011, em www.research.hsbc.com/midas/Res/RD-V?ao=20&key=ej73gSSJVj&n=282364.PDF.
4. Fundo Monetário Internacional, World Economic Outlook database (base de dados do Panorama Econômico Mundial), outubro de 2010; Banco Mundial, World Development Indicators (Indicadores do Desenvolvimento Mundial).
5. The Mahatma Gandhi National Rural Employment Guarantee Act – MG-NREGA (Lei de Garantia de Emprego Rural/Nacional Mahatma Gandhi), *homepage:* www.nrega.net/.
6. Euromonitor: Countries and Consumers (Euromonitor: Países e Consumidores), Consumer Expenditure and Prices (Preços e Gastos dos Consumidores), 2010.

CAPÍTULO 2

1. Euromonitor, Countries and Consumers (Euromonitor: Países e Consumidores); Indian Ministry of Statistics and Programme Implementation, *Annual Report 2010–2011* (Ministério de Estatísticas e Implementação de Programas da Índia, *Relatório Anual 2010-2011*), em http://mospi.nic.in/mospi_new/upload/mospi_annual_report_2010-11.pdf; Indian Revenue Service (Serviço de Receita da Índia), http://www.irsofficersonline.gov.

in/; BCG proprietary consumer research (Pesquisa do consumidor BCG); BCG analysis (Análise BCG).

2. Ibid.

3. BCG proprietary consumer research (Pesquisa do consumidor BCG); BCG analysis (Análise BCG).

4. Ted Conover, *Capitalist Roaders (Viajantes Capitalistas), The New York Times,* 2 de julho de 2006, em http://www.nytimes.com/2006/07/02/magazine/02china.html?pagewanted=all&_r=0.

5. A maior parte das informações contidas neste parágrafo e no próximo pode ser encontrada em *Taking Off: Travel and Tourism in China and Beyond (Decolando: Viagens e Turismo na China e Pelo Mundo)*, relatório BCG, março de 2011, em http://www.bcg.com/expertise_impact/industries/retail/publicationdetails.aspx?id=tcm:12-74618.

CAPÍTULO 3

1. Kerry A. Dolan e Luisa Kroll, eds., *Billionaires 2001 (Bilionários 2001)*, tabela contida em *The World's Richest People (As Pessoas Mais Ricas do Mundo), Forbes*, 21 de junho de 2001, em http://www.forbes.com/2001/06/21/billionairesindex.html.

2. Em 2011, a receita total da HCL foi de cerca de US$ 6,2 bilhões de dólares, incluindo tanto negócios de *hardware* quanto *software*; já a receita da Tata Consultancy Services no ano de 2011 foi de cerca de US$ 8,4 bilhões, o que a colocou em primeiro lugar no *ranking* indiano do setor de TI (Relatório anual da HCL, 2011; relatório anual da Tata Consultancy Services, 2011).

3. *Forbes*, 9 de março de 2011, em http://www.forbes.com/lists/2011/10/billionaires_2011.html. (Note a existência de três bilionários de Hong Kong à frente de Li.)

4. Russell Flannery, *A New N° 1 on the Forbes China Rich List (Um Novo N° 1 na Lista Forbes dos Chineses Mais Ricos), Forbes*, 7 de setembro de 2011. Em www.forbes.com/sites/russellflannery/2011/09/07/a-new-no-1-on-the-forbes-china-rich-list/.

5. James Fallows, *Mr. Zhang Builds His Dream Town (O Senhor Zhang Constrói sua Cidade dos Sonhos), Atlantic Magazine*, março de 2007, em http://www.theatlantic.com/magazine/archive/2007/03/mr-zhang-builds-his-dream-town/305616/; *The 400 Richest Chinese: #210 Zhang Yue (Os 400 Chineses*

332 O PRÊMIO DE 10 TRILHÕES DE DÓLARES

Mais ricos: #210 Zhang Yue), Forbes Webpage, em http://www.forbes.com/lists/2011/74/china-billionaires-11_Zhang-Yue_ZM52.html.

6. *Ark Hotel Construction Time Lapse Building 15 Storeys in 2 Days – 48 Hrs) (Acompanhamento em Vídeo da Construção de 15 Andares do Ark Hotel em 2 dias – 48 h),* 13 de agosto de 2010, em www.youtube.com/watch?v=Ps0DSihggio.

7. *Global Wealth 2011: Shaping a New Tomorrow (Riqueza Mundial em 2011: Formatando o Novo Amanhã),* relatório BCG, maio de 2011, em https://www.bcgperspectives.com/content/articles/financial_institutions_pricing_global_wealth_2011_shaping_new_tomorrow/.

8. Ibid.

9. World Federation of Exchanges (Federação Mundial de Bolsas), *"Relatório Annual",* 2005 e 2010, em http://www.world-exchanges.org/statistics/annual.

10. Hurun.net, em http://www.hurun.net/usen/HRRL.aspx; *The 400 Richest Chinese (Os 400 Chineses Mais Ricos), Forbes Webpage* (em http://www.forbes.com/lists/2011/74/china-billionaires-11_Zhang-Yue_ZM52.html), *The Forbes 400: The Richest People in America (Os 400 da Forbes: as Pessoas Mais Ricas da América do Norte), Forbes Staff,* 21 de setembro de 2011, em http://www.forbes.com/forbes-400/; BCG proprietary research (Pesquisa da BCG); Entrevistas de desligamento pela BCG em Xangai, Pequim, Hong Kong e Nanjing. Outubro e novembro de 2008.

11. *The Billionaire Factory: Roaring Markets, Sudden Fortunes (A Fábrica de Bilionários: Mercados Vibrantes, Fortunas Repentinas), Forbes Asia Magazine,* 28 de março de 2011, em http://www.forbes.com/global/2011/0328/billionaires-11-balwa-bangur-gaur-goenka-billionaire-factory.html.

12. Base de dados BCG Wealth Management, 2009.

CAPÍTULO 4

1. Euromonitor, Countries and Consumers (Euromonitor: Países e Consumidores, em www.euromonitor.com; BCG analysis (Análise BCG).

2. Neil Munshi, *Advice for India's Real-Life Slumdog: Funds and Guns (Conselho para os Verdadeiros Novos Milionários da Índia: Capitais e Armas), Financial Times,* 3 de novembro de 2011, em http://blogs.ft.com/beyond-brics/2011/11/03/indias-real-life-slumdog-funds-and-guns/#axzz1hBSJ96eI.

3. *KBC's Winner Wants to Prepare for the Civil Service Exams (Vencedor da KBC Deseja se Preparar para os Concursos Públicos), Times of India,* 28 de outubro de 2011, em http://articles.timesofindia.indiatimes.com/2011-10-28/

tv/30332188_1_civil-services-sushil-kumar-hot-seat.

4. Euromonitor, Countries and Consumers (Euromonitor: Países e Consumidores); Indian Ministry of Statistics and Programme Implementation (Ministério Indiano de Estatísticas e Implementação de Programas), *Relatório Anual de 2010-2011*, em http://mospi.nic.in/Mospi_New/upload/mospi_annual_report_2010-11.pdf; Pesquisa de Consumidores da BCG; Análise BCG.

5. Little Swan, *LittleSwan Won Reader's Digest Trusted Brands Gold (A LittleSwan foi Agraciada com o Prêmio Digest Gold para Marcas Mais Confiáveis)*, comunicado de imprensa em 30 de novembro de 2006, em www.littleswan.com/english/News/content.aspx?id=569.

6. *Last Train Home (O Último Trem para Casa)*, documentário dirigido por Lixin Fan, DVD original (2009, Zeitgeist Video).

7. Victor Mallet, *A Tour of Mumbai's Slums (Uma Turnê pelas Favelas de Mumbai)*, *Financial Times*, 6 de fevereiro de 2009, em www.ft.com/intl/cms/s/0/d588517e-f3db-11dd-9c4b-0000779fd2ac.html#axzz1mOF1Pgpy.

8. Jennifer Reingold, *Can P&G Make Money in Places Where People Earn $2 a Day? (Conseguirá a P&G Lucrar em Lugares Onde as Pessoas Ganham US$ 2 por dia?)*, *Fortune*, 6 de janeiro de 2011, em http://features.blogs.fortune.cnn.com/2011/01/06/can-pg-make-money-in-places-where-people-earn-2-a-day/.

9. Hindustan Unilever, *Shakti: Economic Development Through Micro Enterprise (Shakti: Desenvolvimento Econômico Por Meio de Micro Negócios)*, *Hindustan Webpage*, n.d., em www.hul.co.in/sustainability/casestudies/enhancing-livelihoods/Shakti.aspx.

CAPÍTULO 5

1. Euromonitor, Countries and Consumers (Euromonitor, Países e Consumidores), www.euromonitor.com; Análise BCG.

2. Euromonitor, Countries and Consumers (Euromonitor, Países e Consumidores), www.euromonitor.com; National Council of Applied Economic Research, *The Next Urban Frontier: Twenty Cities to Watch (A Próxima Fronteira Urbana: Vinte Cidades para se Observar)*, *Macrotrack*, 12 de agosto de 2008, em www.ncaer.org/downloads/journals/macrotrack_august2008.pdf.

3. *China Economic Quarterly* 15, Nº 4 (dezembro de 2011). Michael Geraghty, *Urbanization: Big Cities Getting Bigger (Urbanização: Grandes Cidades se Tornando Ainda Maiores)*, *Citi Research*, 9 de fevereiro de 2011, p. 5, Editor: Citi Group.

4. National Bureau of Statistics of China, *China's Total Population and Structural Changes* 2011 (*A População Total e as Mudanças Estruturais na China*), National Bureau of Statistics of China, 20 de janeiro de 2012, em www.stats. gov.cn/was40/gjtjj_en_detail.jsp? searchword=rural+populations&channelid=9528&record=3; Jamil Anderlini, *China's City Population Outstrips Countryside (Na China, a População Urbana Supera a Rural)*, *Financial Times*, 17 de janeiro de 2012, em www.ft.com/cms/s/0/7b9a25ba-410e-11e1-8c33-00144feab49a.html.

5. Euromonitor, Countries and Cousumers Annual Data, Population and Homes (Dados Anuais do Euromonitor, Paises e Consumidores, População e Lares).

6. Tushar Poddar e Eva Yi, *India's Rising Growth Potential (O Aumento no Potencial de Crescimento da Índia)*, Goldman Sachs Global Economics Paper $N^{\underline{o}}$ 152, 22 de janeiro de 2007; Euromonitor, Countries and Consumers (Euromonitor, Países e Consumidores) , em www.euromonitor.com; Análise BCG.

7. Josh Noble, *Shanghainese: Living Longer than Canadians? (Xangaienses: Vivendo Mais que os Canadenses?)*, *Financial Times*, 3 de março de 2011, em http://blogs.ft.com/beyond-brics/2011/03/03/shanghainese-living-longer-than-canadians/.

8. *Big Prizes in Small Places: China's Rapidly Multiplying Pockets of Growth (Grandes Prêmios em Pequenos Lugares: A China Multiplicando Rapidamente Bolsões de Crescimento)*, Relatório BCG, novembro de 2010, em www.bcgperspectives. com/content/articles/consumer_products_globalization_big_ prizes_in_small_places/. A maioria do material a seguir foi obtida nesse relatório.

9. *Winning in Emerging-Market Cities (Vencendo em Cidades de Mercados Emergentes)*, Relatório BCG, setembro de 2010, em www.bcgperspectives. com/content/articles/globalization_growth_winning_in_emerging_market_cities/.

10. Lydia Polgreen, *India's Smaller Cities Show Off Growing Wealth (As Cidades Menores da China Apresentam Riqueza Crescente)*, *New York Times*, 23 de outubro de 2010, em www.nytimes.com/2010/10/24/world/asia/24india.html.

11. As informações sobre as populações de cidades chinesas foram obtidas junto ao Censo Indiano de 2011, em http://censusindia.gov.in; na base de dados Indicus Analytics City Skyline, de 2010, em www.indicus.net; na base de dados BCG's Emerging Cities, de 2010; Análise BCG.

12. Robert Malone e Tom Van Riper, *The World's Densest Cities (As Cidades Mais Densamente Povoadas do Mundo)*, *Forbes*, 14 de dezembro de 2007, em www.forbes.com/2007/12/14/cities-pollution-asia-biz-logistics-cx_tvr_1214densecities.html.

13. Indicus, Censo Indiano, 2011, Análise BCG.
14. National Highway Authority of India (Autoridade Nacional de Tráfego da Índia), www.nhai.org.
15. BCG, *Winning in Emerging-Market Cities* (*Vencendo em Cidades de Mercados Emergentes*).
16. Abheek Singhi e Amitabh Mall, eds., *Building a New India: The Role of Organized Retail in Driving Inclusive Growth* (*Construindo uma Nova Índia: O Papel do Varejo Organizado na Impulsão do Crescimento Inclusivo*), Mumbai: Boston Consulting Group; Nova Delhi: Confederation of Indian Industry (Confederação das Indústrias Indianas), fevereiro de 2011).
17. *US$ 448 Million IPO for Chinese Dairy Farming Company* (*OPI de US$ 448 Milhões por Empresa Chinesa de Laticínios*), *China Law & Practice*, dezembro de 2010, em www.chinalawandpractice.com/Article/2736368/Channel/9947/US-448-million- IPO-for-Chinese-dairy-farming-company.html.
18. *E-commerce Injects Vitality into Rural Development in China* (*O Comércio Eletrônico Injeta Vitalidade no Desenvolvimento Rural na China*), *Xinhua News Agency* (China), 6 de maio de 2011, em http://news.xinhuanet.com/english2010/china/2011-05/06/c_13862044.htm.
19. BCG, *Winning in Emerging-Market Cities* (*Vencendo em Cidades de Mercados Emergentes*).
20. David Michael, Harold Sirkin e David Jin, *The "Many City" Growth Strategy* (*A Estratégia de Crescimento "Muitas Cidades"*), *Bloomberg Businessweek*, 20 de outubro de 2010, em www.businessweek.com/globalbiz/content/oct2010/ gb20101019_397376.htm.

CAPÍTULO 6

1. United Nations Development Programme (Programa de Desenvolvimento das Nações Unidas), *Human Development Reports 2002–2010* (*Relatórios sobre Desenvolvimento Humano, 2002-2010*), em http:// hdr.undp.org/en/reports/global/hdr2002/; International Labour Organization (Organização Internacional do Trabalho), base de dados LABORSTA, em http://laborsta.ilo.org; Euromonitor, Countries and Consumers (Euromonitor, Países e Consumidores), em www.euromonitor.com; BCG analysis.
2. Mao Tse-tung, *Quotations from Chairman Mao Tsé-tung* (*Citações do Presidente Mao Tsé-tung*) material editado e acrescentado de ensaio introdutório e notas de Stuart R. Schram. Nova York: Frederick A. Praeger, 1968), ch. 31.

3. Entrevista realizada pela BCG com mais de 22 mil consumidores do sexo feminino em 25 países, incluindo representantes de todos os níveis salariais.

4. Jenna Johnson, *Chinese Students Enroll in Record Numbers at U.S. Colleges (Número Recorde de Estudantes Chineses se Matricula em Universidades Norte-americanas)*, The Washington Post, 14 de novembro de 2011.

5. Meghan Casserly, *The World's Richest Women: The Most Elite Women's Club (As Mulheres Mais Ricas do Mundo: O Mais Elitizado Grupo de Mulheres do Planeta)*, Forbes, 10 de março de 2011, em www.forbes.com/sites/meghancasserly/2011/03/10/the-worlds-richest-women-billionaires/.

6. Didi Kirsten Tatlow, *Setting the Pace with Toughness (Estabelecendo o Ritmo com Tenacidade)*, The New York Times, 26 de janeiro de 2011, em http://www.nytimes.com/2011/01/27/world/asia/27iht-dong27.html?pagewanted=all&_r=0.

7. Ricardo Hausmann, Laura D. Tyson e Saadia Zahidi, *The Global Gender Gap Report 2011 (Relatório Global de Disparidades entre os Sexos)*, Genebra, Suíça: Fórum Econômico Mundial, 2011), em www3.weforum.org/docs/WEF_GenderGap_ Report_2011.pdf.

8. Jon Huntsman, *China's Attempts to Address Gender Imbalance Problem (Tentativas da China para Resolver Problemas de Desequilíbrio Entre Sexos)*, mensagem vazada na embaixada de Pequim, 10 de janeiro de 2010, documento WikiLeaks 10BEIJING35, em www.cablegatesearch.net/ cable.php?id=10BEIJING35.

9. Michael J. Silverstein e Kate Sayre, *Women Want More: How to Capture Your Share of the World's Largest, Fastest-Growing Market (As Mulheres Querem Mais: Como Capturar sua Parte do Maior e de Mais Rápido Crescimento Mercado do Planeta)*, Nova York: HarperBusiness, 2009); 2011 BCG Consumer Sentiment Barometer (Barômetro de Percepção dos Consumidores da BCG), publicado em *Navigating the New Consumer Realities: Consumer Sentiment 2011 (Navegando pelas Novas Realidades do Consumidor: Percepção do Consumidor 2011)*, em https:// www.bcgperspectives.com/content/articles/consumer_products_retail_navigating_new_consumer_ realities/, pesquisa internacional anual com mais de 24 mil indivíduos para explorar suas percepções gerais e seus planos de despesas.

10. A maioria dos diálogos ocorreu em mercados urbanos, onde encontramos mulheres que estavam uma geração a frente de seus pares rurais. Nossa metodologia de pesquisa não conseguiu capturar um grande número de participantes das classes mais baixas na Índia, que representaram apenas 0,4% da amostra obtida (comparados aos 7% globais).

11. Hausmann, Tyson e Zahidi, *Global Gender Gap Report 2011 (Relatório Global de Disparidades entre os Sexos, 2011)*.

12. Tripti Lahiri, *Which Has More Female CEOs: India Inc. or Fortune 500?* *(Qual Deles tem Mais CEOs do Sexo Feminino: India Inc ou Fortune 500?)*, *The Wall Street Journal Blogs*, 18 de novembro de 2010, em http://blogs. wsj.com/indiarealtime/2010/11/18/which-has-more-female-ceos-india-inc-or-fortune-500/.

13. Indian School of Business, *Placement Report*, 2011 (*Relatório de Colocação*, 2011), em www.isb.edu; Harvard Business School Class of 2013 MBA Class Profile, (Perfil da Classe de MBA da Faculdade de Administração de Harvard, 2010), em http://www.hbs.edu/mba/admissions/class-statistics/; INSEAD, 2010 Employment Statistics (Estatística de Contratação, 2010), em http://mba.insead.edu/documents/MBA_EMPLOYMENT_STATISTICS.pdf.

14. Chaya Babu, *Indian Girls Shed Names Meaning "Unwanted" to Rise Above Gender Discrimination (Jovens Indianas se Livram de Nomes que Significam "Indesejadas" para Superar a Descriminação Sexual)*, thestar.com, 22 de outubro de 2011, em www.thestar.com/news/world/article/1074446–indian-girls-shed-names-meaning-unwanted-to-rise-above-gender-discrimination.

CAPÍTULO 7

1. National Bureau of Statistics of China, Agriculture (Agência Nacional de Estatísticas da China, Agricultura), em http://www.stats.gov.cn/tjsj/ndsj/2011/ indexeh.htm; United States Department of Agriculture Research Services datasets (Conjunto de dados do Serviço de Pesquisas do Departamento de Agricultura dos EUA), em http://www.ers. usda.gov/Data/; Economist Intelligence Unit Market Indicators and Forecasts (Indicadores de Mercado e Previsões da Economist Intelligence Unit); Euromonitor, Indústrias relacionadas a alimentos; Economist Intelligence Unit; Srikanta Chatterjee, Allan Era e Ranjan Ray, *Food Consumption and Calorie Intake in Contemporary India (Consumo de Alimentos e Absorção Calórica na Índia Contemporânea)*, Ensaio 07.05, Massey University, Palmerston, Ilha Norte da Nova Zelândia, agosto de 2007.

2. Euromonitor, Indústrias relacionadas a alimentos.

3. Xianping Lang, *Why Is Our Life So Difficult? (Por que Nossa Vida é tão Difícil?)*, Xangai: Oriental Publishing Center, 2010. Disponível somente em chinês.

4. Reuters, *Update 2 – China's Tingyi Q4 Net Profit Down on Sluggish Beverage Sector (Atualização 2 – 4º Trimestre de Lucro Líquido em Tingyi, China, Cai no Letárgico Setor de Bebidas)*, 21 de março de 2012, em www.reuters.com/article/2012/03/21/ tingyi-earnings-idUSL3E8EK0O920120321; Tingyi (Ilhas Cayman) Holding

338 O PRÊMIO DE 10 TRILHÕES DE DÓLARES

Corp., *2009 Annual Report*, (*Relatório Anual de 2009*), em www.masterkong.com. cn/InvestorInformationen/ financial/2009/index.shtml.

5. BCG, Kangshifu – *Three Stages of Distribution* (*Kangshifu – Três Estágios de Distribuição*), 2 de novembro de 2010, em https://www.bcgperspectives.com/content/articles/consumer_products_retail_tingyi_three_stages_distribution/.

6. *Amul Ranked Nº 1 Indian Brand (Amul Ficou em Primeiro Lugar entre Marcas Indianas), Economic Times*, 4 de julho de 2011, em http://articles.economictimes. indiatimes.com/2011-07-04/news/29735993_1_amul-dairy-brand-indian-brand.

7. Amul, *Amul Sponsors Sauber F1 Team in India (Amul Patrocina Equipe Sauber de Fórmula 1 na Índia*), comunicado de imprensa, *Business Wire India*, 29 de setembro de 2011, www.businesswireindia.com/PressRelease.asp?b2mid=28415.

8. P. G. Bhatol, *Chairman's Speech*, 37th Annual General Body Meeting – Amul (*Discurso do Presidente*, 37º Encontro Geral Annual – Amul), 21 de junho de 2011, em www.amul.com/m/chairman-speech-37th-annual-general-body-meeting-held-on-21st-june-2011.

9. Yum! China Investor Conference, Slide 98 (Yum! Conferência de Investidores Chineses, *slide* 98), 8 de setembro de 2011, em http://phx.corporate-ir. net/ External.File?item=UGFyZW50SUQ9MTA2ODk5fENoaWxkSU-Q9LTF8VHlwZT0z&t=1.

10. Victoria Moore, *Let's Raise a Glass to China's Wine (Um Brinde ao Vinho Chinês), Telegraph* (London), 8 de setembro de 2011, www.telegraph.co.uk/foodanddrink/wine/8747202/Lets-raise-a-glass-to-Chinas-wine.html.

11. Patti Waldemeir, *Chinese Acquire Taste for French Wine (Os Chineses Começam a Apreciar Vinhos Franceses), Financial Times*, 6 de setembro de 2010, em www.ft. com/cms/s/0/057979bc-c1c6-11df-9d90-00144feab49a.html#axzz1mrJfGtBJ.

12. Deutsche Bank, *Luxury Goods Quarterly: The World in Charts (O Trimestre para os Artigos de Luxo: O Mundo em Gráficos*), agosto de 2010; Ipsos 2010 Market Research (Pesquisa de Mercado Ipsos, 2010). Chinese sample size: N=802 (Amostra de tamanho chinesa: N=802); Altagamma, *Luxury Consumer Insight 2009*, (Altagamma, *Percepção do Consumidor para Artigos de Luxo*, 2009), dezembro de 2009, em www.altagamma.it/temp/060333224412288.pdf; European Luxury Goods, China Consumer Survey, Credit Suisse, 2008 (Artigos de Luxo Europeus, Pesquisa do Consumidor Chinês, Credit Suisse, 2008); Fundo Monetário Internacional, Dados e Estatísticas, em http://www.imf.org/external/ pubs/ft/weo/2012/01/weodata/index.aspx; BCG estimates and analysis.

13. Kepler Capital Markets Research (Pesquisa Kepler dos Mercados Mais Importantes); Bernstein Research (Pesquisa Bernstein).

339

14. Stanley Pignal, *Vine Life for Moët As It Branches into China (Ampliam-se os Vinhedos da Moët Conforme a Empresa Expande seus Horizontes na China)*, *Financial Times*, 12 de maio de 2011, www.ft.com/intl/cms/s/0/ec1230fa-7cb3-11e0-994d-00144feabdc0.html#axzz1mOF1Pgpy.

15. Mitch Frank, *Château Lafite Rothschild Owners Launch Chinese Wine Project (Os Proprietários do Château Latife Rothschild Lançam Projeto de Vinhos Chineses)*, *Wine Spectator*, 3 de abril de 2009, em http://www.winespectator.com/webfeature/show/id/Chateau-Lafite-Rothschild-Owners-Launch-Chinese-Wine-Project_4699.

16. *Website* da Cofco: http://cofcomag.cofco.com/en/product/p_food.aspx?-con_id=3395.

17. Alan Rappeport, *Pernod Taps Asian Thirst for Top Spirits (A Pernod Aplaca a Sede Asiática por Bebidas Alcoólicas de Alta Qualidade)*, *Financial Times*, 30 de maio de 2011, em http://www.ft.com/cms/s/0/fe6a417c-8b07-11e0-b2f1-00144feab49a.html#axzz1sU2eYV6B.

18. Mure Dickie, *LVMH Soaks Up Wenjun Stake (A LVMH assume o controle acionário da Wenjun)*, *Financial Times*, 17 de maio de 2007, em www.ft.com/intl/cms/s/0/933addac-0407-11dc-a931-000b5df10621.html#axzz1mOF1Pgpy.

19. Patti Waldemeir e Leslie Hook, *Diageo Deal Shows China Thirst for Investment (Acordo da Diageo Mostra a China Ávida por Investimentos)*, *Financial Times*, 28 de junho de 2011, em www.ft.com/cms/s/0/31a00704-a1b8-11e0-b9f9-00144feabdc0.html#axzz1mrJfGtBJ.

20. BCG, *Irene Rosenfeld on Transforming Kraft Foods (Irene Rosenfeld sobre a Transformação da Kraft Foods)*, 3 de outubro de 2011, em www.bcgperspectives.com/content/videos/leadership_transformation_irene_rosenfeld_an_appetite_for_growth_and_risk.

CAPÍTULO 8

1. Indian Ministry of Statistics and Programme Implementation, em http://mospi.nic.in/mospi_new/ Site/India_Statistics.aspx?; Euromonitor, Global Market Information Database, Countries and Consumers (Euromonitor, Base de dados do Mercado Global, Países e Consumidores).

2. National Housing Bank, *Report on Trend and Progress of Housing in India (Banco Nacional de Habitação, Relatório com Tendências e Progresso do Sistema Imobiliário na Índia)*, relatório da empresa, National Housing Bank, Índia, junho de 2002, em www.nhb.org.in/Publications/T__P_2002_FI-

NAL.pdf; Renus S. Karnad, Housing Finance and the Economy: Regional Trends; South Asia—Perspectives (Financiamento Habitacional e Economia: Tendências Regionais; Sul da Ásia – Perspectivas), apresentado para a Housing Development Finance Corporation, no 25º Congresso Mundial, Associação Internacional para Finanças Habitacionais, Bruxelas, 23 de junho de 2004, em www.hdfc.com/pdf/hdfc-iuhf04.pdf.

3. TechSci Research, *India Loans Market Opportunities & Forecast 2016* (*Oportunidades e Previsões para o Mercado de Crédito, 2016*), *webpage* da TechSci Research, 9 de setembro de 2011, em www.techsciresearch.com/indialoansnews.

4. Rob Minto e Steven Bernard, *China Property Prices Map* (*Quadro dos Preços dos Imóveis na China*), *Financial Times*, 31 de maio de 2011, em www.ft.com/cms/s/0/70bdcad6-8ba4-11e0-a725-00144feab49a.html#axzz1kycbGLbE.

5. Dutch Trader (nome de tela), *China's Property Tightening Measures and Xinyuan Real Estate* (*Medidas para Restrição na Propriedade de Imóveis na China e Bens Imobiliários em Xinyuan*), *Seeking Alpha*, 30 de janeiro de 2011, em http://seekingalpha.com/article/249572-china-s-property-tightening-measures-and-xinyuan-real-estate.

6. Euromonitor, Countries and Consumers (Euromonitor, Países e Consumidores); Indian Ministry of Statistics and Programme Implementation (Ministério Indiano de Estatísticas e Implementação de Programas), *Relatório Anual, 2010–2011*, em http://mospi.nic.in/Mospi_New/upload/mospi_annual_ report_2010-11.pdf; Pesquisa do Consumidor BCG; Análise BCG.

7. Lodha Group, *Lodha Presents World's Tallest Residential Tower in Mumbai, India* (*Lodha Apresenta a Mais Alta Torre Residencial do Mundo em Mumbai, Índia*), comunicado de imprensa, 8 de junho de 2010, em www.lodhagroup.com/backoffice/data_content/pdf_files/WorldOnePressreleasefinal.pdf.

8. BCG, *Deepak S. Parekh on Weathering the Crisis in Mortgage Lending* (*Deepak S. Parekh Sobre a Superação da Crise no Crédito Hipotecário*), BCG Perspectives, 7 de abril de 2010, em https://www.bcgperspectives.com/content/interviews/leadership_organization_weathering_crisis_mortgage_markets_deepak_parekh/.

9. HDFC investor presentation (Apresentação para investidores, HDFC), verão de 2011, em http://www.hdfcbank.com/assets/pdf/Investor_ Presentation.pdf.

10. Anjli Raval, *Care for Some Poppadoms with That McAloo Tikki Burger?* (*Gostaria de alguns Poppadoms com um McAllo Tikki Burger?*), *Financial Times*, 14 de outubro de 2010, em http://blogs.ft.com/beyond-brics/2010/10/14/care-for-some-papadums-with-that-mcaloo-tikki-burger/#axzz1kD1AlJwx.

341

CAPÍTULO 9

1. Laurie Burkitt, *Coach Hitches Its Wagon to China (A Coach Engata Seu Vagão ao Trem Chamado China)*, The Wall Street Journal, 18 de novembro de 2011, em http://online.wsj.com/article/SB10001424052970204517204577047043701556706074.html.

2. Deutsche Bank, *Luxury Goods Quarterly: The World in Charts (O Trimestre para os Artigos de Luxo: O Mundo em Gráficos)*, 25 de fevereiro de 2011; Aaron Fischer e Mariana Kou, *Dipped in Gold: Luxury Lifestyles in China/HK (Submersos em Ouro: Estilos de Vida Luxuosos na China/em HK)*, CLSA Mercados Asiático-Pacífico, janeiro de 2010, em http://www.iberglobal.com/Archivos/china_luxury_clsa.pdf.

3. Flouquet, Melanie, et al., J.P. Morgan, *Luxury Goods: PPR (OW) Ranks on Risk/Reward (J.P. Morgan, Artigos de Luxo: Posicionamento da PPR (OW) em termos de Risco/Prêmio)*, 15 de dezembro de 2011.

4. Fisher e Kou, *Dipped in Gold (Submersos em Ouro)*.

5. Liza Lin, *Rich Chinese Women Open Throttle on "Man's World" with $400,000 Maseratis (Chinesas Ricas Sufocam o "Mundo Masculino" com Maseratis no valor de US$ 400 mil)*, Bloomberg News, 13 de janeiro de 2011, em http://www.bloomberg.com/news/2011-01-13/chinese-women-millionaires-enter-man-s-world-with-400-000-maseratis.html.

6. Eyder Peralta, *About $22 Billion in Gold, Diamonds, Jewels Found in Indian Temple (Cerca de US$ 22 Bilhões em Ouro, Diamantes e Joias Descobertos em Templo Indiano)*, NPR Online, 5 de julho de 2011, em www.npr.org/blogs/thetwo-way/2011/07/06/137627235/some-22-billion-in-gold-diamonds-jewels-found-in-indian-temple.

7. Fisher e Kou, *Dipped in Gold (Submersos em Ouro)*.

8. Euromonitor, Vestuário.

9. Jui Chakravorty, *Luxury Retail Not Part of India's Success Story (O Varejo de Artigos de Luxo Não Faz Parte da História de Sucesso da Índia)*, Reuters, 24 de agosto de 2011, em www.reuters.com/article/2011/08/24/india-luxury-i-dUSL4E7JM1E920110824.

10. BCG Global Wealth Market Sizing Database, 2011 (Base de Dados de Classificação da Riqueza Global BCG, 2011).

11. Ibid.

12. Wang Wen, *Ads Promoting Wealth Goods, Lifestyles Banned (Anúncios Promovendo Artigos e Estilos de Vida Luxuosos São Banidos)*, China Daily, 21 de março de 2011, em www.chinadaily.com.cn/cndy/2011-03/21/content_12199764.htm.

13. Clare McAndrew, *The Global Art Market in 2010: Crisis and Recovery* (*O Mercado Global de Arte em 2010: Crise e Recuperação*), TEFAF, 2011.

14. Sheila Gibson Stoodley, *A Tiger Market (Um Mercado de Tigres)*, *Robb Report*, 1º de agosto 2011, em http://robbreport.com/Art-Collectibles/A-Tiger-Market.

15. Pesquisa de mercado Ipsos 2009 em países desenvolvidos – 7.496 consumidores entrevistados; pesquisa de mercado Ipsos 2010 em países emergentes – 4.810 consumidores entrevistados.

16. Baseado em informações contidas nos *sites* de empresas e em relatórios.

17. BCG, *Chinese Travelers, Ready for Take-off* (*Viajantes Chineses, Prontos para Decolar*), julho de 2011, em https://www.bcgperspectives.com/content/commentary/transportation_travel_tourism_retail_chinese_travelers_ready_for_takeoff/.

18. Andrea Felsted, *Burberry Targets Chinese Consumers* (*A Burberry Tem como Meta os Consumidores Chineses*), *Financial Times*, 19 de setembro de 2010, em www.ft.com/cms/s/0/332ddae6-c40b-11df-b827-00144feab49a.html#axzz1mrJfGtBJ.

19. Flouquet, Melanie, et al., J.P. Morgan, *Luxury Goods: PPR (OW) Ranks on Risk/Reward* (J.P. Morgan, *Artigos de Luxo: Posicionamento da PPR (OW) em termos de Risco/Prêmio*), 15 de dezembro de 2011.

20. Pesquisa Kepler; Pesquisa Bernstein.

21. Análise BCG.

22. Jennifer Thompson, *LVMH Profits Jump 25% As Sector Defies Woes* (*Lucros da LVMH Saltam 25% Conforme o Setor Desafia Infortúnios*), *Financial Times*, 26 de julho de 2011, em www.ft.com/cms/s/0/82bddb3c-b7ae-11e0-8523-00144feabdc0.html#axzz1mrJfGtBJ.

CAPÍTULO 10

1. Loretta Chao e Josh Chin, *A Billionaire's Breakup Becomes China's Social-Media Event of Year* (*A Separação de um Bilionário se Transforma no Principal Evento das Mídias Sociais do Ano na China*), *The Wall Street Journal*, 17 de junho de 2011, em http://online.wsj.com/article/SB10001424052702304563104576357271321894898.html.

2. Paul de Bendern, *Analysis: India Risks Facing Its Own Arab Spring* (*Análise: A Índia se Arrisca a Enfrentar sua própria Primavera Árabe*), *Reuters*, 17 de agosto de 2011, em www.reuters.com/article/2011/08/17/us-india-protests-idUSTRE77G2E220110817.

3. *Anna Goes Tech Savvy, to Start Blog, Twitter, FB Accounts* (*Anna se Torna um Conhecedor de Informática para Iniciar Blogue e Abrir Páginas no Twitter e no Facebook*), *One*

India News, 29 de setembro de 2011, em http://news.oneindia.in/2011/09/29/anna-hazare-start-blog-open-facebook-twitter-accounts.html.

4. International Telecommunication Union (Associação Internacional de Telecomunicações), *The World in 2011: ICT 2011 Facts and Figures* (*O Mundo em 2011: ICT 2011 Fatos e Números*), em www.itu.int/ITU-D/ict/facts/2011/material/ICTFactsFigures2011.pdf.

5. Telecom Regulatory Authority of India (Autoridade Regulatória de Serviços de Telecomunicação da Índia), *Highlights of Telecom Subscription Data as on 31st December, 2011* (*Destaques nos Dados Referentes a Assinaturas de Serviços de Telecomunicações em 31 de dezembro de 2011*), comunicado de imprensa Nº 14/2012, 30 de janeiro de 2012, em http://www.nftemaharashtra.org/PR-Dec-11.pdf (estes números se referem a assinaturas de serviço de telefonia celular; é provável que o número atual de usuários seja menor, devido a múltiplas conexões).

6. David Barboza, *In China, Apple Finds a Sweet Spot* (*Na China, a Apple Encontra um Ponto Ideal*), *The New York Times*, 14 de julho de 2011, em http://www.nytimes.com/2011/07/25/technology/apple-sales-in-china-zoom-ahead-of-competitors.html?_r=0.

7. James Fontanella-Khan e Neil Munshi, *India Unveils Cheapest Tablet Computer* (*A Índia Apresenta o Tablet Mais Barato do Mundo*), *Financial Times*, 5 de outubro de 2011, em www.ft.com/cms/s/2/9e714b34-ef53-11e0-918b-00144feab49a.html#axzz1mrJfGtBJ. Ver também Thomas L. Friedman, *The Last Person* (*A Última Pessoa*), *The New York Times*, 12 de novembro de 2011, em http://www.nytimes.com/2011/11/13/opinion/sunday/friedman-the-last-person.html.

8. BCG, BCG e-Intensity Index (Índice de Intensidade no Uso de Meios Eletrônicos BCG), 11 de outubro de 2011, em https://www.bcgperspectives.com/content/ interactive/telecommunications_media_entertainment_bcg_e_intensity_index/.

9. BCG, *The World's Next E-Commerce Superpower* (*A Próxima Super Potência Mundial no Comércio Eletrônico*), 22 de novembro de 2011, em https://www.bcgperspectives.com/content/articles/retail_consumer_products_worlds_next_ecommerce_superpower/.

10. China Internet Network Information Center (Centro Chinês de Informação da Rede Internet), em www.cnnic.net.cn/; Japan Ministry of Internal Affairs and Communications (Ministério de Assuntos Internos e Comunicações do Japão, em www.soumu.go.jp; iResearch Consulting Group, em www.iresearch.com.cn; Economist Intelligence Unit; J.P. Morgan, *Nothing*

But Net: 2011 Internet Investment Guide (*Nada, Exceto a Net: Guia de Investimentos na Internet 2011*), J.P. Morgan (Goldman Sachs), 12 de janeiro de 2011; International Telecommunication Union, www.itu.int; Relatórios BCG, *The World's Next E-Commerce Superpower* (*A Próxima Super Potência Mundial no Comércio Eletrônico*), novembro de 2011, em http://www.bcg.com/expertise_impact/publications/publicationdetails.aspx?id=tcm:12-91978.

11. *Digital India: The $100 Billion Prize* (*Índia Digital: O Prêmio de US$ 100 Bilhões*), 4 de janeiro de 2011, em https://www.bcgperspectives.com/content/articles/media_entertainment_telecommunications_digital_india_100_billion_dollar_prize/.

12. *Sunil Mittal Speaking: I Started with a Dream* (*Sunil Mittal Falando: Comecei com um Sonho*), *Times of India*, 22 de dezembro de 2002, em http://timesofindia.indiatimes.com/city/delhi-times/Sunil-Mittal-speaking-I-started-with-a-dream/articleshow/32019056.cms.

13. *Sunil Mittal & Family* (*Sunil Mittal & Família*), *Forbes*, março de 2011, em www.forbes.com/profile/sunil-mittal/.

14. Neeraj Aggarwal, Nimisha Jain e Arvind Subramanian, *Capitalizing on Technological Innovations* (*Capitalizando Sobre Inovações Tecnológicas*), *Communications Today*, 5 de agosto de 2011, em http://www.communicationstoday.co.in/index.php?option=com_content&task=view&id=4117&Itemid=48. php?option=com_content&task=view&id=4117&Itemid=41; BCG analysis.

15. *SBI and Airtel Join Hands to Usher in a New Era of Financial Inclusion for Unbanked India* (*SBI e Airtel se Unem para Alcançar uma Nova Era de Inclusão Financeira para uma Índia Desprovida de Serviços Bancários*), comunicado de imprensa da Bharti Airtel, 21 de janeiro de 2011, em www.airtel.in/wps/wcm/connect/About%20 Bharti%20Airtel/bharti+airtel/media+centre/bharti+airtel+news/mobile/pg-sbi_and_airtel_join_ hands_to_usher_in_a_new.

CAPÍTULO 11

1. Itishree Samal, *Hyderabad Boy Tops IIT-JEE* (*Jovem de Hiderabade Fica em 1º Lugar no IIT-JEE*)," *Business Standard*, 26 de maio de 2011, em http://www.business-standard.com/article/management/hyderabad-boy-tops-iit-jee-111052600033_1.html.

2. Sete *campi* originais, oito novos e um atualmente em operação sob o nome de Banaras Hindu University, de acordo com o *site* do Instituto Indiano de Tecnologia (IIT).

3. As informações contidas nesse capítulo foram retiradas das seguintes fontes: UNESCO; Banco Mundial; Fundo Monetário Internacional; World Bank; International Monetary Fund, Panorama Econômico Mundial; Programa de Desenvolvimento das Nações Unidas; Bureau Nacional de Estatísticas da China; Oppenheimer & Co., *Stay in School: A Secular Growth Story for China Education (Continue na Escola: uma História Secular de Crescimento para a Educação Chinesa)*, 17 de dezembro de 2009, em http://wenku.baidu.com/view/7392d35f312b3169a451a440.html; Pesquisa Edelweiss, *Indian Education: A Leap Forward (Educação Indiana: um Salto de Qualidade)*, 7 de outubro de 2009; Economist Intelligence Unit; Institute of International Enrollment; Gary Gereffi e Vivek Wadhwa, *Framing the Engineering Outsourcing Debate (Estruturando o Debate sobre Terceirização na Engenharia)*, Duke University, dezembro de 2005, em www.soc.duke.edu/resources/public_sociology/duke_outsourcing.pdf; Gary Gereffi, Vivek Wadhwa, Ben Rissing e Ryan Ong, *Getting the Numbers Right (Compreendendo os Números Corretamente)*, *Journal of Engineering Education*, janeiro de 2008, em www.cse.msu.edu/~stockman/CV/engineersSSRN-id1081923.pdf; Klaus Schwab, ed., *The Global Competitiveness Report 2010–2011 (Relatório sobre Competitividade Global)*, Genebra, Suíça: Fórum Econômico Mundial, 2010), em www3.weforum.org/docs/WEF_GlobalCompetitivenessReport_2010-11.pdf; Pesquisa Cowen & Company; U.S. Census Bureau; National Center for Education Statistics; Datamonitor; *Higher Education in India (Educação Avançada na Índia)*, agosto de 2009.

4. A taxa de alfabetização global foi obtida junto ao Instituto de Estatísticas da UNESCO, em setembro de 2011, em http://www.uis.unesco.org/FactSheets/Documents/FS16-2011-Literacy-EN.pdf.

5. *U.S.News & World Report,* em http://www.usnews.com/education/worlds-best-universities-rankings.

6. Embaixada dos EUA, Nova Délhi, Índia, *U.S. Welcomes Indian Students, Prepares for PM Singh (EUA dão Boas-Vindas aos Estudantes Indianos, Preparam-se para a Primeiro Ministro Singh)*, comunicado de imprensa, 8 de novembro de 2009, em http://newdelhi.usembassy.gov/pr112509a.html; Jenna Johnson, *Chinese Students Enroll in Record Numbers at U.S. Colleges (Número Recorde de Estudantes Chineses se Matricula em Universidades Norte-americanas),"* *The Washington Post*, 14 de novembro de 2011, em www.washingtonpost.com/blogs/campus-overload/post/chinese-students-enroll-in-record-numbers--at-us-colleges/2011/11/14/gIQAyYlKLN_blog.html.

7. Martin Beckford, *Big Rise in Number of Chinese Students in UK (Grande Aumento no Número de Estudantes Chineses no Reino Unido)*, Telegraph (Londres), 10 de setembro de 2008, em www.telegraph.co.uk/news/2779681/Big-rise-in-number-of-Chinese-students-in- UK.html; *Why Students Prefer to Study in UK Colleges or Universities (A Razão pela qual Estudantes Preferem Estudar em Faculdades ou Universidades do Reino Unido)*, Sunday Times (Sri Lanka), 30 de maio de 2010, em http://sundaytimes.lk/100530/Education/ed12.html.

8. Norman R. Augustine, *Is America Falling Off the Flat Earth? (Estaria a América Caindo da Terra Plana?)*. Nova York: National Academies Press, 2007) 49, em http://www.nap.edu/openbook.php?record_id=12021&page=49.

9. *Site* da Peking University, http://english.pku.edu.cn/.

10. Zhou Zhong, *Beijing Banks on C9 to Break into Higher Education's Elite (Pequim Confia na Liga C9 para Adentrar a Elite da Educação Avançada)*, Showcase Asia, 2012, em www.qsshowcase.com/asia/mainfeature2.php; Wang Wei, *China's Ivy League May Lift Higher Education (A Liga Ivy Chinesa Poderá Elevar o Nível da Educação Avançada)*, China Daily, 24 de novembro de 2009, em www.chinadaily.com.cn/metro/2009-11/24/content_9031116.htm.

11. China Education Center Ltd., *Homepage*, em www.chinaeducenter.com/en/; China Education and Research Network, *Homepage*, em www.edu.cn/; *Over 10 Billion Yuan to Be Invested in '211 Project (Mais de ¥ 10 Bilhões Serão Investidos no "Projeto 211")*, People's Daily, 26 de março de 2008, em http://english.people.com.cn/90001/6381319.html; *What is "Project 985" in China (O que é o "Projeto 985" na China)*, China Service Mall, n.d., em http://news.at0086.com/China-University-Guide/What-is-Project-985-in-China.html.

12. *Grads Leaving Big Cities for Lower Living Costs (Graduados Deixando as Grandes Cidades em Busca de um Custo de Vida mais Baixo)*, China Daily, 10 de junho de 2011, em http://www.chinadaily.com.cn/cndy/2011-06/10/content_12668733.htm.

13. República Popular da China, *O 11º Plano de Cinco Anos*, Gov.cn, portal oficial do governo chinês, 2012, www.gov.cn/english/special/115y_index.htm.

14. *China's "Sea Turtles" (Os "Tartarugas Marinhas" da China)* ABC News, vídeo, 2 de dezembro de 2010, em http://abcnews.go.com/WNT/video/chinas-sea-turtles-pfizer-vice-president-chinese-home-opportunity-12299240; Jaime Flor Cruz, *"Sea Turtles" Reverse China's Brain Drain (Os "Tartarugas Marinhas" Revertem a Fuga de Cérebros da China)*, CNN World, 28 de outubro de 2010, em http://

articles.cnn. com/2010-10-28/world/florcruz.china.sea.turtles.overseas_1_ china-chinese-experts-overseas-chinese-students?_s=PM:WORLD; Wanfeng Zhou, *China Goes on the Road to Lure "Sea Turtles" Home (A China Vai à Luta para Atrair os "Tartarugas Marinhas")*, Reuters, 17 de dezembro de 2008, www.reuters.com/article/idUSTRE4BH02220081218; Melinda Liu, *Steal This Scientist (Roube Este Cientista)*, *Newsweek Magazine*, 13 de novembro de 2009, em www.newsweek.com/2009/11/13/steal-this-scientist.html; Maureen Fan, *In China, Pulled by Opposing Tides (Na China, Atraído por Ondas Opostas)*, *The Washington Post*, 5 de fevereiro de 2008, em www.washingtonpost.com/wp-dyn/content/article/2008/02/04/AR2008020403219_2.html.

15. *U.S. News & World Report*, em www.newsweek.com/2009/11/13/steal-this-scientist.html.

16. Sandipan Deb, *The IITians: The Story of a Remarkable Indian Institution and How its Alumni are Reshaping the World (Os Alunos do IIT: a História de uma Excelente Instituição de Ensino Indiana e de Como Seus Alunos Estão Reformulando o Mundo)*, Nova Delhi: Viking, 2004.

17. India Planning Commission, *Drop-out Rates in Classes I-V, I-VIII and I-X in States – 2009-2010 (Taxas de Desistência nas Turmas I-V, I-VIII e I-X nos Estados – 2009-2010)*, em www.planningcommission.nic.in/data/datatable/index.php?data=datatab.

18. Calculado com base na taxa de alfabetização de 74%, reportada no censo de 2011.

19. Universidade de Harvard, *Portfólio de 2009-10* (Cambridge, MA: Office of Institutional Research, 2010).

20. Phil Baty, *Rankings Update: Reputations on the Line as Survey Nears Closing Date (Atualização de Ranking: Reputações em Risco Conforme o Término da Pesquisa se Aproxima)*, *Times Higher Education*, May 5, 2011, www.timeshighereducation.co.uk/story.asp?storycode=416029.

CAPÍTULO 12

1. Damian Whitworth, *Ratan Tata: The Mumbai Tycoon Collecting British Brands (Ratan Tata: O Magnata de Mumbai Colecionando Marcas Britânicas)*, *Times*, (Londres) 21 de maio de 2011, em www.thetimes.co.uk/tto/magazine/article3021187.ece.

2. *Ark Hotel Construction Time Lapse Building 15 Storeys in 2 Days (48 Hrs) (Acompanhamento em Vídeo da Construção de 15 andares do Ark Hotel em 2 Dias – 48 h)*, YouTube, 13 de agosto de 2010, em www.youtube.com/watch?v=Ps0DSihggio.

3. BCG, *The 2011 BCG Global Challengers: Companies on the Move* (*Desafiantes Globais BCG, 2011: Empresas em Movimento*), Relatório BCG, 18 de janeiro de 2011, em www.bcgperspectives.com/content/articles/globalization_companies_on_the_move_2011_ global_challengers/.

4. BCG, *The African Challengers: Global Competitors Emerge from the Overlooked Continent* (*Os Desafiantes Africanos: Competidores Globais Emergem do Continente Negligenciado*), junho de 2010, em www.bcgperspectives.com/content/articles/globalization_mergers_acquisitions_african_ challengers/#chapter1.

5. Leslie Hook, *Zambia: Striking the Dragon* (*Zambia: Fulminando o Dragão*), *Financial Times*, 24 de outubro de 2011, em http://blogs. ft.com/beyond-brics/2011/10/24/zambia-striking-the-dragon/#axzz1l4Y2pXdp.

CAPÍTULO 13

1. George Stalk e David Michael, *What the West Doesn't Get About China* (*O que o Ocidente Não Entende sobre a China*), *Harvard Business Review*, junho de 2011, em http://hbr.org/2011/06/what-the-west-doesnt-get-about-china/ar/1.

2. *China Can Use More Copper Than World Has Now with Yang's Stove*, (*Agora que o Sr. Yang tem um Aquecedor, a China Poderá Utilizar Mais Cobre do que o Mundo é Capaz de Produzir*) *Bloomberg News*, 2 de novembro de 2010, em http://www.bloomberg.com/news/2010-11-02/china-seen-using-more-copper-than-world-produces-now-with-yang-s-new-stove.html.

3. GaveKal Research, referenciada em Frank Holmes, *China Fears Much Ado About Nothing* (*A China Teme Muito Barulho por Nada*), *Business Insider,* 15 de setembro de 2011, em http://articles.businessinsider.com/2011-09-15/markets/30158884_1_global-economy-moon-festival-china/2.

4. Mineral Information Institute, em http://www.mii.org/; Platts.

5. BHP Billiton, *BHP Billiton Iron Ore – Growth and Outlook* (*Minério de Ferro BHP Billiton – Crescimento e Panorama*), 20 de março de 2012, em http://www.bhpbilliton.com/home/investors/reports/Documents/2012/120320_AJMConference.pdf.

6. *UN Conference on Trade and Development (UNCTAD) Trust Fund Project on Iron Ore Information* (*Conferência das Nações Unidas sobre Comércio e Desenvolvimento – UNCTAD. Projeto de Fundo Fiduciário para Informações sobre Minério de Ferro*), *The Iron Ore Market 2009–2011* (Genebra, Suíça: UNCTAD).

7. Ibid.; Simandou Project Overview, em http://www.riotintosimandou.com/ENG/index_projectoverview.asp; *sites* das empresas Vale e BHP.

349

8. *National Bureau of Statistics of China, Agriculture* (*Agência Nacional de Estatísticas da China, Agricultura*), em http://www.stats.gov.cn/tjsj/ndsj/2011/ indexeh.htm; United States Department of Agriculture Research Services datasets (Conjunto de Dados do Serviço de Pesquisas do Departamento de Agricultura dos EUA), em http://www.ers. usda. gov/Data/; Economist Intelligence Unit Market Indicators and Forecasts (Indicadores de Mercado e Previsões da Economist Intelligence Unit); Análise BCG.

9. Michael Silverstein, *China's Food for Thought* (*A China é um Assunto para se Pensar*), *Financial Times*, 22 de abril de 2011, em http://blogs. ft.com/beyond--brics/2011/04/22/guest-post-chinas-food-for-thought/#axzz1ks7MPLSb.

10. Dan Basse, entrevista com os autores, 23 de janeiro de 2012.

11. Gabe Collins e Andrew Erickson, *U.S. Pecan Growers Crack into Chinese Market* (*Produtores Norte-Americanos de Nozes-Pecã Invadem o Mercado Chinês*), *China SignPost*, 9 de dezembro de 2010, em www.chinasignpost.com/wp-content/uploads/2010/12/China-Signpost_9_ US-Pecan-growers-crack--into-the-Chinese-market_2010-12-09.pdf; David Wessel, *Shell Shock: Chinese Demand Reshapes U.S. Pecan Business* (*Choque Comercial: Demanda Chinesa Reformula o Negócio de Nozes-Pecã nos EUA*), *The Wall Street Journal*, 18 de abril de 2011, em http://online.wsj.com/article/SB1000142405274870407680455 76180774248237738.html.

12. Silverstein, *China's Food for Thought* (*A China é um Assunto para se Pensar*).

13. A partir do final de 2011.

CAPÍTULO 14

1. Adi Godrej & family, *Forbes*, março de 2011, em www.forbes.com/profile/adi-godrej/.

2. Dhirubhai Ambani, citado em *Spirit of Shri Dhirubhai H. Ambani: Quotes at Various Forums* (*Espírito de Shri Dhirubhai H. Ambani: Citações de Vários Fóruns*), site da Reliance Industries, n.d., em www.ril.com/html/aboutus/quotes.html.

3. Damian Whitworth, *Ratan Tata: The Mumbai Tycoon Collecting British Brands* (*Ratan Tata: Magnata de Mumbai Colecionando Marcas Britânicas*), *Times* (Londres), 21 de maio de 2011, em www.thetimes.co.uk/tto/magazine/article3021187.ece.

4. BCG, *The 2011 BCG Global Challengers: Companies on the Move* (*Desafiantes Globais BCG, 2011: Empresas em Movimento*), Relatório BCG, 18 de janeiro de

2011, em www.bcgperspectives.com/content/articles/globalization_companies_on_the_move_2011_ global_challengers/.

5. *Out of India: The Tata Group (Fora da Índia: o Grupo Tata)*, The Economist, 3 de março de 2011, em www.economist.com/ node/18285497.

6. Georgina Enzer, *Huawei Relinquishes 3Leaf Assets (Huawei Abre Mão da Propriedade da 3Leaf)*, ITP.net, 1 de março de 2011, em http://www. itp.net/ 584043-huawei-relinquishes-3leaf-assets.

7. Tarun Khanna, *Billions of Entrepreneurs: How China and India Are Reshaping Their Futures—and Yours (Bilhões de Empreendedores: Como China e Índia Estão Reformatando o Futuro de Ambas as Nações – E o Seu Também)* (Boston: Harvard Business Review Press, 2011), 11–12.

CAPÍTULO 15

1. Lara Farrar, *Dragon Week Caters to China's Rich (Semana do Dragão Atende aos Chineses Abastados)*, Women's Wear Daily, 26 de janeiro de 2012, em www. wwd.com/eye/lifestyle/bergdorf-goodman-designers-court-chines

EPÍLOGO

1. *Site* Lang Lang n.d., biografia, em www.langlang.com/us/biography.2.

2. Bureau de Estatísticas do Trabalho, Departamento de Trabalho dos EUA, *Panorama Ocupacional,* edição 2012–13, Projections Overview (Projeções, 29 de março de 2012, http://www.bls.gov/ooh/about/projections-overview. htm.

APÊNDICE A

1. M. Paul Lewis, ed., *Statistical Summaries: Summary by Country*, table in *Ethnologue: Languages of the World*, 16th ed. (*Sumários Estatísticos: Sumário por Município, tabela em Ethnologue: Linguagens do Mundo, 16ª ed.*), Dallas, TX: SIL International Publications, 2009, tabela disponível em www.ethnologue.com/ethno_docs/distribution.asp?by=country.

2. Números do PIB para as regiões da China a partir de 2010, Bureau Nacional de Estatísticas da China e Análises BCG.

3. Números do PIB para regiões da Índia a partir de 2010, Ministério de Estatísticas e Implementação de Programas da Índia (2010), National Council of Applied Economic Research, Censo Indiano 2011; Análises BCG.

APÊNDICE B

1. Christina D. Romer, *Business Cycles (Ciclos de Negócios)*, em *The Concise Encyclopedia of Economics*, 2nd. edition, Library of Economics and Liberty, 2008, em http://www.econlib.org/library/Enc/BusinessCycles.html.

2. KPMG, *Survey on Bribery and Corruption (Pesquisa sobre Pagamento de Propinas e Corrupção)*, 15 de dezembro de 2011, em www.kpmg.com/IN/en/IssuesAndInsights/ArticlesPublications/Documents/KPMG_Bribery_Survey_Report_new.pdf.

3. Transparência Internacional, *Corruption Perceptions Index 2010 Results (Índice de Percepção da Corrupção, Resultados 2010)*, 2010, em http://www.transparency.org/policy_research/surveys_indices/cpi/2010/results.

4. Minxin Pei, *Corruption Threatens China's Future (A Corrupção Ameaça o Futuro da China)*, resumo de políticas 55, Carnegie Endowment for International Peace, Washington, DC, outubro de 2007, em www.carnegieendowment.org/files/pb55_pei_ china_corruption_final.pdf.

5. Ravi Ramamurti, citado em *In India, Will Corruption Slow Growth or Will Growth Slow Corruption? (Na Índia, Será que a Corrupção Diminuirá o Ritmo do Crescimento ou o Crescimento Diminuirá o Ritmo da Corrupção?)*, *Arabic Knowledge@Wharton*, 1º de fevereiro de 2010, em http://knowledge.wharton.upenn.edu/ arabic/article.cfm?articleid=1177.

6. Geoff Colvin, *Corruption: The Biggest Threat to Developing Economies (Corrupção: A Maior Ameaça Para as Economias em Desenvolvimento)*, CNNMoney, 20 de abril de 2011, em http://money.cnn.com/2011/04/19/news/international/corruption_developing_ economies.fortune/index.htm.

7. Jane Macartney, *Chongqing Police Chief Wen Qiang Sentenced to Death in Triad Crackdown (Chefe de Polícia de Chongqing, Wen Qiang, Sentenciado a Morte Após Ação Contra Trio de Gangues)*, *Sunday Times* (Londres), 14 de abril de 2010.

8. Edward Wong, *China's Railway Minister Loses Post in Corruption Inquiry (Ministro das Ferrovias Chinês Perde Cargo Após Inquérito sobre Corrupção)*, *The New York Times*, 12 de fevereiro de 2011, em www.nytimes.com/2011/02/13/world/asia/13china.html.

9. Wen Jiabao, *How China Plans to Reinforce the Global Recovery (Como a China Planeja Reforçar a Recuperação Mundial)*, *Financial Times*, 23 de junho de 2011, em www.ft.com/cms/s/0/e3fe038a-9dc9-11e0-b30c-00144feabdc0.html#axzz1l8SlhfAh.

10. International Cement Review, *Global Cement Report 1990–2008* (Dorking, Surrey, United Kingdom: Tradeship Publications, 2009).

11. U.S. Geological Survey, *Minerals Yearbooks 1932–1989* (Washington, DC: U.S. Government Printing Office, 1932–1989); International Cement Review, *Global Cement Report 1990–2008*.

12. Philip Bowring, *Maoists Who Menace India (Maoístas que Ameaçam a Índia)*, The New York Times, 17 de abril de 2006, em www.nytimes. com/2006/04/17/opinion/17iht-edbowring.html.

13. *Up to Their Necks in It (Envolvidos Até o Pescoço)*, The Economist, 17 de julho de 2008, em www.economist.com/node/11751397.

14. *Toward a Healthy and Harmonious Life in China (Rumo a uma Vida Saudável e Harmoniosa na China)*, Banco Mundial, 2011, em http://www.worldbank. org/content/dam/Worldbank/document/NCD_report_en.pdf.

15. Nações Unidas, Departamento de Economia e Questões Sociais, Divisão Populacional, Estimativas e Projeções Populacionais, 2010.

16. T. Colin Campbell, *The China Study: Startling Implications for Diet, Weight Loss and Long-Term Health (Estudo da China: Implicações Assustadoras para Dietas, Perda de Peso e Saúde de Longo Prazo)* (Dallas, TX: BenBella Books, 2004).

17. *WHO Report on the Global Tobacco Epidemic, 2011 (Relatório Who Sobre Epidemia Mundial de Consumo de Tabaco)*, Country profile: India. Organização Mundial da Saúde, em http://www.who.int/tobacco/surveillance/policy/country_profile/ind.pdf.

18. *The World's Worst Natural Disasters: Calamities of the 20th and 21st Centuries (Os Piores Desastres Naturais do Mundo: Calamidades dos Séculos XX e XXI)*, CBC News, 30 de agosto de 2010, em http://www. cbc.ca/news/world/story/2008/05/08/f-natural-disasters-history. html; Kate Hudec, *Dealing with the Deluge (Lidando com a Inundação)*, NOVA, 26 de março de 1996; Dan Fletcher, *Top 10 Deadliest Earthquakes (Os Dez Terremotos mais Mortíferos)*, Time Magazine, 13 de janeiro de 13, 2010, em http://www.time.com/time/specials/packages/article/0,28804,1953425_1953424,00.html.

19. Jonathan Watts, *Sichuan Quake: China's Earthquake Reconstruction to Cost $150bn (Terremoto de Sichuan: Reconstrução Após Terremoto Custará US$ 150 Bilhões)*, The Guardian, 14 de agosto de 2008, em www.guardian.co.uk/world/2008/aug/15/chinaearthquake.china.

20. *Public Policy Towards Natural Disasters in India: Disconnect Between Resolutions and Reality (Política Pública em Relação a Desastres Naturais na Índia: Descone-*

xão entre Resoluções e Realidade), Centre for Budget and Governance Accountability, 2005, em http://www.indiagovernance.gov.in/.

21. Leslie Hook, *China Faces Worst Drought in 50 Years (A China Enfrenta a Pior Seca em 50 Anos)*, *Financial Times*, 25 de maio de 2011, em www.ft.com/intl/cms/s/0/7d6e4db8-861e-11e0-9e2c-00144feabdc0.html#axzz1mg9iAjM7.

22. Steven Mufson, *As Economy Booms, China Faces Major Water Shortage (Com o Boom da Economia, a China Enfrenta Maior Falta de Água Potável)*, *The Washington Post*, 16 de março de 2010, em www.washingtonpost.com/wp-dyn/content/article/2010/03/15/AR2010031503564.html.

23. Kurt Achin, *India Warns of Water Scarcity (A Índia Alerta sobre Escassez de Água)*, *Voice of America*, 10 de abril de 2012, em http://www.voanews.com/english/news/asia/India-Warns-of-Water-Scarcity-146809245.html.

24. Somini Sengupta, *In Teeming India, Water Crisis Means Dry Pipes and Foul Sludge (Em uma Índia Populosa, a Crise de Água Significa Tubulações Vazias e Lamaçais Nojentos)*, *New York Times*, 29 de setembro de 2006, em www.nytimes.com/2006/09/29/world/asia/29water.html?pagewanted=all.

25. Nina Brooks, *Imminent Water Crisis in India (Crise de Água Iminente na Índia)*, Arlington Institute, agosto de 2007, em www.arlingtoninstitute.org/wbp/global-water-crisis/606.

26. Ibid.; Peter Foster, *China to Invest £400bn to Overcome Water Shortage* (A China Investirá 400 bilhões de libras para Superar Falta de Água), *The Telegraph* (Londres), 12 de outubro de 2011, em www.telegraph.co.uk/news/worldnews/asia/china/8822609/China-to-invest-400bn-to-overcome-water-shortage.html.

27. *India's Water Economy: Bracing for a Turbulent Future (Economia de Água na Índia: Se Preparando para um Futuro Turbulento)*, Banco Mundial, em http://go.worldbank.org/QPUTPV5530.

BIBLIOGRAFIA SELECIONADA

Boot, Max, *War Made New: Technology, Warfare and the Course of History* (*Guerra Renovada: Tecnologia, Conflitos e o Curso da História*). Gotham, 2006.

Campbell, T. Colin. *The China Study: Startling Implications for Diet, Weight Loss and Long-Term Health*. (*O Estudo na China: Implicações Chocantes para a Dieta, a Perda de Peso e a Saúde de Longo Prazo*). Dallas: BenBella Books (2004).

Dikötter, Frank. *Mao's Great Famine: The History of China's Most Devastating Catastrophe 1958–1962*. (*A Grande Fome da Época de Mao: a História da Mais Devastadora Catástrofe Chinesa 1958-1962*). Londres: Bloomsbury, 2010.

Ferguson, Niall. *Civilization: The West and the Rest*. (*Civilização: O Ocidente e o Resto do Mundo*). Londres: Allen Lane, 2011.

Ghemawat, Pankaj. *World 3.0: Global Prosperity and How to Achieve It*. (*Mundo 3.0: Prosperidade Global e Como Alcançá-la*). Boston: Harvard Business School Press, 2011.

Khanna, Tarun. *Bilhões de Empreendedores: Como a China e a Índia Estão Mudando o Seu Futuro (e o de Todos)*. Rio de Janeiro: Campus, 2009.

Khanna, Tarun e Krishna Palepu. *Vencendo em Mercados Emergentes: um Roteiro para Estratégia e Execução*. Rio de Janeiro: Campus, 2011.

Kissinger, Henry. *Sobre a China*. Rio de Janeiro: Objetiva, 2011.

Meredith, Robyn. *The Elephant and the Dragon: The Rise of India and China and What It Means for All of Us* (*O Elefante e o Dragão: a Ascensão da Índia e da China e o quê isso Significa para Todos Nós*). Nova York: W. W. Norton & Company, 2008.

Morris, Ian. *Why the West Rules—For Now: The Patterns of History, and What They Reveal about the Future* (*Porque o Ocidente Ainda Está no Comando – Por Enquanto: Os Padrões Históricos e o que Eles Revelam Sobre o Futuro*). Nova York: Farrar, Straus and Giroux, 2010.

Nilekani, Nandan. *Imagining India: Ideas for the New Century*. (*Imaginando a Índia: Ideias para o Novo Século*). Nova York: Penguin Group, 2009.

Spence, Michael. *Os Desafios do Futuro da Economia: o Crescimento Econômico Mundial nos Países Emergentes e Desenvolvidos*. Rio de Janeiro: Campus, 2011.

AGRADECIMENTOS

Por trás deste livro há uma grande equipe de pessoas que desde o início nos ofereceram não apenas *insights*, mas também lições práticas e conselhos. Gostaríamos de agradecer a todos os incansáveis e talentosos parceiros que, ao longo de dezoito meses, contribuíram com nossas pesquisas. Em particular, queremos ressaltar nove indivíduos que se revelaram absolutamente instrumentais na busca de fatos, na averiguação de informações e na participação no trabalho de campo. Esse grupo inclui dois colaboradores do escritório de Chicago, Sarah Minkus e Craig Minoff. A primeira trabalhou arduamente por quase um ano na obtenção de dados sobre o aumento do consumo e os investimentos em educação na China e na Índia. Craig, em contrapartida, assumiu o trabalho quando Sarah iniciou o curso de Administração, sendo responsável por sintetizar as lições aprendidas e comparar e contrastar ambos os países. Youchi Kuo foi a pessoa de referência para os assuntos relacionados à China, revelando-se uma especialista na tradução das esperanças e dos sonhos dos consumidores chineses e apoiando os trabalhos realizados pelo Centro do Consumidor e da Percepção do Cliente (Center for Consumer and Customer Insight), do Boston Consulting Group (BCG). Akshay Sehgal foi uma de nossas vozes na Índia. Ele foi responsável por comandar nosso modelo de demanda, cenários e comparações globais. Kanika Sanghi dirigiu o trabalho na área de *insight* do cliente e nos forneceu perspectivas cruciais na maioria dos trabalhos relacionados aos consumidores indianos. Payal Agarwal nos ajudou fornecendo as percepções das empresas. Durante a fase de pesquisas, Lydia Qiao e Stella Ji formaram nossa equipe de apoio na China. Lydia reuniu o grupo depois que se transferiu para o nosso escritório de Chicago e ajudou com todos os detalhes finais. Um agradecimento especial a Matt Coleman pelos *insights* oferecidos.

Em termos de investimentos nas pesquisas sobre consumidores chineses e indianos, nossos patrocinadores mais importantes foram Hans-Paul Bürkner, CEO da BCG; Janme Sinha, presidente da BCG Asia; e Patrick Ducasse, líder no setor de prática global de consumo na BCG. Sentimo-nos gratos pelo apoio, pelas informações e pelos conselhos fornecidos pela consultoria, tão fundamentais para a produção dessa obra. Essas pessoas nos ofereram ajuda por meio de mensagens, exemplos e experiências. Também temos de agradecer a todos os nossos parceiros asiáticos que participaram de *workshops* e grupos de discussão e nos ofereceram informações importantes sobre os clientes. Dentre esses indivíduos, oito em particular se mostraram ativamente engajados em colaborar com nossos escritórios da região Ásia-Pacífico: Hubert Hsu, John Wong, Miki Tsusaka, Arindam Bhattacharya, Arvind Subramanian, Christoph Nettesheim, Sharad Verma e Amitabh Mall. Além disso, também gostaríamos de reconhecer o apoio e os conselhos oferecidos por outros parceiros BCG, dentre os quais figuram Sharon Marcil, líder do setor de prática do consumidor; Gerry Hansell, especialista em desenvolvimento corporativo; Russell Stokes, especialista da BCG em economias emergentes; Takashi Mitachi, chefe da BCG Japão (e cuja visão política sobre a China é bastante ativa); Rich Lesser, chefe regional para as Américas e CEO eleito da empresa; e Bjorn Matre, chefe das regiões do Oriente Médio e da Europa. Um agradecimento especial a René Abate, Jean-Marc Bellaïche, Christy Carlson, Jim Jewell, Ivan Bascle, Jeff Gell, Marin Gjaja, Matt Krentz, Andrew Tratz, Tom Hout, George Stalk, Hal Sirkin e Cliff Grevler, por todo o encorajamento e apoio demonstrados.

Esse livro não teria sido possível sem a consultoria de nosso agente Todd Shuster e de nossa editora Melinda Merino. Sentimo-nos em dívida com ambos por todas as interferências, os pontos levantados e os comentários de estímulo oferecidos. Melinda e Todd nos ajudaram de maneiras incontáveis. De modo mais específico, Todd nos incentivou a apresentar as mensagens de caráter empresarial, indo além do papel de agente literário e se tornando um parceiro imbuído na tarefa de trazer esse livro para o mercado. Com muita paciência, Melinda nos encorajou para que encontrássemos o equilíbrio perfeito e a fossemos concisos, diretos e provocativos. Jamais conseguiremos agradecer suficientemente a esses dois profissionais.

Kristin Claire, que há muito tempo trabalha como assistente executiva de Michael, cuidou pessoalmente de vários elementos do processo editorial. Agradecemos a ela pelas muitas noites de trabalho extra e também pelo apoio contínuo e incondicional. Meghan Perez nos ajudou a encontrar várias fontes importantes dentro da BCG. Agradecimentos especiais a David Cahill por sua ajuda tanto na criação do vídeo que capturou a história do livro em uma apresentação *on-line* de 4 min, como também na própria apresentação. Também queremos agradecer a Janice Willett, que trabalhou como chefe de edição e preparação da obra. Alexis Lefort e Katharine Halstead também colaboraram no processo de edição e verificação dos dados. Agradecemos ainda a Ted Riordan e Chris Weiss por seu trabalho nas apresentações preliminares do livro, a Amanda Vrany, por rastrear os materiais da área de prática extensiva, e a Gary Callahan, pelos conselhos relativos às exibições do vídeo e à capa do livro. Também gostaríamos de agradecer a Eric Gregoire e Beth Gillett por sua ajuda na área de promoção dessa obra. A equipe de gestão de conhecimentos da BCG nos forneceu informações diretas e rápidas.

Queremos ainda agradecer às nossas famílias por todo o apoio e estímulo ao longo do trabalho. Sem suas bênçãos esse livro não teria se tornado uma realidade.

Porém, talvez o maior contribuidor para essa obra tenha sido Simon Targett, o editor-chefe da BCG e ex-editor do *Financial Times*. Desde o início ele vislumbrou o poder de *O Prêmio de 10 Trilhões de Dólares*, operando como parceiro e editor. Gostaríamos de agradecê-lo por seus conselhos, *insights* e trabalho duro na tradução dos manuscritos em um livro que sinceramente esperamos que todos os leitores apreciem.

SOBRE OS AUTORES

MICHAEL J. SILVERSTEIN se uniu ao Boston Consulting Group (BCG) em 1980, depois de obter seu MBA, com mérito, pela Universidade de Harvard, além de um diploma BA (Bachelor of Arts) nas áreas de economia e história pela Universidade Brown. Sediado em Chicago, ele é o chefe do departamento de Prática de Consumo Global, e faz parte do Comitê Executivo da BCG, liderando iniciativas de engajamento de empresas de consumo nos setores de inovação, desenvolvimento de marca, crescimento global e compreensão do consumidor. Seus clientes incluem algumas das maiores e mais proeminentes empresas dos setores de bens de consumo e varejista. Ele já escreveu três livros: *Trading Up: The New American Luxury – 2003* (*Negociando: O Novo Luxo Americano – 2003*) – *best-seller* da *Businessweek* e vencedor do prêmio Berry AMA; *Treasure Hunt: Inside the Mind of the New Consumer – 2006* (*Caça ao Tesouro: Dentro da Mente do Novo Consumidor – 2006*); e *Women Want More: How to Capture Your Share of the World's Largest, Fastest-Growing Market – 2010* (*As Mulheres Querem Mais: Como Conquistar Sua Fatia desse Mercado em Rápida Expansão – 2010*). Seu trabalho na China e na Índia incluiu desenvolvimento de categoria, inovação de consumo, e aquisições e parcerias. Ele é especialista mundial da BCG na área de compreensão e inovação em consumo.

ABHEEK SINGHI é líder do departamento de Prática de Consumo na BCG Índia. Ele está sediado em Mumbai e se uniu a BCG em 1998, depois de concluir seu MBA no Indian Institute of Management (IIT), em Ahmedabad, a mais importante escola de administração do país. Ele obteve seu diploma, com mérito, no IIT de Nova Délhi, sendo posteriormente convidado a se tornar membro do comitê do National FMCG e também do Retail Committee of the Confederation of Indian Industry.

CAROL LIAO é líder do departamento de Prática de Consumo na BCG Ásia. Sediada em Hong Kong, ela se uniu a BCG em 1995 depois de obter seu BA na área de leis comerciais pela Universidade de Pequim, além de um MBA pela Universidade Harvard (EUA). Ela é codiretora do Center for Consumer and Customer Insight da BCG, na Ásia.

DAVID MICHAEL é líder do departamento de Prática de Vantagem Global da BCG. Sediado em Pequim, ele se uniu a BCG em 1992, depois de completar seu BA na área de economia pela Universidade de Harvard, obter um

MBA pela Universidade Stanford (EUA) e garantir uma Bolsa do Rotary na Chinese University of Hong Kong. Ele é coautor do livro *Asia's Digital Dividends: How Asia-Pacific's Corporations Can Create Value from E-Business – 2000* (*Os Dividendos Digitais da Ásia: Como as Corporações da Região Ásia-Pacífico Conseguem Criar Valor a Partir do E-Business – 2000*). Ele também escreveu artigos publicados pela *Harvard Business Review* e pela *Bloomberg Businessweek*, e é membro do Global Agenda Council on Emerging Multinationals, do Fórum Econômico Mundial. Entre 2004 e 2009, ele trabalhou no Conselho Estratégico da China Mobile Corporation, uma das maiores companhias da China – além da maior operadora de telecomunicações do planeta.

SIMON TARGETT é editor-chefe da BCG. Sediado em Londres, ele se uniu a BCG em 2008 e é responsável pelas atividades editoriais e pelas relações de mídia globais da empresa. Antes disso, ele trabalhou no *Financial Times*, onde foi editor de projetos, editor do ft.com e editor assistente responsável por suplementos e relatórios especiais. Ele tem um diploma de BA na área de história pela Sussex University, além de um diploma de Ph.D., também em história, pela Universidade de Cambridge e um diploma de pós-graduação pela City University's Graduate School of Journalism, de Londres.